Das Bayerische Schulaufsichtsgesetz

vom 1. August 1922

Mit Erläuterungen und einem Anhang

Von

Ludwig Braun

Oberregierungsrat an der Regierung von Schwaben und Neuburg, Kammer des Innern, in Augsburg

1925

München, Berlin und Leipzig

J. Schweitzer Verlag (Arthur Sellier)

Junge & Sohn, Univ.-Buchdruckerei, Erlangen.

Vorwort.

Die vorliegende Bearbeitung des „Schulaufsichtsgesetzes“ verdankt einer Anregung des Verlages ihre Entstehung. Ein Bedürfnis für die gewünschte Handausgabe schien mir zu bestehen. Bei der Gestaltung faßte ich ins Auge, daß das „Schulaufsichtsgesetz“ auch von Nichtjuristen gehandhabt wird.

Augsburg, im August 1925.

Der Verfasser.

Inhaltsübersicht.

Abkürzungen und Quellen.

Begr.	= Begründung zum Entwurf des Schulaufsichtsgesetzes (Verhandlungen des Bayer. Landtags, II. Tagung 1921/22, Beilagen-Band VIII, Beilage 2756, S. 460).
BGB.	= Bürgerliches Gesetzbuch.
Englmann	= Dr. Joh. Ant. Englmanns Handbuch des Bayerischen Volksschulrechts von Dr. Eduard Stingl, 5. Aufl., Lindauer, München 1905.
GVBl.	= Gesetz- und Verordnungsblatt.
Heimberger	= „Die staatskirchenrechtliche Stellung der Israeliten in Bayern" von Dr. jur. Joseph Heimberger, Mohr, Freiburg i. B. und Leipzig 1893.
JGG.	= Jugendgerichtsgesetz vom 16. Febr. 1923 (RGBl. I S. 135).
Justiz-MBl.	= Amtsblatt des Bayer. Staatsministeriums der Justiz.
KMBl.	= Amtsblatt des Bayer. Staatsministeriums für Unterricht und Kultus.
MABl.	= Ministerialamtsblatt der bayerischen inneren Verwaltung, herausgegeben vom Staatsministerium des Innern.
Münzges.	= Münzgesetz vom 30. Aug. 1924, RGBl. II, S. 254.
Pöll	= Unterstützungswohnsitzgesetz und Bayer. Armengesetz v. W. Pöll, Schweitzer, München 1916.
PolStGB.	= Polizeistrafgesetzbuch.
RGBl.	= Reichsgesetzblatt.
RStGB.	= Reichsstrafgesetzbuch.
RStPO.	= Reichsstrafprozeßordnung v. 22. März 1924 (RGBl. I S. 322).
Riedel-Henle	= Dr. Frhr. v. Riedels Kommentar z. Armengesetz, in 4. Aufl. bearbeitet v. Julius Henle, Beck, München.
Roesch	= Bayerische Gemeindeordnung für die Landesteile rechts des Rheins, Selbstverwaltungs- und Wahlgesetz, 3. Aufl., von M. Roesch, Schweitzer, München 1923.
Roloff	= Lexikon der Pädagogik, herausgegeben v. Ernst M. Roloff, Herder, Freiburg i. B. 1915.
SchAG.	= Schulaufsichtsgesetz.
SchBG.	= Schulbedarfgesetz v. 14. August 1919 (GVBl. S. 489).
VLG.	= Volksschullehrergesetz v. 14. August 1919 (GVBl. S. 437).
VO.	= Verordnung.
VV.	= Vollzugsvorschriften zum Schulaufsichtsgesetz vom 16. August 1923 (KMBl. S. 91).

Einleitung.

Die „Schulaufsicht" begreift nach dem allgemeinen Sprachgebrauche die gesamte Leitung und Überwachung der Volksschulen und der ihnen gleichgestellten Schulen unter Ausschaltung des höheren Schulwesens in sich (Roloff Bd. 4 S. 671). Die „Schulpflege" bildet einen Teil dieser Schulaufsicht im weiteren Sinne, so daß das bayerische Gesetz vom 1. August 1922 (GVBl. S. 385) über Schulpflege, Schulleitung und Schulaufsicht an den Volksschulen den Untertitel „Schulaufsichtsgesetz" bekommen konnte.

Die Schulaufsicht war seit langem ein sehr umstrittenes Gebiet und zwar um deswillen, weil es sich in der Schule nicht nur um den Unterricht, sondern ebenso um die Erziehung der Kinder handelt und auch außer den Lehrern mehr wie e i n Erziehungsfaktor an dieser Erziehung beteiligt ist, nämlich Eltern, Gemeinde, Staat und Kirche (Roloff Bd. 4 S. 673). Da im Mittelalter das gesamte Bildungswesen in den Händen der Kirche lag, übte diese damals auch kraft eigenen Rechtes die Schulaufsicht aus. Nach und nach wurde aber das Schulwesen immer mehr zur Staatsangelegenheit und der Staat übernahm mehr und mehr die Schulaufsicht an Stelle der Kirche. Schon nach der Regelung vor dem Umsturze war in Bayern die Geistlichkeit an der Schulaufsicht nicht mehr kraft ihres geistlichen Amtes sondern auf gesetzlicher Grundlage (Konkordat, Protestantenedikt) im Auftrage des Staates beteiligt (Englmann S. 5). Außer der Auseinandersetzung über die Abgrenzung und gegenseitige Anerkennung der Rechte der Kirche und des Staates an der Volksschule war die Forderung der Lehrerschaft auf Teilnahme an der Schulleitung und Schulaufsicht mit der Begründung entstanden, daß eine ausreichende theoretische und praktische Fachkenntnis die Voraussetzung hiefür wären (Fachaufsicht). Die Verordnung der Regierung des Volksstaates Bayern vom 16. Dezember 1918 (GVBl. S. 1275, KMBl. S. 339) brachte die „Fachaufsicht". Für die Übergangszeit ordnete die Entschließung des Staatsministeriums für Unterricht und Kultus vom 16. Dezember 1918 (KMBl. S. 341) die Verhältnisse. Eine umfassende Regelung derselben erfolgte durch die Verordnung des Staatsministeriums für Unterricht und Kultus vom 28. August 1919 über Schulpflege, Schulleitung und Schulaufsicht für die Volksschulen (GVBl. S. 519, KMBl. S. 139), nachdem am 5. Mai 1919 eine Verordnung über die Bildung von Lehrerräten für das Volksschulwesen (KMBl. S. 63) mit einer Wahlordnung vom 8. Mai 1919 (KMBl. S. 68) und Erläuterungen und Vollzugsvorschriften zu diesen beiden Verordnungen vom 9. Mai 1919 (KMBl. S. 79) vorausgegangen und die „Fachaufsicht“ durch Art. 144 der Verfassung des Deutschen Reiches vom 11. August 1919 (RGBl. S. 1383: „Das gesamte Schulwesen steht unter der Aufsicht des Staates; er kann die Gemeinden daran beteiligen. Die Schulaufsicht wird durch hauptamtlich tätige, fachmännisch vorgebildete Beamte ausgeübt“) festgelegt worden war.

Die Verordnung vom 28. August 1919 bildet mit ihrer Gliederung der Schulaufsicht im weiteren Sinne in „Schulpflege“, „Schulleitung“ und „Schulaufsicht“ (im engeren Sinne) die Grundlage auch des nunmehrigen Schulaufsichtsgesetzes.

Die Schulpflege umfaßt nach der Verordnung „die Sorge für alle Maßnahmen und Einrichtungen, die der Förderung der äußeren Schulverhältnisse und der Förderung der Erziehung der schulpflichtigen Jugend dienen. Sie erstreckt sich nicht auf die Unterrichtserteilung und auf die der Schulaufsicht vorbehaltenen Fragen“ (§ 1).

Die Schulpflege oblag den Schulpflegschaften, die aus Lehrern, Gemeindevertretern und Elternvertretern gebildet wurden. Pfarrvorstände und Rabbiner konnten mit den Rechten der ordentlichen Mitglieder in die Schulpflegschaften eintreten.

Die Schulleitung umfaßte die Anordnung und Durchführung aller Maßnahmen, die der Aufrechterhaltung der Ordnung und dem gedeihlichen Zusammenwirken der Lehrerschaft einer Schule im äußeren und inneren Schulbetrieb dienen. Sie erstreckte sich ferner auf die Durchführung der einschlägigen allgemeinen Vorschriften und der an die Schule ergehenden Weisungen der Schulaufsichtsbehörden, endlich auf der Erledigung des Schulschriftwesens, soweit dieses nicht den einzelnen Lehrern zukam (§ 21).

An Schulen mit mehr als zwei Lehrern hatte die Schulleitung der nach der VO. vom 5. Mai 1919 gebildete Lehrerrat. An Schulen mit nur zwei Lehrern oblag die Geschäftsführung in der Regel dem dienstälteren Lehrer.

Bezüglich der Schulaufsicht (im engeren Sinne) bestimmte § 26: „Das Lehrpersonal und die Lehrerräte der Volksschulen, soweit sie Schulverwaltungs- oder Schulleitungsgeschäfte zu besorgen haben, dann die Schulpflegschaften, stehen unter der dienstlichen Aufsicht der Bezirksschulbehörde, in den unmittelbaren Städten der Stadtschulbehörde. Obere Schulaufsichtsbehörde ist die Regierung, Kammer des Innern.“

Die Änderungen, die einige Zeit nach dem Inkrafttreten der Verordnung vom 28. August 1919 nötig erschienen, wollte die Staatsregierung zunächst auch auf dem Verordnungswege bringen und legte am 4. Juni 1921 einen bezüglichen Entwurf dem Landtage zur weiteren Behandlung nach § 46 der Bayer. Verfassungsurkunde vor (Verhandlungen des Landtags 1920/21, Beilagen-Bd. IV, Beil. 1408). Der Ausschuß für Verfassungsfragen wurde sich jedoch über die verfassungsrechtliche Vorfrage, wieweit der Verordnungsentwurf der Genehmigung des Landtags unterworfen sei, nicht einig (Verhandlungen des Landtags 1920/21 Beil. 1483). Zu einer Beratung der Verordnung selbst kam es nicht. Der Landtag faßte statt dessen den Beschluß:

„Die Staatsregierung wird ersucht, alsbald einen Gesetzentwurf zur Regelung der Fragen der Schulpflege, Schulleitung und Schulaufsicht vorzulegen.“

(Verhandlungen 1920/21, StenBer. Bd. III Nr. 74 S. 511 ff.; Beil. 1698.)

Die Staatsregierung kam diesem Beschlusse am 15. Juli 1922 durch Vorlage des Entwurfes eines Gesetzes über Schulpflege, Schulleitung und Schulaufsicht an den Volksschulen nach. In diesem Entwurfe, dem eine Begründung beigegeben war, waren die Bestimmungen des Verordnungsentwurfes vom 4. Juni 1921, soweit sie sich zur gesetzlichen Regelung eigneten, im wesentlichen unverändert übernommen. Als Ergänzung waren die Bestimmungen über das Schulversäumniswesen hinzugekommen (Begr. 1, 1, 2).

Gegenüber der VO. vom 28. August 1919 waren im Gesetzentwurf als wesentliche Änderungen vorgesehen:

1. Die Vorschriften über die Bezirksschulpflege, die sich nicht eingelebt hatten und entbehrlich erschienen, sollten wegfallen (Begr. II. Abschn. Vorbem.).
2. Die Schulpflegschaften sollten bei der Behandlung der Schulversäumnisse mitzuwirken haben (E. § 2).
3. Die Schulpflegschaften sollten Erziehungsgemeinschaften auf der Grundlage einheitlicher Weltanschauung bilden, weshalb für jede Schule grundsätzlich eine Schulpflegschaft gebildet werden sollte. Bisher war in Schulsitzgemeinden unter 5000 Einwohnern ohne Rücksicht auf Zahl und Art der vorhandenen Schulen nur eine Schulpflegschaft zulässig und auch in größeren Orten nicht ohne weiteres für jede Schule eine Schulpflegschaft zu bilden (E. § 3, Begr. zu § 3).
4. Den Vorsitz in der Schulpflegschaft sollte nicht mehr der erste Bürgermeister oder sein gesetzlicher Vertreter, beziehungsweise der vom Stadtrate dazu bestimmte Gemeindevertreter führen, sondern die Schulpflegschaft sollte aus ihrer Mitte mit Stimmenmehrheit auf die Amtsdauer der Elternvertreter einen Vorsitzenden und einen Stellvertreter wählen, der zugleich der Schriftführer sein sollte (E. § 9).
5. Die Schulleitung sollte nicht mehr dem Lehrerrat zukommen (kollegiale Selbstverwaltung), sondern einem vom Staate ernannten Schulleiter (autoritative Schulleitung). Begr. III. Abschn. Vorbem.; E. § 19.
6. Statt nebenamtlicher Bezirksschulräte, die von der Regierung, Kammer des Innern, nach Einvernahme des Kreislehrerrates aus den vom Bezirks- oder Stadtlehrerrat vorgeschlagenen Volksschullehrern zu ernennen waren, sollte die Bezirksschulaufsicht durch hauptamtlich tätige, fachmännisch vorgebildete Beamte ausgeübt werden, die Schulaufsichtsbeamten sollten nicht mehr gleichzeitig eine Schulklasse verantwortlich führen (Begr. IV. Abschn. Vorbem.; E. § 24).

7. Die Kreisschulaufsicht, die in der VO. vom 28. August 1919 geregelt war, sollte im Schulaufsichtsgesetze nicht mehr behandelt werden, da sie schon durch die VO. vom 29. Juli 1920 (GVBl. S. 397) eine Neuordnung erfahren hatte (Begr. IV. Abschn. Vorbem. Schlußabsatz).
8. In Städten mit mehreren Bezirksschulräten sollte die Stadtschulbehörde nicht mehr außer dem ersten Bürgermeister aus den sämtlichen Bezirksschulräten, sondern nur mehr aus einem Bezirksschulrate bestehen (E. § 23 II).

Diese sämtlichen Neuerungen wurden Gesetz, nur für Ziff. 4 (Wahl des Schulpflegschafts-Vorsitzenden) fand sich die nötige Mehrheit des Landtages nicht. Wie seither nach der VO. vom 28. August 1919 führt auch nach dem nunmehrigen Gesetze (§ 9) in Gemeinden mit nur einer Schulpflegschaft der erste Bürgermeister oder sein gesetzlicher Stellvertreter, in den anderen Gemeinden der vom Gemeinde- bezw. Stadtrat dazu bestimmte Gemeindevertreter den Vorsitz in der Schulpflegschaft.

Das Gesetz trat am 1. Oktober 1922 in Kraft.

Zum Vollzuge des Art. 58 des Polizeistrafgesetzbuches in der Fassung nach § 33 des Schulaufsichtsgesetzes wurde zunächst die VO. vom 30. September 1922 (GVBl. S. 618) erlassen und in der Folge erging die Bekanntmachung des Staatsministeriums für Unterricht und Kultus vom 23. Juni 1923 über die Behandlung der Schulversäumnisse (KMBl. S. 75, MABl. S. 56).

Eine Bekanntmachung des Staatsministeriums für Unterricht und Kultus zum Vollzuge des Schulaufsichtsgesetzes vom 29. September 1922 (KMBl. S. 159) hatte nur für die Übergangszeit Geltung und Bedeutung. Die endgültigen Vollzugsvorschriften erschienen am 16. August 1923 (KMBl. S. 91). Mit ihnen kam die Gestaltung der „Schulaufsicht“ in Bayern bis auf weiteres zum Abschluß.

I. Gesetz über Schulpflege, Schulleitung und Schulaufsicht an den Volksschulen. (Schulaufsichtsgesetz.)

(GVBl. 1922 S. 385.)

Der Landtag des Freistaates Bayern hat folgendes Gesetz beschlossen:

I. Abschnitt.

Allgemeine Bestimmungen.

§ 1.

I Als Schule im Sinne dieses Gesetzes gelten vorbehaltlich der nachfolgenden Bestimmungen die in einem Schulgebäude untergebrachten Schulklassen.

II Mehrere in verschiedenen Schulhäusern untergebrachte Klassen der gleichen Schulart (Abs. III) können zu einer Schule vereinigt werden. Auch können aus den in einem Schulgebäude untergebrachten Klassen mehrere Schulen gebildet werden.

III Sind in einem Schulhause Klassen verschiedener Schularten (Bekenntnisschulen verschiedener Bekenntnisse, nach Bekenntnissen gemischte Schulen) untergebracht, so ist für jede dieser Schularten eine besondere Schule zu bilden, soweit nicht nach Abs. II Satz 1 verfahren wird.

II. Abschnitt.

Schulpflege.

§ 2.

Aufgabe der Schulpflege ist nach Maßgabe der bestehenden Vorschriften die Förderung der Beziehungen zwischen Schule und Elternhaus, die Anteilnahme an der Erziehung der schulpflichtigen Jugend, die Förderung der äußeren Schulverhältnisse sowie die Mitwirkung bei der Behandlung der Schulversäumnisse. Die Schulpflege erstreckt sich nicht auf die Unterrichtserteilung und auf die Angelegenheiten der Schulleitung und Schulaufsicht.

§ 3.

Für jede Schule wird eine Schulpflegschaft gebildet. Jedoch ist es zulässig

a) daß in einer Gemeinde für Schulen verschiedener Art (§ 1 Abs. III) nur eine Schulpflegschaft gebildet wird, wenn und soweit dies von den beteiligten Erziehungsberechtigten je mit Stimmenmehrheit beantragt wird; ebenso kann für Schulen der gleichen Art, die nach Geschlechtern getrennt sind, eine gemeinschaftliche Schulpflegschaft gebildet werden,

b) daß in einer Gemeinde für mehrere Schulen der gleichen Art eine gemeinsame Schulpflegschaft gebildet wird,

c) daß in einer Gemeinde für Hilfsschulklassen eine oder mehrere besondere Schulpflegschaften gebildet werden.

§ 4.

I Sind im Bezirk einer Schulpflegschaft nicht mehr als zwei Volksschullehrer vorhanden, so besteht die Schulpflegschaft aus dem Volksschullehrer oder den beiden Volksschullehrern, zwei Gemeindevertretern und zwei Elternvertretern. In allen übrigen Fällen besteht die Schulpflegschaft aus je drei Volksschullehrern, Gemeindevertretern und Elternvertretern. Der Stadtrat oder Gemeinderat kann die Zahl der Gemeindevertreter herabsetzen.

II Mitglied der Schulpflegschaft ist außerdem der Pfarrvorstand, in dessen Pfarrei die Schule liegt, soferne aus seiner Pfarrei bekenntnisangehörige Kinder der Schule zugeteilt sind, für welche die Schulpflegschaft besteht. Sind der Schule Kinder des gleichen Bekenntnisses aus mehreren Pfarreien zugeteilt, so kann die kirchliche Oberbehörde statt des Pfarrvorstandes, in dessen Pfarrei die Schule liegt, einen der anderen Pfarrvorstände als Mitglied der Schulpflegschaft benennen. Der Pfarrvorstand ist berechtigt, im Falle der Behinderung allgemein oder für einzelne Fälle einen anderen Geistlichen des Pfarrsprengels als Vertreter in die Schulpflegschaft abzuordnen.

III Abs. II gilt für die Vorstände eigener Seelsorgebezirke entsprechend.

IV Die Rabbiner sind Mitglieder der Schulpflegschaften ihres Dienstbezirkes, die für eine israelitische Schule gebildet sind. Der Rabbiner ist berechtigt, allgemein oder für einzelne Fälle einen Hilfsrabbiner (Rabbinatssubstituten) zu seiner Vertretung in der Schulpflegschaft abzuordnen. Soweit es sich um andere von israelitischen Kindern besuchten Volksschulen handelt, kann der zuständige Rabbiner beim Vorsitzenden der Schulpflegschaft Anträge stellen und in der Sitzung der Schulpflegschaft vertreten oder vertreten lassen.

§ 5.

I Wo nur eine Schulpflegschaft besteht, gehört ihr der erste Bürgermeister der Schulsitzgemeinde als Gemeindevertreter an. Im Falle des Art. 2 Abs. III des Schulbedarfgesetzes tritt an die Stelle des Bürgermeisters der Schulsitzgemeinde der Bürgermeister der besonders bestimmten Gemeinde.

II Im übrigen werden die Gemeindevertreter für die Schulpflegschaften vom Gemeinderat oder Stadtrat, in zusammengesetzten Schulsprengeln vom verstärkten Gemeinderat oder Stadtrat bestellt. Die bestellten Gemeindevertreter müssen bei Schulpflegschaften, die ausschließlich für die Schule eines Bekenntnisses errichtet sind, diesem Bekenntnis angehören. Zu den Schulpflegschaften für die nach Bekenntnissen gemischten Schulen und zu den Schulpflegschaften, die für Schulen verschiedener Art (§ 1 Abs. III) gebildet sind, müssen als Gemeindevertreter, soweit möglich, Angehörige der verschiedenen Bekenntnisse in dem Verhältnisse bestellt werden, in dem Kinder der einzelnen Bekenntnisse die Schule besuchen.

III Die bestellten Gemeindevertreter können vom Gemeinderat oder Stadtrat jederzeit abberufen und durch neubestellte ersetzt werden. Nach Vornahme von Gemeindewahlen müssen die Gemeindevertreter zu den Schulpflegschaften neu bestellt werden.

§ 6.

I Die Elternvertreter werden von den Erziehungsberechtigten, deren Kinder die Schule besuchen, auf die Dauer von drei Kalenderjahren gewählt.

II Wählbar als Elternvertreter sind Väter oder Mütter, die für Gemeindeämter wählbar sind und wenigstens ein Kind besitzen, das die betreffende Schule besucht.

III Die Mitgliedschaft eines Elternvertreters erlischt aus den gleichen Gründen wie die Mitgliedschaft beim Gemeinderat oder Stadtrat.

§ 7.

I Sind im Bezirk einer Schulpflegschaft mehr als drei Volksschullehrer vorhanden, so gehört ihr der Schulleiter als Lehrervertreter an. Sind mehrere Schulleiter vorhanden, so ist der dienstälteste Mitglied der Schulpflegschaft. Bei gleichem Dienstalter entscheidet das höhere Lebensalter.

II Die zwei weiteren Lehrermitglieder der Schulpflegschaft werden von den Volksschullehrern, Volksschulfachlehrern und hauptamtlichen Religionslehrern der Schule auf die gleiche Amtsdauer wie die Elternvertreter gewählt. Unter welchen Voraussetzungen nebenamtliche Fachlehrer und Religionslehrer wahlberechtigt sind, bestimmt das zuständige Staatsministerium. Die Volksschulfachlehrer und hauptamtlichen Religionslehrer sind nur an der Schule wahlberechtigt, an der sie überwiegend tätig sind.

III Wählbar sind die Wahlberechtigten.

§ 8.

Der Amtsarzt und der Schularzt sind berechtigt an den Sitzungen der Schulpflegschaften ihres Dienstbezirkes bei Beratung gesundheitlicher Angelegenheiten mit Stimmrecht teilzunehmen.

§ 9.

Den Vorsitz in der Schulpflegschaft führt in den Gemeinden, in denen nur eine Schulpflegschaft besteht, der erste Bürgermeister oder sein gesetzlicher Stellvertreter, in den anderen Gemeinden der vom Gemeinde- beziehungsweise Stadtrat dazu bestimmte Gemeindevertreter.

§ 10.

In den unmittelbaren Städten, in denen zwei oder mehr Schulpflegschaften bestehen, wird zur Wahrnehmung von Aufgaben, die über den Wirkungsbereich der Schulpflegschaften hinausgreifen oder mehreren Schulen gemeinsam dienen, die Stadtschulpflegschaft gebildet.

§ 11.

I Die Stadtschulpflegschaft besteht aus je drei bis fünf Vertretern des Stadtrats, der Lehrerschaft und der beteiligten Eltern. Die Zahl der

Vertreter, die für jede Gruppe gleich groß sein muß, wird von der Stadtschulpflegschaft bestimmt.

II Als Vertreter des Stadtrats gehört der erste Bürgermeister der Stadtschulpflegschaft an. Die übrigen Vertreter des Stadtrats sowie eine entsprechende Zahl von Ersatzleuten wählt der Stadtrat auf die Dauer seiner eigenen Bestellung.

III Als Lehrervertreter wird ein Schulleiter und ein Ersatzmann von den sämtlichen Schulleitern der Stadt aus ihrer Mitte abgeordnet. Die übrigen Lehrervertreter werden von der Berufsvertretung der Lehrerschaft aus den Volksschullehrern sowie den nach § 7 Abs. II wahlberechtigten Fachlehrern und Religionslehrern der Stadt nach dem Grundsatze der Verhältniswahl bestimmt.

IV Die Elternvertreter werden von den Elternvertretern der Schulpflegschaften aus ihrer Mitte gewählt.

V Der für die Stadt aufgestellte Bezirksschulrat ist Mitglied der Schulpflegschaft. Sind zwei Bezirksschulräte vorhanden, so ist der dienstältere Mitglied der Schulpflegschaft. Sind mehr als zwei Bezirksschulräte vorhanden, so ordnen sie einen aus ihrer Mitte ab.

VI Die Amtsdauer der Lehrervertreter, der Elternvertreter und im Falle des Abs. V Satz 3 des Vertreters der Bezirksschulräte in der Stadtschulpflegschaft bemißt sich nach der Amtsdauer der Elternvertreter in den Schulpflegschaften.

§ 12.

I Die kirchliche Oberbehörde ordnet in die Stadtschulpflegschaft einen Pfarrvorstand als Mitglied ab. In Gemeinden, in denen mehr als sechs Pfarreien eines Bekenntnisses bestehen, können zwei Pfarrvorstände abgeordnet werden.

II Hat in der Stadt ein Rabbiner seinen Dienstsitz, so ist er Mitglied der Stadtschulpflegschaft.

§ 13.

Ist in einer unmittelbaren Stadt ein berufsmäßiger, fachmännisch vorgebildeter Stadtrat für das Schulwesen aufgestellt, so gehört er der Stadtschulpflegschaft als Mitglied an. Sind fachmännisch vorgebildete Hilfsbeamte des berufsmäßigen Stadtrates für das Volksschulwesen vorhanden, so kann er sich durch diese vertreten lassen.

§ 14.

Den Vorsitz in der Stadtschulpflegschaft führt der erste Bürgermeister oder sein gesetzlicher Stellvertreter.

§ 15.

Bestehen in einer mittelbaren Gemeinde mehrere Schulpflegschaften, so treten deren Mitglieder nach Bedarf zur Beratung gemeinsamer Angelegenheiten unter dem Vorsitze des Bürgermeisters zusammen.

§ 16.

Die Tätigkeit der Mitglieder der Schulpflegschaften ist ehrenamtlich.

§ 17.

Bezüglich der Verhängung von Dienststrafen über die Mitglieder der Schulpflegschaften und der Stadtschulpflegschaften mit Ausnahme der darin kraft ihres Amtes tätigen Staatsbeamten und Geistlichen gelten die Vorschriften der Gemeindeordnung entsprechend.

III. Abschnitt.

Schulleitung.

§ 18.

Die Schulleitung umfaßt die Anordnung und Durchführung aller Maßnahmen, die der Aufrechterhaltung der Ordnung und dem gedeihlichen Zusammenwirken der Lehrerschaft einer Schule im äußeren und inneren Schulbetriebe dienen. Sie erstreckt sich ferner auf die Durchführung der einschlägigen allgemeinen Vorschriften und der besonderen behördlichen Anordnungen.

§ 19.

I Jede Schule untersteht einem Schulleiter.

II Der einzige Volksschullehrer einer Schule ist zugleich der Schulleiter. Die Leiter der Schulen mit zwei und mehr Lehrerstellen werden von der Anstellungsbehörde ernannt.

III Im Falle der Behinderung wird der Schulleiter durch den dienstältesten Volksschullehrer vertreten, soferne nicht die zuständige Behörde aus besonderen Gründen etwas anderes bestimmt.

IV Die Besorgung der Schulleitungsgeschäfte ist ein Teil der hauptamtlichen Dienstesaufgabe der damit betrauten Volksschullehrer.

§ 20.

I In Angelegenheiten der Schulleitung, die sich zu gemeinsamer Beratung eignen, trifft der Schulleiter seine Maßnahmen nach Anhörung des Lehrerrats, an Schulen mit nur zwei Volksschullehrern nach Anhörung des anderen Volksschullehrers. Soweit es sich um die äußeren Angelegenheiten des Religionsunterrichtes oder der religiösen Betätigung der Schüler handelt, hat er mit dem Religionslehrer oder mit dem zuständigen Pfarramt ins Benehmen zu treten.

II Der Lehrerrat im Sinne dieses Gesetzes besteht aus sämtlichen Volksschullehrern, Volksschulfachlehrern und Religionslehrern der Schule sowie den von der Anstellungsbehörde abgeordneten Aushilfslehrern.

§ 21.

Der Gemeinderat oder Stadtrat kann einem Schulleiter die Verwaltung des im Schulhause festgelegten gemeindlichen Vermögens und die Aufsicht über die im Schulhaus untergebrachten gemeindlichen Wohlfahrtseinrichtungen mit Genehmigung der zuständigen Behörde übertragen. Dem Schulleiter kann für die Besorgung dieser Geschäfte von der Gemeinde mit Genehmigung der zuständigen Behörde eine angemessene Vergütung gewährt werden.

IV. Abschnitt.

Schulaufsicht.

§ 22.

Die Volksschulen und ihre Lehrkräfte stehen vorbehaltlich der bestehenden besonderen Vorschriften unter der dienstlichen Aufsicht der Bezirksschulbehörde, in den unmittelbaren Städten der Stadtschulbehörde.

§ 23.

I Die Bezirksschulbehörde besteht in jedem Bezirksamt aus dem Vorstande des Bezirksamts und dem Bezirksschulrate.

II Die Stadtschulbehörde besteht aus dem ersten Bürgermeister und dem Bezirksschulrate oder, soferne mehrere Bezirksschulräte aufgestellt sind, aus dem vom zuständigen Staatsministerium mit der Oberleitung betrauten Bezirksschulrate. Das zuständige Staatsministerium kann anordnen, daß neben dem mit der Oberleitung betrauten Bezirksschulrate die übrigen Bezirksschulräte in bestimmten Angelegenheiten mitzuwirken haben. Die Bestimmungen des § 27 bleiben vorbehalten.

§ 24.

I Die Bezirksschulräte werden vom zuständigen Staatsministerium aus dem Stande der Volksschullehrer ernannt.

II Die Bezirksschulräte sind etatmäßige Beamte des Staates im Sinne des Art. 2 des Beamtengesetzes. Sie erlangen, unbeschadet ihrer Rechte als Volksschullehrer, nach drei Jahren die Unwiderruflichkeit.

§ 25.

I Ist für einen oder mehrere Verwaltungsbezirke nur ein Bezirksschulrat bestellt, so soll er dem Bekenntnis angehören, zu dem die Mehrheit der Schulen des Bezirkes gehört.

II Sind in einem Verwaltungsbezirke mehrere Bezirksschulräte vorhanden, so sind soweit möglich Aufsichtsbezirke für die verschiedenen Schularten (§ 1 Abs. III) zu bilden. Bei den Bekenntnisschulen muß in diesem Falle der Bezirksschulrat dem entsprechenden Bekenntnis angehören.

III Die Bestimmungen des Abs. II finden auch Anwendung, wenn für zusammengefaßte Verwaltungsbezirke mehrere Bezirksschulräte bestellt werden.

§ 26.

Die Mitglieder der Bezirksschulbehörde und der Stadtschulbehörde erledigen die ihnen obliegenden Geschäfte gemeinsam, soweit nicht durch allgemeine Vorschriften oder besondere Aufträge der vorgesetzten Stelle etwas anderes bestimmt ist.

§ 27.

I Ist in einer unmittelbaren Stadt ein berufsmäßiger, fachmännisch vorgebildeter Stadtrat für das Schulwesen aufgestellt, so kann er vom zuständigen Staatsministerium in widerruflicher Weise mit der Dienstaufgabe des Bezirksschulrats gemäß § 23 betraut werden.

II Sind fachmännisch vorgebildete Hilfsbeamte des berufsmäßigen Stadtrates für das Volksschulwesen aufgestellt, so können sie vom zuständigen

Staatsministerium in widerruflicher Weise mit seiner Vertretung in den ihm nach Abs. I übertragenen Obliegenheiten betraut werden.

§ 28.

I Die staatliche Schulaufsicht über die Erteilung des Religionsunterrichts an den Volksschulen beschränkt sich auf die Überwachung der äußeren Schulordnung, der Schulzucht und des Schulbesuchs. Die Bestimmung des Lehrinhalts und der Methode der Erteilung des Religionsunterrichts ist Sache der zuständigen Stellen der Religionsgesellschaften. Die Religionsgesellschaften können durch Beauftragte den Religionsunterricht ihres Bekenntnisses an den Volksschulen besuchen lassen und sich durch diese vom Stande der Kenntnisse in der Religionslehre und der religiös-sittlichen Erziehung der bekenntniszugehörigen Schulkinder überzeugen.

II Die Religionsgesellschaften und ihre Vertreter haben gegenüber den Volksschullehrern, die bei der Erteilung des Religionsunterrichts mitwirken, keine dienstaufsichtlichen Befugnisse. Jedoch können sich die Beauftragten der Religionsgesellschaften mit den Lehrkräften, die den Religionsunterricht erteilen, über die Abstellung wahrgenommener Mängel benehmen. Auch ist ihnen unbenommen, die Schulaufsichtsbehörde anzurufen, wenn Beanstandungen zu erheben sind.

V. Abschnitt.

Übergangsbestimmungen.

§ 29.

Wo eine Stadtschulpflegschaft beim Inkrafttreten dieses Gesetzes noch nicht besteht, wird die Zahl der Vertreter des Stadtrats, der Lehrerschaft und der beteiligten Eltern in der Stadtschulpflegschaft von der zuständigen Schulaufsichtsbehörde nach Einvernahme des Stadtrates und der Berufsvertretung der Lehrerschaft festgesetzt.

§ 30.

Die §§ 13 Satz 1 und 27 Abs. I gelten entsprechend für die früheren weltlichen Lokalschulinspektoren der Pfalz, die als Stadtschulräte aufgestellt werden, ohne Mitglieder des Stadtrates zu sein.

VI. Abschnitt.

Fortbildung.

§ 31.

Zur Leitung der Fortbildung der Schulamtsbewerber und Hilfslehrer werden Bezirksoberlehrer aufgestellt. Sie sind Volksschullehrer mit gehobener Dienstesaufgabe. Die Übertragung der Leitung der Fortbildung ist widerruflich.

VII. Abschnitt.

Aufhebung und Änderung bestehender Vorschriften.

§ 32.

Alle Bestimmungen, die den Vorschriften dieses Gesetzes entgegenstehen oder durch sie ersetzt werden, treten außer Kraft.

§ 33.

Art. 58 des Polizeistrafgesetzbuches vom 26. Dezember 1871 erhält folgende Fassung:

I. Umfang und Dauer der Schulpflicht werden durch Verordnung bestimmt.

II. Erziehungsberechtigte, die es ohne genügenden Grund unterlassen, die ihrer Erziehungsgewalt unterstellten schulpflichtigen Kinder zum Besuche des Unterrichts anzuhalten, werden auf Antrag der zuständigen Schulbehörde mit Geld bis zu 500 Mark oder mit Haft bestraft. Den Erziehungsberechtigten stehen die Personen gleich, denen die Erziehung schulpflichtiger Kinder übertragen ist, insbesondere die Vorstände von Erziehungsanstalten und die Dienst- und Lehrherren.

III. Schulpflichtige, die aus eigenem Verschulden den Besuch des Unterrichts der Fortbildungsschule versäumen, werden auf Antrag der zuständigen Schulbehörde mit Geld bis zu 300 Mark oder mit Haft bestraft.

IV. Ob und wieweit dem Strafantrage der Schulbehörde ein Verwaltungsstrafverfahren vor den Schulpflegschaften oder den Schulbehörden vorauszugehen hat, wird durch Verordnung bestimmt. Im Verwaltungsstrafverfahren kann nach näherer Bestimmung der Verordnung die Strafe des Verweises oder Geldstrafe bis zu 100 Mark für jedes Versäumnis festgesetzt werden.

§ 34.

Art. 100 des Volksschullehrergesetzes vom 14. August 1919 wird aufgehoben.

VIII. Abschnitt.

Inkrafttreten und Vollzug.

§ 35.

I Dieses Gesetz tritt am 1. Oktober 1922 in Kraft. Das Gesetz wird als dringend bezeichnet.

II Maßnahmen, die zur Durchführung erforderlich sind, können nach den Vorschriften des Gesetzes schon vorher getroffen werden.

§ 36.

Das zuständige Staatsministerium erläßt die näheren Vorschriften zum Vollzuge dieses Gesetzes.

München, den 1. August 1922.

Im Namen des Landtags:
Königbauer, Präsident.

Das Gesamtministerium:
Graf v. Lerchenfeld. Gürtner.
Dr. **Schweyer.** Dr. **Matt.** Dr. **Krausneck.**
Oswald. Wutzlhofer. I. V. Dr. **v. Meinel.**

II. Gesetz über Schulpflege, Schulleitung und Schulaufsicht an den Volksschulen (Schulaufsichtsgesetz)

vom 1. August 1922

(GVBl. S. 385).

Mit den Vollzugsvorschriften

vom 16. August 1923

(KMBl. S. 91)*)

und Erläuterungen.

Der Landtag des Freistaates Bayern hat folgendes Gesetz[1]) beschlossen:

Vollzugsvorschriften.

Nr. 35688. Bek. d. Staatsmin. f. Unt. u. K. vom 16. August 1923 zum Vollzuge des Gesetzes über Schulpflege, Schulleitung und Schulaufsicht an den Volksschulen vom 1. August 1922 (Schulaufsichtsgesetz).

Die gemäß § 36 des Schulaufsichtsgesetzes vom 1. August 1922 (GVBl. S. 385) im Einverständnisse mit dem Staatsministerium des Innern erlassenen Vollzugsvorschriften zu diesem Gesetze werden nachstehend bekannt gegeben.

Dr. Matt.

Vollzugsvorschriften zum Schulaufsichtsgesetze.

Vorbemerkungen.

1. I *Das Schulaufsichtsgesetz (SchAG.) regelt die Schulpflege, Schulleitung und Schulaufsicht an den Volksschulen. Volksschulen im Sinne des Gesetzes sind zunächst die öffentlichen Volksschulen (Volkshauptschulen und Volks-Fortbildungsschulen) einschließlich der Hilfsschulen für schwachbefähigte Kinder.*

II *Ferner gelten die Vorschriften des Gesetzes grundsätzlich auch für die christlichen Bekenntnissonderschulen gemäß Art. 33 und die israelitischen Volksschulen gemäß Art. 36 des Schulbedarfgesetzes vom 14. August 1919, jedoch mit der Maßgabe, daß für diese Schulen an die*

---

*) Die einzelnen Bestimmungen der Bek. werden nachstehend im Anschlusse an die einschlägigen Paragraphen des Gesetzes abgedruckt.

Stelle der Gemeinde der Verband der Schulunternehmer tritt. Es bleibt vorbehalten, hierüber besondere Bestimmungen zu treffen.

III *Auf die Schulen von Stiftungen und gemeinnützigen Unternehmungen gemäß Art. 35 des Schulbedarfgesetzes sind der Natur der Sache nach die Vorschriften über Schulpflege und Schulleitung nicht anwendbar. Dagegen gelten die Vorschriften über die Schulaufsicht für sie entsprechend.*

IV *Unter die Volksschulen im Sinne des SchAG. fallen insbesondere nicht die privaten Volksschulen und die Seminarübungsschulen an den öffentlichen und privaten Lehrer- und Lehrerinnenbildungsanstalten.*

2. I *Die Bezeichnung Volksschullehrer ist im Sinne des Art. 1, die Bezeichnung Volksschulfachlehrer im Sinne der Art. 144 und 178 des Volksschullehrergesetzes vom 14. August 1919 zu verstehen.*

II *Schulklasse ist die Vereinigung von Schulkindern in einem Unterrichtsraume zur gleichzeitigen schulmäßigen Unterweisung durch einen Volksschullehrer.*

III *Eine Schule im Sinne des § 1 des SchAG. gilt als ausgebaut, wenn sie sieben aufsteigende Schulklassen aufweist. In Schulorten mit pflichtmäßigem achten Schuljahr umfaßt die ausgebaute Schule acht aufsteigende Schulklassen.*

1. Das Geltungsbereich des Gesetzes ist in Ziff. 1 der Vorbemerkungen zu den Vollzugsvorschriften umschrieben. Zu beachten ist, daß sich das Gesetz auch nicht auf die Berufsfortbildungsschulen bezieht. Für diese kommt, soweit nicht in der Zwischenzeit besondere Vorschriften erlassen wurden, die Verordnung über die Berufsfortbildungsschulen vom 22. Dezember 1913 (GVBl. S. 966, KMBl. S. 363) in Betracht (vgl. § 7 der VO. über die Behandlung der Schulversäumnisse vom 30. September 1922 (GVBl. S. 618) und Abschn. V, Ziff. 37 bis 40 der Bek. d. Staatsmin. f. Unterricht u. Kult. über die Behandlung der Schulversäumnisse vom 23. Juni 1923, KMBl. S. 75, MABl. S. 56).

Auch die sog. „Tagesfortbildungsschulen", soweit solche noch bestehen, fallen nicht unter das Schulaufsichtsgesetz. Sie bilden den Übergang von der Volksfortbildungsschule zur Berufsfortbildungsschule, sind gemeindliche Einrichtungen und unterliegen wie private Volksschulen der Aufsicht, die in der VO. vom 10. Mai 1905, die Gründung, Leitung und Beaufsichtigung von Erziehungsanstalten und Unterrichtsanstalten betr. (GVBl. S. 471, KMBl. S. 179) geregelt ist.

I. Abschnitt.

Allgemeine Bestimmungen.

§ 1.

I Als Schule¹) im Sinne dieses Gesetzes gelten vorbehaltlich der nachfolgenden Bestimmungen die in einem Schulgebäude untergebrachten Schulklassen.

II Mehrere in verschiedenen Schulhäusern untergebrachte Klassen der gleichen Schulart (Abs. III) können zu einer Schule vereinigt werden. Auch können aus den in einem Schulgebäude untergebrachten Klassen mehrere Schulen gebildet werden.

III Sind in einem Schulhause Klassen verschiedener Schularten (Bekenntnisschulen[2]) verschiedener Bekenntnisse, nach Bekenntnissen gemischte Schulen)[2]) untergebracht, so ist für jede dieser Schularten eine besondere Schule zu bilden, soweit nicht nach Abs. II Satz 1 verfahren wird[3]).

Vollzugsvorschriften.

Zu § 1 Abs. I.

3. I *In § 1 Abs. I des SchAG. ist die Regel aufgestellt, daß die in einem Schulgebäude untergebrachten Klassen eine Schule bilden. Voraussetzung ist hierbei, daß sich nur Klassen der gleichen Schulart, d. h. entweder nur Schulklassen eines Bekenntnisses oder nur Klassen einer nach Bekenntnissen gemischten Schule in dem Schulgebäude befinden. Klassen verschiedener Schularten (Bekenntnisschulen verschiedener Bekenntnisse, nach Bekenntnissen gemischte Schulen) können nicht zu einer Schule vereinigt sein (§ 1 Abs. III des SchAG.).*

II *In Schulorten, in denen nur eine Schulart vertreten ist und Knaben und Mädchen getrennt in zwei Schulgebäuden unterrichtet werden, besteht sonach eine eigene Knabenschule und eine eigene Mädchenschule, auch wenn jede dieser Schulen nur wenige Schulklassen umfaßt, soferne nicht zweckmäßig nach der folgenden Ziff. 4 verfahren wird.*

Zu § 1 Abs. II.

4. I *Nach § 1 Abs. II Satz 1 des SchAG. ist es zulässig, Klassen der gleichen Schulart, die in verschiedenen Gebäuden untergebracht sind, zu einer Schule zu vereinigen. Diese Bestimmung kann dann angewendet werden, wenn die Zahl der Schulklassen, die in eine andere Schule eingegliedert werden sollen, weniger als 10 beträgt. Von der Hinzunahme einer ausgebauten Schule mit sieben oder acht aufsteigenden Schulklassen ist jedoch abzusehen.*

II *Nach § 1 Abs. II Satz 2 des SchAG. können die in einem Schulgebäude untergebrachten Klassen der gleichen Schulart in mehrere Schulen zerlegt werden. In welchen Fällen von dieser Befugnis Gebrauch zu machen ist, bemißt sich nach dem Bedürfnisse, wie es sich namentlich aus der Rücksicht auf eine möglichst zweckmäßige Erfüllung der Aufgaben der Schulpflege und der Schulleitung ergibt. In der Hauptsache wird die Bestimmung des § 1 Abs. II Satz 2 dazu dienen, um die in einem Schulhause vorhandenen Klassen nach Geschlechtern zu trennen und eine besondere Knabenschule und eine besondere Mädchenschule zu bilden. Dabei ist indessen zur Wahrung einheitlicher Schulführung und gedeihlichen Zusammenarbeitens der in einem Schulhause tätigen Lehrpersonen von unnötiger Zerreißung der Schulkörper abzusehen. Daher darf die Zerlegung in zwei besondere Schulen erst in Betracht gezogen werden, wenn die Zahl der in dem Schulhause untergebrachten Klassen der gleichen Schulart 14 oder, wo das pflichtmäßige achte Schuljahr eingeführt ist, 16 übersteigt. Sind in einem Schulhause 28 oder mehr nach Geschlechtern getrennte Klassen der gleichen Schulart vorhanden, so muß die Teilung der Schulen nach Geschlechtern durchgeführt werden. In den übrigen Fällen hängt die Entscheidung über die Teilung von den für die Prüfung des Bedürfnisses maßgebenden Umständen ab. 28 oder mehr Klassen darf eine Schule auch dann nicht zählen, wenn sie nur Knabenklassen oder nur Mädchenklassen umfaßt. Die Teilung hat in diesem Fall in der Weise zu erfolgen, daß auch nach der Teilung jede Schule im Sinne der vorstehenden Ziff. 2 Abs. III ausgebaut ist.*

III *Für die im Vollzuge des § 1 Abs. II und III des SchAG. erforderlichen Verfügungen sind die Regierungen, Kammern des Innern, zuständig.*

1. Unter „Schule" versteht man im allgemeinen eine Anstalt, in der Heranwachsende zu Unterrichts- und Erziehungszwecken gruppenweise für längere Zeit zusammengehalten werden. In der Umgangssprache heißt „Schule" auch das Gebäude, in dem sich eine solche Anstalt befindet, das Schulgebäude, das Schulhaus.

Das Schulaufsichtsgesetz, das sich nur mit den Volksschulen, d. h. den Elementar- oder deutschen Schulen im Gegensatz zu den Mittel- und höheren Schulen befaßt (s. VV. Ziff. I u. Anm. 1 zum Eingang des Ges.), zieht den räumlichen Gedanken zu seiner Begriffbildung mitheran und versteht unter „Schule" als Regel die Gesamtheit der in einem Schulgebäude befindlichen Schulklassen und als Schulklasse die Vereinigung der in einem zur gleichzeitigen Beschulung durch einen Volksschullehrer zusammengefaßten Schulkinder (s. VV. Ziff. 2 II, aber auch Ziff. 41 I, wonach der Begriff der „Volksschule" im Sinne des § 22 des SchAG. ein weiterer ist, als der Begriff der „Schule" im Sinne des § 1 des Ges. und neben diesem Begriffe unter „Schule" zweitens auch die Gesamtheit der den Zwecken der Volksschule gewidmeten Sachen, insbes. die Schulgebäude samt Einrichtung und Zubehör, Turn- und Spielplätzen und Schulgärten, versteht). Eine Schulklasse kann einen oder mehrere Jahrgänge umfassen. Eine Schule mit sieben Jahrgängen in einem Raume ist demnach eine einklassige Schule, eine Schule mit beispielsweise drei Abteilungen in drei Lehrsälen ist eine dreiklassige Schule, eine Schule mit sieben Schulzimmern für je einen Jahrgang eine siebenklassige Schule. Die „ausgebaute" Schule im Sinne der Ziff. 2 III der Vorbemerkungen zu den VV. kann auch mehr als sieben oder acht Schulklassen umfassen, nämlich dann, wenn einzelne Jahrgänge so stark sind, daß sie in einem Raume nicht untergebracht werden können und „Parallelklassen" gebildet werden müssen.

2. Bekenntnisschulen = Konfessionsschulen sind öffentliche Volksschulen mit Lehrkräften und Schülern des gleichen christlichen Bekenntnisses. Unterricht und Erziehung erfolgt im Geiste dieses Bekenntnisses. Es haben aber auch Kinder eines anderen Bekenntnisses solche Schulen zu besuchen, wenn für sie eine Schule ihres Bekenntnisses in dem Schulsprengel ihres Wohnsitzes nicht zur Verfügung steht. In Betracht kommen nur katholische und protestantische Schulen. Für die Errichtung der Bekenntnisschulen ist die Bestimmung in Art. 10 des Schulbedarfgesetzes vom 14. August 1919 (GVBl. S. 489) und in ihren Grundzügen die VO. vom 26. August 1883 über die Errichtung der Volksschulen und die Bildung der Schulsprengel (GVBl. S. 407, KMBl. S. 247) maßgebend. Der Vollzug der Simultanschulverordnung des Staatsmin. f. Unterr. u. Kultus vom 1. August 1919 (GVBl. S. 391, KMBl. S. 112) wurde mit VO. des Gesamtministeriums vom 22. Juni 1920 (GVBl. S. 347, KMBl. S. 281) bis auf weiteres eingestellt. Die einschlägigen Verhältnisse werden im Reichsschulgesetze geregelt werden.

Im Gegensatz zu den Bekenntnisschulen stehen die „nach Bekenntnissen gemischten Schulen" = konfessionell gemischten oder Simultanschulen. Diese sind öffentliche Volksschulen mit christlichem Charakter, bei denen aber die Schüler nicht dem gleichen Bekenntnisse angehören und in der Schule — abgesehen von dem getrennt zu erteilenden Religionsunterrichte — auf die Verschiedenheit der Bekenntnisse Rücksicht genommen werden muß. Die Lehrkräfte haben (nach bestimmten Regeln) einem der beteiligten Bekenntnisse (dem katholischen oder protestantischen) anzugehören (s. § 7 und 12 der VO. vom 26. August 1883).

Von den öffentlichen „Bekenntnisschulen" sind ferner zu unterscheiden die christlichen Bekenntnissonderschulen im Sinne des Art. 33 des SchBG. vom 14. August 1919. Diese sind keine öffentlichen Schulen, sondern werden von Angehörigen eines christlichen Bekenntnisses aus eigenen Mitteln freiwillig unterhalten, ersetzen jedoch die öffentliche Volksschule. Die Bestimmungen des SchAG. gelten für sie im Rahmen der VV. (Vorbemerkungen) Ziff. 1 II.

3. Wenn z. B. eine kleinere Stadt mit konfessionell gemischter Bevölkerung zwei Schulgebäude besitzt, in denen die Schulkinder so untergebracht sind, daß in dem einen Gebäude sich — nach den Bekenntnissen getrennt — nur Knaben, in dem andern — ebenso nach den Bekenntnissen abgeteilt — nur Mädchen befinden, so sind entweder (unter Beachtung von Ziff. 4 Abs. II der VV.) vier Schulen zu bilden (je eine kath. und prot. Knabenschule und je eine kath. und prot. Mädchenschule) oder (unter Beachtung von Ziff. 4 Abs. I der VV.) zwei Schulen, aber nicht eine Knabenschule und eine Mädchenschule, wie es den Schulgebäuden entspräche, sondern eine kath. und eine prot. Schule. Wenn die Konfessionen in jener Stadt nicht in der gleichen Kinderzahl vertreten sind, kann auch die Bildung von drei Schulen zweckmäßig sein, zwei Schulen (Knabenschule und Mädchenschule) für das stärker vertretene Bekenntnis und eine Schule (Knaben und Mädchen zusammen) für die in der Minderheit befindliche Konfession (VV. Ziff. 3). Für die Bildung der Schulpflegschaften und Aufstellung der Schulleiter wie auch für die Bildung der Schulaufsichtsbezirke ist Begriff und Bildung der „Schulen" von besonderer Bedeutung (§ 3 und 19 des SchAG., VV. Ziff. 46).

Vollzugsvorschriften.

Vorbemerkungen.

5. I Schulpflege ist die Sorge der an der Volksschule persönlich und sachlich Beteiligten für alle Maßnahmen und Einrichtungen, die der Förderung der äußeren Schulverhältnisse und der Unterstützung der Erziehung der schulpflichtigen Jugend in und außerhalb der Schule dienen.

II Eine besonders wichtige Aufgabe der Schulpflege ist es, Bindeglied zwischen Familie und Schule zu sein und die Belange dieser beiden Erziehungskräfte gemeinsam zu vertreten und auszugleichen. Die Schulpflege kann dieser Aufgabe dann gerecht werden, wenn sie zwischen Elternschaft und Lehrerschaft eine lebendige Gemeinschaft im Dienste der Erziehung anzubahnen und zu befestigen vermag. Diese Gemeinschaft muß auf gegenseitigem Vertrauen aufgebaut sein. Sie soll Verständnis für die Wünsche und Bestrebungen der Erziehungsberechtigten und der Berufserzieher schaffen und auftretende Unstimmigkeiten oder Gegensätze zu beheben suchen.

III Die Träger der Schulpflege sind die Schulpflegschaften. Sie werden für jede einzelne Schule oder für mehrere Schulen gemeinsam gebildet. In unmittelbaren Städten, in denen zwei oder mehr Schulpflegschaften vorhanden sind, besteht daneben noch eine Stadtschulpflegschaft. Ihr obliegt die Wahrnehmung der Aufgaben, die über den Wirkungskreis der Schulpflegschaften hinausgreifen oder die mehrere Schulen gemeinsam berühren.

IV *Den Schulpflegschaften und den Stadtschulpflegschaften kommt eine Aufsicht über die Volksschule und die Volksschullehrer und eine Teilnahme an der Leitung der Schule nicht zu.*

V *Die Schulpflegschaften und die Stadtschulpflegschaften sind befugt, Anregungen und Wünsche an die Gemeindebehörden und an die Schulaufsichtsbehörden zu richten. Ein förmliches Beschwerderecht gegen schulaufsichtliche Anordnungen sowie gegen Volksschullehrer kommt ihnen nicht zu.*

VI *Der Bezirksvorstand (der erste Bürgermeister einer unmittelbaren Stadt) kann beim Vorliegen besonderer Gründe oder auf Antrag des Bezirksschulrats die Abhaltung außerordentlicher Sitzungen der Schulpflegschaften und die Beratung bestimmter Gegenstände in diesen anordnen. Der Bezirksamtsvorstand (der erste Bürgermeister einer unmittelbaren Stadt) und der Bezirksschulrat sind befugt, den Sitzungen der Schulpflegschaften anzuwohnen.*

VII *Anfallende Kosten beim Vollzuge der Schulpflege sowie bei der Durchführung der Wahlen zu den Schulpflegschaften und zu den Stadtschulpflegschaften gehören zum sächlichen Schulbedarf.*

II. Abschnitt.

Schulpflege.

§ 2.

Aufgabe der Schulpflege[1]) ist nach Maßgabe der bestehenden Vorschriften die Förderung der Beziehungen zwischen Schule und Elternhaus, die Anteilnahme an der Erziehung der schulpflichtigen[2]) Jugend, die Förderung der äußeren Schulverhältnisse[3]) sowie die Mitwirkung bei der Behandlung der Schulversäumnisse[4]). Die Schulpflege erstreckt sich nicht auf die Unterrichtserteilung und auf die Angelegenheiten der Schulleitung[5]) und Schulaufsicht[6]).

Vollzugsvorschriften.

Zu § 2.

6. I *Die Schulpflegschaften und die Stadtschulpflegschaften sind gutachtlich zu hören in allen Angelegenheiten, für welche dies durch allgemeine Vorschriften bestimmt oder durch besondere Verfügung der Schulaufsichtsbehörden angeordnet ist.*

II *Zu den äußeren Schulverhältnissen, deren Förderung zur Aufgabe der Schulpflege gehört, zählen insbesondere:*

a) die gehörige Ausstattung der Schulen und die Bereitstellung des erforderlichen Bedarfes (Schuleinrichtung, Lehrmittel, Verbrauchsgegenstände, insbesondere Heizstoffe),

b) die Instandhaltung der Schulgebäude, Schulgrundstücke und Schuleinrichtungsgegenstände,

c) die Reinlichkeitspflege in den Schulhäusern und die Gesundheitspflege der Schulkinder,

d) die Errichtung neuer Schulen und Lehrstellen und die Umbildung von Schulsprengeln,
e) die Beschaffung der nötigen Lernmittel und anderer Unterstützungsmittel für arme Schulkinder,
f) die Sorge für die Wohlfahrt kränklicher, geistig schwacher oder sittlich gefährdeter Kinder.

III *Zur Erfüllung dieser Aufgaben haben die Schulpflegschaften und, soweit ihre Zuständigkeit gegeben ist, die Stadtschulpflegschaften das Recht und die Pflicht, sich über die bestehenden Verhältnisse und Bedürfnisse zu unterrichten und veranlaßten Falles gutachtliche Anträge und Erinnerungen bei der Verwaltung der zur Bereitstellung des sächlichen Schulbedarfs nach Art. 11 des Schulbedarfgesetzes verpflichteten Gemeinde vorzubringen. Zu diesem Zweck ist ihnen, soweit veranlaßt, Gelegenheit zu geben, zu den Voranschlägen für den Schulbedarf, dann zu den Plänen und Kostenvoranschlägen über bauliche Maßnahmen für Schulzwecke vor der endgültigen Feststellung durch die Gemeindevertretung Stellung zu nehmen. Im übrigen werden in der Regel die Mitteilungen und Anregungen der Lehrermitglieder die Grundlage für die einschlägigen Verhandlungen der Schulpflegschaften bilden. In wichtigeren Fällen kann auch Einsichtnahme an Ort und Stelle durch die gesamte Schulpflegschaft oder durch einzelne von ihr damit beauftragte Mitglieder veranlaßt sein. Der Unterricht darf durch solche Erhebungen nicht gestört werden.*

IV *Für die Mitwirkung der Schulpflegschaften bei der Behandlung der Schulversäumnisse sind die Bestimmungen der Verordnung vom 30. September 1922 über die Behandlung der Schulversäumnisse (Gesetz- und Verordnungsblatt Seite 618) und der Ministerialbekanntmachung vom 23. Juni 1923 Nr. 28243 (Amtsblatt des Bayer. Staatsministeriums für Unterricht und Kultus Seite 75 und Amtsblatt der Inneren Verwaltung Seite 56) maßgebend.*

V *Die Schulpflegschaften und die Stadtschulpflegschaften können sich besonders ersprießlich betätigen durch Anregung und Mitarbeit bei Beaufsichtigung der Schuljugend außerhalb der Schulzeit und bei den Maßnahmen und Wohlfahrtseinrichtungen, die zwar nicht unmittelbar zum Schulleben gehören, aber die körperliche, geistige und sittliche Hebung der Schuljugend zu fördern geeignet sind. Dazu zählen beispielsweise die Schaffung von Spielplätzen, Bade- und Schwimmgelegenheiten, Eislaufplätzen, die Veranstaltung von Wanderungen und Turnspielen, die Einrichtung von Schülerhorten, Ferienhorten und Suppenküchen, die Ermöglichung geeigneter Gartenarbeiten, die Abhaltung belehrender und unterhaltender Vorträge und Vorführungen, die Bereitstellung von Leseräumen, die Einrichtung und der Ausbau von Schulbüchereien. Wo gemeindliche Wohlfahrtseinrichtungen solcher Art bestehen, soll auf das Zusammenwirken der Schulpflegschaften und der Stadtschulpflegschaften mit diesen Wohlfahrtseinrichtungen nicht verzichtet werden. Eine weitere wichtige Aufgabe erwächst der Schulpflegschaft in der Sorge für die Fernhaltung von Schund und Schmutz jeglicher Art von der heranwachsenden Jugend.*

VI *Die Schulpflegschaften erledigen ihre Aufgaben in ordentlichen Sitzungen ihrer Mitglieder sowie in außerordentlichen Zusammenkünften mit den Erziehungsberechtigten und Berufserziehern. Die ordentlichen*

Sitzungen sind nicht öffentlich. Sie finden in einem gemeindlichen Amtsraum oder in einem Schulzimmer statt.

1. Begriff: s. VV. Ziff. 5 I, Aufgaben der Schulpflege s. VV. Ziff. 5 II und 6.

Im wesentlichen sind die Bestimmungen über die Schulpflege aus der nun aufgehobenen VO. vom 28. August 1919 (GVBl. S. 519) in das Gesetz und die Vollzugsvorschriften herübergenommen. Weggefallen sind die Bestimmungen über die Bezirksschulpflege. Die Bezirksschulpflegschaften lebten sich nicht ein. Es fehlte an den Gegenständen für eine Tätigkeit, da die Bezirke in der Regel weder Schulen unterhalten noch Leistungen dafür aufzubringen haben. Wo aber Bezirke sich um das Schulwesen annehmen wollen, kann dies in Sonderausschüssen für das Schulwesen geschehen, die nach Art. 20 des Selbstverwaltungsgesetzes vom 22. Mai 1919 (GVBl. S. 239) zu bilden wären.

Organe der Schulpflege sind demnach nur mehr die Schulpflegschaften für die einzelnen Schulen und außerdem in unmittelbaren Städten die Stadtschulpflegschaften (Begr.).

2. S. Anm. 2 zu § 33 des SchAG.

3. S. VV. Ziff. 6 II. Die Aufzählung ist keine erschöpfende.

4. Die Mitwirkung bei der Behandlung der Schulversäumnisse macht einen sehr wesentlichen Bestandteil der Tätigkeit der Schulpflegschaften aus. Die maßgebenden Bestimmungen enthalten (s. Ziff. 6 IV der VV.) die zum Vollzuge des Art. 58 des PolStGB. in der Fassung nach § 33 SchAG. erlassene VO. vom 30. September 1922 (GVBl. S. 618) und MinBek. vom 23. Juni 1923 (KMBl. S. 75 und MABl. S. 56, abgedruckt im Anhang). Die VO. vom 2. September 1886, die Behandlung der Versäumnisse des Besuches der Schule und des öffentlichen Religionsunterrichtes betr. (GVBl S. 585), der § 19 der VO. vom 22. Dezember 1913 über die Berufsfortbildungsschulen (GVBl. S. 966) und die ME. vom 23. Dezember 1918 über die Behandlung der Schulversäumnisse (KMBl. S. 348) sind aufgehoben.

Bei der Geldstrafe, die im Verwaltungsstrafverfahren für jedes Versäumnis festgesetzt werden kann, beträgt derzeit der Mindestbetrag eine Goldmark und der Höchstbetrag 1000 Goldmark, bei Jugendlichen 500 Goldmark. Statt Goldmark ist nunmehr zu setzen: „Reichsmark." S. Anm. 1 zu § 33 des Gesetzes.

5. S. § 18 ff. d. Ges. und Anm. 2 zu § 18 sowie VV. Ziff. 5 IV.

6. S. § 22 ff. d. Ges. und VV. Ziff. 5 IV. — Es kann vorkommen, daß in einer Schulpflegschaftssitzung Klagen über Pflichtverletzungen seitens einer Lehrperson vorgebracht werden. Der Schulpflegschaft bleibt es unbenommen darüber der Aufsichtsbehörde (Bezirksschulbehörde, Stadtschulbehörde) zu berichten. Der Fall kann so gelagert sein, daß die Anzeigeerstattung an die Aufsichtsbehörde geradezu Pflicht der Schulpflegschaft ist (vgl. VV. 33 IV, Buchst. h, Abs. 2). Dagegen steht ihr kein Recht zu, über angebliche Pflichtverletzungen von Lehrpersonen eine förmliche Untersuchung anzustellen oder Ermahnungen und Rügen zu erteilen. Die Untersuchung von Beschwerdefällen ist Aufgabe der Bezirks- und Stadtschulbehörden (s. MinBek. vom 12. Juli 1920, die Dienstaufsicht und das Dienststrafrecht für die Volksschullehrer betr. (KMBl. S. 282, § 4, Abs. III), zur Erteilung **mündlicher** Ermahnungen oder Warnungen aber ist nur der Beamte berechtigt, der dem Volksschullehrer gegenüber befugt ist, amtliche Anordnungen zu treffen und zur Erteilung schriftlicher Ermahnungen oder Warnungen ist zunächst die Bezirksschulbehörde (Stadtschulbehörde), ferner die Regierung, Kammer des Innern, zuständig (§ 1 a. a. O.). Über Dienstaufsicht und Dienststrafrecht für die Volksschullehrer s. außer der gen. MinBek. vom 12. Juli 1920 (abgedruckt im Anhang) Art. 100 ff. des VLG. vom 14. August 1919 (GVBl. S. 437). Auch bei Klagen hinsichtlich der äußeren Verhältnisse des Religionsunterrichtes und über Religionslehrer weltlichen und geistigen Standes hätte sich die Schulpflegschaft an die Bezirksschulbehörde (Stadtschulbehörde) zu wenden und dieser das Weitere zu überlassen (s. § 28 des Ges. und Anm. 6 hiezu).

§ 3.

Für jede Schule[1]) wird eine Schulpflegschaft gebildet[2]). Jedoch ist es zulässig

a) daß in einer Gemeinde für Schulen verschiedener Art (§ 1 Abs. III)[1]) nur eine Schulpflegschaft gebildet wird, wenn und soweit dies von den beteiligten Erziehungsberechtigten[3]) je mit Stimmenmehrheit beantragt wird; ebenso kann für Schulen der gleichen Art[1]), die nach Geschlechtern getrennt sind, eine gemeinschaftliche Schulpflegschaft gebildet werden,

b) daß in einer Gemeinde für mehrere Schulen der gleichen Art[4]) eine gemeinsame Schulpflegschaft gebildet wird,

c) daß in einer Gemeinde für Hilfsschulklassen[4])[5]) eine oder mehrere besondere Schulpflegschaften gebildet werden.

Vollzugsvorschriften.

Zu § 3.

7. I In der Regel ist für jede Schule eine Schulpflegschaft zu bilden. Das SchAG. läßt jedoch Ausnahmen hiervon zu. Die Bildung einer gemeinschaftlichen Schulpflegschaft im Sinne des § 3 Buchst. a u. b oder einer besonderen Schulpflegschaft gemäß Buchst. c des SchAG. kann sowohl von den an der Schulpflege Beteiligten (Erziehungsberechtigten, Gemeindebehörden, Lehrpersonen) beantragt als auch von Amtswegen veranlaßt werden. In gleicher Weise kann die Auflösung einer gemeinschaftlichen Schulpflegschaft und die Bildung mehrerer Einzelschulpflegschaften hieraus in die Wege geleitet werden. Eine Mitwirkung der Erziehungsberechtigten ist nur im Falle des § 3 Buchst. a des SchAG. vorgeschrieben, soferne Schulen verschiedener Art beteiligt sind, doch wird es sich empfehlen, die Erziehungsberechtigten auch in allen anderen Fällen zu hören.

II Als „Erziehungsberechtigte“ gelten für eheliche Kinder sowohl der Vater als auch die Mutter, wenn ein Eheteil gestorben ist, der überlebende, bei dessen Wiederverheiratung auch der andere Eheteil, für Doppelwaisen der Vormund, für uneheliche Kinder die Mutter, bei deren Ableben der Vormund, für voreheliche, nicht legitimierte Kinder einer verheirateten Frau nur die Mutter, für angenommene Kinder und Pflegekinder sowohl der Pflegevater als auch die Pflegemutter. „Beteiligt“ sind diejenigen Erziehungsberechtigten, die wenigstens ein Kind besitzen, das die betreffende Schule besucht. Zum Vollzuge des § 3 Buchst. a des SchAG. sowie zur Vornahme der Wahl der Elternvertreter in die

Schulpflegschaften sind auf Anordnung der Bezirksschulbehörde oder Stadtschulbehörde durch die Schulleiter unter Mithilfe der Klaßlehrer Verzeichnisse der „beteiligten Erziehungsberechtigten" für die einzelnen Schulen aufzustellen. Diese Verzeichnisse enthalten Name und Stand, wenn notwendig, auch die Angabe der Wohnung der Erziehungsberechtigten.

III *Von dem Antragsrechte sind ausgeschlossen Erziehungsberechtigte, die entmündigt oder unter vorläufige Vormundschaft gestellt sind, die infolge eines rechtskräftigen Urteils die bürgerlichen Ehrenrechte nicht besitzen oder die nach den Bestimmungen des Bürgerlichen Gesetzbuches die elterliche Gewalt verwirkt haben.*

IV *Anträge auf Bildung und Auflösung gemeinschaftlicher Schulpflegschaften können innerhalb der dreijährigen Amtsdauer nur einmal und zwar nach mindestens einjährigem Bestand einer Schulpflegschaft vor Beginn eines neuen Schuljahrs gestellt werden. Sie sind wenigstens sechs Wochen vor diesem Zeitpunkt an die zuständige Bezirksschulbehörde oder Stadtschulbehörde zu richten. „Beteiligte Erziehungsberechtigte", die Antrag auf Bildung und Auflösung einer gemeinschaftlichen Schulpflegschaft zu stellen beabsichtigen, können bei der Bezirksschulbehörde oder Stadtschulbehörde um die Aufstellung eines Verzeichnisses gemäß dem Abs. II nachsuchen und Abschrift hiervon anfertigen.*

V *Die Bildung von Schulpflegschaften nach § 3 Buchst. a, b und c des SchAG. kann nur mit Wirkung vom Beginn eines Schuljahrs an erfolgen.*

VI *Eine gemeinschaftliche Schulpflegschaft im Sinne des § 3 Buchst. a des SchAG. kann nur für diejenigen Schulen gebildet werden, für die ein Antrag der „beteiligten Erziehungsberechtigten" je mit Stimmenmehrheit gestellt ist. Das gleiche gilt für die Bildung mehrerer Einzel-Schulpflegschaften unter Auflösung einer gemeinschaftlichen Schulpflegschaft. Jeder Antrag muß die eigenhändige Unterschrift der dem Antrage zustimmenden Erziehungsberechtigten tragen. Ein Antrag gilt dann als mit Stimmenmehrheit gestellt, wenn er mindestens eine Stimme mehr als die Hälfte der Zahl der Stimmberechtigten aufweist. Zur Ermöglichung dieser Feststellung dient das gemäß dem Abs. II aufgestellte Verzeichnis der „beteiligten Erziehungsberechtigten".*

VII *Die Entscheidung über die Anträge erfolgt durch die Bezirksschulbehörde oder Stadtschulbehörde. Sie ist den Antragstellern zur Kenntnis zu bringen.*

VIII *Die im Laufe einer Wahlzeit durch die Neubildung von Schulpflegschaften veranlaßten Wahlen gelten für die Dauer dieser Wahlzeit.*

1. Nach der VO. vom 28. August 1919 (§ 3) war in Schulsitzgemeinden unter 5000 Einwohnern nur eine einzige Schulpflegschaft zulässig, auch wenn in der Gemeinde Bekenntnisschulen verschiedener Art (katholische, protestantische und israelitische) bestanden. Auch in den größeren Gemeinden war nicht ohne weiteres für jede Schule eine Schulpflegschaft zu bilden. Dies hat sich im allgemeinen nicht bewährt. Das Gesetz geht nunmehr davon aus, daß die Schulpflegschaft eine Erziehungsgemeinschaft auf der Grundlage einer einheitlichen Weltanschauung sein soll, weshalb grundsätzlich für jede Schule eine Schulpflegschaft gebildet werden soll (Begr.). Es ist aber durch die Bestimmung in § 3 Buchst. a Vorsorge getroffen, daß in Gemeinden, in denen zufolge der örtlichen Verhältnisse die Mehrzahl der beteiligten Erziehungsberechtigten dies wünscht, gemeinschaftliche Schulpflegschaften für alle oder mehrere Schulen verschiedener Art (d. h. für Bekenntnisschulen verschiedener Bekenntnisse oder für Bekenntnisschulen und nach Bekenntnissen gemischte Schulen) gebildet werden können. Unter der gleichen Voraussetzung, d. h. „wenn und soweit dies von den beteiligten Erziehungsberechtigten je mit Stimmenmehrheit beantragt wird" kann für Schulen der gleichen Art (= Bekenntnisschulen des gleichen Bekenntnisses oder Schulen, von denen jede nach Bekenntnissen gemischt ist), die nach Geschlechtern getrennt sind, eine gemeinschaftliche Schulpflegschaft gebildet werden. Bezüglich Schulen der gleichen Art ohne Trennung der Geschlechter s. § 3 Buchst. b und Anm. 4.

2. Durch die Stadt- und Bezirksschulbehörden. Bei diesen (s. § 23 d. Ges.) sind auch Anträge nach Ziff. 7 I der VV. zu stellen.

3. „Erziehungsberechtigte" sind bei ehelichen Kindern nach den VV. Ziff. 7 II sowohl der Vater als auch die Mutter. Stimmberechtigt zum Antrage nach § 3 Buchst. a und wahlberechtigt bei der Wahl der Elternvertreter nach § 6 d. Ges. (s. Wahlordnung, A, Ziff. 1 I, Anlage zu den VV.) sind daher Vater und Mutter nebeneinander, sie haben zusammen zwei Stimmen. (Wählbar in eine Schulpflegschaft ist aber gem. VV. Ziff. 15 nur der Vater oder die Mutter.) Dasselbe gilt bei einfachen Waisen aus früheren Ehen für Vater und Stiefmutter, Stiefvater und Mutter, und bei angenommenen und Pflegekindern für Pflegevater und Pflegemutter. Die leiblichen Eltern haben bei angenommenen Kindern und Pflegekindern, wenn sie also ihre Kinder nicht in ihrer eigenen, unmittelbaren Obhut haben, kein Stimm- und Wahlrecht.

Voraussetzung für Stimm- und Wahlrecht ist in jedem Falle, daß es sich um „beteiligte", d. h. solche Erziehungsberechtigte handelt, die wenigstens ein Kind besitzen, das die betreffende Schule bereits besucht oder zu Beginn des Schuljahres, für welches die Schulpflegschaft gemäß VV. 7 V gebildet werden soll, besuchen wird. In die nach VV. 7 II herzustellenden Verzeichnisse sind sohin auch diejenigen Erziehungsberechtigten aufzunehmen, deren Kinder erst im einschlägigen Schuljahre zur Aufnahme in die Schule gelangen, während anderseits diejenigen Erziehungsberechtigten wegzulassen sind, deren Kinder bis zum Beginn des betreffenden Schuljahres aus der Schule austreten, so daß kein Kind von ihnen mehr in dem Schuljahr die Schule besucht, mit dem die Schulpflegschaft zur Entstehung gelangen soll. S. auch Anm. 3 zu § 33 des SchAG.

4. Eine Mitwirkung der Erziehungsberechtigten ist im Gegensatze zu § 3 Buchst. a in den Fällen des Buchst. b und c nicht vorgeschrieben. Sie dürfen und sollen aber gehört werden (VV. Ziff. 7 I).

5. Hilfsschulklassen = Sonderabteilungen der öffentlichen Volksschule für schwachbefähigte Kinder.

„Die Möglichkeit der Bildung besonderer Schulpflegschaften für Hilfsschulklassen erscheint zweckmäßig mit Rücksicht auf die besonderen erziehlichen Bedürfnisse dieser Schuleinrichtungen." (Begr.)

§ 4.

I Sind im Bezirk einer Schulpflegschaft¹) nicht mehr als zwei Volksschullehrer²) vorhanden, so besteht die Schulpflegschaft aus dem Volksschullehrer oder den beiden Volksschullehrern, zwei Gemeindevertretern[3]) und zwei Elternvertretern[4]). In allen übrigen Fällen besteht die Schulpflegschaft aus je drei Volksschullehrern[5]), Gemeindevertretern und Elternvertretern. Der Stadtrat oder Gemeinderat kann die Zahl der Gemeindevertreter herabsetzen.

II Mitglied der Schulpflegschaft ist außerdem der Pfarrvorstand[6]), in dessen Pfarrei die Schule liegt, soferne aus seiner Pfarrei bekenntnisangehörige Kinder der Schule zugeteilt sind, für welche die Schulpflegschaft besteht. Sind der Schule Kinder des gleichen Bekenntnisses aus mehreren Pfarreien zugeteilt, so kann die kirchliche Oberbehörde[7]) statt des Pfarrvorstandes, in dessen Pfarrei die Schule liegt, einen der anderen Pfarrvorstände als Mitglied der Schulpflegschaft benennen. Der Pfarrvorstand ist berechtigt, im Falle der Behinderung allgemein oder für einzelne Fälle einen anderen Geistlichen des Pfarrsprengels als Vertreter in die Schulpflegschaft abzuordnen.

III Abs. II gilt für die Vorstände eigener Seelsorgebezirke entsprechend.

IV Die Rabbiner[8]) sind Mitglieder der Schulpflegschaften ihres Dienstbezirkes, die für eine israelitische Schule gebildet sind. Der Rabbiner ist berechtigt, allgemein oder für einzelne Fälle einen Hilfsrabbiner[9]) (Rabbinatssubstituten) zu seiner Vertretung in der Schulpflegschaft abzuordnen. Soweit es sich um andere von israelitischen Kindern besuchten Volksschulen handelt, kann der zuständige Rabbiner beim Vorsitzenden der Schulpflegschaft Anträge stellen und in der Sitzung der Schulpflegschaft vertreten oder vertreten lassen.

Vollzugsvorschriften.

Zu § 4 Abs. I.

8. I Wenn gemäß § 4 Abs. I Satz 1 des SchAG. einer Schulpflegschaft nur zwei Gemeindevertreter angehören, ist neben dem ersten Bürgermeister nur noch ein Gemeindevertreter in die Schulpflegschaft abzuordnen. Gehören einer Schulpflegschaft drei Gemeindevertreter an, so sind außer dem ersten Bürgermeister noch zwei Gemeindevertreter in die Schulpflegschaft zu bestellen. Bei Auswahl der weiteren Gemeindevertreter ist von der Person des nächsten gesetzlichen Vertreters des ersten Bürgermeisters abzusehen, weil dieser Vertreter in erster Linie für die Stellvertretung des Vorsitzenden der Schulpflegschaft in Frage kommt.

II Wenn im Bezirk einer Schulpflegschaft nicht mehr als drei Volksschullehrer vorhanden sind, von denen einer als erster Bürgermeister oder als Gemeindevertreter Mitglied der Schulpflegschaft ist, so wird dieser nur in die Zahl der in die Schulpflegschaft abzuordnenden Gemeindevertreter eingerechnet. Die ordnungsmäßige Zahl der Lehrervertreter in die Schulpflegschaft wird dadurch vermindert. Wo mehr als drei Volksschullehrer vorhanden sind, werden Volksschullehrer, die erste

Bürgermeister sind und kraft dieses Amtes der Schulpflegschaft angehören oder als Gemeindevertreter in die Schulpflegschaft abgeordnet werden, gleichfalls nicht in die in § 4 Abs. I des SchAG. vorgeschriebene Zahl der Lehrervertreter eingerechnet.

III *Wenn der Gemeinderat oder Stadtrat die Zahl der Gemeindevertreter in der Schulpflegschaft herabsetzt, ist dies ohne Einfluß auf die Zahl der übrigen Vertreter.*

Zu § 4 Abs. II.

9. I *Einer Schulpflegschaft kann nur je ein Pfarrvorstand jedes Bekenntnisses angehören, das bekenntnisangehörige Kinder nach schulaufsichtlicher Anordnung in die Schule schickt, für welche die Schulpflegschaft besteht. Dagegen kann ein Pfarrvorstand Mitglied mehrerer Schulpflegschaften sein, wenn in seinem Pfarrsprengel mehrere Schulpflegschaften gebildet sind.*

II *Im Falle des § 4 Abs. II Satz 2 des SchAG. kann die kirchliche Oberbehörde ihre Anordnungen allgemein oder von Fall zu Fall treffen.*

III *Wenn ein Pfarrvorstand wegen seiner Behinderung dauernd oder für einzelne Sitzungen einen anderen Geistlichen des Pfarrsprengels als Vertreter in die Schulpflegschaft abordnet, so hat er dies dem Vorsitzenden der Schulpflegschaft rechtzeitig schriftlich oder mündlich mitzuteilen. Eine Begründung für die Abordnung eines Stellvertreters ist nicht notwendig.*

Zu § 4 Abs. III.

10. Die Bestimmungen in § 4 Abs. II finden gemäß § 4 Abs. III des SchAG. auch Anwendung auf Fälle, in denen es sich nicht um Pfarrvorstände, sondern um Verwalter eigener Seelsorgebezirke in Unterordnung unter den Pfarrvorstand handelt. Als solche kommen in der katholischen Kirche in Betracht Seelsorgegeistliche, denen innerhalb einer Pfarrei in Tochtergemeinden vertretungsweise bestimmte Bezirke zur Wahrnehmung der Pfarrseelsorge zugewiesen sind (Expositi, Lokalkapläne u. a.). Hinsichtlich der evangelischen Kirchen hat die Vorschrift in § 4 Abs. III vor allem Geistliche im Auge, denen neben dem ersten Pfarrer, dem eigentlichen Inhaber des Pfarramts, als zweiten, dritten u. s. w. Pfarrern bestimmte Teile des Pfarrsprengels zur ausschließlichen seelsorgerlichen Bedienung zugewiesen sind. In solchen besonderen Seelsorgebezirken tritt beim Vollzuge des § 4 Abs. II an die Stelle des Pfarrvorstands der Geistliche, dem die seelsorgerliche Bedienung des Bezirkes nach der von den kirchlichen Stellen getroffenen Dienstverteilung obliegt.

Zu § 4 Abs. IV.

11. I *Für die Bildung von Schulpflegschaften, die für israelitische Schulen zu errichten sind, gelten die Bestimmungen in § 4 Abs. I des SchAG. entsprechend.*

II *Soferne ein Rabbiner beim Vorsitzenden der Schulpflegschaft für eine öffentliche Volksschule, die von israelitischen Kindern besucht wird, einen Antrag stellt, ist er zu der Sitzung, in welcher der Antrag behandelt wird, einzuladen. Wenn der Rabbiner seinen Antrag in der Sitzung der Schulpflegschaft nicht selbst vertritt oder durch seinen Stellvertreter oder ein anderes Mitglied der Schulpflegschaft vertreten läßt,*

bestimmt der Vorsitzende ein Mitglied der Schulpflegschaft als Berichterstatter über diesen Antrag.

1. Der Bezirk einer Schulpflegschaft deckt sich mit dem Bezirk der Schule oder Schulen, für die die Schulpflegschaft gemäß § 3 des SchAG. gebildet ist.

2. „Volksschullehrer" sind nach Art. 1 des VLG. vom 14. August 1919 (GVBl. S. 437) in der Fassung vom 1. August 1923 (GVBl. S. 337) — s. VV. Ziff. 2 I — die Personen, die von der zuständigen Behörde (Anstellungsbehörde d. i. Regierung) zur Erteilung des allgemeinen Volksschulunterrichts an einer öffentlichen Volksschule — s. VV. Ziff. 1 — angestellt sind, also Hilfslehrer und Hilfslehrerinnen, Lehrer und Lehrerinnen, Hauptlehrer und Hauptlehrerinnen, Oberlehrer und Oberlehrerinnen. („Volksschullehrer" ist also ein Sammelbegriff für eine bestimmte Art von Beamten (wie z. B. „Verwaltungsbeamte"), nicht ein Amtstitel wie „Hilfslehrer", „Lehrer", „Hauptlehrer", „Oberlehrer". Diese alle und nur sie sind „Volksschullehrer" im Sinne des Art. 1 des VLG. Zu beachten ist, daß ein Lehrer, Hauptlehrer oder Oberlehrer, wenn ihm die Leitung der Fortbildung der Schulamtsbewerber und Hilfslehrer nach § 31 des SchAG. übertragen ist, für die Dauer seiner Tätigkeit als Fortbildungsleiter die Dienstbezeichnung „Bezirksoberlehrer" führt, und daß vereinzelte Lehrer, Hauptlehrer oder Oberlehrer, die vor dem Inkrafttreten des SchAG. „Bezirksschulräte" im Nebenamte waren, diesen Titel behalten durften.) Im Bereich des Schulaufsichtsgesetzes den Volksschullehrern gleichgestellt sind aber in der Regel auch Schulamtsbewerber und Schulamtsbewerberinnen, wenn und so lange sie Volksschullehrer vertreten (Aushilfslehrer, Aushilfslehrerinnen), sowie andere Personen, die mit der Erteilung des Unterrichtes an öffentlichen Volksschulen dauernd oder vorübergehend betraut sind, ohne selbst Volksschullehrer im Sinne des Volksschullehrergesetzes zu sein (z. B. Schulbenefiziaten, klösterliche Lehrkräfte, vgl. Art. 21 und 124 VLG.).

3. S. § 5 SchAG.

4. S. § 6 SchAG.

5. S. Anm. 2 oben einerseits und Anm. 7 zu § 7 unten anderseits.

6. Nur Pfarrvorstände der Katholischen Kirche und der Evangelischen Landeskirchen, mit denen der Staat im Vertragsverhältnisse steht, sind kraft ihres Amtes Mitglieder der Schulpflegschaften, wie es in Bayern auch nur katholische und protestantische Bekenntnisschulen gibt und die nach Bekenntnissen gemischten Schulen nur Katholiken und Protestanten umfassen (s. aber auch Anm. 2 zu § 1 oben).

Auch eine amtliche Beteiligung beim Schulbesuch einzelner Bekenntnisangehöriger wie für die Rabbiner bei isrealitischen Kindern nach § 4 Abs. IV Schlußsatz ist für Pfarrvorstände, die nicht der Katholischen oder einer der beiden Evangelischen Landeskirchen angehören, nicht vorgesehen.

7. Kirchliche Oberbehörde: Die Bischöflichen und Erzbischöflichen Ordinariate für die katholische Kirche, der Evangelisch-lutherische Landeskirchenrat in München und der Landeskirchenrat der Pfälzischen Landeskirche in Speyer für die protestantischen Landeskirchen (s. KMBl. 1921 S. 20).

8. u. **9.** S. § 17 Anm. 4 unten.

§ 5.

I Wo nur eine Schulpflegschaft besteht, gehört ihr der erste Bürgermeister der Schulsitzgemeinde als Gemeindevertreter an. Im Falle des Art. 2 Abs. III des Schulbedarfgesetzes [1]) tritt an die Stelle des Bürgermeisters der Schulsitzgemeinde der Bürgermeister der besonders bestimmten Gemeinde.

II Im übrigen werden die Gemeindevertreter für die Schulpflegschaften vom Gemeinderat oder Stadtrat, in zusammengesetzten Schulsprengeln[2]) vom verstärkten Gemeinderat[3]) oder Stadtrat[3]) bestellt. Die bestellten Gemeindevertreter müssen bei Schulpflegschaften, die ausschließlich für die Schule eines Bekenntnisses errichtet sind, diesem Bekenntnis angehören[4]). Zu den Schulpflegschaften für die nach Bekenntnissen gemischten Schulen und zu den Schulpflegschaften, die für Schulen verschiedener Art (§ 1 Abs. III) gebildet sind, müssen als Gemeindevertreter, soweit möglich, Angehörige der verschiedenen Bekenntnisse in dem Verhältnisse bestellt werden, in dem Kinder der einzelnen Bekenntnisse die Schule besuchen.

III Die bestellten Gemeindevertreter können vom Gemeinderat oder Stadtrat jederzeit abberufen und durch neubestellte ersetzt werden. Nach Vornahme von Gemeindewahlen müssen die Gemeindevertreter zu den Schulpflegschaften neu bestellt werden[5])[6]).

Vollzugsvorschriften.

Zu § 5 Abs. II.

12. Der Gemeinderat oder Stadtrat ist bei der Auswahl der Gemeindevertreter für die Schulpflegschaften nicht auf seine Mitglieder beschränkt. Als Gemeindevertreter kann in die Schulpflegschaft jede Person bestellt werden, die zu Gemeindeämtern wählbar ist. Die Bestellung hat durch ordnungsmäßigen Beschluß des Gemeinderates oder Stadtrates zu erfolgen. Auf die Vorschrift in § 5 Abs. II Satz 2 und 3 des SchAG. hinsichtlich der Bekenntniszugehörigkeit der bestellten Gemeindevertreter ist besonders zu achten.

Zu § 5 Abs. III.

13. Der Gemeinderat oder Stadtrat soll von der Möglichkeit, die bestellten Gemeindevertreter abzuberufen, Gebrauch machen, wenn diese ihre Pflichten nicht entsprechend erfüllen.

1. Art. 2 des SchBG. lautet:

„Greift der Sprengel einer öffentlichen Volksschule über die Gemeindemarkung hinaus (zusammengesetzter Schulsprengel), so obliegt die vermögensrechtliche Verwaltung und Vertretung der Schule (Sprengelschule) der verstärkten Gemeindeverwaltung der Schulsitzgemeinde.

II Die Gemeindeverwaltung der Schulsitzgemeinde wird dadurch verstärkt, daß zu ihren Beratungen und Beschlußfassungen aus jeder der übrigen am Schulsprengel beteiligten Gemeinden der erste Bürgermeister oder sein Stellvertreter und ein besonders gewählter Abgeordneter oder ein Stellvertreter beigezogen werden. Die Gemeindeverwaltungen der einzelnen Gemeinden wählen den Abgeordneten und seinen Stellvertreter aus ihrer Mitte auf die Dauer ihrer Wahlzeiten.

III Die am Schulsprengel beteiligten Gemeinden können aus besonderen Gründen mit Genehmigung der vorgesetzten Behörde (Art. 7) vereinbaren, daß an Stelle der Verwaltung der Schulsitzgemeinde die Verwaltung einer anderen beteiligten Gemeinde nach den Vorschriften des Abs. II verstärkt und mit der vermögensrechtlichen Verwaltung und Vertretung der Sprengelschule betraut wird."

Art. 7 des SchBG. lautet:

„Vorgesetzte Behörde im Sinne dieses Gesetzes ist die Verwaltungsbehörde, die der Gemeinde oder der Schulsitzgemeinde unmittelbar vorgesetzt ist. Art. 4 Abs. I Satz 2 gilt entsprechend."

Art. 4 Abs. I Satz 2 des SchBG. lautet:

„Im Falle des Art. 2 Abs. III ist die Verwaltungsbehörde zuständig, der die Staatsaufsicht über die besonders bestimmte Gemeinde zukommt."

2. Zusammengesetzter Schulsprengel: S. Art. 2 Abs. I des SchBG. (oben Anm. 1).

3. Verstärkter Gemeinderat (verstärkter Stadtrat) = verstärkte Gemeindeverwaltung: S. Art. 2 Abs. II des SchBG. (oben Anm. 1).

4. „Die Rücksichtnahme auf das Bekenntnis der bestellten Gemeindevertreter ergibt sich aus dem Gedanken, daß die Schulpflegschaft eine Erziehungsgemeinschaft von Personen sein soll, die auf dem Boden einer gemeinsamen Weltanschauung stehen" (Begr.).

Auf den ersten Bürgermeister als Gemeindevertreter (§ 5 Abs. I SchAG.) trifft die Vorschrift über Bekenntnisangehörigkeit nicht zu. Er ist nicht „bestellter" Gemeindevertreter im Sinne des § 5 Abs. II.

5. Nach Vornahme von Gemeindewahlen müssen alle Gemeindevertreter neu bestellt werden, auch diejenigen, die nicht Mitglieder des Gemeinderates oder Stadtrates waren. Gegen die wiederholte Bestellung bewährter Gemeindevertreter besteht kein Hindernis.

6. Mit der Neubestellung der Gemeindevertreter geht nicht unter allen Umständen eine vollständige Neubildung der Schulpflegschaft einher. Die Gemeindewahlen finden nach Art. 5 d. Selbstverwaltungsges. vom 22. Mai 1919 (GVBl. S. 239) alle fünf Jahre statt, die Wahl der Elternvertreter und Lehrervertreter nach § 6 und 7 des SchAG. alle drei Jahre.

§ 6.

I Die Elternvertreter werden von den Erziehungsberechtigten, deren Kinder die Schule besuchen[1]), auf die Dauer von drei Kalenderjahren gewählt.

II Wählbar als Elternvertreter sind Väter oder Mütter, die für Gemeindeämter wählbar[2])[3]) sind und wenigstens ein Kind besitzen, das die betreffende Schule besucht.

III Die Mitgliedschaft eines Elternvertreters erlischt aus den gleichen Gründen wie die Mitgliedschaft beim Gemeinderat oder Stadtrat[4])[5]).

Vollzugsvorschriften.

Zu § 6 Abs. I.

14. *I Zur Wahl der Elternvertreter in die Schulpflegschaft sind befugt die „beteiligten Erziehungsberechtigten" im Sinne der vorstehenden Ziff. 7 Abs. II.*

II *Jeder „beteiligte Erziehungsberechtigte“ hat bei der Wahl der Elternvertreter in die Schulpflegschaft einer Schule nur eine Stimme, auch wenn mehrere seiner Erziehungsgewalt anvertraute Kinder diese Schule besuchen. Besuchen diese Kinder verschiedene Schulen, für die besondere Schulpflegschaften bestehen, so ist der Erziehungsberechtigte für die Schulpflegschaft jeder dieser Schulen wahlberechtigt.*

III *In jede Schulpflegschaft sind neben den Elternvertretern Ersatzpersonen in der gleichen Zahl wie die ersteren zu wählen.*

IV *Die Elternvertreter werden auf die Dauer von drei Kalenderjahren gewählt. Die Wahl findet nach Anordnung der Bezirksschulbehörde oder Stadtschulbehörde jeweils an einem vorausgehenden Dezembersonntage statt.*

V *Für die Durchführung der Wahl sind die Bestimmungen der anliegenden Wahlordnung maßgebend.*

Zu § 6 Abs. II.

15. *Wählbar als Elternvertreter sind die Wahlberechtigten, die für Gemeindeämter wählbar sind und wenigstens ein Kind besitzen, das die betreffende Schule besucht. Sie können aber nur in eine Schulpflegschaft als Mitglied oder Ersatzperson gewählt werden. Von den Eltern eines Schulkindes kann nur der Vater oder die Mutter als Mitglied oder Ersatzperson in eine Schulpflegschaft gewählt werden.*

Zu § 6 Abs. III.

16. *Der Umstand, daß ein Elternvertreter kein Kind mehr in die Volksschule schickt, bedingt nicht sein Ausscheiden aus der Schulpflegschaft.*

1. Vgl. Anm. 3 zu § 3. Zu beachten ist jedoch, daß dort die Bildung von Schulpflegschaften gem. VV. 7 V nur mit Wirkung vom Beginn eines Schuljahrs an erfolgen kann, während hier die Wahlen jeweils im Dezember stattfinden und die Amtsdauer der Gewählten (drei Kalenderjahre) mit dem folgenden Januar beginnt (VV. 14 IV). „Beteiligt“ sind hier sohin in der Regel nur die Erziehungsberechtigten, von denen bereits ein Kind die betreffende Schule besucht, und in Wegfall kämen nur solche Erziehungsberechtigte, von denen zur Wahlzeit im Dezember etwa schon feststünde, daß ihr Kind aus irgend einem Grunde vom Januar an die Schule nicht mehr besuchen würde. Der Umstand, daß ein Kind mit Schluß des laufenden Schuljahrs aus der Schule kommt, beeinträchtigt das Wahlrecht und Wählbarkeit seiner Erziehungsberechtigten nicht (VV. 16).

2. Für Gemeindeämter wählbar: Diese Wählbarkeit bestimmt sich nach der Reichsverfassung vom 11. August 1919 (RGBl. S. 1383) — Art. 17 — und dem Gemeindewahlgesetz vom 6. November 1924 (GVBl. S. 211) — Art. 1 und 2 —. Demnach müssen die Elternvertreter, um als solche wählbar zu sein,

1. ein Kind besitzen, das die betreffende Schule besucht (s. oben Anm. 1), sodann am Tage der Wahl
2. Reichsangehörige sein,
3. das 25. Lebensjahr zurückgelegt haben,
4. sich seit 12 Monaten, von der Anmeldung in der Gemeinde an gerechnet, in der Gemeinde aufhalten, wenn nicht zur Zeit der Wahl durch das Staatsministerium des Innern von diesem Erfordernis der Wählbarkeit zu Gemeindeämtern allgemeine Ausnahmen zugelassen sind,

und dürfen nicht

1. entmündigt sein oder unter vorläufiger Vormundschaft oder wegen geistiger Gebrechen unter Pflegschaft stehen,
2. rechtskräftig durch Richterspruch die bürgerlichen Ehrenrechte verloren haben.

Auch dem zur Zuchthausstrafe Verurteilten fehlt die Wählbarkeit, solange nicht seine Wiedereinsetzung in die nach § 31 des RStGB. verlorenen Rechte (Ges. vom 10. Juli 1861, die Aufhebung der Straffolgen betr., Art. 3 Ziff. 8 des AusfGes. zur RStPO.) erfolgt ist. VGH. Bd. 41 S. 30.

Da das „Wahlrecht" die „Wählbarkeit" in sich schließt, sind ferner die Bestimmungen in Art. 1 Abs. III und IV des Gemeindewahlgesetzes zu beachten, wo es heißt:

„III Die Ausübung des Wahlrechts ruht für die Soldaten während der Dauer der Zugehörigkeit zur Wehrmacht.

IV Behindert in der Ausübung ihres Wahlrechts sind Personen, die wegen Geisteskrankheit oder Geistesschwäche in einer Heil- oder Pflegeanstalt untergebracht sind, ferner Straf- und Untersuchungsgefangene sowie Personen, die infolge gerichtlicher oder polizeilicher Anordnung in Verwahrung gehalten werden. Personen, die sich aus politischen Gründen in Schutzhaft befinden, werden hiervon nicht berührt."

Soldaten, für die die Ausübung des Wahlrechts ruht, und Personen, die aus vorstehenden Gründen an der Ausübung ihres Wahlrechts behindert sind, sind sohin nicht als Elternvertreter wählbar.

3. Für die Bekenntniszugehörigkeit der Elternvertreter bestehen im Gegensatze zu den Bestimmungen für die bestellten Gemeindevertreter (§ 5 Abs. II Satz 2 u. 3 des SchAG. und Ziff. 12 Schlußsatz der VV.) keine Vorschriften.

Eine Entschl. des Staatsmin. f. Unt. u. K. v. 4. April 1925 Nr. IV 7098 besagt: „Das Wahlrecht der Erziehungsberechtigten bei den Wahlen der Elternvertreter in die Schulpflegschaft ist durch § 6 Abs. I u. II des Schulaufsichtsgesetzes vom 1. August 1922 und durch Ziff. 14 und 15 der Vollzugsvorschriften hiezu vom 16. August 1923 geregelt. Weder in dem Gesetze noch in den Vollzugsvorschriften wird in Bezug auf die Ausübung des Wahlrechtes durch die Erziehungsberechtigten zwischen Bekenntnisschulen und anderen Schularten unterschieden oder die Ausübung des Wahlrechtes von der Zugehörigkeit zu einem bestimmten Bekenntnis abhängig gemacht. Es lag nicht in der Absicht des Gesetzgebers, jene Erziehungsberechtigten, deren Kinder eine Bekenntnisschule besuchen, in der Ausübung ihres Wahlrechtes bei den Wahlen der Elternvertreter in die Schulpflegschaften dieser Schulen irgendwie zu beschränken. Es sind sonach auch die Erziehungsberechtigten der Schüler einer Bekenntnisschule, die einem anderen Bekenntnis, als es der Schule eigen ist, oder keinem Bekenntnis angehören, in gleicher Weise wie die bekenntnisangehörigen Erziehungsberechtigten wahlberechtigt und wählbar."

4. Die Gewählten haben dem Wahlleiter zu erklären, ob sie die Wahl annehmen wollen (Wahlordnung zur Schulpflegschaft, Anlage zu den VV., Ziff. 3 II und 4 V). Sie können sohin, solange die Wahlhandlung dauert, die Wahl ablehnen.

Während die Ablehnung als Elternvertreter im freien Belieben der Gewählten steht, ist das Erlöschen der Mitgliedschaft eines Elternvertreters und damit der Austritt aus der Schulpflegschaft zufolge § 6 III des SchAG. an bestimmte Voraussetzungen und Bedingungen gebunden.

Wie Gemeinde- und Stadtrat-Mitglieder sind Elternvertreter wegen erwiesener körperlicher oder geistiger Dienstesunfähigkeit oder wegen zurückgelegten 60. Lebensjahres zum Austritt berechtigt.

Der Austritt muß erfolgen, wenn ein Elternvertreter die zur Wählbarkeit erforderlichen Eigenschaften verliert (nur die Voraussetzung darf wegfallen, daß ein Kind des Elternvertreters die betreffende Schule besuchen muß — s. VV. 16) oder wenn Verhältnisse eintreten, welche die Fortführung des Amtes unmöglich machen.

Über die Zulässigkeit oder Notwendigkeit des Austritts entscheidet der Gemeinderat oder Stadtrat (Art. 80 und 127, Abs. I mit III der rechtsrhein. Gemeindeordnung).

Der Betroffene stimmt, wenn er Stadtrats- oder Gemeinderatsmitglied ist, nicht mit. Er kann in jedem Falle gem. Art. 8 Ziff. 33 des VGHG. verwaltungsrechtliche Entscheidung darüber herbeiführen, ob sein Austritt berechtigt oder notwendig ist (vgl. Roesch, Bayer. Gemeindeordnung und Selbstverwaltungsgesetz 1923 S. 147).

Außerdem kann einem Elternvertreter aus triftigen Gründen die nachgesuchte Entlassung in unmittelbaren Städten durch Beschluß des Stadtrates, in mittelbaren Gemeinden durch Beschluß des Gemeinderates mit Genehmigung der vorgesetzten Verwaltungsbehörde (des Bezirksamts) bewilligt werden (Art. 80 und 127, Abs. IV d. rechtsrhein. GemO.).

Für die pfälzischen Verhältnisse kommen die Bestimmungen der Gemeindeordnung für die Pfalz vom 29. April 1869 in Betracht und zwar Art. 58 Abs. I: „Die Mitglieder des Gemeinderats sind jederzeit zum Austritte berechtigt"
und Art. 59: „ I Der notwendige Austritt hat wegen Verlustes der die Wählbarkeit bedingenden Eigenschaften oder wegen solcher Verhältnisse zu erfolgen, welche die Fortführung des Amtes unmöglich machen.

II Über den auf Grund des gegenwärtigen Artikels stattfindenden notwendigen Austritt hat der Gemeinderat vorbehaltlich der Beschwerde an die vorgesetzte Verwaltungsbehörde zu beschließen."

5. Da „weder nach dem Wortlaute noch nach dem Sinne des Schulaufsichtsgesetzes vom 1. August 1922 die Zugehörigkeit zu dem Bekenntnis einer Bekenntnisschule eine Voraussetzung für die Wählbarkeit als Elternvertreter in die Schulpflegschaft dieser Schule bildet, so hat auch der Wechsel im Bekenntnisse für einen Elternvertreter in der Schulpflegschaft einer Bekenntnisschule nicht den Verlust einer zur Wählbarkeit erforderlichen Eigenschaft im Sinne des Art. 80 Abs. II der Gemeindeordnung zur Folge". (E. d. Staatsmin. f. Unt. u. K. vom 31. März 1925 Nr. IV 6988. Vgl. auch Anm. 3 oben.)

§ 7.

I Sind im Bezirk[1]) einer Schulpflegschaft mehr als drei Volksschullehrer[2]) vorhanden, so gehört ihr der Schulleiter[3]) als Lehrervertreter an. Sind mehrere Schulleiter vorhanden, so ist der dienstälteste Mitglied der Schulpflegschaft. Bei gleichem Dienstalter entscheidet das höhere Lebensalter.

II Die zwei weiteren Lehrermitglieder der Schulpflegschaft werden von den Volksschullehrern[2]), Volksschulfachlehrern[4]) und hauptamtlichen Religionslehrern[5]) der Schule auf die gleiche Amtsdauer wie die Elternvertreter gewählt. Unter welchen Voraussetzungen nebenamtliche[6]) Fachlehrer und Religionslehrer wahlberechtigt sind, bestimmt das zuständige Staatsministerium. Die Volksschulfachlehrer und hauptamtlichen Religionslehrer sind nur an der Schule wahlberechtigt, an der sie überwiegend tätig sind.

III Wählbar sind die Wahlberechtigten[7]).

Vollzugsvorschriften.

Zu § 7 Abs. I.

17. *Das Dienstalter der Schulleiter bemißt sich nach der Zahl der Dienstjahre als Volksschullehrer.*

Zu § 7 Abs. II.

18. *I Sind im Bezirk einer Schulpflegschaft ein, zwei oder drei Volksschullehrer vorhanden, so sind sie ohne weiteres auf die Dauer ihrer Dienstleistung an der gleichen oder an einer anderen zum Bezirke der Schulpflegschaft gehörigen Volksschule Mitglieder der Schulpflegschaft.*

II Ist für eine Volksschule mit mehr als drei Volksschullehrern eine Schulpflegschaft zu bilden, so werden die zwei Lehrervertreter, die neben dem Schulleiter der Schulpflegschaft angehören, von den Volksschullehrern, Volksschulfachlehrern und hauptamtlichen Religionslehrern der Schule gewählt.

III Volksschulfachlehrer und hauptamtliche Religionslehrer, die an mehreren Volksschulen eines Schulortes unterrichtlich tätig sind, können ihr Wahlrecht nur an einer Schule ausüben. Sie sind jeweils an der Schule wahlberechtigt, an der sie die höchste Zahl von Unterrichtsstunden erteilen. Ist die Zahl ihrer Unterrichtsstunden an mehreren Schulen gleich hoch, so steht ihnen frei, an welcher Schule sie ihr Wahlrecht ausüben wollen.

IV Nebenamtliche Fachlehrer und nebenamtliche Religionslehrer sind unter der Voraussetzung wahlberechtigt, daß sie regelmäßig mindestens in zehn Wochenstunden Unterricht an Volksschulen erteilen. Abs. III gilt entsprechend.

V Kommen für die Schulpflegschaft zwei Schulen mit zusammen mehr als drei Volksschullehrern in Betracht, so soll die Schule mit der größeren Schülerzahl zwei Lehrervertreter, nämlich den Schulleiter und einen weiteren Volksschullehrer, in die Schulpflegschaft wählen. Besteht eine Schulpflegschaft für mehr als zwei Schulen mit zusammen mehr als drei Volksschullehrern, so empfiehlt es sich, daß möglichst viele dieser Schulen Lehrpersonen in die Schulpflegschaft entsenden.

VI Wo die Zahl der in Frage kommenden Lehrpersonen es gestattet, ist neben den Lehrermitgliedern der Schulpflegschaft auch die entsprechende Zahl von Ersatzpersonen zu wählen.

VII Die Lehrervertreter werden auf die Dauer von drei Kalenderjahren gewählt. Die Wahl findet nach Anordnung der Bezirksschulbehörde oder Stadtschulbehörde jeweils im vorausgehenden Dezember statt.

VIII Für die Durchführung der Wahl sind die Bestimmungen der anliegenden Wahlordnung maßgebend.

1. S. Anm. 1 zu § 4 oben!

2. Volksschullehrer im Sinne des Art. 1 des VLG. (vgl. Anm. 2 Satz 1 zu § 4 des Ges.). Allenfalls zur Wahlzeit einen Volksschullehrer vertretende Schulamtsbewerber (Aushilfslehrer) sind wahlberechtigt.

3. Schulleiter ist der Volksschullehrer, der von der Anstellungsbehörde (Regierung) gemäß § 19 des SchAG. zur Leitung einer Volksschule berufen worden ist, oder dem als einzigen Volksschullehrer einer Schule die Leitung der Schule ohne weiteres obliegt.

Die Mitgliedschaft eines Schulleiters ist auf alle Fälle gesichert, weil dadurch die Verbindung zwischen Elternhaus und Schule am besten hergestellt wird (Begr.).

4. Volksschulfachlehrer sind nach Art. 144 des BLG. die Personen, die von der Anstellungsbehörde (Regierung) zur Erteilung des Unterrichts in bestimmten Lehrgegenständen (z. B. im Handarbeitsunterricht) an öffentlichen Volksschulen in ständiger oder unständiger Diensteseigenschaft hauptamtlich angestellt sind.

Für die Übergangszeit des BLG. bestimmte Art. 178 I: „Die Personen, die vor dem Inkrafttreten dieses Gesetzes“ (also vor 1. Januar 1920) „zur Erteilung des Unterrichts in bestimmten Lehrgegenständen an öffentlichen Volksschulen hauptberuflich mit Anspruch oder Aussicht auf Ruhestands- und Hinterbliebenenversorgung angestellt worden sind und beim Inkrafttreten des Gesetzes im Dienste stehen, sind von diesem Zeitpunkt an Volksschulfachlehrer im Sinne dieses Gesetzes“.

5. Hauptamtliche Religionslehrer sind die von den Religionsgesellschaften zur Erteilung des lehrplanmäßigen Religionsunterrichtes an öffentlichen Volksschulen besonders aufgestellten, mit diesem Unterrichte vollbeschäftigten Lehrkräfte, bei denen die Erteilung des Religionsunterrichtes den Hauptberuf bildet (s. Art. 29 Abs. I des SchBG. in der Fassung vom 1. August 1923, GVBl. S. 337).

6. Nebenamtliche Fachlehrer und nebenamtliche Religionslehrer an Volksschulen sind Lehrkräfte, die an diesen Schulen Fach- oder Religionsunterricht nur neben einem anderen Hauptberufe erteilen. Die ministeriellen Voraussetzungen zur Wahlberechtigung enthält Ziff. 18 IV der VB. (mindestens zehn Wochenstunden).

7. Da alle Wahlberechtigten als Lehrervertreter wählbar sind, sind es auch Volksschulfachlehrer und hauptamtliche Religionslehrer, unter Umständen auch nebenamtliche Fachlehrer und nebenamtliche Religionslehrer. Nach § 4 Abs. I Satz 2 des SchAG. müssen aber die drei Lehrervertreter „Volksschullehrer“ sein (vgl. Anm. 2 zu § 4 oben). Diese Bestimmung erhält durch § 7 Abs. II mit Abs. III für die Fälle des § 7 Abs. I eine Änderung. Vgl. auch § 11 Abs. III Satz 2 des SchAG. und Anm. 4 hiezu.

Die nicht kraft Gesetzes der Schulpflegschaft angehörenden Schulleiter können wie andere Volksschullehrer als Lehrermitglieder in die Schulpflegschaft gewählt werden.

§ 8.

Der Amtsarzt[1]) und der Schularzt[2]) sind berechtigt[3]) an den Sitzungen der Schulpflegschaften ihres Dienstbezirkes bei Beratung gesundheitlicher Angelegenheiten mit Stimmrecht teilzunehmen[4]).

Vollzugsvorschriften.

Zu § 8.

19. I Der Amtsarzt und der Schularzt sind nicht ordentliche Mitglieder der Schulpflegschaft. Sie sind jedoch berechtigt, Anträge an die Schulpflegschaft zu stellen. Der Antragsteller ist zur Sitzung, in welcher der Antrag beraten wird, einzuladen. Außerdem ist der Amtsarzt oder der Schularzt im Hinblick auf § 8 des SchAG. zu allen Sitzungen einzuladen, in denen gesundheitliche Angelegenheiten beraten werden. In diesen Angelegenheiten kommt ihm Stimmrecht zu.

II *Die Schulpflegschaften können zu ihren Beratungen auch Volksschullehrer, die nicht Mitglieder der Schulpflegschaft sind, und Sachverständige oder Auskunftspersonen beiziehen. Diesen Personen kommt nur beratende Stimme zu.*

1. Bezirksarzt. S. VO. vom 9. Jan. 1912 (GVBl. S. 7) und MBek. vom 23. Januar 1912 (MABl. S. 153).

2. Vertraglich vom Bezirke oder den Gemeinden aufgestellt. S. ME. vom 7. Juni 1918 (KMBl. S. 153). Auch der Amtsarzt kann zugleich als Schularzt aufgestellt werden.

3. Auf Einladung zu erscheinen verpflichtet sind Amtsarzt und Schularzt nur nach Maßgabe ihrer Dienstordnung oder ihres Dienstvertrages.

4. Bezüglich Teilnehmer an Schulpflegschaftssitzungen mit nur beratender Stimme s. VV. 19 II.

Aus der Aufsichtspflicht des Bezirksamtsvorstandes, in unmittelbaren Städten des ersten Bürgermeisters, bei Stadtschulpflegschaften der Regierung, Kammer des Innern, nach VV. 48 I ergibt sich auch das Recht der genannten Beamten und ihrer gesetzlichen Stellvertreter sowie des Regierungsvertreters den Sitzungen der Schulpflegschaften, bezw. Stadtschulpflegschaften anzuwohnen. Bezüglich des Bezirksamtsvorstandes, des ersten Bürgermeisters und des Bezirksschulrates s. auch VV. 5 VI, Schlußsatz.

§ 9.

Den Vorsitz in der Schulpflegschaft führt in den Gemeinden, in denen nur eine Schulpflegschaft besteht, der erste Bürgermeister oder sein gesetzlicher Stellvertreter, in den anderen Gemeinden der vom Gemeinde- beziehungsweise Stadtrat dazu bestimmte Gemeindevertreter [1]) [2]) [3]).

Vollzugsvorschriften.

Zu § 9.

20. I *Wo der erste Bürgermeister Vorsitzender der Schulpflegschaft ist, führt im Falle seiner Verhinderung sein gesetzlicher Stellvertreter (Art. 8 des Gesetzes über die Selbstverwaltung vom 22. Mai 1919 und § 8 Abs. I der Vollzugsanweisung hierzu vom 14. Juni 1919) den Vorsitz.*

II *Wo ein vom Gemeinderat oder Stadtrat bestellter Gemeindevertreter mit dem Vorsitz in der Schulpflegschaft betraut ist, geht im Falle seiner Verhinderung der Vorsitz an den vom Gemeinderat oder Stadtrat zu bestimmenden Stellvertreter über.*

III *Die Vorbereitung, Anberaumung und Leitung der Sitzungen der Schulpflegschaft und die Einladung der Mitglieder hierzu obliegt dem Vorsitzenden. Die Schulpflegschaft kann indes auch für längere Zeiträume den Zeitpunkt für die Sitzungen im voraus festsetzen. (Vgl. auch Ziff. 13 der Ministerialbekanntmachung vom 23. Juni 1923 über die Behandlung der Schulversäumnisse.)*

IV *Der Vorsitzende hat binnen längstens sieben Tagen eine Sitzung der Schulpflegschaft anzuberaumen, wenn dies von mindestens einem*

Drittel der Mitglieder unter Angabe des Beratungsgegenstands beantragt wird.

V *Die Schulpflegschaft kann einen gültigen Beschluß nur fassen, wenn mindestens die Hälfte ihrer ordentlichen Mitglieder in der Sitzung anwesend ist und sich an der Abstimmung beteiligt.*

VI *Bei Abstimmungen entscheidet einfache Stimmenmehrheit. Bei Stimmengleichheit gibt die Stimme des Vorsitzenden den Ausschlag.*

VII *Über die Beratungsgegenstände und die Beschlüsse der Schulpflegschaft ist eine Niederschrift aufzunehmen, die von dem Vorsitzenden und dem Schriftführer unterzeichnet wird. Mit der Anfertigung der Niederschrift ist der jüngste Lehrervertreter zu betrauen. In Fällen, in denen ein Lehrervertreter nicht zur Verfügung steht, bestimmt der Vorsitzende für die Aufnahme der Niederschrift ein anderes Mitglied der Schulpflegschaft. Die Niederschriften über die Sitzungen der Schulpflegschaften sind in ein gebundenes Buch oder Heft einzutragen und bei den Schulakten aufzubewahren. Für die Behandlung der Versäumnislisten samt den zugehörigen Niederschriften gelten Ziff. 23 mit 25 der Ministerialbekanntmachung vom 23. Juni 1923 über die Behandlung der Schulversäumnisse.*

1. Zwingende Vorschrift, abweichend vom Entwurf des Gesetzes. Auch da, wo der vom Gesetz berufene Vorsitzende auf den Vorsitz verzichten wollte, darf nicht etwa die Schulpflegschaft den Vorsitzenden aus ihrer Mitte wählen.

2. Der zum Vorsitzenden bestimmte Gemeindevertreter zählt wie in den anderen Schulpflegschaften der erste Bürgermeister oder sein gesetzlicher Stellvertreter zu den drei Gemeindevertretern, aus denen neben Volksschullehrern und Elternvertretern die Schulpflegschaft gemäß § 4 I Satz 2 des SchAG. in der Regel besteht. Nach § 4 I Satz 3 a. a. O. kann der Stadtrat oder der Gemeinderat die Zahl der Gemeindevertreter wohl herabsetzen aber nicht vermehren.

Als bestellter Gemeindevertreter hat der zum Vorsitzenden bestimmte gem. § 5 II Satz 2 des SchAG. bei Schulpflegschaften, die ausschließlich für die Schule eines Bekenntnisses errichtet sind, diesem Bekenntnisse anzugehören.

Im Falle des § 5 II Satz 3 a. a. O. ist als Vorsitzender nach Möglichkeit ein Gemeindevertreter zu bestimmen, der Angehöriger des Bekenntnisses ist, dem auch die Mehrheit der Kinder der betreffenden Schule angehört.

3. Eine besondere Aufgabe — die Pflicht der Anzeige an den Bezirksschulrat — erwächst dem Vorsitzenden der Schulpflegschaft oder seinem Stellvertreter, wenn der einzige Volksschullehrer einer ungeteilten Schule an der Dienstleistung behindert und nicht imstande ist, hiervon den Bezirksschulrat rechtzeitig zu verständigen, oder wenn er unbefugt vom Dienste fernbleibt, oder wenn er mit Tod abgeht (VB. 33 IV, Buchst. h, Abs. 2 und 3).

§ 10.

In den unmittelbaren[1]) Städten, in denen zwei oder mehr Schulpflegschaften bestehen, wird zur Wahrnehmung von Aufgaben, die über den Wirkungsbereich der Schulpflegschaften hinausgreifen oder mehreren Schulen gemeinsam dienen, die Stadtschulpflegschaft gebildet[2])[3]).

Vollzugsvorschriften.

Zu § 10.

21. I *Aufgabe der Stadtschulpflege ist im allgemeinen die Anregung und Förderung von Maßnahmen und Einrichtungen zum Ausbau der Volksschulen einer unmittelbaren Stadt, die über den Wirkungskreis der Schulpflegschaften hinausgreifen oder die mehrere oder alle Schulen dieser Stadt berühren. Hierzu gehören neben den in vorstehender Ziff. 6 angeführten Aufgaben die Einrichtung besonderer Schulklassen für Schulpflichtige, die wegen Mängeln in der geistigen und körperlichen Entwicklung in der allgemeinen Volksschule nicht genügend gefördert werden können, wie Hilfsklassen, Hilfsschulen, Förderklassen und Abschlußklassen, Klassen für Schwerhörige, Klassen für mit Sprachfehlern Behaftete, ferner die Sorge für die Wohlfahrt kränklicher, geistig schwacher oder sittlich gefährdeter Kinder.*

II *Die Stadtschulpflegschaft kann auch zu Angelegenheiten der allgemeinen Volksbildung Anregungen geben und zu Gutachten veranlaßt werden.*

III *Die Stadtschulpflegschaft tritt nach Bedarf zu Sitzungen zusammen. Sie muß binnen zehn Tagen zusammengerufen werden, wenn mindestens ein Drittel der Mitglieder dies unter Angabe des Beratungsgegenstands beantragt.*

1. Unmittelbare (oder kreisunmittelbare) Städte sind solche, die unmittelbar unter der Regierung, Kammer des Innern, stehen (s. Art. 155 der rechtsrhein. GemO. vom 29. April 1869, GBl. 1866/69 S. 865, Art. 17 des Selbstverwaltungsgesetzes vom 22. Mai 1919, ferner bezüglich pfälzischer Städte: MinBek. vom 18. Dezember 1919, GVBl. S. 838).

2. Eine Stadtschulpflegschaft muß gebildet werden, wenn in einer unmittelbaren Stadt (s. vorstehende Anm. 1) zwei oder mehr Schulpflegschaften bestehen. Nur wenn an Stelle von zwei oder mehr Schulpflegschaften in einer unmittelbaren Stadt nach § 3 des SchAG. eine gemeinschaftliche (gemeinsame) Schulpflegschaft gebildet würde, entfiele die Stadtschulpflegschaft.

3. Aufgaben der Stadtschulpflegschaft s. VB. 6 und 21. — In Hilfsklassen und Hilfsschulen werden im allgemeinen Kinder zusammengefaßt, die in der geistigen und körperlichen Entwicklung erheblich zurückgeblieben sind, in Förderklassen Schwachbegabte oder wegen Krankheit oder zufolge anderer Umstände Zurückgebliebene, die einer besonderen Beschulung bedürfen, in Abschlußklassen solche Kinder, die mangels Begabung oder aus anderen Gründen die letzte Klasse der Volkshauptschule nicht erreichen konnten und nunmehr einen Unterricht erhalten sollen, der sie möglichst zum Übertritt in die Volks- oder Berufsfortbildungsschule und zum Eintritt in das werktätige Leben befähigt.

§ 11.

I Die Stadtschulpflegschaft besteht aus je drei bis fünf Vertretern des Stadtrats, der Lehrerschaft und der beteiligten Eltern. Die Zahl der Vertreter, die für jede Gruppe gleich groß sein muß, wird von der Stadtschulpflegschaft bestimmt.

II Als Vertreter des Stadtrats gehört der erste Bürgermeister der Stadtschulpflegschaft an. Die übrigen Vertreter des Stadtrats sowie eine entsprechende Zahl von Ersatzleuten wählt der Stadtrat auf die Dauer seiner eigenen Bestellung[1]).

III Als Lehrervertreter wird ein Schulleiter[2]) und ein Ersatzmann von den sämtlichen Schulleitern der Stadt aus ihrer Mitte abgeordnet. Die übrigen Lehrervertreter werden von der Berufsvertretung[3]) der Lehrerschaft aus den Volksschullehrern sowie den nach § 7 Abs. II wahlberechtigten Fachlehrern[4]) und Religionslehrern[4]) der Stadt nach dem Grundsatze der Verhältniswahl[5]) bestimmt.

IV Die Elternvertreter werden von den Elternvertretern der Schulpflegschaften[6]) aus ihrer Mitte gewählt.

V Der für die Stadt aufgestellte Bezirksschulrat[7]) ist Mitglied der Schulpflegschaft. Sind zwei Bezirksschulräte vorhanden, so ist der dienstältere Mitglied der Schulpflegschaft. Sind mehr als zwei Bezirksschulräte vorhanden, so ordnen sie einen aus ihrer Mitte ab.

VI Die Amtsdauer der Lehrervertreter, der Elternvertreter und im Falle des Abs. V Satz 3 des Vertreters der Bezirksschulräte in der Stadtschulpflegschaft bemißt sich nach der Amtsdauer der Elternvertreter in den Schulpflegschaften.

Vollzugsvorschriften.

Zu § 11 Abs. I.

22. I *Zu den Sitzungen der Stadtschulpflegschaft können nach Bedarf auch Sachverständige für das Bauwesen, die Wohlfahrtspflege oder andere Gebiete, vorbehaltlich der Bestimmung in Abs. II, mit beratender Stimme beigezogen werden, wenn einschlägige Gegenstände zu behandeln sind.*

II *Der Amtsarzt oder der Schularzt oder der Vertreter der Schulärzte ist befugt, Anträge an die Stadtschulpflegschaft zu stellen. Der Antragsteller ist zur Sitzung, in welcher der Antrag beraten wird, einzuladen. Außerdem ist der Amtsarzt oder der Schularzt zu allen Sitzungen einzuladen, in denen gesundheitliche Angelegenheiten beraten werden. In diesen Angelegenheiten kommt ihm Stimmrecht zu.*

III *Der Vorsitzende der Stadtschulpflegschaft kann zu den Beratungen auch Auskunftspersonen beiziehen.*

Zu § 11 Abs. II.

23. I *Der erste Bürgermeister kann sich durch seinen gesetzlichen Stellvertreter in der Stadtschulpflegschaft vertreten lassen.*

II *Die zwei, drei oder vier Vertreter des Stadtrates, die außer dem ersten Bürgermeister der Stadtschulpflegschaft angehören, werden nebst der entsprechenden Zahl von Ersatzpersonen vom Stadtrate gewählt. Die Zugehörigkeit eines Stadtratsmitgliedes zu einer Schulpflegschaft bildet keinen Hinderungsgrund für den Eintritt in die Stadtschulpflegschaft.*

Zu § 11 Abs. III.

24. *Als Lehrervertreter ist zunächst ein Schulleiter und eine Ersatzperson von sämtlichen Schulleitern der Stadt aus ihrer Mitte abzuordnen. Außerdem sind die Lehrervertreter und ihre Ersatzpersonen je in der gleichen Zahl wie die Vertreter des Stadtrates, die neben dem ersten Bürgermeister der Stadtschulpflegschaft angehören, von der Berufsvertretung der Lehrerschaft aus den Volksschullehrern sowie aus den nach § 7 Abs. II des SchAG. mit vorstehender Ziff. 18 Abs. IV wahlberechtigten Fachlehrern und Religionslehrern der Stadt nach dem Grundsatze der Verhältniswahl zu bestimmen. Als Berufsvertretung der Lehrerschaft gilt der Stadtlehrerrat.*

Zu § 11 Abs. IV.

25. *Die Elternvertreter sämtlicher Schulpflegschaften der Stadt wählen aus ihrer Mitte je in der gleichen Zahl wie die Vertreter des Stadtrates drei oder vier oder fünf Vertreter in die Stadtschulpflegschaft und ebensoviele Ersatzpersonen.*

26. *Für die Wahl des Schulleiters, der Lehrervertreter und der Elternvertreter sowie deren Ersatzpersonen in die Stadtschulpflegschaft sind die Bestimmungen der anliegenden Wahlordnung maßgebend.*

Zu § 11 Abs. V.

27. I *Die Bestimmung in § 11 Abs. V des SchAG. bezieht sich ausschließlich auf die hauptamtlichen Bezirksschulräte, nicht aber auf den berufsmäßigen, fachmännisch vorgebildeten Stadtrat für das Schulwesen einer unmittelbaren Stadt, der nach § 27 Abs. I des SchAG. in widerruflicher Weise mit der Dienstaufgabe eines nebenamtlichen Bezirksschulrats betraut worden ist. Dieser ist auf Grund seines Amtes als berufsmäßiger Stadtrat gemäß § 13 Satz 1 des SchAG. Mitglied der Stadtschulpflegschaft. Im letzteren Fall ist für die Anwendung des § 11 Abs. V des SchAG. kein Raum mehr. Jedoch wird auf nachstehende Ziff. 31 Bezug genommen.*

II *In Städten, in denen mehr als zwei hauptamtliche Bezirksschulräte vorhanden sind, wird der in die Stadtschulpflegschaft abzuordnende hauptamtliche Bezirksschulrat von den sämtlichen hauptamtlichen Bezirksschulräten der Stadt durch Mehrheitsbeschluß bestellt.*

Zu § 11 Abs. VI.

28. I *Die Vertreter des Stadtrates scheiden in dem Zeitpunkt, in dem ihre Zugehörigkeit zum Stadtrat erlischt, aus der Stadtschulpflegschaft aus.*

II *Die Lehrervertreter, die Elternvertreter und im Falle des § 11 Abs. V Satz 3 des SchAG. der Vertreter der Bezirksschulräte werden in die Stadtschulpflegschaft auf die Dauer von drei Kalenderjahren gewählt. Die Wahlen finden nach Anordnung der Stadtschulbehörde im vorausgehenden Dezember statt.*

1. Aus seiner Mitte, vgl. VV. 28 I; anders die Gemeindevertreter in den Schulpflegschaften s. VV. 12.

2. S. Anm. 3 zu § 7 des SchAG.

3. Die Berufsvertretung der Lehrerschaft ist zunächst der Stadtlehrerrat, wo ein solcher gem. § 8 der VO. über die Bildung von Lehrerräten für das Volksschulwesen vom 5. Mai 1919 (KMBl. S. 63) aufgestellt ist (s. Ziff. 24, Schlußsatz der VV.). Wenn in einer unmittelbaren Stadt jedoch ein Stadtlehrerrat nicht besteht, so wird die Berufsvertretung der Lehrer nach Ziff. 53 Abs. II der VV. gebildet.

4. Lehrervertreter bei der Stadtschulpflegschaft können sohin wie bei den Schulpflegschaften (vgl. Anm. 7 zu § 7 oben) nicht nur „Volksschullehrer", sondern auch Fachlehrer und Religionslehrer sein.

5. S. das 2. Beispiel nach den „Schlußbestimmungen" der Wahlordnung (Anlage zu den VV.).

6. S. § 6 des SchAG.

7. S. § 23 ff. des SchAG.

§ 12.

I Die kirchliche Oberbehörde[1]) ordnet in die Stadtschulpflegschaft einen Pfarrvorstand[2]) als Mitglied ab. In Gemeinden, in denen mehr als sechs Pfarreien eines Bekenntnisses bestehen, können zwei Pfarrvorstände abgeordnet werden.

II Hat in der Stadt ein Rabbiner[2]) seinen Dienstsitz, so ist er Mitglied der Stadtschulpflegschaft.

Vollzugsvorschriften.

Zu § 12 Abs. I.

29. I Die kirchlichen Oberbehörden, welche Pfarrvorstände in die Stadtschulpflegschaft abordnen, benennen diese dem Vorsitzenden der Stadtschulpflegschaft.

II Wenn katholische Pfarreien einer unmittelbaren Stadt verschiedenen Diözesen angehören, ist zur Abordnung des einzigen Pfarrvorstandes oder der beiden Pfarrvorstände in die Stadtschulpflegschaft die kirchliche Oberbehörde der Diözese zuständig, die innerhalb dieser Stadtgemeinde die größere Seelenzahl besitzt.

III Im Falle länger dauernder Verhinderung eines in die Stadtschulpflegschaft abgeordneten Pfarrvorstandes kann die kirchliche Oberbehörde einen anderen Pfarrvorstand als Stellvertreter bestimmen.

Zu § 12 Abs. II.

30. Der Rabbiner kann sich im Verhinderungsfalle durch einen Hilfsrabbiner vertreten lassen.

1. S. Anm. 5 zu § 4.

2. „Da die Pfarrer und Rabbiner in den Schulpflegschaften vertreten sind, war ihre Beteiligung auch an den Stadtschulpflegschaften vorzusehen" (Begr.). — Das oben in Anm. 5 Abs. 1 zu § 4 Gesagte gilt auch hier entsprechend.

§ 13.

Ist in einer unmittelbaren Stadt[1]) ein berufsmäßiger, fachmännisch[2]) vorgebildeter Stadtrat[3]) für das Schulwesen aufgestellt, so gehört er der Stadtschulpflegschaft als Mitglied an[4]). Sind fachmännisch vorgebildete Hilfsbeamte des berufsmäßigen Stadtrates für das Volksschulwesen vorhanden, so kann er sich durch diese vertreten lassen[5]).

Vollzugsvorschriften.

Zu § 13.

31. *I Sind in einer unmittelbaren Stadt dem berufsmäßigen, fachmännisch vorgebildeten Stadtrate für das Schulwesen fachmännisch vorgebildete Hilfsbeamte für das Volksschulwesen beigegeben, so können diese zu den Sitzungen der Stadtschulpflegschaft mit beratender Stimme zugezogen werden.*

II Der berufsmäßige Stadtrat für das Schulwesen kann sich durch einen fachmännisch vorgebildeten Hilfsbeamten entweder von Fall zu Fall oder für bestimmte Gebiete allgemein in der Stadtschulpflegschaft vertreten lassen. Sind fachmännisch vorgebildete Hilfsbeamte nicht vorhanden, so kann er sich durch einen neben ihm etwa aufgestellten hauptamtlichen Bezirksschulrat vertreten lassen.

1. S. Anm. 1 zu § 10.

2. Die Bestimmung in § 13 Satz 1 ist, wie aus Ziff. 27 I der VV. und § 30 des SchAG. hervorgeht, im Zusammenhalt mit § 27 Abs. I zu betrachten. Als „fachmännisch" vorgebildeter Stadtrat ist deshalb auch hier wie in § 27 Abs. I ein Beamter zu verstehen, der die für den Volksschuldienst vorgeschriebene Vorbildung und entsprechende Bewährung in diesem Dienste nachweisen kann (s. Ziff. 49 Abs. I der VV. zu § 27[1]).

Ebenso gilt aber auch die Übergangsbestimmung in Ziff. 49 Abs. II wie für § 27 Abs. I so auch für § 13 Satz 1.

3. Für die Pfalz ist § 30 des SchAG. zu beachten.

4. An Stelle eines hauptamtlichen Bezirksschulrates, da die Bestimmung des § 11 Abs. V entfällt, wenn ein fachmännischer Stadtrat vorhanden ist (VV. 27 I). Nur als Vertreter dieses Stadtrates könnte ein hauptamtlicher Bezirksschulrat in dieser Stadtschulpflegschaft mitwirken, wenn fachmännisch vorgebildete Hilfsbeamte zur Vertretung des berufsmäßigen Stadtrates nicht vorhanden sein sollten (VV. 31 II Satz 2).

5. Auch bei den Hilfsbeamten ergibt sich aus dem Zusammenhang von § 13 und § 27, daß ihre „fachmännische" Vorbildung als Vorbildung für den Volksschuldienst aufzufassen ist, und daß nur solche Hilfsbeamte den Stadtschulrat in der Stadtschulpflegschaft vertreten können, die die ministerielle Befugnis zu seiner Vertretung gemäß § 27 Abs. II des SchAG. haben.

Nach der „Begründung" zu § 13 hat Satz 2 nur Bedeutung für München, Nürnberg und Augsburg. Es wäre aber gesetzlich nicht ausgeschlossen auch in anderen Städten einem haupt- oder nebenamtlichen Hilfsbeamten Vertretungsbefugnisse nach § 13 mit 27 zu verleihen.

§ 14.

Den Vorsitz in der Stadtschulpflegschaft führt der erste Bürgermeister oder sein gesetzlicher Stellvertreter[1]).

1. Art. 8 des Selbstverwaltungsgesetzes vom 22. Mai 1919 (GVBl. S. 239):

„Den ersten Bürgermeister vertreten zunächst die weiteren Bürgermeister nach ihrer Reihenfolge, danach die nichtberufsmäßigen Stadt- oder Gemeinderäte nach der Reihenfolge ihres Lebensalters."

§ 15.

Bestehen in einer mittelbaren [1]) Gemeinde mehrere Schulpflegschaften, so treten deren Mitglieder nach Bedarf [2]) zur Beratung gemeinsamer Angelegenheiten unter dem Vorsitze des Bürgermeisters [3]) zusammen.

1. Mit Ausnahme der unmittelbaren Städte (s. Anm. 1 zu § 10 oben) sind alle Gemeinden, auch Städte, mittelbare Gemeinden, d. h. sie stehen unmittelbar unter dem Bezirksamte und nur mittelbar unter der Regierung, Kammer des Innern (Art. 13 des SelbstverwGes. vom 22. Mai 1919, GVBl. S. 239).

2. „Nach Bedarf" — sohin keine ständige Einrichtung wie die Stadtschulpflegschaft, keine gemeinschaftliche oder gemeinsame Schulpflegschaft im Sinne des § 3 des SchAG.

Für die Anberaumung solcher gemeinsamer Sitzungen gelten die Bestimmungen in Ziff. 20 Abs. III und IV der VB. entsprechend. Auch der Bezirksamtsvorstand kann zufolge seiner Aufsichtsbefugnis eine gemeinsame Sitzung der Schulpflegschaften einer mittelbaren Gemeinde herbeiführen (VB. 5 VI und 48 I Satz 1).

Die versammelten Schulpflegschaftsmitglieder sind auch zur Beschlußfassung in diesen gemeinsamen Angelegenheiten zuständig.

3. Des ersten Bürgermeisters oder seines gesetzlichen Stellvertreters (Anm. 1 zu § 14 oben).

§ 16.

Die Tätigkeit der Mitglieder der Schulpflegschaften ist ehrenamtlich [1]).

1. Ersatz von allenfallsigen notwendigen Auslagen ist nicht vorgesehen.

§ 17.

Bezüglich der Verhängung von Dienststrafen über die Mitglieder der Schulpflegschaften und der Stadtschulpflegschaften mit Ausnahme der darin kraft ihres Amtes [1]) tätigen Staatsbeamten [2]) und Geistlichen [3]) gelten die Vorschriften der Gemeindeordnung entsprechend [4]) [5]).

1. Kraft ihres Amtes sind Staatsbeamte und Geistliche in den Schulpflegschaften und Stadtschulpflegschaften tätig, wenn sie dazu als Beamte oder Geistliche berufen oder aus einer Reihe von Amtsgenossen gewählt worden sind, nicht aber, wenn sie als Gemeindevertreter bestellt oder als Elternvertreter gewählt wurden.

2. Z. B. Bezirksärzte, Bezirksschulräte, aber auch Volksschullehrer und Volksschulfachlehrer, die gemäß Art. 1 Abs. III, Art. 144 Abs. I und II und Art. 178 Abs. I des Volksschullehrergesetzes vom 14. August 1919 (GVBl. S. 437) Beamte des Staates sind. Verfehlungen von Volksschullehrern und Volksschulfachlehrern als Mitgliedern von Schulpflegschaften und Stadtschulpflegschaften wären zu ahnden nach den Bestimmungen über Dienstaufsicht und Dienststrafrecht, Art. 100 ff. des VSchG., und der MinBek. vom 12. Juli 1920, die Dienstaufsicht und das Dienststrafrecht für die Volksschullehrer betr., KMBl. S. 282.

Bei den übrigen Staatsbeamten kämen die Bestimmungen in Art. 102 ff. des Beamtengesetzes vom 16. August 1908 (GVBl. S. 581), § 16 ff. der VO. vom 10. Dezember 1908, den Vollzug des Beamtengesetzes betr. (GVBl. S. 1041) und der MinBek. vom 22. Oktober 1909, die Dienstaufsicht und das Dienststrafrecht für nichtrichterliche Beamte betr. (GVBl. S. 737) in Betracht. An die Stelle der einschlägigen Gehaltsordnung für die etatsmäßigen Staatsbeamten, Anlage zur VO. vom 6. September 1908, die Gehaltsverhältnisse der etatsmäßigen Staatsbeamten betr., GVBl. S. 681, ist das BBesG. vom 2. Juni 1920 in der vom 1. Oktober 1922 ab gültigen Fassung mit der Besoldungsordnung für die bayerischen Staatsbeamten (Anlage 1 zum BBesG. n. F.), GVBl. 1923 S. 109, getreten. Maßgebend für die Zuständigkeit der Behörden gegenüber den einzelnen Beamten ist die Besoldungsgruppe, nach welcher der Beamte seinen Grundgehalt bezieht (Bek. vom 2. August 1922, den Vollzug des Beamtengesetzes betr., GVBl. S. 3821, sowie die Bek. vom 27. März 1924, GVBl. S. 122).

3. Geistliche (Pfarrvorstände, Religionslehrer u. s. f.) unterstehen auch als Mitglieder von Schul- und Stadtschulpflegschaften, in denen sie kraft ihres Amtes tätig sind (vgl. Anm. 1 oben) dem Dienststrafrecht ihres Standes, d. h. der Dienststrafbefugnis ihrer kirchlichen Oberbehörden.

Die Vorschriften über das Dienststrafrecht des Volksschullehrergesetzes sind bei Geistlichen auch bezüglich ihrer Tätigkeit als Religionslehrer nicht anwendbar. Vgl. Art. 124 mit 21 des VLG. — Art. 21 in der Fassung des Gesetzes vom 1. August 1923, GVBl. S. 337, ist eine Zusammenfassung des früheren Art. 21 VLG. mit dem durch das Gesetz vom 1. August 1923 aufgehobenen Art. 146, welch letzterer dem Art. 168 des I. Entwurfes gleichkommt. Dort heißt es in der Begründung (Verhandlungen der Kammer der Abgeordneten des Bayer. Landtages 1917/18, Beil. Bd. XIX, Beil. 2581, S. 112): „Art. 168 betrifft seinem Wortlaute nach Personen, die „„von der Anstellungsbehörde oder mit ihrer Genehmigung““ zur Unterrichtserteilung bestellt sind. Diese Fassung schließt die Anwendung der Vorschrift auf die Personen geistlichen Standes aus, die von der kirchlichen Behörde mit der Erteilung des Religionsunterrichts an den Volksschulen beauftragt sind.“ Daran hat sich durch die Neufassung des Gesetzes nichts geändert. In der Begründung zu Art. 1 des erwähnten Gesetzes vom 1. August 1923 ist unter Ziff. II über den Zweck und die Bedeutung der neuen Fassung des Art. 21 Abs. I des Volksschullehrergesetzes ausgeführt: „Die im Entwurfe vorgesehene Änderung des Art. 21 Abs. I des Volksschullehrergesetzes bewirkt, daß diese Gesetzesbestimmung auch auf die Bewerber für den Fachunterricht an den Volksschulen sowie auf die mit der Erteilung dieses Unterrichts beauftragten Personen, die nicht Volksschulfachlehrer im Sinne des Gesetzes sind, entsprechend angewendet werden kann“ (Verhandl. des Bayer. Landtags, Beil. Bd. XI, Beil. 3663, S. 911). Eine Ausdehnung dieser Bestimmung auf die von der kirchlichen Behörde bestellten Religionslehrer geistlichen Standes war durch diese Änderung des Gesetzes nicht beabsichtigt (Entschl. des Staatsmin. f. Unterr. und Kultus vom 15. Juli 1924 Nr. IV 7069).

4. „Diese Bestimmung ist dem Art. 30 des bayerischen Armengesetzes nachgebildet. Für die in den Schulpflegschaften kraft ihres Amtes tätigen Staatsbeamten gelten die allgemeinen für die Beamten als solche bestehenden Disziplinarvorschriften“ (Begr.).

Art. 30, Abs. I, des bayer. Armenges. vom 21. August 1914 (GVBl. S. 551) lautet:

„Bezüglich der Disziplin über die Mitglieder des Armenrats mit Ausnahme des Bezirksarztes und die Mitglieder der Bezirkspflegeausschüsse gelten die Vorschriften der Gemeindeordnungen entsprechend."

Bei dieser Nachbildung des Art. 30 Abs. I des Armengesetzes im SchAG. ist für dieses auch die einschlägige Bestimmung in der Vollzugsanweisung vom 4. August 1915 zum Armengesetze (GVBl. S. 614) von Bedeutung, wo in § 28 Abs. II besagt ist: „Für die Disziplin über die Mitglieder des Armenrats (Art. 30 Abs. I) gelten die Art. 165—169 der rechtsrheinischen, 96—99 der pfälzischen Gemeindeordnung, . . .".

Der Art. 165 (95) enthält die häusliche Dienststrafgewalt, die die Körperschaft selbst gegen ihre Mitglieder ausübt im Gegensatz zu dem in den Art. 166 (96) ff. enthaltenen eigentlichen Dienststrafrecht. Während aber die in Art. 165 vorgesehenen Geldstrafen im rechtsrheinischen Bayern über jedes Schul- und Stadtschulpflegschaftsmitglied (ausgenommen die dort kraft ihres Amtes tätigen Staatsbeamten und Geistlichen) verhängt werden können, kann eine Ausschließung von Mitgliedern nach diesem Artikel und in der Pfalz gemäß Art. 95 der pfälz. Gemeindeordnung nur bei gewählten, nicht auch bei zufolge ihres Amtes berufenen und bestellten Mitgliedern stattfinden. Vgl. Pöll, Unterstützungswohnsitzgesetz und Bayer. Armengesetz, 1916, S. 484 und Riedel-Henle, Armenges., 4. Aufl. S. 245.

Im übrigen gelten die bezeichneten dienststrafrechtlichen Bestimmungen der Gemeindeordnung (Art. 166 (96) ff.) bei allen im SchAG. nicht ausdrücklich ausgenommenen Schul- und Stadtschulpflegschaftsmitgliedern, sohin bei den berufsmäßigen Gemeindebeamten wie bei den sonstigen Gemeindevertretern, bei den Elternvertretern und auch bei den Rabbinern. Die Rabbiner gehören hieher, auch wenn sie kraft ihres Amtes bei den Schul- und Stadtschulpflegschaften tätig sind, weil sie weder Staatsbeamte noch Geistliche sind. Sie sind Diener einer Religionsgesellschaft, Angestellte einer israelitischen Kultusgemeinde oder von zu einem Rabbinatsbezirke zusammengeschlossenen Kultusgemeinden. Da der Rabbiner bei seinen Glaubensgenossen in mancher Beziehung den Wirkungskreis hat wie er dem der Geistlichen in den christlichen Kirchen entspricht, ist es erklärlich, daß er im öffentlichen Rechte vielfach als „Geistlicher" behandelt wird, so bei der Anwendung der Bestimmung in § 53 Ziff. 1 der Reichsstrafprozeßordnung in der Fassung vom 28. März 1924 (RGBl. I S. 322) und § 383 Ziff. 4 der Reichszivilprozeßordnung in der Fassung vom 13. Mai 1924 (RGBl. I S. 437), wonach Geistliche in Ansehung desjenigen, was ihnen bei Ausübung der Seelsorge anvertraut ist, zur Verweigerung des Zeugnisses berechtigt sind. (Vgl. Heimberger S. 101 und 118). Bei der Handhabung des § 17 des SchAG. ist der Rabbiner jedoch nicht als Geistlicher zu behandeln, da die Geistlichen wie die Staatsbeamten einem eigenen Dienststrafrecht unterstehen und deshalb bezüglich ihrer eine Ausnahme von den sonst anzuwendenden Dienststrafbestimmungen der Gemeindeordnung getroffen ist, während für die Rabbiner, die nur in einem allerdings besonders gearteten bürgerlichen Rechtsverhältnisse (Dienstmiete) zu den Kultusgemeinden stehen (s. Heimberger S. 121) ein eigenes Dienststrafrecht nicht besteht.

Das vorstehend über den Rabbiner Gesagte trifft auch auf den Hilfsrabbiner (Rabbinatssubstituten, Rabbinersubstituten, geprüften Rabbinatskandidaten) zu, der dem Rabbiner zur Unterstützung in der Ausübung seiner beruflichen Verrichtungen beigegeben ist, und dessen Wirkungskreis von der

Vollmacht abhängt, die ihm die Kultusgemeinde bei seiner Aufstellung überträgt. (Vgl. Heimberger S. 122.)

5. Die Aufsicht über die Schulpflegschaften kommt nach Ziff. 48 der VV. in Landgemeinden und mittelbaren Städten dem Bezirksamtsvorstande, über die Schulpflegschaften in unmittelbaren Städten dem ersten Bürgermeister, über die Stadtschulpflegschaften der Regierung, Kammer des Innern, zu.

Zu beachten ist indessen auch die MinBek. vom 23. Juni 1923 über die Behandlung der Schulversäumnisse (KMBl. S. 75, MABl. S. 56), nach deren Ziff. 7 die Behandlung der Schulversäumnisse durch die Schulen und Schulpflegschaften der Aufsicht der vorgesetzten Schulaufsichtsbehörden (Bezirks- und Stadtschulbehörden, Regierungen, Kammern des Innern) unterliegen, ferner Ziff. 48 Abs. V und VI Buchst. c der VV. zum SchAG., wonach die Behandlung der Schulversäumnisse zu den gemeinsamen Angelegenheiten der Bezirksschulbehörde und Stadtschulbehörde, d. h. zu den Angelegenheiten gehört, welche die Mitglieder der Bezirksschulbehörde und Stadtschulbehörde (Bezirksamtsvorstand und Bezirksschulrat, beziehungsweise erster Bürgermeister und Bezirks- oder Stadtschulrat) gemeinsam zu behandeln haben. Die Vorbehandlung dieser gemeinsamen Angelegenheiten obliegt nach Ziff. 48, VI Abs. 2 dem Bezirksschulrat (Stadtschulrat).

III. Abschnitt.

Schulleitung.

§ 18.

Die Schulleitung[1][2]) umfaßt die Anordnung und Durchführung aller Maßnahmen, die der Aufrechterhaltung der Ordnung und dem gedeihlichen Zusammenwirken der Lehrerschaft einer Schule im äußeren und inneren Schulbetriebe[3]) dienen. Sie erstreckt sich ferner auf die Durchführung der einschlägigen allgemeinen Vorschriften und der besonderen behördlichen Anordnungen[4]).

Vollzugsvorschriften.

Zu § 18.

32. I *Nach § 18 Satz 1 des SchAG. umfaßt die Schulleitung die Anordnung und Durchführung aller Maßnahmen, die der Aufrechterhaltung der Ordnung und dem gedeihlichen Zusammenwirken der Lehrerschaft einer Schule im äußeren und inneren Schulbetriebe dienen. Schulleitung ist demnach die geordnete Führung einer Schule und des an ihr vereinigten Lehrkörpers durch ein Mitglied dieses Lehrkörpers im Zusammenwirken mit der Lehrerschaft dieser Schule.*

II *Zum „äußeren Schulbetriebe" ist vor allem zu rechnen die Handhabung der Schulhausordnung, die Sorge für die Reinlichkeit im Schulhaus und in den Schulräumen sowie für Beheizung und Lüftung, die Beschaffung der Lehrmittel und Schulpapiere, die Verteilung der Lernmittel an arme Schulkinder, die Einhaltung der Dienstvorschriften für die Hilfspersonen der Schule (Schuldiener, Schulheizer u. a.).*

III *Zum „inneren Schulbetriebe" gehört insbesondere die Handhabung der Vorschriften über die Schulpflicht (Schulaufnahme, Schülerverzeich-*

nis, Beaufsichtigung des Schulbesuchs, Schulversäumniswesen), über Befreiung vom Schulbesuche für kürzere Zeit in dringenden Fällen, die Festsetzung der Unterrichtszeit, ihre Einhaltung oder Unterbrechung, die Aussetzung des Unterrichts aus besonderen Anlässen, z. B. bei großer Hitze, sowie die Überwachung der Schulzucht in und außerhalb der Schule.

IV *In allen diesen Angelegenheiten kommt der Schulleitung die Anordnung sowie die Überwachung des Vollzuges zu, soweit sich ihre Tätigkeit nicht, den bestehenden Vorschriften entsprechend, auf die gutachtliche Äußerung oder die Vermittlung des Verkehrs mit den vorgesetzten Schulbehörden beschränkt. Maßgebend sind für die Schulleitung zunächst die einschlägigen allgemeinen Vorschriften und die besonderen Anordnungen der vorgesetzten Schulaufsichtsbehörden; soweit solche nicht bestehen, hat die Schulleitung, ohne die einzelnen Lehrpersonen unnötig zu binden, die erforderlichen Maßnahmen zu treffen.*

V *Eine wichtige Aufgabe der Schulleitung ist, den Lehrkörper der Schule im Hinblick auf das zu erstrebende Unterrichts- und Erziehungsziel zu einer Unterrichts- und Erziehungsgemeinschaft zusammenzufassen. Die Schulleitung soll einen einheitlichen Erzieherwillen erzeugen und die Glieder der Unterrichts- und Erziehungsgemeinschaft in ihrer Berufsarbeit anregen und unterstützen.*

VI *Eine weitere bedeutsame Aufgabe der Schulleitung besteht darin, mit den Erziehungsberechtigten ein Verhältnis gegenseitigen Vertrauens anzubahnen und zu erhalten. Sowohl der Lehrkörper als auch die einzelnen Lehrpersonen müssen die Schulleitung in der Pflege dieses Vertrauensverhältnisses, das zur gedeihlichen Unterrichts- und Erziehungsarbeit unentbehrlich ist, unterstützen.*

VII *Die Überwachung der Einhaltung der Vorschriften über die Schulleitung steht den Bezirksschulbehörden und Stadtschulbehörden zu.*

VIII *Im dienstlichen Schriftenverkehr ist als empfangende und absendende Stelle „die Leitung der Volksschule" unter Beifügung des Ortsnamens und gegebenenfalls eines besonderen nach den örtlichen Verhältnissen veranlaßten Zusatzes zu bezeichnen. Die Vorsitzenden der Schulpflegschaften sind zum Empfang und zur Öffnung der an die „Leitung der Volksschule" gerichteten Sendungen nicht befugt. Für dienstliche Postsendungen verwenden die Schulleiter Dienstwertzeichen, die sie unmittelbar von den Ausgabestellen beziehen.*

1. Der Gesetzgeber hat sich abweichend von der VO. vom 28. August 1919 für die sog. autoritative Schulleitung im Gegensatz zur kollegialen entschieden. Die bezügliche Begründung des Gesetzentwurfes lautete:

„Nach § 22 der VO. vom 28. August 1919 kommt die Schulleitung dem Lehrerrate zu. Der gewählte Vorsitzende des Lehrerrats ist lediglich dessen vollziehendes Organ. Dieses System, das als kollegiale Selbstverwaltung bezeichnet wird, steht im Widerspruche mit der übrigen Staatsorganisation, ist auch für die Gesamtbelange der Schule nicht zweckmäßig. Für Aufgaben, die von Staatsbeamten im Rahmen ihrer eigentlichen Dienstesaufgaben wahrzunehmen sind, ist eine derartige Regelung bisher nirgends getroffen und wohl auch begrifflich ausgeschlossen. An Stelle der kollegialen soll daher die autoritative Schulleitung durch einen vom Staate ernannten

Schulleiter treten. Dies entspricht der Organisation der übrigen Staatsbehörden, die überall einen leitenden, geschäftsführenden Vorstand haben.

Dies hindert nicht, daß der berufsmäßige Schulleiter seine Anordnungen in denjenigen Angelegenheiten, die sich zu gemeinsamer Beratung eignen, nach Anhörung des Lehrerrats trifft."

2. „Schulleitung" und „Schulpflegschaft" sind strenge auseinanderzuhalten, wenn auch sowohl „Schulleitung" wie „Schulpflege" zur „Schulaufsicht" im weiteren Sinne gehören. Dem Vorsitzenden der Schulpflegschaft stehen die Befugnisse des Schulleiters nicht zu und umgekehrt. Der Vorsitzende der Schulpflegschaft darf Sendungen an die „Leitung der Schule X" nicht in Empfang nehmen, öffnen und erledigen (s. VB. Ziff. 32 VIII, vgl. aber auch die Verpflichtung des Schulpflegschaftsvorsitzenden oder seines Stellvertreters, Anzeige an den Bezirksschulrat zu erstatten, wenn der einzige Volksschullehrer einer ungeteilten Schule an der Dienstleistung behindert und nicht imstande ist, hiervon den Bezirksschulrat rechtzeitig zu verständigen, oder wenn er unbefugt vom Dienste fernbleibt — VB. Ziff. 33, IV Buchst. h Abs. 2; s. auch Abs. 3 Satz 2: Anzeige an die Bezirksschulbehörde (Stadtschulbehörde) beim Ableben des einzigen Lehrers einer ungeteilten Schule).

3. Gegenstände des „inneren" und des „äußeren" Schulbetriebes sind in Ziff. 32 II und III der VB. aufgezählt. Die Aufzählung ist keine erschöpfende.

Zu beachten ist auch stets, daß in allen diesen Angelegenheiten für die Schulleitung kein völlig freier Spielraum besteht, sondern daß sie sich in dem Rahmen bewegen muß, den die einschlägigen allgemeinen Vorschriften und die besonderen Anordnungen der vorgesetzten Schulaufsichtsbehörden ihr lassen (VB. 32 IV). Auch auf die berechtigten Wünsche der einzelnen Lehrpersonen und der Erziehungsberechtigten ist nach Möglichkeit Rücksicht zu nehmen, wie sich aus Ziff. 32 IV, letzt. Halbsatz, und 32 VI der VB. ergibt.

Soferne z. B. für den Beginn der Unterrichtszeit nicht allgemeine Vorschriften oder besondere Anordnungen der vorgesetzten Schulaufsichtsbehörden vorliegen, ist zwar der Schulleiter (und nicht die Schulpflegschaft) zur Festsetzung des Zeitpunktes für den Unterrichtsbeginn gemäß Ziff. 32 Abs. III der VB. zuständig, er wird sich jedoch bei der Bedeutung der Sache — wenn es sich nicht um einen besonderen Einzelfall handelt — mit anderen Lehrpersonen der Schule auf dem Wege des § 20 des SchAG. und durch die Schulpflegschaft mit den Erziehungsberechtigten ins Benehmen setzen und örtliche Verhältnisse tunlichst berücksichtigen.

Nimmt der Schulleiter bei seiner Tätigkeit die nötige Rücksicht auf die örtlichen Verhältnisse nicht, so können von den Benachteiligten die vorgesetzten Schulaufsichtsbehörden zur Abhilfe angerufen werden (s. folgende Anm. 4; bezüglich „Unterrichtszeit" auch VB. 48 VI Buchst. c).

4. Die Aufsicht über die Schulleitung obliegt den Bezirks- und Stadtschulbehörden gemäß VB. 32 VII und 41 II. Sie haben das Recht, für die Schulleitung besondere Anordnungen zu treffen. Innerhalb der Grenzen des § 18 des SchAG. können sie den in den VB. umschriebenen Wirkungskreis der Schulleitung sowohl erweitern als einengen. Beispielsweise fällt es in den Bereich der Schulleitung bei der Handhabung der Ordnung im inneren Schulbetriebe das Vorzeigen von Schaustücken und Anschauungsgegenständen in den Schulklassen durch Schausteller oder den klassenweisen Besuch von Schaustellungen zu gestatten oder durchzuführen. Die Bezirks- und Stadtschulbehörden können jedoch für solche Fälle besondere An-

ordnungen treffen. In unmittelbaren Städten mit einer Mehrzahl von Schulen wird zur gleichmäßigen Handhabung in allen Schulen die Stadtschulbehörde solche Genehmigungen zweckmäßig der eigenen Zuständigkeit vorbehalten. — Eine ähnliche Regelung dürfte sich für die Aussetzung des Unterrichts bei großer Hitze (VV. 33 III), für Einweisung von Schülern in die Hilfsklassen u. s. w. (VV. 33 IV e) empfehlen.

§ 19.

I Jede Schule untersteht einem Schulleiter[1][2][3][4][5][6].

II Der einzige Volksschullehrer[7] einer Schule ist zugleich der Schulleiter. Die Leiter der Schulen mit zwei und mehr Lehrerstellen werden von der Anstellungsbehörde[8] ernannt.

III Im Falle der Behinderung wird der Schulleiter durch den dienstältesten Volksschullehrer vertreten, soferne nicht die zuständige Behörde aus besonderen Gründen etwas anderes bestimmt[9].

IV Die Besorgung der Schulleitungsgeschäfte ist ein Teil der hauptamtlichen[10] Dienstesaufgabe der damit betrauten Volksschullehrer[11].

Vollzugsvorschriften.

u § 19 Abs. I.

33. I *Die Bezeichnung Schulleitung gilt sowohl für männliche als auch für weibliche Lehrpersonen, die das Nebenamt der Schulleitung führen. Sie ist keine Amtsbezeichnung.*

II *Je mehr der Schulleiter wertvolle persönliche und pädagogische Eigenschaften besitzt, desto mehr wird er durch Beispiel und Vorbild seine Berufsgenossen für die gemeinsame Erfüllung der Unterrichts- und Erziehungsaufgaben aneifern und desto weniger wird er äußerer Befugnisse bedürfen. Gegenüber Pflichtwidrigkeiten soll er mit Ruhe und Festigkeit auftreten. Unstimmigkeiten innerhalb des Lehrkörpers oder zwischen Lehrerschaft und Elternschaft oder zwischen einzelnen Lehrpersonen und Erziehungsberechtigten, soweit möglich, in taktvoller und gerechter Weise ausgleichen.*

III *Als Aufgaben kommen dem Schulleiter im allgemeinen folgende zu:*

a) Er vertritt, vorbehaltlich des Art. 1 des Schulbedarfgesetzes, die Schule gegenüber den Schulbehörden, den Eltern und der Öffentlichkeit.

b) Er ist für den sachgemäßen Vollzug der einschlägigen behördlichen Anordnungen verantwortlich.

c) Er hat das Recht und die Pflicht, innerhalb des der Schulleitung zugewiesenen Aufgabenkreises Anordnungen zu treffen und besitzt insoweit gegenüber den Lehrpersonen und den Hilfspersonen der Schule Vorgesetzteneigenschaft. Diese Anordnungen des Schulleiters sind verbindlich, unbeschadet des Rechtes der Beschwerde an die vorgesetzten Schulaufsichtsbehörden. Die eingelegte Beschwerde hat keine aufschiebende Wirkung.

IV *Als besondere Aufgaben des Schulleiters sind hauptsächlich folgende anzuführen:*

a) Er hat die an die Schule ergehenden dienstlichen Weisungen entgegenzunehmen und zu vollziehen und, soweit veranlaßt, über deren Vollzug an die vorgesetzten Stellen und Behörden zu berichten.

b) Er erledigt den schriftlichen Verkehr zwischen Schule und Behörden und führt die amtlichen Listen, soweit dies nicht Aufgabe der einzelnen Lehrpersonen ist, insbesondere das Verzeichnis der Schuleinrichtungsgegenstände (Inventar) und die Schulstatistik nach Maßgabe der hierüber bestehenden Vorschriften.

c) Er hat, soweit möglich, darauf zu achten, daß alle Kinder, die das Alter für die Schulaufnahme erreicht haben, rechtzeitig zur Schule angemeldet werden.

d) Er überwacht die Behandlung der Schulversäumnisse durch die Lehrpersonen und besorgt die einschlägigen Vor- und Nacharbeiten nach Maßgabe der Ministerialbekanntmachung vom 23. Juni 1923.

e) Ihm obliegt die Aufnahme neu eintretender, die Einschulung und Zuweisung zugezogener und die Überweisung abgemeldeter Schüler, ferner im Benehmen mit den Lehrpersonen die Zuweisung der Schulzimmer an die Schulklassen und die Aufstellung des Hauptstundenplans sowie die Entscheidung über das Vorrücken von Schülern mit ungenügenden Jahresleistungen und über allenfallsige Einweisung schwachbefähigter Schüler in Hilfsklassen, letzterenfalls unter Mitwirkung der hiefür etwa aufgestellten Sachverständigen, u. ä.

f) Er kann im Benehmen mit den Klaßlehrern auf Ansuchen der Erziehungsberechtigten Schülern Befreiung vom Schulbesuche auf die Dauer von einem Halbtage bis zu vier Tagen gewähren, wenn dies aus besonderen Gründen notwendig erscheint. Schulbefreiung für eine oder mehrere Schulstunden innerhalb eines Halbtages ist dem Klaßlehrer überlassen.

g) Er kann Lehrpersonen für eine oder mehrere Schulstunden innerhalb eines Halbtages Dienstbefreiung gewähren und in dringenden Fällen, in denen die Entscheidung der zuständigen Schulaufsichtsbehörde nicht mehr eingeholt oder nicht abgewartet werden kann, bis zur Dauer von zwei Tagen Urlaub erteilen. Eine solche Urlaubserteilung ist sogleich dem Bezirksschulrate mitzuteilen.

h) Im Falle der Erkrankung oder sonstigen Dienstbehinderung von Lehrpersonen hat der Schulleiter unverzüglich Anzeige an den Bezirksschulrat zu erstatten und die wegen der vorläufigen Stellvertretung erforderlichen Anordnungen zu treffen. Das gleiche gilt für den Fall des unbefugten Fernbleibens von Lehrpersonen.

Ist der einzige Volksschullehrer einer ungeteilten Schule an der Dienstleistung behindert und nicht imstande, hiervon den Bezirksschulrat rechtzeitig zu verständigen, oder bleibt er unbefugt vom Dienste fern, so ist der Vorsitzende der Schulpflegschaft oder sein Stellvertreter verpflichtet, hierüber Anzeige an den Bezirksschulrat zu erstatten.

Beim Ableben einer Lehrperson hat der Schulleiter unverzüglich der Bezirksschulbehörde oder Stadtschulbehörde Anzeige zu erstatten. An Schulen mit nur einem Volksschullehrer kommt diese Aufgabe dem Vorsitzenden der Schulpflegschaft oder seinem Stellvertreter zu.

i) *Der Schulleiter hat den Vollzug der Schulordnung sowie der besonderen Verfügungen der Schulbehörden zu überwachen und die hierzu notwendigen Anordnungen zu treffen. Zu diesem Zwecke ist er befugt, im Bedarfsfalle die Schulräume auch während der Unterrichtszeit zu betreten.*

k) *Er ist berechtigt und veranlaßten Falles verpflichtet, die von Aushilfslehrern und Aushilfslehrerinnen sowie von unständigen Volkschullehrern geführten Schulklassen zu besuchen und deren Unterricht anzuwohnen. Werden hierbei Pflichtwidrigkeiten oder erhebliche Mängel in der Schulführung wahrgenommen, so hat er auf deren Abstellung hinzuwirken und, soweit veranlaßt, den zuständigen Bezirksoberlehrer oder Bezirksschulrat oder beide zu verständigen. In die Schulführung der ständigen Volksschullehrer hat er nicht einzugreifen.*

l) *Der Schulleiter hat die Pflicht gemeinsam mit den beteiligten Mitgliedern des Lehrkörpers die der Schule zur Ableistung des Vorbereitungsdienstes zugewiesenen Schulamtsbewerber und Schulamtsbewerberinnen in die Schulordnung einzuführen und deren Dienstleistung zu leiten und zu überwachen. Wenn an der Schule ein Fortbildungsleiter tätig ist, so kommt diesem die Leitung und Überwachung des Vorbereitungsdienstes der Schulamtsbewerber und Schulamtsbewerberinnen dieser Schule zu. Sind mehrere Fortbildungsleiter an der Schule, so ist hiefür der dienstälteste zuständig; das Dienstalter bemißt sich nach der Zahl der Dienstjahre als Volksschullehrer. Wirkt an einer Schule ein weiblicher Fortbildungsleiter, so kommt ihm die Leitung und Überwachung des Vorbereitungsdienstes der Schulamtsbewerberinnen dieser Schule zu. Diese Leitung und Überwachung soll möglichst im Einvernehmen mit dem zuständigen Fortbildungsleiter erfolgen.*

m) *Der Schulleiter hat an der Schule neu angestellte oder an die Schule versetzte Lehrpersonen in angemessener Weise in den Dienst einzuführen.*

n) *Er beruft den Lehrerrat der Schule (§ 20 Abs. 1 des SchAG.) zu Besprechungen und Beratungen, die, abgesehen von besonders dringenden Fällen, außerhalb der regelmäßigen Unterrichtszeit abzuhalten sind, und leitet die Verhandlungen.*

o) *Sind in einem Schulhause mehrere Schulen untergebracht, so sollen die Lehrerräte dieser Schulen in Angelegenheiten, die ihre Schulen gemeinsam betreffen, in gegenseitigem Benehmen der Schulleiter zu gemeinschaftlicher Beratung zusammenberufen werden. Der Vorsitz kommt hierbei dem dienstältesten Schulleiter zu.*

Zu § 19 Abs. II.

34. I *Für jede Schule mit zwei oder mehr Lehrstellen wird von der Regierung, Kammer des Innern, ein Schulleiter in widerruflicher Weise ernannt. Als Schulleiter kommen nur Volksschullehrer, nicht Volksschulfachlehrer, in Betracht.*

II *Der Schulleiter ist entweder aus dem Lehrkörper der Schule, der er vorstehen soll, auszuwählen oder von einer anderen Schule des gleichen Schulortes herüberzunehmen.*

III *Die Schulleiter sind unter dem Gesichtspunkte der beruflichen Eignung im Hinblick auf die in vorstehender Ziff. 33 Abs. II, III und IV bezeichneten Aufgaben auszuwählen. Wo mehrere in gleicher Weise geeignete Volksschullehrer vorhanden sind, ist in der Regel der dienstälteste mit der Schulleitung zu betrauen.*

IV *Die Schulleitung ist, vorbehaltlich der Bestimmungen im folgenden Abs. V, in der Regel einer männlichen Lehrperson zu übertragen. Ausnahmen hiervon sind aus besonderen Gründen zulässig.*

V *An Mädchenschulen mit ausschließlich weiblichem Lehrkörper ist als Schulleiter eine weibliche Lehrperson zu ernennen. An Mädchenschulen mit vorwiegend weiblichem Lehrkörper kann die Schulleitung einer weiblichen Lehrperson übertragen werden.*

Zu § 19 Abs. III.

35. Für den Fall der Behinderung oder Beurlaubung des Schulleiters ist an jeder Schule mit drei und mehr Lehrstellen von der Regierung, Kammer des Innern, ein ständiger Stellvertreter zu bestimmen. Hiefür kommt in der Regel der dienstälteste männliche oder weibliche Volksschullehrer in Frage.

Zu § 19 Abs. IV.

36. I *Jeder Schulleiter führt an der Schule, der er vorsteht, verantwortlich eine Schulklasse.*

II *Wird er durch die Dienstgeschäfte der Schulleitung in außerordentlichem Maß in Anspruch genommen, so kann ihm von der Regierung, Kammer des Innern, entweder dauernd oder zeitweise ein Schulamtsbewerber oder eine Schulamtsbewerberin als Beihilfe zugeteilt werden. Die Abordnung einer ständigen Beihilfe soll nur erfolgen, wenn die dem Schulleiter unterstellte Schule mehr als 16 Schulklassen zählt oder wenn besondere Umstände vorliegen. Auch in diesem Falle hat der Schulleiter während des ganzen Schuljahrs wöchentlich mindestens 12 Unterrichtsstunden in seiner Schulklasse zu erteilen.*

III *Wenn dem Leiter einer Schule eine Beihilfe nicht zur Verfügung steht, kann auf seinen Antrag von der Bezirksschulbehörde oder Stadtschulbehörde angeordnet werden, daß zu seiner Entlassung einige Unterrichtsstunden in seiner Schulklasse der Volkshauptschule oder Volks-Fortbildungsschule durch andere Lehrpersonen der Schule, deren Stundenmaß dreißig Wochenstunden nicht erreicht, bis zu diesem Höchstmaß erteilt werden. Fortbildungsleiter sind dazu nicht heranzuziehen.*

1. Die Bezeichnung „Schulleiter" — gleichlautend für männliche wie weibliche Lehrpersonen — ist keine Amtsbezeichnung (VB. 33 [I]) wie Hilfslehrer, Lehrer, Hauptlehrer, Oberlehrer u. s. w., sondern weist nur auf eine besondere D i e n s t a u f g a b e hin. Die „Schulleitung" oder „Leitung der Volksschule X" (s. VB. 32 [VIII]) ist auch keine „Behörde".

2. Die Aufgaben des Schulleiters sind in Ziff. 33 Abs. III und IV der VB. aufgeführt, doch ist die Aufführung keine erschöpfende. Nur die wesentlichen allgemeinen wie besonderen Aufgaben sind genannt. Der Aufgabenkreis des Schulleiters im ganzen ergibt sich aus § 18 des SchAG. und

VB. Ziff. 32; s. auch die Anmerkungen zu § 18. Ziff. 33 Abs. II gibt eine Anleitung, in welcher Weise der Schulleiter seinen Aufgaben nachkommen soll.

3. In vermögensrechtlicher Beziehung wird die einzelne Schule von dem einschlägigen Gemeinde- oder Stadtrat bezw. verstärkten Gemeinde- oder Stadtrat vertreten (Art. 1 Abs. I und Art. 2 des Schulbedarfgesetzes vom 14. August 1919, GVBl. S. 489). Zu nichtbestimmungsgemäßer Verwendung von Schulräumen bedarf es nach Art. 1 Abs. II des Schulbedarfgesetzes in der Fassung vom 1. August 1923, GVBl. S. 337 der Genehmigung der Schulaufsichtsbehörden. (S. auch ME. vom 19. Oktober 1923, KMBl. S. 131, MABl. S. 73.)

Im übrigen vertritt gemäß Ziff. 33 III Buchst. a der VB. die Schule der Schulleiter. Bei der Vertretung gegenüber den Schulbehörden hat er sich dessen bewußt zu bleiben, daß er als Schulleiter unter der Dienstaufsicht der Bezirks- bezw. Stadtschulbehörde steht (VB. 32 VII, 41 II), bei der Vertretung gegenüber den Eltern, daß zwischen Schulleitung und Erziehungsberechtigten ein Verhältnis gegenseitigen Vertrauens bestehen soll (VB. 33 VI).

4. Der Schulleiter ist nicht Vorgesetzter der Lehrpersonen und Hilfspersonen (Schuldiener, Schulheizer u. s. w.) seiner Schule, doch hat er innerhalb des der Schulleitung zukommenden Aufgabenkreises (s. vorsteh. Anm. 2) gegenüber den Genannten Vorgesetzteneigenschaft, d. h. seine Anordnungen als Schulleiter sind für die Lehrpersonen und Hilfspersonen seiner Schule solange verbindlich, als sie nicht infolge eingelegter Beschwerde an die vorgesetzte Schulaufsichtsbehörde aufgehoben sind (VB. 33 III Buchst. c).

Da der Schulleiter nicht Vorgesetzter der Lehrpersonen seiner Schule ist, geht auch nicht dessen D i e n s t w e g bei dienstlichen Eingaben über den Schulleiter an die Bezirks- oder Stadtschulbehörde zur Regierung und zum Ministerium, sondern diese Eingaben sind unmittelbar bei der Bezirks- oder Stadtschulbehörde einzureichen, es sei denn, daß die Einreichung beim Schulleiter durch allgemeine Vorschrift (z. B. die Anträge von Volksschullehrern auf Bewilligung von Notstandsbeihilfen gemäß MinBek. vom 11. November 1924, GVBl. S. 228; ME. vom 11. Dezember 1924 Nr. IV 44 744, Auszug abgedruckt in den Schulanzeigern) oder durch besondere Anordnung der vorgesetzten Schulaufsichtsbehörde ausdrücklich vorgeschrieben ist. (Vgl. ME. vom 2. April 1920, Beurlaubung des Volksschullehrpersonals während des Schuljahrs betr., KMBl. S. 129, Ziff. I, 4 einerseits und die ME. vom 2. Januar 1921, Erkrankung von Volksschullehrern betr., KMBl. S. 7, Ziff. I, 1 anderseits. Die U r l a u b s g e s u c h e sind „unmittelbar, nicht durch Vermittlung des Vorsitzenden des Lehrerrates oder des geschäftsführenden Lehrers, an den zuständigen Bezirksschulrat" einzusenden, von einer, den Dienst verhindernden E r k r a n k u n g dagegen ist „unverzüglich dem Vorsitzenden des Lehrerrats oder, wenn an der Schule nur zwei Volksschullehrer vorhanden sind, dem im Dienste verbleibenden Volksschullehrer Kenntnis zu geben". Vorsitzender des Lehrerrates ist gemäß § 20 des SchAG. und Ziff. 33 IV Buchst. n der VB. (mit § 32 des SchAG. und VB. 37 und 54) der S c h u l l e i t e r. Die Min.-Bekanntmachungen vom 2. April 1920 und 2. Januar 1921 sind im Anhang abgedruckt.)

5. Zu VB. 33 IV Buchst. k s. MinBek. vom 13. Dezember 1921 über die unständigen Volksschullehrer und die als Aushilfslehrer verwendeten Schulamtsbewerber (KMBl. S. 309), ferner Art. 1 mit 2 des VLG. vom 14. August 1919 (GVBl. S. 437) in der Fassung vom 1. August 1923 (GVBl. S. 337). Darnach sind „Aushilfslehrer" und „Aushilfslehrerinnen" die

Schulamtsbewerber und -bewerberinnen, die mit der Stellvertretung oder Beihilfeleistung für erkrankte, beurlaubte oder aus anderen Gründen verhinderte Volksschullehrer oder mit der vorübergehenden Führung einer erledigten Lehrstelle betraut sind (Ziff. 32 der MinBek. vom 13. Dezember 1921).

„Unständige Volksschullehrer" sind die „Hilfslehrer" und „Hilfslehrerinnen". Sie sind von der zuständigen Behörde (Regierung) zur Erteilung des allgemeinen Volksschulunterrichts angestellt, ohne einer der in der Besoldungsordnung für die bayerischen Staatsbeamten aufgeführten Gruppen anzugehören (Art. 1 Abs. I mit Abs. II und Art. 2 des VLG.; s. auch Ziff. 1 der MinBek. vom 13. Dezember 1921).

6. Zu Ziff. 33 IV Buchst. f: Die Entscheidung über die regelmäßige teilweise „Befreiung der israelitischen Kinder und der Adventistenkinder vom Schulbesuch" an den Samstagen ist gemäß ME. vom 7. Januar 1921 (KMBl. S. 13) der Bezirksschulbehörde, in unmittelbaren Städten der Stadtschulbehörde vorbehalten.

7. Der einzige Volksschullehrer (im Sinne des Art. 1 des VLG. vom 14. August 1919, GVBl. S. 437, in der Fassung vom 1. August 1923, GVBl. S. 337) oder sein Vertreter, z. B. ein als Aushilfslehrer an einer solchen Schule aufgestellter Schulamtsbewerber (vgl. Art. 21 des VLG.).

8. Anstellungsbehörde: Die Regierung, Kammer des Innern (VO. vom 17. Dezember 1825, die Formation, den Wirkungskreis und den Geschäftsgang der obersten Verwaltungsstellen in den Kreisen betr., RegBl. S. 1049, § 46, Weber Bd. 2 S. 279, VV. 34 I).

9. Die Stellvertretung des Schulleiters im Falle seiner Behinderung obliegt an Schulen mit drei oder mehr Lehrstellen dem von der Regierung hiefür bestimmten ständigen Stellvertreter (VV. 35) und bei dessen Behinderung, solange nichts anderes bestimmt wird, dem sonst dienstältesten Volksschullehrer (§ 19 III des SchAG.), an Schulen mit zwei Lehrstellen entsprechend der Bestimmung des § 19 III dem zweiten an der Schule tätigen Volksschullehrer oder dessen Vertreter. Treffen zwei Aushilfslehrer zusammen, so entscheidet wiederum das Dienstalter, falls die Regierung nichts anderes bestimmt. Ist der Schulleiter der einzige Volksschullehrer einer ungeteilten Schule, so bestimmt im Behinderungsfalle, wenn die Behinderung andauert, den Vertreter als Lehrer und Schulleiter die Regierung (vgl. Anm. 5 oben). Bei plötzlicher Dienstbehinderung, unbefugter Entfernung oder dem Ableben eines solchen Schulleiters ist der Vorsitzende der Schulpflegschaft oder sein Stellvertreter (§ 9 des SchAG.) verpflichtet, hierüber Anzeige an den Bezirksschulrat zu erstatten (s. VV. 33 IV Buchst. h Abs. 2 und 3).

Der Schulleiter, der der einzige Lehrer einer ungeteilten Volksschule ist, hat seinerseits im Erkrankungsfalle möglichst dafür zu sorgen, daß der Vorsitzende der Schulpflegschaft Kenntnis von dieser Erkrankung erhält (s. Ziff. I, 1 Abs. 2, Satz 2 der ME. vom 2. Januar 1921, KMBl. S. 7 — vgl. oben Anm. 4), für den Fall, daß er Urlaub benötigt, nach Ziff. 4 der ME. vom 2. April 1920, KMBl. S. 129 — vgl. oben Anm. 4 — beim Bezirksschulrat oder durch diesen bei der Regierung (oder dem Staatsministerium für Unterricht und Kultus — Ziff. 2 gen. ME., Schlußsatz —) um Urlaub einzukommen und in jedem Falle, ob nun die Urlaubsgenehmigung eingetroffen ist oder wegen Dringlichkeit das Eintreffen der Genehmigung nicht abgewartet werden konnte, den Urlaubsantritt dem Vorsitzenden der Schulpflegschaft mitzuteilen (s. Ziff. 7 Satz 3 der ME. vom 2. April 1920).

Der Schulleiter kann nach Ziff. 33 IV Buchst. g der VV. Lehrpersonen für eine oder mehrere Schulstunden innerhalb eines Halbtages Dienstbefreiung gewähren und in dringenden Fällen unter bestimmten Voraussetzungen bis zur Dauer von zwei Tagen Urlaub erteilen. Zu beachten ist, daß hier nach der Dauer die kürzere „Dienstbefreiung" von dem längeren „Urlaub" unterschieden ist, denn im übrigen handelt es sich bei Dienstbefreiung und Urlaub dem Wesen nach um gleiche Begriffe, um Entbindung von den dienstlichen Verpflichtungen auf bestimmte Zeit. Von „Dienstbefreiung" ist die Rede, wenn die Schulstunden, von deren Einhaltung eine Lehrperson entbunden wird, innerhalb eines Halbtages liegen, also nur einen Teil des Vormittags- oder des Nachmittagsunterrichtes eines Tages betreffen. Selbstverständlich darf der Schulleiter auch solche Dienstbefreiung nur aus triftigen Gründen zugestehen. Wenn eine Dienstbehinderung sich auf den ganzen Unterricht eines Halbtages erstreckt, kommt nur „Urlaub" in Frage. Der Unterschied liegt darin, daß der Urlaub, selbst wenn er nur einen Halbtag oder ein bis zwei Tage umfassen soll, beim Bezirksschulrat erbeten werden muß und nur dann, wenn die Zeit nicht mehr ausreicht, die Entscheidung der zuständigen Schulaufsichtsbehörde zu erholen oder abzuwarten, bis zur Höchstdauer von zwei Tagen vom Schulleiter erteilt werden kann, der dies sofort dem Bezirksschulrat mitzuteilen hat, während die Dienstbefreiung für einzelne Stunden innerhalb eines Halbtages weder vorgängig vom Bezirksschulrat erbeten noch nachträglich diesem vom Schulleiter bekannt gegeben werden muß.

Sich selbst kann der Schulleiter nicht ohne weiteres gemäß der Ziff. 33 IV Buchst. g der VV. Dienstbefreiung gewähren oder Urlaub erteilen. Benötigt er einen über einzelne Stunden innerhalb eines Halbtages hinausgehenden Urlaub, dann hat er nach den Bestimmungen der ME. vom 2. April 1920 (s. oben) vorzugehen, also an den Bezirksschulrat ein Urlaubsgesuch zu richten und seinen Vertreter oder — als einzige Lehrkraft einer ungeteilten Schule — den Schulpflegschaftsvorsitzenden in Kenntnis zu setzen. Hat er nur die Befreiung von einer oder mehreren Schulstunden innerhalb eines Halbtages nötig, dann hat er von der Dienstbehinderung seinen Stellvertreter bezw. den Schulpflegschaftsvorsitzenden zu verständigen, von einem vorgängigen Gesuche an den Bezirksschulrat um Dienstbefreiung oder einer Mitteilung an ihn jedoch wird in Anlehnung an die Bestimmung der Ziff. 33 IV Buchst. g a. a. O. abgesehen werden können, es sei denn daß die zuständigen Schulaufsichtsbehörden anderes anordnen.

Bei der Gewährung von Dienstbefreiungen und Urlaub ist ein strenger Maßstab anzulegen; denn einer Lehrperson stehen an Stelle des regelmäßigen Urlaubes die Schulferien zur Verfügung (Art. 18 Abs. II des VLG., Ziff. I, 1 und 2 der MinBek. vom 2. April 1920, oben).

Die Unterrichtszeit soll, soweit möglich, durch den außerordentlichen Urlaub oder die Dienstbefreiung nicht gekürzt werden. Wenn nicht ein Schulamtsbewerber zur Vertretung des behinderten Lehrers verfügbar ist oder die Schulklasse nicht von einer anderen Lehrperson mitgeführt werden kann, dann sind die ausgefallenen Stunden möglichst an schulfreien Wochen- oder Halbtagen oder durch mäßige Verlängerung der Schulzeit an Unterrichtstagen nachzuholen. Diese Maßregeln können im Einzelfalle auch vom Bezirksschulrate ausdrücklich angeordnet werden (Ziff. 5 und 6 der MinBek. vom 2. April 1920, oben).

Bei Dienstbehinderungen infolge Krankheit bedarf der Lehrer keiner Dienstbefreiung und keines Urlaubs, er muß seine Erkrankung und Dienstbehinderung nur anzeigen. Näheres hierüber s. Art. 31 des VLG. vom 14. August 1919 (GVBl. S. 437) und die MinBek. vom 2. Januar 1921 (KMBl. S. 7) im Anhang. Um einen Erholungsurlaub nach überstandener Krankheit jedoch oder um teilweise Befreiung vom Dienste zum Zwecke der Erholung muß nachgesucht werden. Ebenso bedarf der Lehrer besonderer Genehmigung, wenn er im Falle der Erkrankung oder zur Erholung einen Aufenthaltswechsel vornehmen will (s. Ziff. II und III der ME. vom 2. Januar 1921).

Abgesehen von Beurlaubungen zu Erholungszwecken nach überstandener Krankheit oder zum Besuche von Fachkursen, die zur Weiter- und Ausbildung von Lehrkräften behördlich ausdrücklich veranstaltet werden, kann außerordentlicher Urlaub während des Schuljahres für längere Zeit (z. B. zum Besuche einer auswärtigen Hochschule) nicht gewährt werden, auch in der Form nicht, daß etwa die beurlaubte Lehrperson die Kosten der Aushilfe übernimmt. In solchen Fällen können die beabsichtigten Zwecke durch Gesuche um Entlassung aus dem Volksschuldienste unter Vorbehalt des Rücktrittes, welcher Vorbehalt aber in der Regel über drei Jahre hinaus nicht zugestanden wird, erreicht werden.

10. „Daraus, daß die Schulleitungsgeschäfte einen Teil der hauptamtlichen Dienstesaufgabe der damit betrauten ordentlichen Volksschullehrer bilden, ergibt sich, daß für diese Tätigkeit eine besondere Entschädigung nur ausnahmsweise im Rahmen des Art. 3 Abs. III des Beamtenbesoldungsgesetzes in Frage kommen kann.“ (Begr.)

Eine solche besondere, nur ausnahmsweise nach Art. 3 Abs. III des Beamtenbesoldungsgesetzes vom 2. Juni 1920 in der vom 1. Oktober 1922 ab gültigen Fassung (GVBl. 1923 S. 109) für die hauptamtliche Tätigkeit des Schulleiters gewährte Entschädigung aus Staatsmitteln, „wenn die Dienstleistung des Beamten in außergewöhnlichem Maße über die regelmäßigen Anforderungen hinausgeht“, ist zu unterscheiden von der Vergütung, die gemäß § 21 des SchAG. dem Schulleiter für die nebenamtliche Verwaltung des im Schulhause festgelegten gemeindlichen Vermögens und die Aufsicht über die im Schulhaus untergebrachten gemeindlichen Wohlfahrtseinrichtungen mit Genehmigung der Regierung aus gemeindlichen Mitteln gewährt werden kann.

Die Schulleitung ist kein Nebenamt. In Ziff. 33[1] der VB. ist dieser Ausdruck („Nebenamt der Schulleitung“) nicht in dem Sinne gebraucht, den sonst das Gesetz (s. Art. 13, 14 u. 15 des VLG.) damit verbindet.

11. Der Schulleiter kann bei besonderer Belastung nach Ziff. 36 Abs. II und III der VB. entlastet werden. Der Unterschied zwischen den beiden Entlastungsmöglichkeiten ist der, daß im Falle des Abs. II Schulamtsbewerber oder Schulamtsbewerberinnen als Beihilfe, im Falle des Abs. III nur „andere Lehrpersonen“ (nicht Schulamtsbewerber) in Betracht kommen und im ersteren Falle (zur Aufstellung von Schulamtsbewerbern oder -bewerberinnen) als Beihilfe die Regierungen, im zweiten Falle die Bezirks- und Stadtschulbehörden zuständig sind.

Ferner ist zu beachten: „Die Zuteilung einer ständigen oder dauernden Beihilfe (eines Schulamtsbewerbers oder einer Schulamtsbewerberin durch die Regierung) soll nur dann erfolgen, wenn die dem Schulleiter unterstellte Schule mehr als 16 Schulklassen zählt, oder wenn besondere Umstände vorliegen. Für die Zuteilung einer zeitweisen Beihilfe (eines Schulamtsbewerbers oder einer Schulamtsbewerberin durch die Regierung) sowie für die Übertragung von Unterrichtsstunden in der Schulklasse des Schulleiters an andere Lehrpersonen der Schule (durch die Bezirksschulbehörde oder die Stadtschulbehörde) ist diese Voraussetzung **nicht** erforderlich. Diese beiden letzteren Arten von Entlastung können auch in Schulen mit weniger als 17 Schulklassen angewendet werden, wenn ein Bedürfnis hierzu gegeben ist" (E. d. Staatsmin. f. Unterr. u. K. vom 3. November 1924 Nr. IV 38 845).

§ 20.

I In Angelegenheiten der Schulleitung, die sich zu gemeinsamer Beratung eignen, trifft der Schulleiter seine Maßnahmen nach Anhörung des Lehrerrats[1]), an Schulen mit nur zwei Volksschullehrern nach Anhörung des anderen Volksschullehrers[2]). Soweit es sich um die äußeren Angelegenheiten des Religionsunterrichtes[3]) oder der religiösen Betätigung der Schüler handelt, hat er mit dem Religionslehrer oder mit dem zuständigen Pfarramt ins Benehmen zu treten[4]).

II Der Lehrerrat im Sinne dieses Gesetzes besteht aus sämtlichen Volksschullehrern[5]), Volksschulfachlehrern[6]) und Religionslehrern[7]) der Schule sowie den von der Anstellungsbehörde[8]) abgeordneten Aushilfslehrern[9]).

Vollzugsvorschriften.

Zu § 20 Abs. I.

37. I *Die Anhörung des Lehrerrates durch den Schulleiter kommt hauptsächlich in Betracht in wichtigen Unterrichts- und Erziehungsfragen sowie in sonstigen Angelegenheiten, welche die Schule oder die Lehrerschaft der Schule betreffen oder die von der vorgesetzten Stelle zur Mitteilung oder Besprechung im Lehrerrate bestimmt worden sind.*

II *In Angelegenheiten, die nur einzelne Lehrpersonen oder Schulklassen berühren, hat sich der Schulleiter mit den beteiligten Lehrpersonen zu benehmen.*

III *Die Teilnahme an den Sitzungen des Lehrerrates ist Dienstpflicht aller eingeladenen Lehrerratsmitglieder. Der Schulleiter kann von der Einladung der Volksschulfachlehrer oder der Religionslehrer oder dieser beiden Gruppen zu einer Sitzung des Lehrerrates absehen, wenn es sich dabei um Angelegenheiten handelt, an denen die Angehörigen dieser Gruppen nicht beteiligt sind. Wenn indes eine dieser beiden Gruppen oder beide Gruppen erklären, ständig an den Sitzungen des Lehrerrates teilnehmen zu wollen, sind sie hierzu stets einzuladen, dann aber auch zur Teilnahme verpflichtet.*

IV *Mit der Einladung zur Sitzung ist die Tagesordnung bekannt zu geben. Eingeladene Lehrpersonen, die an der Sitzung nicht teilnehmen können, haben vor der Sitzung unter Angabe des Grundes der Ver-*

hinderung um Befreiung zu ersuchen. Über jede Sitzung des Lehrerrates ist von einem durch den Vorsitzenden zu bestimmenden Mitgliede eine Niederschrift zu fertigen und in ein Verhandlungsbuch einzutragen. Diese Niederschrift wird bei der nächsten Zusammenkunft des Lehrerrates verlesen und von dem Schriftführer und dem Schulleiter unterzeichnet.

V *Begründete Wünsche von Lehrerratsmitgliedern wegen Anberaumung einer Sitzung des Lehrerrates sind vom Schulleiter tunlichst zu berücksichtigen. Wenn mindestens ein Drittel der sämtlichen Lehrerratsmitglieder die Abhaltung einer Sitzung unter Angabe des Beratungsgegenstands beantragt, ist dem Antrage stattzugeben.*

VI *Der Schulleiter wird die Beschlüsse des Lehrerrates berücksichtigen, sofern er nicht der Ansicht ist, daß sie mit bestehenden Vorschriften oder mit der Weisung einer Schulbehörde oder mit den Belangen der Schule in Widerspruch stehen oder die Zuständigkeit des Lehrerrates überschreiten. In den letzteren Fällen hat er dem Lehrerrate von seiner abweichenden Auffassung zunächst Kenntnis zu geben und den Beschluß zu beanstanden. Besteht die Mehrheit des Lehrerrates gleichwohl auf ihrem Beschlusse, so hat er dessen Vollzug auszusetzen und die Angelegenheit alsbald der Bezirksschulbehörde oder Stadtschulbehörde zur Entscheidung zu unterbreiten.*

VII *Der Bezirksamtsvorstand und der erste Bürgermeister einer unmittelbaren Stadt sowie der zuständige hauptamtliche Bezirksschulrat und der mit der Dienstaufgabe eines nebenamtlichen Bezirksschulrates oder mit der Oberleitung betraute berufsmäßige Stadtrat für das Schulwesen einer unmittelbaren Stadt können den Sitzungen des Lehrerrates der einzelnen Schulen anwohnen.*

VIII *Zu den äußeren Angelegenheiten des Religionsunterrichts gehört insbesondere die Überwachung der äußeren Schulordnung, der Schulzucht und des Schulbesuchs. In diesen Angelegenheiten wird sich der Schulleiter in der Regel zunächst mit dem Religionslehrer, in Angelegenheiten der religiösen Betätigung der Schüler mit diesem oder dem zuständigen Pfarramt ins Benehmen setzen.*

Zu § 20 Abs. 2.

38. Nach dem Wortlaute des Gesetzes sind auch die nebenamtlichen Religionslehrer Mitglieder des Lehrerrates, nicht aber die nebenamtlichen Fachlehrer. Schulamtsbewerber und Schulamtsbewerberinnen, welche die Schule lediglich zur Ableistung des Vorbereitungsdienstes zugeteilt sind, ohne eine Schulklasse als Aushilfslehrer oder Aushilfslehrerin selbständig zu führen, sind nicht Mitglieder des Lehrerrates.

1. Der Lehrerrat hat jetzt eine andere Zusammensetzung (s. § 20 Abs. II d. SchAG.) als er sie nach der VO. über die Bildung von Lehrerräten für das Volksschulwesen vom 5. Mai 1919 (KMBl. S. 63) hatte. Die §§ 1 mit 7 dieser VO. über die „Lehrerräte an den Volksschulen" und „Bezirkslehrerräte" sind außer Wirksamkeit gesetzt und durch die Bestimmungen über den „Lehrerrat" an den Volksschulen im SchAG. und in den VV. ersetzt (s. § 32 des SchAG., Ziff. 54 der VV.) und Anm. 2 zu § 32 des SchAG.). Der Schulleiter steht nicht außerhalb des Lehrerrates, sondern ist Mitglied und Vorsitzender desselben (s. § 20 Abs. II des SchAG. und

Ziff. 37 Abs. IV, sowie Ziff. 33 Abs. IV Buchst. n u. o der VV.); der Vorsitzende wird nicht mehr gewählt, wie es § 3 der VO. vom 5. Mai 1919 vorsah.

Falls der Schulleiter glaubt, einen Beschluß des Lehrerrats nicht berücksichtigen zu können, hat er gemäß Ziff. 37 Abs. VI der VV. vorzugehen. Beharrt die Mehrheit des Lehrerrates auf ihrem von der Auffassung des Schulleiters abweichenden Beschlusse, so hat der Schulleiter entgegen der Regelung in Ziff. 33 Abs. III Buchst. c der VV. den Vollzug bis zur Entscheidung durch die Bezirks- oder Stadtschulbehörde auszusetzen. Im Dringlichkeitsfalle hat er aber auch hier die vorläufig nötigen Anordnungen zu treffen.

Betrifft eine an sich wichtige Angelegenheit nur einzelne Lehrpersonen oder Schulklassen, nicht die ganze Schule oder Lehrerschaft der Schule, so hat der Schulleiter nicht den Lehrerrat einzuberufen, wohl aber die beteiligte Lehrperson oder Lehrpersonen zu hören (VV. 37 II). An ihre Meinung gebunden ist er nicht. Kann eine einheitliche Anschauung nicht erzielt werden, so tritt die Bestimmung in Ziff. 33 Abs. III Buchst. c der VV. in Geltung.

2. Hier gilt das Gleiche wie im Falle der vorstehenden Anm. 1, Schlußabsatz, Satz 2 und 3.

3. Die äußeren Angelegenheiten des Religionsunterrichtes s. VV. 37 VIII mit 32 II im Gegensatz zum Inhalt und zur Gestaltung des Religionsunterrichtes selbst, worüber die zuständigen Stellen der Religionsgesellschaften zu bestimmen haben (vgl. § 28 des SchAG.).

4. „Das Einvernehmen des Schulleiters mit dem Religionslehrer oder Pfarrer in Fragen, die deren Zuständigkeit berühren, ist notwendig und zweckmäßig.“ (Begr.)

Durch § 20 Abs. I, Satz 2 des SchAG. und Ziff. 37 Abs. VIII der VV. ist es dem Schulleiter zur Pflicht gemacht, in solchen Angelegenheiten nicht vorzugehen ohne vorher den zuständigen Religionslehrer oder Pfarrer zu hören.

Kommt eine Einigung nicht zustande, so ist die Anordnung des Schulleiters maßgebend, bis die Angelegenheit nach allenfallsiger Anrufung der vorgesetzten Behörde (Bezirksschulbehörde, Stadtschulbehörde) durch diese geregelt wird (s. VV. 41 II).

5. „Volksschullehrer“ s. Anm. 2, Satz 1 zu § 4 des SchAG. oben.

6. „Volksschulfachlehrer“, also nur die h a u p t a m t l i c h e n, nicht auch die nebenamtlichen Fachlehrer der Schule, s. § 7 Anm. 4 des SchAG. und VV. Ziff. 38.

7. „Religionslehrer“, sohin die haupt- u n d nebenamtlichen Religionslehrer s. § 7 Anm. 5 und 6 des SchAG. und VV. Ziff. 38.

8. „Anstellungsbehörde“ = Regierung, Kammer des Innern, vgl. Anm. 6 zu § 19 des SchAG.

9. „Aushilfslehrer“ = zur Aushilfe für behinderte Volksschullehrer oder an nicht besetzte Lehrstellen berufene Schulamtsbewerber und Schulamtsbewerberinnen, nicht aber Schulamtsbewerber und Schulamtsbewerberinnen, die sich n u r zur Ableistung des Vorbereitungsdienstes an einer Schule befinden (VV. 38), ebenso nicht Schulamtsbewerber und Schulamtsbewerberinnen als ständige oder zeitweise „Beihilfe“ von Schulleitern (VV. 36 II und Anm. 9 zu § 19 des SchAG.), weil ein solcher Schulamtsbewerber (Schulamtsbewerberin) die Klasse des Schulleiters nicht selbständig führt.

§ 21.

Der Gemeinderat oder Stadtrat kann[1]) einem Schulleiter[2]) die Verwaltung des im Schulhause festgelegten gemeindlichen Vermögens und die Aufsicht über die im Schulhaus untergebrachten gemeindlichen Wohlfahrtseinrichtungen mit Genehmigung der zuständigen Behörde[3]) übertragen. Dem Schulleiter kann für die Besorgung dieser Geschäfte von der Gemeinde mit Genehmigung der zuständigen Behörde[3]) eine angemessene Vergütung[4]) gewährt werden.

Vollzugsvorschriften.

Zu § 21.

39. I *Die Verwaltung des in einem Schulhause festgelegten gemeindlichen Vermögens und die Aufsicht über die im Schulhaus untergebrachten gemeindlichen Wohlfahrtseinrichtungen kann von dem Gemeinderat oder Stadtrat einem Schulleiter übertragen werden. Die Genehmigung der Übertragung sowie der Vergütung, die von der Gemeinde hiefür festgesetzt wird, steht der Regierung, Kammer des Innern, zu.*

II *Eine Vergütung soll nicht schon bei der allgemein üblichen Lehrmittelverwaltung gewährt werden, sondern nur dann, wenn es sich um die Verwaltung des sonstigen im Schulhause festgelegten gemeindlichen Sachvermögens, des Schulhauses selbst oder besonderer mit der Schule nicht unmittelbar zusammenhängender Einrichtungen handelt.*

1. „Die Verwaltung des im Schulhause festgelegten gemeindlichen Vermögens und der im Schulhause untergebrachten gemeindlichen Wohlfahrtseinrichtungen ist an sich Sache der Gemeinde. Es erscheint jedoch zweckmäßig, die Führung dieser Verwaltung durch einen Schulleiter mit Genehmigung der zuständigen Behörde und die Gewährung einer Vergütung aus Gemeindemitteln zu gestatten." (Begr.)

Die Gemeinde „kann" jedoch diese Verwaltung je nach örtlichen Verhältnissen auch anderen Persönlichkeiten, z. B. einer Lehrperson, die n i c h t Schulleiter ist, übertragen. Für eine solche Lehrperson würde die Verwaltung ein Nebenamt im Sinne des Art. 13 des VLG. (GVBl. 1919 S. 437) bedeuten, das sie — vorausgesetzt, daß nicht die G e m e i n d e (s. unten) ein entsprechendes Gesuch stellt — bei unentgeltlicher Besorgung der zuständigen Dienstbehörde (auf dem Dienstwege der Regierung) anzuzeigen hätte, während zur Übernahme der Verwaltung gegen Entlohnung die Erlaubnis der Anstellungsbehörde (Regierung) erforderlich wäre.

Der Schulleiter hat keinen Rechtsanspruch auf Übertragung jener Verwaltung, er ist anderseits zur Übernahme v e r p f l i c h t e t, wenn die Regierung dem Gemeinderat oder Stadtrat die Übertragung gestattet. Der Schulleiter kann auch nicht ohne weiteres eine Vergütung beanspruchen. Dies ergibt sich nunmehr für ihn auch — wie für jeden anderen Volksschullehrer — aus dem Art. 14 des VLG., der in der Fassung vom 29. März 1924 (GVBl. S. 130) lautet:

„Der Volksschullehrer ist zur Übernahme von Nebenämtern oder Nebengeschäften im öffentlichen Dienst auch ohne besondere Vergütung verpflichtet, wenn sie seiner Berufsbildung entsprechen." (S. auch ME. vom 25. April 1924 zum Vollzuge des Art. 14 des VLG., MABl. S. 90 und ME. vom 14. Mai 1924 über die Dienstleistung der Schulamtsbewerber, MABl. S. 95 sowie die im Nachgang zu diesen Entschl. ergangenen ME. vom 2. April 1925, MABl. S. 55).

2. „Schulleiter" s. § 19 des SchAG.

3. „Zuständige Behörde" ist für Land- wie Stadtschulen die Regierung, Kammer des Innern, s. VV. 39 I.

4. Hier handelt es sich um eine Vergütung für eine nebenamtliche Dienstaufgabe des Schulleiters; bezüglich einer ausnahmsweisen besonderen Entschädigung für die hauptamtliche Tätigkeit des Schulleiters s. Anm. 8 zu § 19 des SchAG. Vgl. auch Anm. 1 oben.

IV. Abschnitt.

Schulaufsicht[1]).

Vollzugsvorschriften.

Vorbemerkungen.

40. I *Schulaufsicht im Sinne des SchAG. ist die Pflege und Förderung des Unterrichts und der Erziehung sowie die Überwachung und Beurteilung der gesamten Unterrichts- und Erziehungstätigkeit in den Volksschulen.*

II *Die Schulaufsicht muß ihre Hauptaufgabe in der Unterstützung der Schularbeit sowie aller auf den Unterricht und die Erziehung abzielenden Maßnahmen sehen. Ihre anregende und fördernde Tätigkeit darf nicht geringer gewertet werden als ihre überwachende und beurteilende.*

III *Die Schulaufsicht hat darauf zu achten, daß die an die Volksschulen ergehenden behördlichen Anordnungen und dienstlichen Aufträge befolgt werden. Bei Wahrung der nicht zu umgehenden Einheitlichkeit in der Schulführung soll aber die Eigenart der einzelnen Lehrpersönlichkeiten nicht unnötig eingeengt werden.*

IV *Die Handhabung der Schulaufsicht ist nicht in gleichem Maße für alle Lehrpersonen notwendig. Sie soll je nach Befähigung und Pflichteifer des einzelnen Volksschullehrers und Volksschulfachlehrers auf freundlichen Rat oder sachlichen Ernst eingestellt sein.*

V *Die richtig gehandhabte Schulaufsicht wird vertretbaren Anregungen und Wünschen der Lehrerschaft und der Elternschaft entgegenkommen, unberechtigten Forderungen aber entgegentreten. Auf Behebung wahrgenommener Mängel und Pflichtwidrigkeiten wird sie nachdrücklich hinwirken.*

§ 22.

Die Volksschulen[2]) und ihre Lehrkräfte[3]) stehen vorbehaltlich der bestehenden besonderen Vorschriften[4]) unter der dienstlichen Aufsicht[1]) der Bezirksschulbehörde[5]), in den unmittelbaren[6]) Städten der Stadtschulbehörde[7])[8]).

Vollzugsvorschriften.

41. I *Der Begriff der Volksschulen im Sinne des § 22 des SchAG. umfaßt einerseits die Gesamtheit der den Zwecken der Volksschule ge-*

widmeten Sachen, insbesondere die Gebäude samt den zugehörigen Turn- und Spielplätzen und Schulgärten, die Einrichtungsgegenstände und die Lehrmittel, anderseits die zu Schulen im Sinne des § 1 des SchAG. zusammengefaßten Schulklassen mit ihren Schülern.

II *Die Volksschulen und die Volksschullehrer, die Volksschulfachlehrer und die nebenamtlichen Fachlehrer sowie die allenfalls aufgestellten Fachberater für Handarbeiten und andere technische Unterrichtsfächer unterstehen unmittelbar der dienstlichen Aufsicht der Bezirksschulbehörden und Stadtschulbehörden. Diese führen auch die Dienstaufsicht über die Schulleiter. In Städten, in denen Bezirksschulräte wirken, die nicht Mitglieder der Stadtschulbehörde sind, kommen auch ihnen schulaufsichtliche Befugnisse über die Volksschulen und die Lehrerschaft ihres Aufsichtsbezirks einschließlich der Schulleiter zu. Die Religionslehrer unterstehen der Dienstaufsicht der Bezirksschulbehörden und Stadtschulbehörden nur in Angelegenheiten der äußeren Schulordnung, der Schulzucht und des Schulbesuchs.*

III *Die Bezirksoberlehrer unterstehen gemäß § 4 Abs. III der Ministerialbekanntmachungen vom 11. Juni 1920 und vom 6. April 1923 über die Fortbildung der Volksschullehrer als Fortbildungsleiter und im inneren Betrieb ihrer Schulklasse nicht den Bezirksschulräten, sondern unmittelbar den Regierungen, Kammern des Innern. Die Schulbesuche in ihren Klassen werden deshalb von den fachmännisch vorgebildeten Schulaufsichtsbeamten der Regierungen vorgenommen. Hiervon abgesehen, gelten aber auch für die Bezirksoberlehrer alle Bestimmungen über Schulleitung und Schulaufsicht wie für die übrigen Volksschullehrer.*

1. Über den Begriff „Schulaufsicht" s. VV. 40 I.

Die „Schulaufsicht" im weiteren Sinne (s. die Einleitung) umfaßt auch die „Schulpflege" und die „Schulleitung"; daher auch mit Recht der Name „Schulaufsichtsgesetz" für das g a n z e Gesetz, nicht nur wegen der überragenden Bedeutung der Bestimmungen über die „Schulaufsicht" im IV. Abschnitte des Gesetzes. Dieser Abschnitt handelt von der Schulaufsicht im engeren Sinne, d. h. von der d i e n s t l i c h e n Aufsicht über die Volksschulen, die Schulpflegschaften, die Schulleiter und die sonstigen Lehrkräfte an den Volksschulen und von den Behörden, denen diese dienstliche Aufsicht zusteht. Während sohin Schulpflegschaften und Schulleiter zur Wahrung der nötigen Einheitlichkeit auf dem Gebiete des Volksschulwesens jener dienstlichen Aufsicht, der Schulaufsicht im engeren Sinne, unterstellt sind, dürfen sie ihrerseits, die Schulpflegschaften überhaupt nicht (vgl. § 2, Schlußsatz des SchAG. und Anm. 5 hierzu) und die Schulleiter nur im beschränkten Umfange (vgl. VV. Ziff. 33 Abs. III, Buchst. c und Abs. IV, Buchst. k) solche schulaufsichtliche Befugnisse im engeren Sinne ausüben.

Der am meisten in die Augen fallende Unterschied im Vergleich zu den früheren Verhältnissen bei der Schulaufsicht ist die Einrichtung der F a c h a u f s i c h t (Aufsicht durch fachmännisch ausgebildete Beamte), die an die Stelle d e r g e i s t l i c h e n S c h u l a u f s i c h t (Aufsicht durch die kirchliche Geistlichkeit) getreten ist. In Bayern (s. auch die Einleitung S. 1) erfolgte die Einführung der Fachaufsicht schon mit der VO. vom 16. Dezember 1918 (GVBl. S. 1275, KMBl. S. 339) durch die Bestimmung, daß vom 1. Januar 1919 ab die Beaufsichtigung und Leitung der Volksschulen durch Ortsschulinspektoren entfalle, und daß die schulaufsichtliche Tätigkeit der geistlichen Distriktsschulinspektoren und der geistlichen Referenten der Stadtschulkommissionen sowie ihre Mitgliedschaft in den Distriktsschulbehörden mit dem 31. Dezember 1918 ende, ferner daß an ihre Stelle mit dem 1. Januar 1919 weltliche Fachleute träten. Den Grundsatz der Fachaufsicht enthielt auch Art. 144 der Reichsverfassung vom 11. August 1919 (RGBl. S. 1383). Eine Verordnung über Schulpflege, Schulleitung und Schulaufsicht für die Volksschulen vom 28. August 1919 (GVBl. S. 519, KMBl. S. 139) mit dazu gehörigen Erläuterungen und Vollzugsvorschriften regelte dann für Bayern das Nähere.

Bei der Beratung des Schulaufsichtsgesetzes gingen unter Festhaltung der „Fachaufsicht" die Meinungen darüber auseinander, ob die Bezirksschulaufsicht, wie in der VO. vom 28. August 1919 angeordnet war, weiter nebenamtlich durch Volksschullehrer ausgeübt werden sollte, denen die verantwortliche Führung einer Volksschulklasse zu verbleiben hätte, oder ob die fachmännischen Bezirksschulräte als hauptamtliche Aufsichtsbeamte ohne Verpflichtung zur gleichzeitigen Führung einer Volksschulklasse aufgestellt werden sollten.

In der Begründung des Gesetzentwurfes wurde in einer Vorbemerkung zu Abschnitt IV Folgendes ausgeführt:

„Die Reichsverfassung bestimmt in Artikel 144: Das gesamte Schulwesen steht unter der Aufsicht des Staates; er kann die Gemeinden daran beteiligen. Die Schulaufsicht wird durch hauptamtlich tätige, fachmännisch vorgebildete Beamte ausgeübt.

Die Bezirksschulaufsicht wird in Bayern nach der VO. vom 28. August 1919 durch Volksschullehrer ausgeübt, die von der Regierung, Kammer des Innern, nach Einvernahme des Kreislehrerrats aus den vom Bezirkslehrerrate oder Stadtlehrerrate Vorgeschlagenen in widerruflicher Weise ernannt werden. Sie haben die verantwortliche Führung einer Schulklasse beizubehalten, üben also die Schulaufsicht nur nebenamtlich aus. Für ihre schulaufsichtliche Tätigkeit erhalten sie eine besondere, nicht versorgungsfähige Vergütung aus Staatsmitteln.

Diese Regelung der Bezirksschulaufsicht steht nach Anschauung der bayerischen Regierung im Widerspruche mit der angeführten Vorschrift der Reichsverfassung, wonach die Schulaufsicht durch hauptamtlich tätige, fachmännisch vorgebildete Beamte ausgeübt wird. Dem Einwande, daß diese Verfassungsvorschrift nicht die verantwortliche Führung einer Klasse verbiete, daß es vielmehr genüge, wenn der Aufsichtsbeamte hauptamtlich als Schulmann tätig sei, steht wohl der klare Wortlaut jener Bestimmung gegenüber. Diese Auffassung wird auch von den Unterrichtsverwaltungen von Preußen, Sachsen, Württemberg und Hessen geteilt. Der Reichsminister des Innern erklärt die bayerische Auffassung ebenfalls für einwandfrei, hält aber auch die Regelung für verfassungsrechtlich zulässig, daß der Schulaufsichtsbeamte eine Klasse verantwortlich führt. Die badische Unterrichtsverwaltung teilt den Standpunkt des Reichsministers des Innern.

Selbst wenn indessen die Regelung, daß der Schulaufsichtsbeamte eine Klasse verantwortlich zu führen hat, nach der Reichsverfassung für zulässig erachtet würde, so stünden ihr doch vom Standpunkte des bayerischen Beamtenrechts Bedenken entgegen, weil sie mit Art. 26 Abs. II des (auch für die Volksschullehrer und Schulaufsichtsbeamten maßgebenden) Beamtenbesoldungsgesetzes im Widerspruch stünde; nach dieser Vorschrift können keinem Beamten gleichzeitig mehrere Amtsstellen im Hauptamt übertragen werden.

Abgesehen von diesen rechtlichen Bedenken kann es auch sachlich weder als notwendig noch als zweckmäßig erachtet werden, daß der Bezirksschulrat gleichzeitig eine Schulklasse führt.

Die Freunde dieser Forderung behaupten, daß der Schulaufsichtsbeamte die Fühlung mit der Schule verliere, wenn er nicht selbst eine Klasse führe. Die Richtigkeit dieser Behauptung wird gerade von Fachleuten bestritten. Die sämtlichen Kreisregierungen haben befürwortet, dem Schulaufsichtsbeamten keine Klassenführung zu übertragen. Wer selbst 20 bis 25 Jahre lang eine Klasse geführt hat, ehe er Schulaufsichtsbeamter wurde, wer zudem als Schulaufsichtsbeamter fast täglich Gelegenheit hat Schulen der verschiedensten Güte zu sehen, dem kann die Fühlung mit der Schule nicht verloren gehen.

Hat der Schulaufsichtsbeamte neben seiner schulaufsichtlichen Tätigkeit noch eine Klasse zu führen, so leidet entweder das eine oder das andere Amt oder gar beide. Abgesehen davon würde die Bestellung eines Hilfslehrers für die Klasse des Schulaufsichtsbeamten und eine zu starke Verkleinerung der Aufsichtsbezirke, die Voraussetzung für die Führung einer eigenen Klasse neben der Schulaufsicht wäre, weitere Bedenken gegen sich haben. Die Klasse des Schulaufsichtsbeamten müßte unter dieser Zweiteilung notwendig leiden, was seinem Ansehen und der Ausbildung wie der Erziehung der der Klasse angehörigen Schüler gerade nicht förderlich wäre. Eine Klassenführung in dieser Form würde überdies dem Schulaufsichtsbeamten keine engere Fühlung mit der Schule gewährleisten, als dies ohnehin schon durch den fortlaufenden Besuch der verschiedenen Schulen seines Bezirkes der Fall ist.

Diese Regelung würde aber auch höhere Kosten erfordern. Denn abgesehen davon, daß die Zahl der Schulaufsichtsbeamten weit größer sein müßte, wäre für die Mithilfe in der Schulführung eine große Zahl von Hilfslehrern neu zu bestellen.

Ausschlaggebend fällt aber ins Gewicht, daß die Belange der Schule die Ausübung der Schulaufsicht durch hauptamtlich tätige Beamte erfordern, die ihre ganze Arbeitskraft diesem Amte zu widmen vermögen. Es heißt die Bedeutung der Bezirksschulaufsicht — des Grundpfeilers der staatlichen Schulaufsicht überhaupt — völlig verkennen, wenn man annimmt, daß sie nebenher ausgeübt werden könne. Die Erfahrungen der letzten Jahre beweisen mit aller Deutlichkeit, daß eine solche Regelung das Gedeihen des Schulwesens nicht verbürgt. Es hat sich auch gezeigt, daß die Bezirksschulräte, die ihre schulaufsichtlichen Obliegenheiten mit Umsicht und Gewissenhaftigkeit erfüllen wollen, die volle Verantwortlichkeit für die Führung einer eigenen Schulklasse nicht tragen können.

Aus all diesen Gründen ist im vorliegenden Gesetzentwurfe daran festgehalten, daß der Schulaufsichtsbeamte diese Aufsicht hauptamtlich auszuüben habe.

Eine Mitwirkung von Vertretern der Volksschullehrer bei der Ernennung der Schulleiter und der Schulaufsichtsbeamten ist entgegen den bisherigen Bestimmungen nicht vorgesehen. Diese Vorschriften standen nicht im Einklange mit dem Rechte der übrigen Staatsbeamten, sie sind auch vom Landtage schon grundsätzlich bei der Regelung der Aufsicht über die Volksschulen an den Kreisregierungen abgelehnt worden. Die Frage, ob und wieweit den Beamtenvertretungen ein Mitwirkungsrecht in Personalangelegenheiten eingeräumt werden soll, wird für alle Staatsbeamten, also auch für die Volksschullehrer einheitlich im Reichsgesetz über die Beamtenräte (Beamtenkammern) geregelt werden.

Die Kreisschulaufsicht, die ursprünglich in den §§ 34 bis 37 der VO. vom 28. August 1919 geregelt war, ist schon durch die VO. vom 29. Juli 1920 (GVBl. S. 397) *) neu geordnet worden."

---

*) Abgedruckt im Anhang S. 105.

Der Landtag entschied sich in seiner Mehrheit für den Entwurf, also für **hauptamtliche** Bezirksschulräte, **ohne** gleichzeitige Führung von Schulklassen und **ohne** Mitwirkung von Vertretern der Volksschullehrer bei der Ernennung. **Unbeschadet dieses Grundsatzes** gibt es allerdings auch jetzt noch **nebenamtliche** Bezirksschulräte; es sind dies die Stadtschulräte, die mit der Dienstaufgabe eines Bezirksschulrates im Sinne des SchAG. betraut sind (§ 27 des SchAG., Ziff. 49 III der VV.). Selbst Volksschullehrer können noch nebenamtlich mit der Dienstaufgabe eines Bezirksschulrates befaßt werden, nämlich dann, wenn sie gemäß Ziff. 45 III der VV. als ständige Stellvertreter eines Bezirksschulrates oder nach Ziff. 50 Abs. I und II der VV. als ständige Stellvertreter eines Stadtschulrates bestimmt oder im Nebenamte als Hilfsbeamte eines Stadtschulrates nach § 27 II SchAG. aufgestellt werden (s. Anm. 5 zu § 13 oben).

2. „Volksschulen": Hier in einem doppelten Sinne zu verstehen, s. VV. 41 I.

3. „Lehrkräfte", d. h. **sämtliche** Lehrpersonen, hauptamtliche wie nebenamtliche und die aushilfsweisen Vertreter von solchen, s. VV. 41 II.

4. Vgl. z. B. VV. 41 Abs. II und Abs. III.

5. „Bezirksschulbehörde" s. § 23 Abs. I des SchAG.

6. „Unmittelbare = kreisunmittelbare Städte", s. Anm. 1 zu § 10.

7. „Stadtschulbehörde": s. § 23 Abs. II mit § 27 des SchAG. und Anm. 3 zu § 27. Es haben aber in unmittelbaren Städten auch Bezirksschulräte, die **nicht** zur Stadtschulbehörde gehören, schulaufsichtliche Befugnisse und zwar über die Volksschulen und Lehrerschaft, einschließlich der Schulleiter, ihres Aufsichtsbezirkes, s. VV. Ziff. 41 Abs. II Satz 3.

8. Bezirks- und Stadtschulbehörden wie die in unmittelbaren Städten allenfalls besonders aufgestellten Bezirksschulräte unterstehen ihrerseits der Aufsicht der Regierungen, Kammern des Innern, und diese der Oberaufsicht des Staatsministeriums für Unterricht und Kultus (VO. betreffend die Aufsicht über das Volksschulwesen an den Kreisregierungen, vom 29. Juli 1920, GVBl. S. 397, § 1, abgedruckt im Anhang).

§ 23.

I Die Bezirksschulbehörde besteht in jedem Bezirksamt¹) aus dem Vorstande des Bezirksamts und dem Bezirksschulrate²).

II Die Stadtschulbehörde besteht aus dem ersten Bürgermeister und dem Bezirksschulrate oder, soferne mehrere Bezirksschulräte aufgestellt sind, aus dem vom zuständigen Staatsministerium mit der Oberleitung³) betrauten Bezirksschulrate⁴). Das zuständige Staatsministerium kann anordnen, daß neben dem mit der Oberleitung betrauten Bezirksschulrate die übrigen Bezirksschulräte in bestimmten Angelegenheiten mitzuwirken haben⁵). Die Bestimmungen des § 27 bleiben vorbehalten⁴).

Vollzugsvorschriften.

Zu § 23 Abs. I.

42. I Für den Bereich jeder Bezirksverwaltungsbehörde besteht eine Bezirksschulbehörde oder eine Stadtschulbehörde. Diese ist Kollegialbehörde. Sie setzt sich aus zwei Mitgliedern zusammen, die innerhalb ihres schulaufsichtlichen Wirkungskreises gleichgeordnet sind.

II *Die Aufsichtsbezirke der Bezirksschulräte werden vom Staatsministerium für Unterricht und Kultus gebildet. Dieses bestimmt auch die Dienstsitze der hauptamtlichen Bezirksschulräte.*

III *Erstreckt sich der Aufsichtsbezirk eines Bezirksschulrats auf mehrere Verwaltungsbezirke oder auf Teile hiervon, so ist der Bezirksschulrat Mitglied jeder der beteiligten Bezirksschulbehörden.*

IV *Der Bezirksamtsvorstand wird in seiner Eigenschaft als Mitglied der Bezirksschulbehörde im Falle der Behinderung durch seinen Stellvertreter in der allgemeinen Amtsführung vertreten.*

Zu § 23 Abs. II.

43. I *Sind in einer unmittelbaren Stadt mehrere Aufsichtsbezirke für Bezirksschulräte gebildet und demgemäß mehrere Bezirksschulräte aufgestellt, so bestimmt das Staatsministerium für Unterricht und Kultus, welchem Bezirksschulrate die Oberleitung der dienstlichen Obliegenheiten der übrigen Bezirksschulräte und gemeinsam mit dem ersten Bürgermeister die Wahrnehmung der Geschäfte der Stadtschulbehörde zukommt.*

II *Zur Dienstleistung bei der Stadtschulbehörde können auch noch andere Bezirksschulräte herangezogen werden. Art und Umfang dieser Dienstleistung sowie die Auswahl unter den Bezirksschulräten wird von Fall zu Fall vom Staatsministerium für Unterricht und Kultus bestimmt.*

III *Zur Würdigung wichtigerer Angelegenheiten einzelner Volksschulen und Volksschullehrer durch die Stadtschulbehörde ist auch der zuständige Bezirksschulrat, der nicht Mitglied der Stadtschulbehörde ist, beizuziehen. Bedeutsame Schulfragen sowie Personalangelegenheiten allgemeiner Art sind von der Stadtschulbehörde mit sämtlichen Bezirksschulräten zu verhandeln.*

IV *Der erste Bürgermeister wird in seiner Eigenschaft als Mitglied der Stadtschulbehörde im Falle der Behinderung durch seinen Stellvertreter in der allgemeinen Amtsführung vertreten.*

1. Wenn sich der Aufsichtsbezirk eines Bezirksschulrates auf mehrere Amtsbezirke (Bezirksämter) erstreckt, so bildet der Bezirksschulrat zusammen je mit dem Vorstande des einschlägigen Bezirksamts die Bezirksschulbehörde (VB. 42 III). Umfaßt ein Amtsbezirk mehrere Aufsichtsbezirke von Bezirksschulräten, so bildet umgekehrt der Amtsvorstand je mit dem einschlägigen Bezirksschulrate die Bezirksschulbehörde für den betreffenden Teil des Amtsbezirkes.

2. S. § 24 des SchAG.

3. „Oberleitung", nicht „Dienstaufsicht". Diese obliegt bezüglich aller Bezirksschulräte unmittelbar der Regierung, Kammer des Innern (s. VB. 44 I Satz 2). In unmittelbaren Städten mit mehreren Bezirksschulräten wird der dienstliche Verkehr zwischen ihnen und der Regierung jedoch durch die Stadtschulbehörde vermittelt (VB. 48 XII).

4. Während nach § 27 der VO. vom 28. August 1919 die Stadtschulbehörde in den unmittelbaren Städten „aus dem einzigen oder ersten Bürgermeister und dem Bezirksschulrate oder mehreren Bezirksschulräten" bestand, besteht sie nunmehr in jedem Falle aus dem ersten Bürgermeister und nur einem Bezirksschulrate oder nach Maßgabe des § 27 des SchAG. aus dem ersten Bürgermeister und einem berufsmäßigen fachmännisch vorgebildeten, mit der Dienstaufgabe des Bezirksschulrates nach § 23 betrauten Stadtrat für das Schulwesen (Stadtschulrat), s. auch Anm. 5.

5. Zur Dienstleistung bei der Stadtschulbehörde können in einer unmittelbaren Stadt mit mehreren Bezirksschulräten auch die nicht zur Stadtschulbehörde gehörigen herangezogen werden und zwar a) von Fall zu Fall in bestimmten Angelegenheiten durch das Ministerium (VV. 43 II),
b) einzelne oder sämtliche Bezirksschulräte allgemein nach Maßgabe von Ziff. 43 Abs. III Satz 1 bezw. Satz 2 der VV.

§ 24.

I Die Bezirksschulräte werden vom zuständigen Staatsministerium[1]) aus dem Stande der Volksschullehrer[2]) ernannt.

II Die Bezirksschulräte sind etatmäßige Beamte des Staates im Sinne des Art. 2 des Beamtengesetzes[3]). Sie erlangen, unbeschadet ihrer Rechte als Volksschullehrer, nach drei Jahren die Unwiderruflichkeit[4])[5])[6]).

Vollzugsvorschriften.

Zu § 24 Abs. I.

44. I *Die hauptamtlichen Bezirksschulräte werden aus der Reihe der Oberlehrer und Hauptlehrer sowie der Oberlehrerinnen und Hauptlehrerinnen an den Volksschulen vom Staatsministerium für Unterricht und Kultus ernannt. Ihre unmittelbar vorgesetzte Dienstbehörde ist die Regierung, Kammer des Innern.*

II *Die Amtsbezeichnung Bezirksschulrat gilt sowohl für männliche als auch für weibliche Schulaufsichtsbeamte.*

Zu § 24 Abs. II.

45. I *Einem zum Bezirksschulrat ernannten Volksschullehrer bleiben die in der Eigenschaft als Volksschullehrer erworbenen Rechte in Bezug auf das Diensteinkommen sowie auf Ruhestands- und Hinterbliebenenversorgung für die dreijährige Dauer der Widerruflichkeit in dem Amt eines Bezirksschulrats gewahrt. Wenn ein Bezirksschulrat während der Zeit seiner Widerruflichkeit von seinem Amt enthoben wird, kann er von der Regierung, Kammer des Innern, wieder im Volksschuldienste verwendet werden.*

II *Der Bezirksschulrat hat Anspruch auf Urlaub nach Maßgabe der für die Staatsbeamten geltenden Vorschriften. Zuständig für die Erteilung des Urlaubs ist die Regierung, Kammer des Innern. Beginn und Dauer des Urlaubs ist durch den Bezirksschulrat dem Bezirksamtsvorstand (den Bezirksamtsvorständen) oder dem ersten Bürgermeister der unmittelbaren Stadt, in einer Stadt mit mehreren Bezirksschulräten der Stadtschulbehörde mitzuteilen. Das gleiche gilt bei dienstlicher Behinderung, nicht aber bei Ausführung von Dienstreisen.*

III *Die dringlichen Dienstgeschäfte eines Bezirksschulrats werden bei dessen dienstlicher Abwesenheit vom Dienstsitze, im Falle der Erkrankung oder anderweitiger Behinderung sowie während seiner Beurlaubung durch seinen ständigen Stellvertreter versehen, der in „Vertretung“ (I. V.) zeichnet. Als ständiger Stellvertreter des Bezirksschulrats wird ein Bezirksschulrat des gleichen Dienstortes oder ein hierzu geeigneter Volksschullehrer tunlichst am Dienstsitze des Bezirksschulrats oder in dessen Nähe von der Regierung, Kammer des Innern, aufgestellt.*

1. Staatsministerium für Unterricht und Kultus (VV. 44 I). Die unmittelbar vorgesetzte Dienstbehörde ist die Regierung, Kammer des Innern (VV. 44 I, Satz 2). Bezüglich des Dienststrafrechtes s. Anm. 2 Schlußabsatz zu § 17 des SchAG. oben. Die Bezirksschulräte gehören — die Zuständigkeiten im Dienststrafverfahren richten sich danach — teils der Gruppe IX, teils der Gruppe X der Besoldungsordnung an.

2. „Volksschullehrer": Durch Ziff. 44 Abs. I der VV. auf Oberlehrer und Hauptlehrer (Oberlehrerinnen und Hauptlehrerinnen) eingeschränkt.

3. Bayer. Beamtengesetz vom 16. August 1908 (GVBl. S. 581).

4. In der „Begründung" ist zu § 24 des Entwurfes des SchAG. Folgendes ausgeführt:

„Wegen des Grundsätzlichen wird auf die Vorbemerkung von § 22 verwiesen *).

Die Ernennung der Bezirksschulräte durch das Staatsministerium entspricht der besonderen Bedeutung dieser Beamten.

Die Volksschullehrer sind zwar Staatsbeamte; doch bemessen sich ihre Rechte und Pflichten nicht unmittelbar nach den Vorschriften des Beamtengesetzes, sondern nach dem Volksschullehrergesetz. Die hauptamtlichen Bezirksschulräte sind dagegen keine Volksschullehrer mehr, ihre Rechte und Pflichten richten sich daher nach dem Beamtengesetze. Deshalb war auszusprechen, daß sie Beamte im Sinne des Beamtengesetzes sind und wann ihre Unwiderruflichkeit in dieser Stellung beginnt."

5. Für die Beurlaubung der Bezirksschulräte ist Ziff. 45 Abs. II der VV., die MinBek. vom 14. Juli 1909, die Sonntagsruhe und den Urlaub der Staatsbeamten betr. (GVBl. S. 427), die MinBek. über den Urlaub der Staatsbeamten vom 3. April 1922 (GVBl. S. 219) und in teilweiser Abänderung dieser Bekanntmachungen die MinBek. vom 16. April 1925 über den Urlaub der Staatsbeamten für das Rechnungsjahr 1925 (Bayer. Staatsanz. Nr. 86 vom 16. April 1925) sowie die Einstellung der Bezirksschulräte in Gruppe IX und X der Besoldungsordnung maßgebend.

6. Rechte und Pflichten eines Bezirksschulrates ergeben sich seit dem Inkrafttreten des SchAG. in der Hauptsache aus den Bestimmungen des SchAG. und der VV. hierzu. Doch hat auch die Dienstanweisung für Bezirksschulräte vom 30. Dezember 1920 (KMBl. S. 16) noch Geltung, soweit ihre Bestimmungen nicht mit dem SchAG. und seinen VV. im Widerspruch stehen oder durch sie ersetzt sind (§ 32 des SchAG.), insbes. gelten noch Ziff. 9 mit 12, ferner 17.

Aus Ziff. 10 ist hervorzuheben, daß der Bezirksschulrat im allgemeinen jede Schule mindestens jedes zweite Jahr besuchen soll. In Ziff. 12 ist vorgeschrieben, daß über die Erfahrungen bei den Schulbesuchen kurze Vormerkungen in ein fortlaufendes Tagebuch einzutragen oder besondere Niederschriften aufzunehmen sind. Letztere sind den beteiligten Lehrern gegen unterschriftliche Bestätigung bekannt zu geben.

Aus Ziff. 17 hat noch die Bestimmung Geltung, daß die Bezirksschulräte über die Vornahme von Dienstreisen ein fortlaufendes Tagebuch zu führen und außer der monatlichen Vorlage eines Auszuges mit der Kostenaufrechnung für den Monat März jeweils das abgeschlossene Tagebuch der Regierung, Kammer des Innern, vorzulegen haben.

Im übrigen richten sich die Bestimmungen über die Dienstreisen der Bezirksschulräte nach den allgemeinen Vorschriften für die Staatsbeamten, derzeit

---

*) Abgedruckt in der Anm. 1 zu § 22 des SchAG. oben.

nach der VO. vom 20. Mai 1922 (GVBl. S. 297) und MB. vom 20. Mai 1922 (GVBl. S. 304) über die Entschädigung der Beamten bei auswärtigen Dienstgeschäften), MB. vom 20. Mai 1922 über die Entschädigung der Beamten bei Dienstreisen im Amtsbezirk und bei sonstigen regelmäßig in größerer Zahl vorzunehmenden Dienstreisen (GVBl. S. 323). Die VO. vom 20. Mai 1922 wurde abgeändert durch die VO. vom 29. Januar 1924 (GVBl. S. 19), die beiden Bek. vom 20. Mai 1922 durch die Bekanntmachungen vom 29. Januar 1824 (GVBl. S. 20 u. 21). Eine Neufestsetzung der Tage- und Übernachtungsgelder bei Dienstreisen, der Beschäftigungstagegelder und der Entschädigungen für getrennte Haushaltführung erfolgte durch die Bekanntmachungen vom 27. Dezember 1924 (GVBl. S. 249 u. 250).

§ 25.

I Ist für einen oder mehrere Verwaltungsbezirke[1]) nur ein Bezirksschulrat bestellt, so soll er dem Bekenntnis angehören[2]), zu dem die Mehrheit der Schulen des Bezirkes gehört.

II Sind in einem Verwaltungsbezirke[1]) mehrere Bezirksschulräte vorhanden, so sind soweit möglich Aufsichtsbezirke für die verschiedenen Schularten (§ 1 Abs. III) zu bilden. Bei den Bekenntnisschulen muß in diesem Falle der Bezirksschulrat dem entsprechenden Bekenntnis angehören[2]).

III Die Bestimmungen des Abs. II finden auch Anwendung, wenn für zusammengefaßte Verwaltungsbezirke mehrere Bezirksschulräte bestellt werden[3]).

Vollzugsvorschriften.

Zu § 25 Abs. II.

46. *Für die Vorschläge der Regierungen, Kammern des Innern, an das Staatsministerium für Unterricht und Kultus über die Bildung von Aufsichtsbezirken sind folgende Richtlinien zu beachten:*

I Sind in einer Stadt mehrere Aufsichtsbezirke für Bezirksschulräte einzurichten, so sollen die vorhandenen Schulen der gleichen Schulart zu Aufsichtsbezirken zusammengefaßt werden, um zu ermöglichen, daß Bekenntnisschulen der Aufsicht eines Bezirksschulrats des gleichen Bekenntnisses unterstellt werden oder daß wenigstens die Mehrzahl der einem Bezirksschulrate zu unterstellenden Bekenntnisschulen mit dem Bekenntnisse des Bezirksschulrats übereinstimmt.

II Der Aufsichtsbezirk eines weiblichen Bezirksschulrats soll nur Mädchenschulen umfassen. Bei den Vorschlägen für die Bildung von Aufsichtsbezirken für weibliche Bezirksschulräte ist nicht die Zahl der in einer Stadt oder in einem Verwaltungsbezirk oder in benachbarten Verwaltungsbezirken vorhandenen Mädchenklassen, sondern die der Mädchenschulen für das gleiche Bekenntnis oder der nach Bekenntnissen gemischten Mädchenschulen maßgebend.

III Sämtliche Hilfsklassen und Hilfsschulen einer Stadt sind jeweils der Aufsicht eines Bezirksschulrats zu unterstellen.

Zu § 25 Abs. III.

47. *In Gegenden mit starker Mischung von katholischen und evangelischen Bekenntnisschulen können zur Sicherung der Belange der*

Bekenntnisschulen mehrere Verwaltungsbezirke zusammengelegt und aus den in diesem Gesamtgebiete vorhandenen Schulen des gleichen Bekenntnisses Aufsichtsbezirke gebildet werden, für die sodann geeignete Volksschullehrer des gleichen Bekenntnisses für die Ernennung zu Bezirksschulräten namhaft zu machen sind.

1. Verwaltungsbezirk = Amtsbezirk (Bezirksamt) oder unmittelbare Stadt.

2. „Der Umfang des Amtsbezirkes eines Bezirksschulrates wird je nach Lage der Verhältnisse mit Rücksicht auf die Möglichkeit einer gedeihlichen Amtsführung zu bestimmen sein. . . .

. . . Die Rücksichtnahme auf das Bekenntnis des Bezirksschulrats und die Gliederung der Aufsichtsbezirke nach den verschiedenen Schularten, soweit es tunlich ist, entspricht der durch die Reichsverfassung und den Entwurf eines Reichsschulgesetzes vorgesehenen Einteilung des Schulwesens. Gerade im Schulwesen soll auf die Gemeinsamkeit der Weltanschauung der Eltern und der an der Schule beteiligten Lehrer und Beamten möglichst Rücksicht genommen werden." (Begr.)

3. Ähnlich wie auf das Bekenntnis ist auf das Geschlecht der Beteiligten Rücksicht zu nehmen. Wo es die Zahl der vorhandenen Mädchen s c h u l e n (nicht Mädchen k l a s s e n) ermöglicht, soll ein weiblicher Bezirksschulrat aufgestellt werden (VV. 46 II). Bezüglich des Verhältnisses von „Klassen" zu „Schulen" s. § 1 des SchAG. und Ziff. 2 Abs. II und III, Ziff. 3 Abs. I und II und Ziff. 4 Abs. I und insbes. Abs. II mit III der VV., ferner Anm. 3 zu § 1 oben. Die Zahl der Mädchen s c h u l e n ist ausschlaggebend, weil diese in der Regel auch weiblichen Schulleitern unterstellt sind (s. VV. 34 V).

§ 26.

Die Mitglieder der Bezirksschulbehörde und der Stadtschulbehörde erledigen die ihnen obliegenden Geschäfte gemeinsam, soweit nicht durch allgemeine Vorschriften¹) oder besondere Aufträge der vorgesetzten Stelle²) etwas anderes bestimmt ist.

Vollzugsvorschriften.

Zu § 26.

48. I Die Überwachung der Tätigkeit der Schulpflegschaften und der Tätigkeit der Gemeindebehörden in Angelegenheiten des Volksschulwesens kommt hinsichtlich der Landgemeinden und mittelbaren Städte dem Bezirksamtsvorstande zu. In unmittelbaren Städten überwacht der erste Bürgermeister die Tätigkeit der Schulpflegschaften; die Aufsicht über die Stadtschulpflegschaften und über die Tätigkeit der Gemeindebehörden in Angelegenheiten des Volksschulwesens kommt hier den Regierungen, Kammern des Innern, zu. Die Vorschriften des Schulbedarfgesetzes werden durch diese Bestimmungen nicht berührt.

II Die Bezirksamtsvorstände und die ersten Bürgermeister der unmittelbaren Städte sind als Mitglieder der Bezirksschulbehörde oder Stadtschulbehörde in Ausübung ihrer schulaufsichtlichen Tätigkeit befugt, die Schulen auch während des Unterrichts zu besuchen.

III Der Bezirksschulrat kann mit Genehmigung der Regierung, Kammer des Innern, zur Erleichterung des Verkehrs mit der Lehrerschaft an einem auswärtigen Orte (Bezirksamtssitz oder verkehrsgünstig gelegenen Orte) regelmäßige Amtstage abhalten.

IV *Die Mitglieder der Bezirksschulbehörde und Stadtschulbehörde sollen unter tunlichster Vermeidung weitwendigen Schriftverkehrs soviel als möglich im persönlichen Benehmen zusammenarbeiten. Befindet sich ihr Dienstsitz nicht am gleichen Orte, so haben sie nach Bedarf gemeinsame Beratungen zu veranstalten.*

V *In den gemeinsamen Angelegenheiten der Bezirksschulbehörde und Stadtschulbehörde kann jedes der beiden Mitglieder veranlassend eingreifen. Die Unterschriften beider Mitglieder haben nur diejenigen Schriftstücke und Ausfertigungen zu tragen, bei denen dies zu ihrer Rechtsgültigkeit notwendig ist, z. B. bei Anträgen auf gerichtliche Strafverfolgung wegen Schulversäumnisses, ferner in den Fällen, in denen dies ausdrücklich vorgeschrieben ist. Im übrigen genügt es, wenn das in zweiter Linie beteiligte Mitglied seine Äußerung oder Zustimmung in den Verhandlungen schriftlich niedergelegt hat. In Angelegenheiten, die zu den besonderen Dienstaufgaben entweder des Bezirksamtsvorstands (ersten Bürgermeisters) oder des Bezirksschulrats zählen, sind die Schriftstücke nur von dem hiefür zuständigen Mitgliede der Bezirksschulbehörde oder Stadtschulbehörde zu unterzeichnen. In gemeinsamen Angelegenheiten, in denen zwischen den Mitgliedern der Bezirksschulbehörde oder Stadtschulbehörde eine Einigung nicht zu erzielen ist, berichtet jedes Mitglied gesondert an die Regierung, soweit die Meinungsverschiedenheiten nicht durch kurze Vorbehalte oder Zusätze zu dem Berichte des andern Mitgliedes genügend zum Ausdrucke gebracht oder begründet werden können.*

VI *Zu den gemeinsamen Angelegenheiten der Bezirksschulbehörde und Stadtschulbehörde gehören hauptsächlich:*

a) die Vorbehandlung von Anregungen und Anträgen auf Bildung und Umbildung von Schulsprengeln sowie auf Errichtung von Schulen und Lehrstellen,

b) die Verhandlungen über Schulhausbauten,

c) die Behandlung der Angelegenheiten über Schulpflicht, einschließlich Privatunterricht, Schulaufnahme, Schulbesuch und Schulversäumnisse, über vorzeitige Entlassung aus der Volkshauptschule und Volks-Fortbildungsschule, über Unterrichtszeit und Ferienordnung, über Abteilungs- und Wechselunterricht, über Schulzucht, über Einführung von acht Schulklassen, von Hilfsklassen und Hilfsschulen, über Einrichtungen zur Pflege des Turnens und Spiels, über Schulgesundheitspflege,

d) die Qualifikation der Lehrpersonen,

e) die den Bezirksschulbehörden und Stadtschulbehörden zustehenden Angelegenheiten der Dienstaufsicht und des Dienststrafrechts,

f) die Vorverhandlungen über die Ruhestandsversetzung der Volksschullehrer und der Volksschulfachlehrer, ferner die Anzeige des Ablebens einer Lehrperson an die Regierung,

g) die Beantragung gerichtlicher Verfolgung wegen Beleidigungen von Lehrpersonen.

Die Vorbehandlung dieser gemeinsamen Angelegenheiten obliegt in den Gegenständen unter Buchst. c und d dem Bezirksschulrat, in den übrigen dem Bezirksamtsvorstand (ersten Bürgermeister). Spätestens vor Abschluß der Verhandlungen, soweit veranlaßt auch in ihrem Verlauf, ist das andere Mitglied der Bezirksschulbehörde oder Stadtschulbehörde mit seiner Äußerung zu hören.

VII *Als besondere Angelegenheiten des Bezirksamtsvorstands sind vor allem anzuführen:*

a) die Aufsicht über die Gemeindeverwaltungen bei Erfüllung ihrer Pflichten gegen die Volksschule, insbesondere hinsichtlich der Aufbringung des sächlichen Schulbedarfs,

b) die Aufsicht über die gemeindliche Schulvermögensverwaltung, insbesondere über die Unterhaltung der Schulgebäude und Schulgrundstücke, über die Anschaffung und Unterhaltung der Schulbestände sowie der Schuleinrichtungsgegenstände, soweit sie nicht unter Abs. VIII Buchst. g fallen, u. ä.,

c) die Aufsicht über die Stiftungen für Schulzwecke,

d) die Aufsicht über die Dienstwohnungen der Volksschullehrer,

e) die Überwachung der Ortspolizeibehörden bei der Unterstützung der Schule in der Handhabung der Schulzucht,

f) die eidliche Verpflichtung der Volksschullehrer,

g) die Schließung von Schulklassen und Schulen bei ansteckenden Krankheiten,

h) die Anzeigen an die Regierung über Einleitung und Ausgang strafgerichtlicher Untersuchungen und Verhandlungen gegen Volksschullehrer.

Die Bestimmungen unter Buchst. a mit e bilden der Natur der Sache nach nicht Dienstaufgaben der ersten Bürgermeister der unmittelbaren Städte, wohl aber die Bestimmungen unter Buchst. f, g und h.

Von den unter Buchst. g und h aufgeführten Maßnahmen ist der Bezirksschulrat sogleich zu verständigen.

VIII *Als besondere Angelegenheiten des Bezirksschulrats gelten insbesondere:*

a) die Aufsicht über das innere Schulleben,

b) der Vollzug der Lehrordnung,

c) die Beurteilung der erziehlichen und unterrichtlichen Tätigkeit der Lehrpersonen,

d) die Sorge für ununterbrochene Durchführung des Schulunterrichts bei Verhinderung einzelner Lehrpersonen durch vorläufige Anordnung einer Aushilfe unter gleichzeitiger Anzeige an die Regierung,

e) die Vorschläge über die Klassenbesetzung in den einzelnen Volkshauptschulen und Volks-Fortbildungsschulen vor Beginn eines Schuljahrs an die Regierung,

f) die Beurlaubung von Lehrpersonen, soweit hiefür nicht die Zuständigkeit der Regierung oder des Staatsministeriums gegeben ist,

g) die Lehr- und Lernmittel sowie die Ausstattung der Schulräume,

h) die Schulbüchereien,

i) das Schriftwesen in der Volksschule,

k) die Vornahme von Schluß- und Entlassungsprüfungen und die Gegenzeichnung der Schluß- und Entlassungszeugnisse.

IX *Die Bezirksschulräte führen Dienstsiegel mit der Aufschrift „Bezirksschulrat für den Schulaufsichtsbezirk . . ." (z. B. Aibling und Miesbach). In größeren Städten hat die Aufschrift zu lauten: „Bezirksschulrat für den 1., 2. . . . Schulaufsichtsbezirk der Stadt . . ."*

X *Die Stadtschulbehörden führen Dienstsiegel mit der Aufschrift „Stadtschulbehörde . . ."*

XI *Für dienstliche Postsendungen verwenden die Bezirksschulräte Dienstwertzeichen, die sie unmittelbar von den Ausgabestellen beziehen.*

XII *In unmittelbaren Städten, in denen mehrere Bezirksschulräte aufgestellt sind, wird der dienstliche Verkehr zwischen der Regierung und den Bezirksschulräten durch die Stadtschulbehörde vermittelt.*

XIII *Die Schulbesuche der Bezirksschulräte werden nicht angemeldet.*

XIV *Durch die Aufstellung von Fachberatern für Handarbeiten, Zeichnen u. a. werden die Befugnisse der Bezirksschulräte in der Beaufsichtigung dieser Unterrichtsfächer nicht beeinträchtigt.*

XV *Der Bezirksschulrat kann für die Lehrerschaft seines Aufsichtsbezirks oder für Teile hiervon Zusammenkünfte zur Besprechung von dienstlichen Angelegenheiten und zum Austausch von Anregungen und Erfahrungen veranlassen. Diese sind tunlichst auf die schulfreie Zeit zu legen.*

XVI *Beim Ableben eines Bezirksschulrats hat hierüber der Bezirksamtsvorstand (der erste Bürgermeister) der Regierung und diese dem Staatsministerium für Unterricht und Kultus Anzeige zu erstatten. Mit der Amtsübergabe bei Stellenwechsel hat die Regierung in der Regel den Bezirksamtsvorstand, in unmittelbaren Städten den ersten Bürgermeister oder den Bezirksschulrat, der Mitglied der Stadtschulbehörde ist, zu betrauen.*

1. S. Ziff. 48 der VV. In Abschn. VI, Abs. 1 sind gemeinsame Angelegenheiten der beiden Mitglieder der Bezirks- und Stadtschulbehörden, in Abschn. VII besondere Angelegenheiten des Bezirksamtsvorstandes bezw. (Abschn. VII Abs. 2) der ersten Bürgermeister der unmittelbaren Städte, in Abschn. VIII besondere Angelegenheiten des Bezirksschulrates aufgezählt. Zu beachten ist, daß auch bei den gemeinsamen Angelegenheiten die Vorbehandlung nur dem einen in Abschn. VI Abs. 2 bestimmten Mitglied obliegt. Dem Bezirksschulrate sind vornehmlich diejenigen Aufgaben vorbehalten, welche Fachkenntnisse im Volksschuldienste erfordern. Auch der Aufgabenkreis für die Bezirksschulräte in unmittelbaren Städten, die nicht Mitglieder der Stadtschulbehörde sind, ist hier umschrieben. Vgl. aber auch VV. 49 V. Die Aufzählung der Angelegenheiten in Ziff. 48, Abs. VI, VII und VIII ist keine erschöpfende. (So bildet die in Abs. I der Ziff. 48 besprochene Überwachung der Schulpflegschaften eine besondere Aufgabe der Bezirksamtsvorstände, in unmittelbaren Städten der ersten Bürgermeister.) Im Zweifelsfalle ist eine Angelegenheit als gemeinsame zu behandeln. Kommt darüber zwischen den beiden Mitgliedern der Bezirks- oder Stadtschulbehörde eine Einigung nicht zustande, so ist nach Ziff. 48, Abs. V, Schlußsatz, der VV. zu verfahren. Die Regierung entscheidet.

An einschlägigen Gesetzen, Verordnungen und Ministerialerlassen ist insbesonders anzuführen:

1. Zu Abs. VI a: VO. vom 26. August 1883, die Errichtung der Volksschulen und die Bildung der Schulsprengel betr. (GVBl. S. 407, KMBl. S. 247).

Schulbedarfgesetz vom 14. August 1919, GVBl. S. 489, in der Fassung vom 1. August 1923, GVBl. S. 337, Abschn. II, „Die Errichtung von Schulen und Lehrstellen", Art. 8—10 a.

2. Zu VI b: MinBek. vom 15. April 1913, Bauliche Anlage und Einrichtung der Schulhäuser und Gesundheitspflege in den Volksschulen betreffend (KMBl. S. 115).

Zu beachten ist auch bezüglich der Dienstwohnungen für die Lehrkräfte die MinBek. vom 25. Mai 1906 (KMBl. S. 313). Bis auf weiteres sieht Erleichterungen bei Neu- und Umbauten von Schulhäusern vor: die MinBek. vom 19. August 1924 über die bauliche Anlage und Einrichtung der Schulhäuser und der Dienstwohnungen der Volksschullehrer (MABl. S. 125). Hingewiesen sei auch auf die MinBek. vom 16. Juli 1923 über den Einbau von Schulküchen in Schulhäusern (KMBl. S. 88, MABl. S. 67). S. auch BV. 48 ^{VII} d.

3. Zu VI c: VO. vom 22. Dezember 1913 über die Schulpflicht (GVBl. S. 957, KMBl. S. 351); vgl. auch Art. 145 der Reichsverf. (RGBl. S. 1383) als Richtlinie für die künftige Schulgesetzgebung. Übergangsvorschrift zu § 10 Abs. I und § 11 Abs. I: MinBek. vom 11. März 1925 über die Schulpflicht, MABl. S. 45. Siehe ferner die Fußnote zur VO. vom 22. Dezember 1913 im Anhang S. 113.

VO. vom 22. Dezember 1913 über die Berufsfortbildungsschulen (GVBl. S. 966, KMBl. S. 363). S. ferner Anm. 2 zu § 33 des SchAG.

VO. vom 30. September 1922 (GVBl. S. 618) und MinBek. vom 23. Juni 1923 (KMBl. S. 75, MABl. S. 56) über die Behandlung der Schulversäumnisse. S. auch Anm. 3 zu § 33 des SchAG.

Hinsichtlich vorzeitiger Entlassung aus der Volkshauptschule und Volksfortbildungsschule s. § 4 Abs. III und § 14 Abs. III der VO. vom 22. Dezember 1913 (GVBl. S. 957, KMBl. S. 351). Über allenfallsige Anlässe zur Verlängerung der Schulpflicht haben die Bezirks- und Stadtschulbehörden gemäß Ziff. 35 und 36 der MinBek. vom 23. Juni 1923 über die Behandlung der Schulversäumnisse (KMBl. S. 75, MABl. S. 56) an die Regierungen, Kammern des Innern, gutachtlich zu berichten.

Hieher gehören auch die Gesuche um Genehmigung zum gastweisen Besuch einer nicht zuständigen Schule. An sich hat ein schulpflichtiges Kind seiner Schulpflicht gemäß § 5 der VO. vom 26. August 1883, GVBl. S. 407, KMBl. S. 247, in der Schule nachzukommen, in deren Bezirk oder Sprengel es sich als Mitglied einer Familie, Pflegekind, Mündel, Anstaltszögling, Lehrling, Dienstbote oder zufolge eines sonstigen Arbeitsvertragsverhältnisses aufhält. Schulgeld darf gemäß Art. 77 des Schulbedarfsges. für die Benützung der öffentlichen Volksschule auch bei Gastschülern nicht mehr erhoben werden.

MinBek. vom 22. Mai 1922 über die Ferienordnung (KMBl. S. 101).

Muß wegen zu großer Schülerzahl und der vorläufigen Unmöglichkeit, neue Lehrsäle zu errichten, eine Schulabteilung in zwei Gruppen getrennt werden, die den gleichen Schulraum abwechselnd zu benützen haben, so spricht man von Abteilungs-Unterricht, wenn ein und derselbe Lehrer die beiden Abteilungen unterrichtet, und von Wechsel-Unterricht, wenn jede Abteilung von einem eigenen Lehrer geführt wird. Hierzu besagt eine Entschl. des Staatsministeriums für Unterricht und Kultus vom 20. Oktober 1920 Nr. 45 138:

„Soweit an Volksschulen der Wechselunterricht, d. h. die Führung zweier Schulabteilungen durch zwei Lehrer in einem Schulsaale zugelassen ist, sind folgende Grundsätze durchzuführen:

1. Die beiden Abteilungen sollen wöchentlich wechselnd Unterricht am Vormittag und am Nachmittag erhalten.

2. Der Vormittagsunterricht soll sechsmal vier Stunden, der Nachmittagsunterricht sechsmal $3^1/_2$ Stunden betragen. Der Wochenvakanztag fällt bei Wechselunterricht weg.

3. Tritt an einer Schule mit Wechselunterricht im Sommer nur Halbschule ein, so entfällt für die Dauer der Halbschule der Wechselunterricht, an seine Stelle tritt der Abteilungsunterricht durch den vorhandenen ständigen Lehrer.

4. An eine Schule, an der Wechselunterricht und Abteilungsunterricht nach Ziff. 3 stattfindet, ist zur Erteilung des Wechselunterrichtes kein ständiger Lehrer oder Hilfslehrer, sondern jeweils nur ein Aushilfslehrer abzuordnen."

Eine vorausgehende ME. vom 5. Oktober 1920 Nr. 41 481 hatte erwähnt, daß aus Sparsamkeitsgründen möglichst Abteilungs-, nicht Wechselunterricht, zu erteilen sei, und daß bei Abteilungsunterricht für den Lehrer 30 Wochenstunden anzusetzen seien.

Über „Schulzucht" s. Englmann, Bayer. Volksschulrecht, 5. Aufl. S. 669 ff.

Hervorzuheben sind außer den einschlägigen Bestimmungen des Polizeistrafgesetzbuches vom 26. Dezember 1871 (GesBl. f. 1871/72 S. 9) in Art. 56 (Verbot des Besuches von Wirtshäusern und Tanzunterhaltungen), Art. 58 in der Fassung des § 33 des SchAG. (Behandlung der Schulversäumnisse, s. oben!) und Art. 118 (Verwendung schulpflichtiger Kinder zur Hut mit Versäumung ihrer Schulpflicht) — soweit schulpflichtige Kinder in Betracht kommen —, die Bestimmungen des Reichsgesetzes, betreffend Kinderarbeit in gewerblichen Betrieben vom 30. März 1903 (Kinderschutzgesf.; RGBl. S. 113) mit MinBek. vom 20. Dezember 1903, Vollzug des Reichsgesetzes vom 30. März 1903, Kinderarbeit in gewerblichen Betrieben betr. (GVBl. S. 681) und ME. vom 18. April 1906, Kinderarbeit in gewerblichen Betrieben; hier die Mitwirkung der Schulbehörden und des Lehrpersonals beim Gesetzesvollzuge betr. (KMBl. S. 243, MABl. S. 147) — s. auch die ME. vom 17. September 1923 an die Bezirks- und Ortspolizeibehörden über Beschäftigung von Kindern bei öffentlichen Schaustellungen und sonstigen Lustbarkeiten (Bayer. Staatsanz. 1923 Nr. 220), ferner die Bestimmungen der Reichsgewerbeordnung (in der Fassung vom 26. Juli 1900, RGBl. S. 871) in § 6 (Kostkinder), 42 b (Feilbieten von Waren an öffentlichen Wegen u. s. w. und von Haus zu Haus), 60 b (Beschränkungen im Wandergewerbeschein und Feilbieten selbstgewonnener Erzeugnisse rc.), 62 *) (Gewerbebetrieb im Umherziehen) mit ME. vom 7. Februar 1898, Vollzug der Gewerbeordnung betr. (MABl. S. 77), Ziff. 5 und Anweisung §§ 8 und 30, § 107 (minderjähr. Arbeiter), § 120 c und 154 **) (Verpflichtungen von Gewerbeunternehmern bei Beschäftigung Jugendlicher) mit MinBek. vom 23. Oktober 1905, die Beschäftigung jugendlicher Arbeiter und Arbeiterinnen in der Kleider- und Wäschekonfektion betr. (MABl. S. 511), ME. vom 10. Dezember 1909, Vollzug der Gewerbeordnung betr. (MABl. S. 991), Anweisung A und F und ME. vom 11. Dezember 1909, die Beschäftigung von jugendlichen Arbeitern und von Arbeiterinnen in Werkstätten mit Motorbetrieb betr. (MABl. S. 1042) mit der Bek. des Reichskanzlers betr. die Ausführungsbestimmungen des Bundesrates (über solche Beschäftigung) vom 13. Juli 1900 (RGBl. S. 566). S. auch die MinBek., betr. Einführung bayerischer Vorschriften in den vormals coburgischen Landesteilen vom 29. Juli 1921 (GVBl. S. 385).

---

*) In der Fassung des Art. 103 EinfGes. z. RVersichO. vom 19. Juli 1911, RGBl. S. 839.

**) In der Fassung des Art. 3 Ziff. 1 der Novelle vom 28. Dezember 1908, RGBl. S. 667.

Bei „Schulstrafen" ist immer noch die ME. vom 20. Mai 1815 (Döll. 9 S. 1459 und Weber Bd. 1 S. 473) maßgebend. Weitere Richtlinien enthalten die ME. vom 20. Februar 1910, die Handhabung des Züchtigungsrechtes an den Volksschulen betr. (KMBl. S. 123) und die ME. vom 20. Februar 1910, den Vollzug verhängter Schulstrafen an den Volksschulen betr. (KMBl. S. 126). Gefallene schulpflichtige Mädchen sind bei Schwangerschaft vom Unterrichte auszuschließen (ME. vom 12. November 1910, KMBl. S. 621).

An neueren Erlassen ist für die Handhabung der Schulzucht zu beachten:

MinBek. vom 13. Juli 1922, den Vollzug der Schulordnungen betr. (KMBl. S. 123). Handelt von schulähnlichen Nebenveranstaltungen.

MinBek. vom 14. Februar 1923 über die politische Betätigung und das Tragen von Abzeichen in der Schule (KMBl. S. 19).

Notgesetz vom 24. Februar 1923 (RGBl. S. 147), § 5 (Verbot des Verabfolgens alkoholischer Getränke an Jugendliche).

Anordnung des Generalstaatskommissars vom 16. Oktober 1923 zum Schutze der Jugend (Bayer. Staatsanz. Nr. 240) § 4 Ziff. 1 und 2 (Widerstand gegen Schuleinrichtungen oder Anordnungen der Schulverwaltung; Verächtlichmachung solcher).

ME. vom 3. Juli 1924 über die politische Betätigung der Schüler (MABl. S. 108).

ME. vom 30. Oktober 1924 über die Beteiligung von Schülern der Volksschulen und Berufsfortbildungsschulen an Vereinen (MABl. S. 139). Von der Betätigung in Vereinen, die sich mit Leibesübungen befassen, handelt insbes. Ziff. IV der E.

Bezüglich Schulgesundheitspflege s. Bek. v. 23. Jan. 1912 § 26 mit 28, Dienstanweisung für Bezirksärzte: IV. Unterrichts- und Erziehungsanstalten (MABl. S. 153), II. Abschnitt „Anordnungen und Winke für die Gesundheitspflege in den Volksschulen" der MinBek. vom 15. April 1913 (KMBl. S. 115), die Bemerkung zu VII g unten, die ME. v. 7. Juni 1918, die Aufstellung von Schulärzten und die schulärztlichen Untersuchungen der Schulkinder betr. (KMBl. S. 153) und die ME. v. 2. Mai 1925 über die Schulzahnpflege (MABl. S. 67).

Zu VI d: Für „die Qualifikation des Lehrpersonals an den Volksschulen" ist noch die ME. vom 26. Oktober 1911 (KMBl. S. 689) maßgebend. S. auch die Bemerkung zu VIII c.

Zu VI e: MinBek. vom 12. Juli 1920, die Dienstaufsicht und das Dienststrafrecht für die Volksschullehrer betr. (KMBl. S. 282).

Zu VI f: Art. 38 ff. des Volksschullehrerges. vom 14. August 1919 (GVBl. S. 437) in der Fassung vom 29. März 1924 (GVBl. S. 130).

Zu VI g: S. § 196 mit 61, 62, 194 des Reichsstrafgesetzb.

Zu VII a und c: Art. 11 und 12 des Schulbedarfges. vom 14. August 1919 (GVBl. S. 489) in der Fassung vom 30. Juni 1921 (GVBl. S. 371). Ferner ME. vom 16. Mai 1923 über den Sachbedarf für die Volksschulen (KMBl. S. 67, MABl. S. 44).

Zu VII b: Art. 1 des Schulbedarfges. in der Fassung vom 1. August 1923 (GVBl. S. 337); ME. vom 19. Oktober 1923 über die Verwendung von Schulräumen zu bestimmungsfremden Zwecken (KMBl. S. 131, MABl. S. 73).

Zu VII d: Art. 14 ff. des Schulbedarfges.; MinBek. vom 13. Juli 1920 über die Neuregelung der Besoldung der Volksschullehrer nach dem Beamtenbesoldungsgesetz, § 19 ff. (KMBl. S. 286), MinBek. vom 8. Februar 1921 und 6. Juni 1921 über die Dienstwohnungen der Volksschullehrer

(KMBl. S. 40 und 147), dazu ME. vom 8. Febr. 1921, betr. Schulstellenbeschreibungen (Schulfassionen), KMBl. S. 45, MinBek. vom 11. November 1922, Vollzug des Art. 18 des Schulbedarfgesetzes (Zimmereinrichtung der Dienstwohnungen III. Ordnung) betr. (KMBl. S. 186), E. d. Staatsmin. f. Unterr. u. Kultus vom 5. März 1923 Nr. 60 445, betr. Beheizung und Beleuchtung der Dienstwohnungen der Volksschullehrer mit ME. vom 31. Dezember 1919 (KMBl. 1920 S. 29), MinBek. vom 25. September 1923 über die Mietentschädigungen für Dienstwohnungen und Dienstzimmer, Ziff. V, 20. Besondere Bestimmungen für die Volksschullehrer (GVBl. S. 342), ME. vom 24. Mai 1921 und vom 26. Oktober 1923 über die Mietentschädigungen für die den Volksschullehrern eingeräumten Dienstwohnungen (KMBl. 1921 S. 131 und 1923, S. 133), ME. vom 19. August 1924 über die bauliche Anlage und Einrichtung der Schulhäuser und der Dienstwohnungen der Volksschullehrer (MABl. S. 125) mit MinBek. vom 25. Mai 1906 (KMBl. S. 313), Bek. v. 29. Juli 1924 über die Pachtentschädigungen für die den Beamten vom Staate überlassenen Gärten usw. (GVBl. S. 187), ME. v. 31. Dez. 1919, Schulgrundstücke betr. (KMBl. 1920 S. 22). S. auch V. 48 VI b.

Zu VII e: Vgl. „Schulzucht" oben zu VI c.

Zu VII f: S. Art. 19 des Volksschullehrergesetzes.

Zu VII g: S. § 27 [II] der MinBek. vom 15. April 1913 (KMBl. S. 115) mit MinBek. vom 9. Mai 1911 (GVBl. S. 426, KMBl. S. 405).

Zu VIII b: S. die Lehrordnungen der verschiedenen Regierungsbezirke, außerdem MinBek. vom 7. Februar 1921, Lehrordnung für die Volks-Fortbildungsschulen betreffend (KMBl. S. 49).

Zu VIII c: Bis auf weiteres sind — abgesehen von den Fristen für allgemeine Qualifikationen — noch die Bestimmungen in der MinBek. vom 26. Oktober 1911 (KMBl. S. 689) maßgebend. Die Beurteilung der Lehrpersonen muß in jeder Hinsicht ein zutreffendes Bild ergeben, einerseits um der einzelnen Schule die bestgeeignete Lehrkraft zuführen zu können, anderseits um eine Handhabe zu den Beförderungen zu besitzen. So ist diese Beurteilung auch bei der Beförderung zum „Oberlehrer" von besonderer Bedeutung. Die Zahl der zur Verfügung stehenden Beförderungsstellen ist eine bestimmt abgegrenzte. Es muß deshalb eine Auslese getroffen werden, nur Lehrpersonen, die über den Durchschnitt hervorragen, können zu Oberlehrern befördert werden. Die Durchschnittsnote, d. h. Note bei pflichtgemäßer Berufsausübung, ist für den „Fleiß" die Note 2, die Durchschnittsnote, d. h. Note bei befriedigenden und genügenden Leistungen für „Lehrbefähigung", „Unterrichtserfolg" und „Erziehungserfolg" je $2\frac{1}{2}$. Die Richtlinien für die Beförderung zum Oberlehrer setzen zur Zeit voraus, daß einer Lehrperson an Fleiß mindestens die Note $1\frac{1}{2}$ zukommt und daß die Notensumme für die drei übrigen Fächer zusammen die Zahl 6 nicht übersteigt. Bei der Beförderung zum „Hauptlehrer" werden nicht die gleich hohen Anforderungen gestellt. (In allen Fällen können jedoch schwebende Dienstaufsichtsverfahren oder frühere Dienststrafen die Beförderung hemmen. Vgl. aber auch die MinBek. vom 21. Januar 1919, den Erlaß und die Löschung von Dienststrafen betreffend, GVBl. S. 21).

Zu VIII d: ME. vom 2. Januar 1921, betr. Erkrankung von Volksschullehrern (KMBl. S. 7, abgedruckt im Anhang).

Zu VIII f: ME. vom 2. April 1920, betr. Beurlaubung des Volksschullehrpersonals während des Schuljahrs (KMBl. S. 129, abgedruckt im Anhang); Ziff. 8 bis 10 sind durch die ME. vom 2. Januar 1921 (KMBl. S. 7 aufgehoben. Zu bemerken ist, daß die Zuständigkeit des Bezirksschulrates zur Urlaubserteilung bis zur Höchstdauer von sechs Tagen ohne Rücksicht auf den Grund gegeben ist, um dessen willen Urlaub erbeten wird, also auch dann, wenn ein Grund angegeben wird, der nicht unter den in Ziff. 2 der ME. vom 2. April 1920 als berücksichtigenswert ausdrücklich aufgezählten Beispielen genannt ist. Der Bezirksschulrat hat das Urlaubsgesuch zu genehmigen oder abzulehnen. Erst nach allenfallsiger Ablehnung des Gesuches kann sich die Lehrperson beschwerdeführend an die Regierung wenden.

Zur Gewährung eines länger als sechs Tage dauernden Urlaubes ist gleichfalls ohne Rücksicht auf den vorgebrachten Grund die Regierung zuständig. Auch diese Urlaubsgesuche sind beim Bezirksschulrate einzureichen (s. a. a. O. Ziff. 4, Abs. III).

Die Zuständigkeit des Bezirksschulrates und der Regierung richtet sich sonach ausschließlich nach der Dauer des erbetenen Urlaubs.

Nur die Zuständigkeit des Staatsministeriums für Unterricht und Kultus richtet sich ohne Rücksicht auf die Dauer nach dem Grunde des erbetenen Urlaubs. Das Ministerium allein ist zuständig, wenn ausnahmsweise um Urlaub zur Teilnahme an einer politischen Versammlung oder an Beratungen einer Standesvereinigung nachgesucht werden will (s. a. a. O. Ziff. 2, vorletzter und letzter Satz). Auch in diesen Fällen ist der Dienstweg einzuhalten.

Auf rechtzeitige Einreichung der Urlaubsgesuche ist in allen Fällen bedacht zu sein. Für dringende Fälle s. die Befugnis des Schulleiters nach Ziff. 33, IV Buchst. g, ferner die Bestimmung in Ziff. 33 IV Buchst. h Abs. 2 der VB. und in Ziff. 4 Abs. 1 und 3 der ME. vom 17. April 1920. S. auch Anm. 9 zu § 19 oben!

Bei allen Urlaubsgenehmigungen muß ein strenger Maßstab angelegt werden (s. a. a. O. Ziff. 2 Satz 1).

Zu VIII d und f s. auch die MinBek. vom 11. November 1924 über die Gewährung von Notstandsbeihilfen an Beamte (GVBl. S. 228) mit E. des Staatsmin. f. Unterr. u. Kultus vom 11. Dezember 1924 Nr. IV 44 744, Ziff. 1—3, abgedruckt in den Schulanzeigern. Der Antrag auf Bewilligung einer Notstandsbeihilfe ist regelmäßig durch den Schulleiter, der ihn zu prüfen und zu bestätigen hat, an den Bezirksschulrat zu übermitteln zur Vorlage an die Regierung, Kammer des Innern, unter Begutachtung nach allenfallsiger Ergänzung.

Zu VIII i: Z. B. Stundenpläne, Lektionspläne, Grundlisten, Anmeldebögen für die Schüler, Schulversäumnislisten, Niederschriften über die Schulpflegschaftssitzungen bei Schulversäumnissen, Verzeichnis der Schuleinrichtungsgegenstände (Inventar), Schulstatistik u. s. w.

Zu VIII k: MinBek. vom 24. Januar 1925 über die Prüfungsordnungen für die öffentlichen Volksschulen und Berufs-Fortbildungsschulen (MABl. S. 10).

2. Regierung, Kammer des Innern (VO. vom 17. Dezember 1825, die Formation, den Wirkungskreis und den Geschäftsgang der obersten Verwaltungsstellen in den Kreisen betr., RBl. S. 1049, Weber Bd. 2 S. 279, § 47 und VO. vom 29. Juli 1920, betr. die Aufsicht über das Volksschulwesen an den Kreisregierungen (GVBl. S. 397).

§ 27.

I Ist in einer unmittelbaren[1]) Stadt ein berufsmäßiger, fachmännisch[2]) vorgebildeter Stadtrat für das Schulwesen aufgestellt, so kann er vom zuständigen Staatsministerium[3]) in widerruflicher

Weise mit der Dienstaufgabe des Bezirksschulrats gemäß § 23 betraut werden[4])[5]).

II Sind fachmännisch[2]) vorgebildete Hilfsbeamte[6]) des berufsmäßigen Stadtrates für das Volksschulwesen aufgestellt, so können sie vom zuständigen Staatsministerium[3]) in widerruflicher Weise mit seiner Vertretung in den ihm nach Abs. I übertragenen Obliegenheiten betraut werden.

Vollzugsvorschriften.

Zu § 27 Abs. I.

49. I *Ein berufsmäßiger Stadtrat für das Schulwesen einer unmittelbaren Stadt, der mit der Dienstaufgabe eines Bezirksschulrats gemäß § 23 des SchAG. betraut werden soll, gilt dann als fachmännisch vorgebildet, wenn er die für den Volksschuldienst vorgeschriebene Vorbildung und entsprechende Bewährung in diesem Dienste nachweisen kann.*

II *Diese Vorschrift gilt nicht für berufsmäßige Stadträte, die schon seither staatliche Schulaufsichtsbefugnisse ausgeübt haben, ohne die für den Volksschuldienst vorgeschriebene Vorbildung genossen zu haben. Sie hat aber künftig für die Übertragung der Befugnisse des Bezirksschulrats an einen berufsmäßigen Stadtrat Geltung.*

III *Der berufsmäßige, fachmännisch vorgebildete Stadtrat für das Schulwesen übt die Dienstaufgabe eines Bezirksschulrats nebenamtlich nach näherer Bestimmung des Staatsministeriums für Unterricht und Kultus aus und zwar*

a) entweder über alle Volksschulen der Stadt oder

b) nur über einen Teil hiervon, während der übrige Teil einem hauptamtlichen Bezirksschulrat oder mehreren hauptamtlichen Bezirksschulräten übertragen ist; in diesem Falle kommt ihm gleichzeitig die Oberleitung gemäß § 23 Abs. II des SchAG. zu; oder

c) er führt die Oberleitung, während die unmittelbare Aufsicht über die sämtlichen Volksschulen der Stadt von hauptamtlichen Bezirksschulräten ausgeübt wird.

In den unter Buchst. b und c berührten Fällen ist er, wenn besonderer Anlaß besteht, zur Vornahme von Schulbesuchen auch in den Volksschulen der Stadt, die unmittelbar unter einem hauptamtlichen Bezirksschulrate stehen, befugt.

IV *Der berufsmäßige, fachmännisch vorgebildete Stadtrat für das Schulwesen einer Stadt hat die Oberleitung der schulaufsichtlichen Wirksamkeit der Bezirksschulräte in geeignetem Benehmen mit diesen auszuüben. Die Bezirksschulräte haben die mit ihm in gemeinsamer Beratung festgelegten Richtpunkte für die Handhabung der Schulaufsicht zu beachten.*

V *Die Beurteilung der erziehlichen und unterrichtlichen Wirksamkeit der Lehrpersonen obliegt in erster Linie dem zuständigen Bezirksschulrat, auch wenn er nicht Mitglied der Stadtschulbehörde ist. Der Bezirksschulrat, welcher der Stadtschulbehörde angehört, hat in diesem Falle, soweit veranlaßt, auf einen Ausgleich unter verschiedenen Bewertungsmaßstäben der Bezirksschulräte der Stadt hinzuwirken und zu diesem Zwecke sich allenfalls durch Schulbesuche ein eigenes Urteil über die dienstliche Wirksamkeit einzelner Lehrpersonen zu bilden.*

Zu § 27 Abs. II.

50. I *Für den Fall der Erkrankung oder mehrtägigen Behinderung sowie während der Beurlaubung des berufsmäßigen, fachmännisch vorgebildeten Stadtrates für das Schulwesen einer Stadt werden dessen schulaufsichtliche Obliegenheiten durch seinen ständigen Stellvertreter versehen. Wenn als ständiger Stellvertreter nicht ein fachmännisch vorgebildeter Hilfsbeamter des berufsmäßigen Stadtrates für das Volksschulwesen nach § 27 Abs. II des SchAG. vom Staatsministerium bestellt ist, ist als solcher entweder ein Bezirksschulrat des gleichen Dienstortes oder ein geeigneter Volksschullehrer durch die Regierung zu bestimmen. Von der Übernahme der Stellvertretung ist jeweils der Regierung Anzeige zu erstatten.*

II *Die Befugnis des berufsmäßigen, fachmännisch vorgebildeten Stadtrates für das Schulwesen zur Vornahme von Schulbesuchen in den Volksschulen seines Dienstbereiches kommt im Falle seiner Behinderung seinem ständigen Vertreter für die Dauer der Stellvertretung, jedoch nur für diese Zeit, zu. Die Befugnisse der hauptamtlichen Bezirksschulräte werden dadurch nicht berührt.*

1. Unmittelbar = kreisunmittelbar s. Anm. 1 zu § 10 des SchAG.

2. Fachmännisch = für das Volksschullehrfach vorgebildet (VB. 49 I). Ist er dies nicht, ist er z. B. allein für das Lehramt an den höheren Lehranstalten Bayerns vorgebildet, dann kann er mit der Dienstaufgabe eines Bezirksschulrates gemäß § 23 nicht betraut werden und nicht Mitglied der Stadtschulbehörde sein. Vgl. auch § 13 des SchAG. und Anm. 2 hierzu oben, sowie die Übergangsbestimmung in Ziff. 49 Abs. II der VB.

3. Staatsministerium für Unterricht und Kultus s. VB. 49 III.

4. „Die Vorschriften entsprechen der Sache nach dem § 31 der VO. vom 28. August 1919.

Wenn es auch als Besonderheit zu erachten ist, daß die Volksschullehrer, denen die Eigenschaft von Staatsbeamten zukommt, in den größeren Städten unter der Dienstaufsicht von fachmännischen Gemeindebeamten stehen können, so wird doch die bisherige Regelung da, wo es zweckmäßig erscheint, beibehalten werden können.

Die Hilfsbeamten (siehe § 13 Satz 2 und die Bemerkung hierzu) sollen auch mit der Vertretung des Stadtschulrats in der Stadtschulbehörde betraut werden können." (Begr.)

Diese Bemerkung hat folgenden Wortlaut: „Satz 1 entspricht dem § 17 der geltenden Verordnung. Satz 2 hat nur Bedeutung für München, Nürnberg und Augsburg. Die Bestimmung entspricht einer Anregung der Stadtschulbehörden dieser Städte."

5. Für die Pfalz ist § 30 des SchAG. zu beachten.

6. „Hilfsbeamte . . . für das Volksschulwesen" s. vorstehende Anm. 4 und oben Anm. 5 zu § 13 des SchAG., außerdem auch VB. 50 Abs. I und II.

§ 28.

I Die staatliche Schulaufsicht [1]) über die Erteilung des Religionsunterrichts [2]) an den Volksschulen beschränkt sich auf die Überwachung der äußeren Schulordnung[3]), der Schulzucht[4]) und des Schulbesuchs[5])[6]). Die Bestimmung des Lehrinhalts und der Methode der Erteilung des Religionsunterrichts ist Sache der zuständigen Stellen der Religionsgesellschaften. Die Religionsgesellschaften können durch Beauftragte[7]) den Religionsunterricht ihres Bekenntnisses an den Volksschulen besuchen lassen und sich durch diese vom Stande der Kenntnisse in der Religionslehre und der religiös-sittlichen Erziehung der bekenntniszugehörigen Schulkinder überzeugen[8]).

II Die Religionsgesellschaften und ihre Vertreter haben gegenüber den Volksschullehrern, die bei der Erteilung des Religionsunterrichts mitwirken[9]), keine dienstaufsichtlichen Befugnisse[10]). Jedoch können sich die Beauftragten der Religionsgesellschaften mit den Lehrkräften, die den Religionsunterricht erteilen[9]), über die Abstellung wahrgenommener Mängel benehmen. Auch ist ihnen unbenommen, die Schulaufsichtsbehörde anzurufen, wenn Beanstandungen zu erheben sind[10])[11]).

Vollzugsvorschriften.

Zu § 28 Abs. I.

51. I *Zum Religionsunterricht in den Volksschulen gehört auch der Unterricht in der Biblischen Geschichte.*

II *Zur Aufrechterhaltung der äußeren Schulordnung ist es notwendig, daß Geistliche, die Religionsunterricht an den Volksschulen erteilen, einen allenfallsigen Ausfall von Religionsstunden rechtzeitig dem Schulleiter mitteilen. In diesem Falle hat der Klaßlehrer die ausfallende Unterrichtsstunde zu übernehmen; wenn dies nicht möglich ist, hat der Schulleiter für anderweitige Unterrichtsaushilfe zu sorgen. Die ausfallende Religionsstunde kann entweder zur Erteilung des Religionsunterrichts oder eines weltlichen Unterrichtsfaches verwendet werden. Wenn die ausfallende Religionsstunde nicht für den Religionsunterricht verwendet worden ist, kann sie der Religionslehrer nach Benehmen mit dem Klaßlehrer in einer stundenplanmäßigen für weltlichen Unterricht bestimmten Unterrichtsstunde nachholen.*

III *Der Beauftragte der Religionsgesellschaft, der den Religionsunterricht in einer Volksschule besuchen will, wird hierzu in erster Linie die stundenplanmäßigen Religionsstunden benützen. Bei Schulbesuchen am Dienstsitze des kirchlichen Beauftragten ist von dieser Regel nicht abzugehen. Besuche von auswärtigen Schulen können, um Zeit und Kosten zu sparen, nach Zeit und Zeitdauer ohne Rücksicht auf den Stundenplan angesetzt und durchgeführt werden. In diesem Falle sind der Bezirksschulrat und der Schulleiter rechtzeitig hiervon in Kenntnis zu setzen. Die durch diese Schulbesuche außerhalb der stundenplanmäßigen Religionsstunden ausfallenden Stunden für den weltlichen Unterricht können in den nächsten für den Religionsunterricht bestimmten Stunden nachgeholt werden.*

IV *Die kirchlichen Oberbehörden teilen den Regierungen, Kammern des Innern, die Namen der Geistlichen, die mit der Wahrnehmung des*

Besuches des Religionsunterrichts ihres Bekenntnisses beauftragt worden sind, nebst den einschlägigen Schulen mit. Will eine kirchliche Oberbehörde das ihr zustehende Recht des Besuches des Religionsunterrichts ihres Bekenntnisses an Stelle eines Geistlichen einem Schulaufsichtsbeamten übertragen, so wird sie sich zunächst mit der zuständigen Regierung, Kammer des Innern, und durch diese mit dem betreffenden Schulaufsichtsbeamten benehmen. Die Übertragung der Befugnis wird dem Schulaufsichtsbeamten durch die Regierung eröffnet.

Zu § 28 Abs. II.

52. Das Recht der Relegionsgesellschaften, den Religionsunterricht an den Volksschulen durch Beauftragte besuchen zu lassen, begründet für sie keine dienstaufsichtlichen Befugnisse gegenüber den den Religionsunterricht erteilenden Volksschullehrern. Die kirchliche Behörde hat vielmehr, falls sich Beanstandungen ergeben, die nicht im gegenseitigen Benehmen zwischen dem Beauftragten der Religionsgesellschaft und dem Volksschullehrer behoben werden, die staatliche Schulaufsichtsbehörde anzurufen.

1. Im Sinne des § 22 des SchAG.

2. Hierzu gehört auch der Unterricht in der Biblischen Geschichte (VV. 51[1]). Ebenso die sog. „Christenlehre" (VO. über die Schulpflicht vom 22. Dezember 1913, KMBl. S. 351, § 12 und VO. über die Berufsfortbildungsschule vom 22. Dezember 1913, KMBl. S. 363, § 5). Dagegen ist „freireligiöser Unterricht" nicht „Religionsunterricht", sondern nur Sittenlehre.

3. S. Anm. 3 zu § 20 des SchAG.

4. S. Erläuterung zu Ziff. 48 Abs. VI Buchst. c — „Schulzucht" — in der Anm. 1 zu § 26 des SchAG. oben.

5. Für den „Schulbesuch" sind von Bedeutung die Vorschriften über Schulpflicht (s. Anm. 2 zu § 33 des SchAG.) und über das Schulversäumniswesen (s. Anm. 4 zu § 2 des SchAG.).

Vgl. aber auch Art. 149 II der Reichsverfassung vom 11. August 1919 (RGBl. S. 1383), wonach die Teilnahme an religiösen Unterrichtsfächern der Willenserklärung desjenigen überlassen bleibt, der über die religiöse Erziehung des Kindes zu bestimmen hat.

Da gemäß § 5 des Reichsgesetzes über die religiöse Kindererziehung vom 15. Juli 1921 (RGBl. S. 939) nach der Vollendung des vierzehnten Lebensjahrs dem Kinde die Entscheidung darüber zusteht, zu welchem religiösen Bekenntnis es sich halten will, und nach vollendetem zwölften Lebensjahr das Kind nicht gegen seinen Willen in einem anderen Bekenntnis als bisher erzogen werden kann, nach § 6 des gen. Ges. ferner diese Bestimmungen auf die Erziehung der Kinder in einer nicht bekenntnismäßigen Weltanschauung entsprechende Anwendung finden, so kann auch das Kind selbst von den genannten Altersstufen an in die Frage eingreifen, ob beziehungsweise welchen Religionsunterricht es zu besuchen hat.

Gemäß VO. vom 6. Mai 1920 (GVBl. S. 260, KMBl. S. 172) ist die Erklärung, nach Art. 149 II der Reichsverfassung am Religionsunterricht nicht teilnehmen zu wollen, für minderjährige Schüler (Schülerinnen) durch den Erziehungsberechtigten, für großjährige Schüler (Schülerinnen) durch diese selbst spätestens innerhalb acht Tagen nach Beginn des Schuljahrs an den Volksschulen gegenüber dem Lehrer der Klasse, an den übrigen Schulen gegenüber dem Schulleiter schriftlich oder mündlich abzugeben. Der Klaßlehrer oder Schulleiter hat sofort den zuständigen Religionslehrer zu verständigen. Während des Schuljahres kann ein Austritt aus dem Religionsunterricht nur aus wichtigen Gründen mit Genehmigung der Schulaufsichtsbehörde (§ 22 des SchAG.) erfolgen. Der Austritt aus einer Religionsgesellschaft, Wechsel des religiösen Bekenntnisses in den Fällen des RGes. vom 15. Juli 1921 wird stets als wichtiger Grund zum Austritt aus dem Religionsunterricht zu erachten sein.

Die in Frage stehende Erklärung ist nur für das Schuljahr gültig, in dem sie abgegeben wird (E. des Staatsmin. f. Unterr. u. Kultus vom 25. März 1925, Ziff. 1, MABl. S. 55).

Hingewiesen sei auch auf die Bestimmung in § 2 Abs. II des RGes. vom 15. Juli 1921, nach der während bestehender Ehe (d. h. wenn die Ehe weder durch Tod eines Ehegatten noch durch Scheidung gelöst ist) von keinem Elternteil ohne die Zustimmung des andern bestimmt werden kann, daß das Kind in einem anderen als dem zur Zeit der Eheschließung gemeinsamen Bekenntnis oder in einem anderen Bekenntnis als bisher erzogen, oder daß ein Kind vom Religionsunterricht abgemeldet werden soll (vgl. E. des Staatsmin. für Unterricht und Kultus vom 25. März 1925, Ziff. 2, MABl. S. 55). „Bei geschiedener Ehe hat das Recht der Erklärung (über den Besuch des Religionsunterrichtes) derjenige Elternteil, dem die Fürsorge für die Person des Kindes obliegt. Steht die Fürsorge für ein Kind allein einem Vormund oder Pfleger zu, so ist stets eine Bestätigung des Vormundschaftsgerichts zu verlangen, daß der Vormund oder Pfleger zur Abgabe der fraglichen Erklärung berechtigt ist."

Die VO. vom 6. Mai 1920 gilt auch für schulpflichtige Privatschüler. Die Erklärung, daß sie am Religionsunterricht nicht teilnehmen sollen, ist von den Erziehungsberechtigten in unmittelbaren Städten gegenüber dem Schulleiter der ordnungsmäßig zuständigen öffentlichen Volksschule, im übrigen gegenüber diesem oder der Bezirksschulbehörde abzugeben (Ziff. 3 der oben gen. ME. vom 25. März 1925).

6. Die Bestimmungen des Volksschullehrergesetzes vom 14. August 1919 (GVBl. S. 437) über Dienstaufsicht und Dienststrafrecht (Art. 100 ff.) und der MinBek. vom 12. Juli 1920, die Dienstaufsicht und das Dienststrafrecht für die Volksschullehrer betr. (KMBl. S. 282, abgedruckt im Anhang) sind bei der Handhabung der staatlichen Schulaufsicht über die Erteilung des Religionsunterrichtes an den Volksschulen auch in dem nach § 28 Abs. I Satz 1 beschränkten Umfange nur auf Volksschullehrer anwendbar, die bei der Erteilung des Religionsunterrichts mitwirken, nicht jedoch auf die kraft kirchlichen Auftrags an den Volksschulen tätigen Religionslehrer geistlichen (oder allenfalls auch weltlichen) Standes (s. Anm. 3 zu § 17 des SchAG.).

7. Geistliche oder Schulaufsichtsbeamte (s. VV. 51 IV).

8. Die inhaltlich gleichlautende Bek. des Staatsministeriums f. Unterr. u. Kultus vom 12. Januar 1921 (KMBl. S. 15) ist durch die Bestimmungen in Ziff. 51 Abs. III der VV. ersetzt.

9. Der Volksschullehrer kann nach Art. 149 Abs. II der Reichsverfassung vom 11. August 1919 (RGBl. S. 1383) die Erteilung des Religionsunterrichtes ablehnen. Lehnt er nicht ausdrücklich ab, so ist er, soweit für den Religionsunterricht nicht durch einen haupt- oder nebenamtlichen Religionslehrer gesorgt ist, zu dieser Unterrichtserteilung verpflichtet, da gemäß Art. 149 Abs. I der Reichsverfassung der Religionsunterricht ordentliches Lehrfach der Schulen mit Ausnahme der bekenntnisfreien (weltlichen) Schulen ist.

Zum Vollzuge des Art. 149 Abs. II der Reichsverfassung bestimmt eine Bek. des Staatsmin. f. Unterr. u. Kultus vom 5. Oktober 1922 (KMBl. S. 160), daß die Erklärung einer Lehrperson, den religiösen Unterricht nicht mehr erteilen zu wollen, für den Regelfall innerhalb acht Tagen nach Beginn des Schuljahres und zwar an Schulen mit mehr als zwei Lehrkräften dem Schulleiter, an allen andern Schulen und von Schulleitern in jedem Falle (s. Bek. des Staatsmin. f. Unterr. u. Kultus vom 24. Februar 1923, KMBl. S. 21) dem Bezirksschulrat gegenüber schriftlich oder mündlich abzugeben ist. (Das Nähere s. die bez. MinBek. vom 5. Okt. 1922, abgedruckt im Anhang.) Eine weitere MinBek. vom 6. Mai 1923 (KMBl. S. 66) besagt ergänzend, daß die einmal abgegebene Erklärung nicht jedes Jahr wiederholt zu werden braucht, sondern wirksam bleibt, bis der Volksschullehrer durch eine neue Willenserklärung seine Bereitwilligkeit zur Erteilung des religiösen Unterrichts kundgibt. Nur im Falle der Versetzung an eine andere Schule hat der Lehrer, wenn er auch an d i e s e r Schule den religiösen Unterricht nicht erteilen will, die frühere Erklärung innerhalb acht Tagen nach Antritt der neuen Stelle zu wiederholen.

Nun hat im Art. 5 § 1 des Konkordates*) vom 29. März 1924, als Staatsvertrag mit Gesetz vom 15. Januar 1925 (GVBl. S. 53) genehmigt, am 24. Januar 1925 ratifiziert (GVBl. S. 69), der Bayerische Staat mit dem Heiligen Stuhle vereinbart, daß der Unterricht und die Erziehung der Kinder an den katholischen Volksschulen nur solchen Lehrkräften anvertraut werden wird, die geeignet und bereit sind, in verlässiger Weise in der katholischen Religionslehre zu unterrichten und im Geiste des katholischen Glaubens zu erziehen. Entsprechend gleich lautende Bestimmungen enthalten die am 15. Januar 1925 in Gesetzesform (GVBl. S. 53) beschlossenen, laut MinBek. vom 13. Februar 1925 (GVBl. S. 76) am 27., bezw. 29. Januar 1925 in Wirksamkeit getretenen Verträge zwischen dem Bayerischen Staate und der Evangelisch-Lutherischen Kirche in Bayern rechts des Rheins bezw. der Vereinigten protestantisch-evangelisch-christlichen Kirche der Pfalz (Pfälzischen Landeskirche) vom 15. November 1924 in Art. 5 bezw. Art. 8. Zu diesen Bestimmungen hat jedoch die Staatsregierung am 14. Januar 1925 folgende, vom Landtage gebilligte Erklärung (GVBl. S. 68) abgegeben:

„Der Freiheit des Gewissens und der Vereinigung der L e h r p e r s o n e n a n B e k e n n t n i s s c h u l e n sind andere Schranken als sie durch die besonderen Amts- und Standespflichten bedingt sind, nicht gezogen.

Die Neuanstellung von Lehrpersonen an Bekenntnisschulen ist bedingt durch das Vorhandensein der Erfordernisse der nebenangeführten Vertragsbestimmungen.

Die Niederlegung des Religionsunterrichtes für sich allein ist nicht in jedem Falle ein genügender Beweis dafür, daß die betreffende Lehrperson den angeführten Vertragsbestimmungen nicht mehr entspricht."

§ 2 des Art. 5 des Konkordates lautet:

„Die Lehrer und Lehrerinnen, die an katholischen Volksschulen angestellt werden wollen, müssen vor ihrer Anstellung nachweisen, daß sie eine dem Charakter dieser Schulen entsprechende Ausbildung erhalten haben. Diese Ausbildung muß sich beziehen sowohl auf den Religionsunterricht wie auch auf jene Fächer, die für den Glauben und die Sitten bedeutungsvoll sind.

*) Konkordat = Vereinbarung, Vertrag.

Die Erteilung des Religionsunterrichts setzt die **Missio Canonica***) durch den Diözesanbischof voraus."

Auch diese Vereinbarung ist sinngemäß sowohl in dem Vertrage mit der Evangelisch-Lutherischen Kirche in Bayern rechts des Rheins (Art. 6 Abs. I) wie in dem mit der Vereinigten protestantisch-evangelisch-christlichen Kirche der Pfalz (Art. 4 Abs. I) enthalten.

Diesen Vereinbarungen ist in der Prüfungsordnung für den Volksschuldienst vom 25. November 1921 (KMBl. S. 287), abgeändert und ergänzt durch die MinBek vom 2 Mai 1923 (KMBl. S. 65), insoferne Rechnung getragen, als dort bestimmt ist, daß die Prüfungsteilnehmer, die bei der Seminarschlußprüfung die Prüfung in der Religionslehre abgelegt haben und bekenntnismäßigen Religionsunterricht an den Volksschulen erteilen wollen, auch eine schriftliche und mündliche Prüfung über das Lehrverfahren im Religionsunterrichte der Volksschule abzulegen haben (§§ 32 mit 37 der PrüfO.)

10. Volksschullehrer unterstehen auch als Religionslehrer in dem in § 28 Abs I Satz 1 des SchAG. begrenzten Umfange nur den dienstaufsichtlichen und dienststrafrechtlichen Bestimmungen des Volksschullehrergesetzes und der Vollzugsvorschriften hierzu s. Anm. 6 oben. Den Religionsgesellschaften und ihren Vertretern stehen solche Befugnisse nicht zu. Daran haben auch das Konkordat und die Verträge mit den Evangelischen Kirchen (s. Anm 9) nichts geändert, wenn es in Art. 8 des Konkordates auch heißt:

„§ 1. Die Beaufsichtigung und Leitung des Religionsunterrichts an den Volksschulen, Mittelschulen und höheren Lehranstalten werden der Kirche gewährleistet.

§ 2. Dem Bischof und seinen Beauftragten steht das Recht zu, Mißstände im religiös-sittlichen Leben der katholischen Schüler wie auch ihre nachteiligen oder ungehörigen Beeinflussungen in der Schule, insbesonders etwaige Verletzungen ihrer Glaubensüberzeugung oder religiösen Empfindungen im Unterrichte bei der staatlichen Unterrichtsbehörde zu beanstanden, die für entsprechende Abhilfe Sorge tragen wird."

In den Verträgen mit den beiden Evangelischen Kirchen sind in Art. 12 und 14, bezw 7 und 8, Vereinbarungen getroffen, die jenen im Konkordat entsprechen.

Um jeden Zweifel auszuschließen, wurden zufolge der Landtagsverhandlungen in die Regierungserklärung vom 14. Januar 1925 (GVBl. S. 68) folgende Sätze aufgenommen:

„Die staatliche Schulaufsicht wird aufrecht erhalten. Eine Wiedereinführung der früheren geistlichen Schulaufsicht steht nicht in Frage. An § 28 des SchAG. vom 1. August 1922 wird festgehalten. Seine Bestimmungen kommen bezüglich des Religionsunterrichtes an den übrigen Lehranstalten zur entsprechenden Anwendung.

---

*) Missio Canonica = Sendung nach den Canones („Regeln", nämlich der katholischen Kirche)". Die Missio Canonica kann nach dem Ermessen des Diözesanbischofes stillschweigend oder ausdrücklich, dem Einzelnen oder einer bestimmten Mehrheit von Personen, schriftlich oder mündlich, durch den Diözesanbischof persönlich oder durch einen Vertreter desselben verliehen werden. Sie wird den Lehrpersonen zur Zeit jeweils nach bestandener Seminarschlußprüfung für die Zeit bis zur Prüfung für den Volksschuldienst und nach dieser für die Dauer der folgenden Lehrtätigkeit erteilt.

Der kirchlichen Oberbehörde oder deren Beauftragten sind bei Ausübung des Rechtes zum Besuche des Religionsunterrichts und des Rechtes zu allenfallsigen Beanstandungen des Unterrichts in den weltlichen Fächern dienstaufsichtliche Befugnisse gegenüber dem Lehrpersonal nicht eingeräumt. Im Falle von Beanstandungen kommt die der Sach- und Rechtslage entsprechende Entscheidung nach Maßgabe staatlicher Bestimmungen dem Staate zu."

11. Die Bestimmungen des § 28 und der VB. hierzu gelten für jeden lehrplanmäßigen Religionsunterricht an den Volksschulen. Für den israelitischen Religionsunterricht ist dies in einer Entschließung des Staatsministeriums für Unterricht und Kultus vom 14. Febr. 1925 Nr. IV 616 ausgesprochen. Dort ist im wesentlichen folgendes ausgeführt: Die Aufsichtsbefugnisse eines Rabbiners über den israelitischen Religionsunterricht kann nicht mit den Bestimmungen in Ziff. 5 der ME. vom 29. Juni 1863 (KMBl. 1865 S. 218) begründet werden. Diese Bestimmungen bestehen nicht mehr zu Recht, da die Vorschriften in Art. 137 Abs. III der Reichsverfassung und § 18 Abs. III der Landesverfassung ihrer weiteren Geltung entgegenstünden (vgl. StenBer. über die Verh. des Bayer. Landtags vom 7. März 1922 Bd. V Nr. 110 S. 23 ff. zu der Frage der weiteren Geltung des Judenedikts vom 10. Juni 1813 und der hierzu ergangenen Ausführungsvorschriften). Der gleiche Standpunkt wurde auch in einer an die bayerische Rabbinerkonferenz ergangenen ME. vom 14. Dezember 1921 Nr. 54 745 vertreten.

Das Verhältnis des Rabbiners zur Kultusgemeinde hinsichtlich der Aufsicht auf den israelitischen Religionsunterricht bemißt sich daher nunmehr ausschließlich nach § 28 des SchAG. in Verbindung mit den einschlägigen religionsgesellschaftlichen Normen. Nach den letzteren ist aber bisher stets daran festgehalten worden, daß dem Rabbiner die Aufsicht über die Erteilung des israelitischen Religionsunterrichtes zustehe. Er hat daher auch ohne weiteres als Beauftragter der Religionsgesellschaft im Sinne des § 28 Abs. I S. 3 des SchAG. zu gelten; ihm obliegt es auch, Lehrinhalt und Methode des Religionsunterrichts zu bestimmen. Ein Beschluß der israelitischen Kultusgemeindeversammlung vermöchte hieran nichts zu ändern; jenes Recht des Rabbiners könnte auch durch einen solchen Beschluß nicht entzogen werden, weil es im Amte wurzelt.

Diese Rechte des Rabbiners schließen nicht aus, daß die israelitische Kultusgemeinde durch ihren Vorstand, durch andere Beauftragte oder durch Ausschüsse auf dem Wege der Beratung und Erörterung der einschlägigen Fragen mit dem Rabbiner auf die Gestaltung des Religionsunterrichtes Einfluß nimmt. Auch bleibt es der israeltiischen Kultusgemeinde unbenommen, neben dem Rabbiner andere Personen mit dem Besuche des Religionsunterrichtes zu beauftragen mit der Wirkung, daß auch diese als zum Besuche des Religionsunterrichts ermächtigt, anzusehen sind. Bei solchen Besuchen müßte jedoch auf den geregelten Unterrichtsbetrieb entsprechend Rücksicht genommen werden. Die Beauftragten der israelitischen Kultusgemeinde müßten auch mit gehöriger schriftlicher Vollmacht der Gemeinde ausgestattet sein.

V. Abschnitt.

Übergangsbestimmungen.

§ 29.

Wo eine Stadtschulpflegschaft[1]) beim Inkrafttreten dieses Gesetzes noch nicht besteht[2]), wird die Zahl der Vertreter des Stadtrats, der Lehrerschaft und der beteiligten Eltern in der Stadtschulpflegschaft von der zuständigen Schulaufsichtsbehörde[3]) nach Einvernahme des Stadtrates und der Berufsvertretung[4]) der Lehrerschaft festgesetzt.

Vollzugsvorschriften.

Zu § 29.

53. I *„Zuständige Schulaufsichtsbehörde" im Sinne des § 29 des SchAG. ist die Stadtschulbehörde.*

II *Wenn in einer unmittelbaren Stadt ein Stadtlehrerrat nicht besteht, so bestimmen die Mitglieder des Lehrerrates der einzelnen Schulen aus ihrer Mitte Vertrauenspersonen. In Städten mit weniger als sechs Schulen benennt der Lehrerrat jeder Schule zwei Vertrauenspersonen, in solchen mit sechs bis dreißig Schulen eine Vertrauensperson; in solchen mit mehr als dreißig Schulen bezeichnen die Mitglieder des Lehrerrates dreier benachbarter Schulen zusammen je eine Vertrauensperson. Die Vertrauenspersonen sämtlicher Schulen bilden sodann die Berufsvertretung der Lehrerschaft dieser Stadt im Sinne des § 11 Abs. III und des § 29 des SchAG.*

1. S. § 10 des SchAG.

2. „Diese Bestimmung hat insbesondere Bedeutung für den Coburger Landesteil" (Begr. zu § 30 des Entwurfes = § 29 des Ges.).

3. Stadtschulbehörde (VV. 53 I).

4. Die Berufsvertretung der Lehrerschaft in einer unmittelbaren Stadt (s. Anm. 1 zu § 10 des SchAG.) ist zunächst der „Stadtlehrerrat" im Sinne der VO. vom 5. Mai 1919, § 8 (KMBl. S. 63), s. § 11 Abs. III des SchAG. und VV. 24, Schlußsatz. Wo ein Stadtlehrerrat aber nicht besteht, bilden die nach Ziff. 53 Abs. II der VV. ermittelten „Vertrauenspersonen" die Berufsvertretung. S. auch Ziff. 9 IV der „Wahlordnung", Anlage zu den VV.

§ 30.

Die §§ 13 Satz 1 und 27 Abs. I gelten entsprechend für die früheren weltlichen Lokalschulinspektoren der Pfalz, die als Stadtschulräte aufgestellt werden, ohne Mitglieder des Stadtrates zu sein[1]).

1. „Diese Übergangsbestimmung ist aus § 39 Satz 3 der VO. vom 28. August 1919 übernommen" (Begr. zu § 31 des Entwurfes = § 30 des Gesetzes). Dort ist auf die weltlichen Lokalschulinspektoren hingewiesen, die nach § 13 Abs. 6 der VO. vom 26. August 1883, die Errichtung der Volksschulen und die Bildung der Schulsprengel betr. (GVBl. S. 407, KMBl. S. 247) aufgestellt werden konnten.

§ 13 Abs. **5** der gen. VO. lautet:

„Die Funktionen des Lokalschulinspektors an gemischten Schulen werden in den Landesteilen diesseits des Rheines und in der Pfalz in der Regel von den der betreffenden Lokalschulbehörde angehörigen Pfarrern der verschiedenen christlichen Konfessionen gemeinsam verwaltet."

Abs. **6**: „Auf Antrag der Gemeindebehörde kann jedoch die Funktion des Lokalschulinspektors einem fachmännisch gebildeten Laien übertragen werden, wenn der hierfür erforderliche Aufwand aus Gemeindemitteln zur Verfügung gestellt wird. Dieser Inspektor hat dann auch als Mitglied in die Lokalschulbehörde einzutreten."

VI. Abschnitt.

Fortbildung.

§ 31.

Zur Leitung der Fortbildung der Schulamtsbewerber und Hilfslehrer werden Bezirksoberlehrer[1]) aufgestellt. Sie sind Volksschullehrer mit gehobener Dienstesaufgabe. Die Übertragung der Leitung der Fortbildung ist widerruflich[2])[3]).

1. S. VV. 41 III.

2. „Gleichzeitig mit der Änderung der Vorschriften über die Schulleitung und Schulaufsicht soll auch die Stellung der Bezirksoberlehrer, denen die Fortbildung der Schulamtsbewerber und Hilfslehrer anvertraut ist, neu geregelt werden.

Während die Bezirksschulräte Beamte im Sinne des Beamtengesetzes werden, sollen die Bezirksoberlehrer nach wie vor Volksschullehrer im Sinne des Volksschullehrergesetzes bleiben, weil sie eine Schulklasse verantwortlich zu führen haben. Hinsichtlich der Einreihung in die Besoldungsordnung werden sie mit Rücksicht auf die Bedeutung ihrer besonderen Aufgabe grundsätzlich den Bezirksschulräten gleichzustellen sein.

Das Amt als Bezirksoberlehrer soll widerruflich sein, weil es ein besonderes Maß von Spannkraft erfordert, das in vorgerückterem Alter oder bei gestörter Gesundheit oft nicht mehr vorhanden ist. Im Falle der Enthebung von dieser Dienstleistung soll der Bezirksoberlehrer selbstverständlich in seiner Besoldungsgruppe verbleiben und als Volksschullehrer oder daneben als Schulleiter weiterverwendet werden." (Begr. zu § 29 des Entw. = 31 des Gesetzes.)

3. Die Bek. des Staatsmin. f. Unterr. u. Kultus vom 11. Juni 1920, die Fortbildung der Volksschullehrer betr. (KMBl. S. 260), hat zufolge des § 31 des SchAG. durch die MinBek. vom 6. April 1923 (KMBl. S. 43) einige Abänderungen erfahren (s. Anhang S. 235).

VII. Abschnitt.

Aufhebung und Änderung bestehender Vorschriften.

§ 32.

Alle Bestimmungen, die den Vorschriften dieses Gesetzes entgegenstehen oder durch sie ersetzt werden[1]), treten außer Kraft[2]).

Vollzugsvorschriften.

Zu § 32.

54. Die §§ 1 mit 7 der Verordnung vom 5. Mai 1919 über die Bildung von Lehrerräten für das Volksschulwesen sowie die hierzu einschlägigen Vollzugsbestimmungen werden außer Wirksamkeit gesetzt.

1. „Durch das vorliegende Gesetz soll namentlich die Verordnung über Schulpflege, Schulleitung und Schulaufsicht für die Volksschulen vom 28. August 1919 im vollen Umfange ersetzt werden." (Begr.)

2. Ausdrücklich außer Wirksamkeit gesetzt wurden durch Ziff. 54 der VV. die §§ 1 mit 7 der VO. vom 5. Mai 1919 über die Bildung von Lehrerräten für das Volksschulwesen (KMBl. S. 63), sohin die dortigen Bestimmungen über die Lehrerräte an den Volksschulen (s. nunmehr § 20 Abs. II des SchAG.) und über die Bezirkslehrerräte (solche sind im SchAG. nicht mehr vorgesehen!). Die Bestimmungen der VO. über die Stadtlehrerräte in den unmittelbaren Städten, die Kreislehrerräte und den Landeslehrerrat sind noch in Geltung, soweit sie im einzelnen den Vorschriften des SchAG. nicht widersprechen. Beispielsweise kommt eine Mitwirkung der Stadt- und Kreislehrerräte bei der Aufstellung der Bezirksschulräte (= „Bezirksschulinspektoren") — § 9 [I] mit 7, § 11 [I] der VO. — zufolge der Bestimmungen in § 24 und 25 des SchAG. und den Vollzugsvorschriften hierzu nicht mehr in Frage.

Ferner sind durch VV. 54 ausdrücklich außer Wirksamkeit gesetzt: die Wahlordnung vom 8. Mai 1919 (KMBl. S. 68) und die Erläuterungen und Vollzugsvorschriften zur VO. vom 5. Mai 1919 über die Bildung von Lehrerräten für das Volksschulwesen und zur Wahlordnung vom 8. Mai 1919 vom 9. Mai 1919 (KMBl. S. 79), soweit sich diese Bestimmungen auf Lehrerräte und Bezirkslehrerräte beziehen.

Mit ME. vom 19. Juli 1921, die Wahl der Lehrerräte im Jahre 1921 betr. (KMBl. S. 271), ist die Amtsdauer der Stadtlehrerräte, der Kreislehrerräte und des Landeslehrerrates über den 1. Januar 1922 hinaus bis auf weiteres verlängert worden.

§ 33.

Art. 58 des Polizeistrafgesetzbuches vom 26. Dezember 1871 erhält folgende Fassung[1]):

I. Umfang und Dauer der Schulpflicht[2]) werden durch Verordnung[2]) bestimmt.

II. Erziehungsberechtigte[3]), die es ohne genügenden Grund[4]) unterlassen, die ihrer Erziehungsgewalt[5]) unterstellten schulpflichtigen[2]) Kinder zum Besuche des Unterrichts anzuhalten, werden auf Antrag[6]) der zuständigen Schulbehörde[7]) mit Geld bis zu 500 Mark[8]) oder mit Haft[9]) bestraft[10]). Den Erziehungsberechtigten stehen die Personen gleich, denen die Erziehung schulpflichtiger[2]) Kinder übertragen ist, insbesondere die Vorstände von Erziehungsanstalten und die Dienst- und Lehrherren[11]).

III. Schulpflichtige[12]), die aus eigenem Verschulden[4]) den Besuch des Unterrichts der Fortbildungsschule[13]) versäumen, werden auf Antrag[14]) der zuständigen Schulbehörde[7]) mit Geld bis zu 300 Mark[15]) oder mit Haft[16]) bestraft.

IV. Ob und wieweit dem Strafantrage[6]) der Schulbehörde[7]) ein Verwaltungsstrafverfahren[17]) vor den Schulpflegschaften[18]) oder den Schulbehörden[18]) vorauszugehen hat, wird durch Verordnung[17]) bestimmt. Im Verwaltungsstrafverfahren kann nach näherer Bestimmung der Verordnung die Strafe des Verweises[19]) oder Geldstrafe bis zu 100 Mark[20]) für jedes Versäumnis[21]) festgesetzt werden[22])[23]).

1. „Über die Bestrafung von Schulversäumnissen ist im Art. 58 des PolStGB. vom 26. Dezember 1871 folgendes bestimmt:

„„„ I Mit Haft bis zu acht Tagen oder an Geld bis zu fünfzehn Thalern (nun bis zu fünfundvierzig Mark) werden auf Anzeige der Schulbehörde Eltern, Pflegeeltern, Vormünder, Dienst- und Lehrherrn gestraft, welche ohne genügende Entschuldigung unterlassen, ihre schulpflichtigen Kinder, Pflegekinder, Mündel, Dienstboten oder Lehrlinge zum Schulbesuche anzuhalten, ungeachtet sie von der Ortsschulbehörde wegen schuldhafter Schulversäumnisse auf Grund der bestehenden Schulordnung mit Geld gestraft und zugleich vor weiteren Schulversäumnissen verwarnt worden sind.

II Haft bis zu drei Tagen kann auf Anzeige der Schulbehörden gegen diejenigen Schulpflichtigen erkannt werden, welche aus eigenem Verschulden den Besuch der Sonntagsschule oder der dieselbe vertretenden Fortbildungsschule oder während ihrer allgemeinen Sonntagsschulpflicht den vorgeschriebenen Besuch des öffentlichen Religionsunterrichtes fortgesetzt versäumen, ungeachtet sie von der Ortsschulbehörde wegen schuldhafter Versäumnis auf Grund der bestehenden Schulordnung gestraft oder vor weiteren Versäumnissen verwarnt worden sind.

III Die Dauer der Schulpflicht wird bis zur Erlassung eines Schulgesetzes durch Verordnung bestimmt.""

Auf Grund dieser gesetzlichen Bestimmungen ist die VO. vom 2. September 1886 (GVBl. S. 585) ergangen, durch welche die Ortsschulbehörden ermächtigt wurden im Verwaltungsverfahren nach vorhergegangener Verwarnung Geldstrafen von 10 bis 50 Pfennig, in besonderen Fällen bis zu 1 ℳ zu verhängen.

Die Änderung dieser Vorschriften ist dringend notwendig. Sie erweisen sich als völlig unzulänglich, um den namentlich in den letzten Jahren überaus häufig gewordenen Schulversäumnissen wirksam entgegenzutreten.

Zunächst sind die vorgesehenen Strafen so niedrig, daß sie keinerlei Wirkung mehr auszuüben vermögen. Eine besondere Erschwerung liegt ferner darin, daß das Verfahren vor der Ortsschulbehörde (jetzt Schulpflegschaft) eine gesetzliche Voraussetzung für die gerichtliche Strafbarkeit bildet. Daraus ergibt sich nicht nur vielfach eine starke Verzögerung in der notwendigen gerichtlichen Behandlung von Versäumnisfällen, sondern sehr oft die Unmöglichkeit gerichtlicher Bestrafung, weil die vorgeschriebenen Formen des Verfahrens von den Schulpflegschaften nicht eingehalten sind oder ihre Beobachtung nicht nachzuweisen ist.

Im vorliegenden Gesetzentwurfe sind daher sowohl die gerichtlichen als auch die im Verwaltungsverfahren zulässigen Strafen für Schulversäumnisse entsprechend erhöht. Außerdem ist vorgesehen, daß als formale Voraussetzung der Strafbarkeit lediglich der Antrag der vorgesetzten Schulbehörde zu gelten hat. Wann und unter welchen Voraussetzungen diese Behörde Antrag auf gerichtliche Bestrafung zu stellen hat, wird durch Verordnung und durch Dienstanweisung zu regeln sein. Wenn auch dem Strafantrage wie bisher regelmäßig ein Verfahren vor den Schulpflegschaften vorausgehen soll, so wird es doch notwendig sein zu bestimmen, daß in besonders schweren Fällen oder dann, wenn die Schulpflegschaft ein Eingreifen ablehnt, die Strafanzeige der vorgesetzten Schulbehörde auch ohne vorgängiges Verfahren vor der Schulpflegschaft zulässig sein soll.

Die Vorschriften werden insbesondere auch eine Handhabe bieten gegen die Schulstreike einzuschreiten." (Begr.)

2. Die Schulpflicht ist zwar durch die Verfassung des Deutschen Reiches vom 11. August 1919 (RGBl. S. 1383) geregelt. Dort heißt es in Art. 145: „Es besteht allgemeine Schulpflicht. Ihrer Erfüllung dient grundsätzlich die Volksschule mit mindestens acht Schuljahren und die anschließende Fortbildungsschule bis zum vollendeten 18. Lebensjahre."

Diese Verfassungsbestimmung stellt aber nicht unmittelbar anwendbares Recht dar, sondern gehört zu den Richtlinien für die künftige Gesetzgebung. So lange ein Reichsschulgesetz noch nicht geschaffen ist, setzen die Länder die Schulpflicht im einzelnen fest. In Bayern ist noch die VO. vom 22. Dezember 1913 (GVBl. S. 957, KMBl. S. 351) über die Schulpflicht im Zusammenhalte mit der VO. vom 22. Dezember 1913 über die Berufsfortbildungsschulen (GVBl. S. 966, KMBl. S. 363), ferner beim Vollzug des § 3 ersterer VO. die MinBek. vom 7. März 1906 (KMBl. 143) maßgebend. Über die Verlängerung der Schulpflicht s. Abschn. IV, Ziff. 35 ff. der MinBek. vom 23. Juni 1923 über die Behandlung der Schulversäumnisse (KMBl. S. 75), abgedruckt im Anhang S. 127). („Für Hauptschulpflichtige kann auf Grund des § 6 der VO. vom 30. September 1922 und der Ziffer 35 der MinBek. vom 23. Juni 1923 über die Behandlung der Schulversäumnisse nur eine Verlängerung der Hauptschulpflicht in Frage kommen. Demgemäß haben jene Schüler und Schülerinnen des 7. oder 8. Schülerjahrganges der Volkshauptschule, deren Schulpflicht in Anwendung dieser Bestimmungen um ein Jahr verlängert wurde, diesen Jahrgang auch dann ein weiteres Jahr zu besuchen, wenn auf Grund der Benotung zu einer Wiederholung der Klasse bei den betreffenden Schulpflichtigen kein Anlaß bestünde — E. des Staatsmin. f. Unt. u. Kultus vom 8. April 1925 Nr. IV 11475.)

3. „Erziehungsberechtigte" s. den Kreis der in Ziff. 7 Abs. II der VV. Genannten. Neben diesen an der Schulpflege beteiligten Erziehungsberechtigten sind in gleicher Weise verantwortlich für den Schulbesuch von Kindern Personen, denen sonst die Erziehung schulpflichtiger Kinder anvertraut ist. Personen der letzteren Art, wie Vorstände von Erziehungsanstalten, Dienst- und Lehrherren, sind nicht in die nach VV. 7 II herzustellenden Listen der für die Schulpflegschaften wahlberechtigten „Erziehungsberechtigten“ aufzunehmen.

4. Was insbesondere als genügender Entschuldigungsgrund im Sinne des Art. 58 Abs. II, III des PolStGB. zu gelten hat, ist in Ziff. 10 der MinBek. vom 23. Juni 1923 (KMBl. S. 75, MABl. S. 56) aufgeführt.

5. Unterstellt sind eheliche Kinder der Erziehungsgewalt des Vaters und der Mutter nach Maßgabe der §§ 1627—1698 BGB., uneheliche Kinder der Erziehungsgewalt der Mutter nach § 1707 BGB., Kinder, die an Kindesstatt angenommen wurden, der Erziehungsgewalt der Pflegeeltern (Adoptiveltern) gemäß § 1757 BGB., unter Vormundschaft und Pflegschaft stehende Kinder der Erziehungsgewalt des Vormunds und des Pflegers nach §§ 1800, 1794, 1909 BGB. In Zweifelsfällen ist beim Vormundschaftsgerichte (Amtsgerichte) Aufschluß zu erholen, wer Inhaber der Erziehungsgewalt eines Kindes ist. S. auch Anm. 3 oben.

6. Der Antrag unterliegt nicht den Bestimmungen über den „Antrag“ auf Strafverfolgung im Sinne des § 61 des RStGB., sondern ist, soweit die Vorschriften des Reichsstrafgesetzbuches und der Reichsstrafprozeßordnung in Betracht kommen, als bloße Anzeige zu werten, wie auch die Begründung zum Entwurf des SchAG. (s. oben Anm. 1) hier die Ausdrücke „Strafantrag“ und „Strafanzeige“ ohne Unterschied gebraucht. Das Reichsstrafgesetzbuch hat für den Strafantrag im Sinne des § 61 stets den Wortlaut: „Die Verfolgung tritt nur auf Antrag ein.“

Für den Strafantrag nach Art. 58 des PolStGB. in der Fassung nach § 33 des SchAG. sind ausschließlich die Bestimmungen in der VO. über die Behandlung der Schulversäumnisse vom 30. September 1922 (GVBl. S. 618), in der MinBek. hierzu vom 23. Juni 1923 (KMBl. S. 75, MABl. S. 56) und in den VV. vom 16. August 1923 zum SchAG. (KMBl. 1923 S. 91) — s. insbes. das Formblatt für Anträge auf gerichtliche Strafverfolgung (KMBl. 1923 S. 87) und Anm. 7 unten! — maßgebend.

Wenn sohin die dreimonatliche Frist des § 61 RStGB. für die Antragstellung nicht einschlägig ist, so ist anderseits doch zu beachten, daß die Strafverfolgung von Übertretungen — um solche handelt es sich hier — nach § 67 RStGB. in drei Monaten verjährt und vor der Aburteilung nur eine gegen den Täter gerichtete richterliche Handlung die Verjährung unterbricht (§ 68 RStGB.).

Der Strafantrag ist an den Amtsanwalt des Amtsgerichtes zu richten, in dessen Bezirk die Schule liegt, die versäumt wurde (§ 24 Ziff. 1 und 142 Abs. I Ziff. 3 des GVG. in der Fassung vom 22. März 1924, RGBl. I S. 299, und § 7 Abs. I der RStPO. in der Fassung vom 22. März 1924, RGBl. I S. 322). S. aber auch Anm. 14 unten! — Der Amtsrichter entscheidet allein (§ 25 Abs. I Ziff. 1 des GVG.).

7. Schulbehörde: Zuständig ist für die Volkshaupt- und Volksfortbildungsschulen die Bezirksschulbehörde, in unmittelbaren Städten die Stadtschulbehörde, für die Berufsfortbildungsschulen die Schulvorstandschaft oder wenn diese mangels besonderer Organe die Zuständigkeit der Schulpflegschaft auszuüben hat, bei mittelbaren Gemeinden das Bezirksamt, in unmittelbaren Städten der Stadtrat, der vorher den Stadtschulrat zu hören hat (Ziff. 28 und 37 der MinBek. vom 23. Juni 1923 über die Behandlung der Schulversäumnisse, KMBl. S. 75, MABl. S. 56).

Die Antragstellung ist eine gemeinsame Angelegenheit der Bezirksschulbehörden bezw. Stadtschulbehörden. Die Anträge sind von beiden Mitgliedern der beteiligten Bezirksschulbehörde oder Stadtschulbehörde zu unterschreiben, widrigenfalls sie nicht rechtsgültig wären (Ziff. 48 Abs. VI, Buchst. c und Ziff. 48 Abs. V Satz 2 der VB.).

8. Geld bis zu 500 ℳ: Dieser Betrag ist abgeändert durch § 27 Abs. II Ziff. 2 des RStGB. in der Fassung des Art. I der Verordnung über Vermögensstrafen und Bußen vom 6. Februar 1924 (RGBl. T. I, S. 44) mit Art. VIII Abs. I der gen. VO. Es muß nun heißen: „mit Geld von 1 bis 150 Reichsmark." „Reichsmark" statt der in der VO. vom 6. Februar 1924 angegebenen „Goldmark" hat es zu heißen zufolge des Münzgesetzes vom 30. August 1924 (§ 19; RGBl. II S. 254), der VO. über Goldbilanzen vom 28. Dezember 1923 (§ 1 Abs. II, Satz 2; RGBl. I S. 1253) und der Zweiten Verordnung zur Durchführung des Münzgesetzes vom 12. Dezember 1924 (RGBl. I S. 775), § 2 mit Art. V der vorgen. VO. vom 6. Februar 1924.

Die Umwandlung der Geld- in Haftstrafen im Uneinbringlichkeitsfalle bestimmt sich nach § 29 des RStGB. in der Fassung der VO. vom 6. Februar 1924. An Stelle der uneinbringlichen Geldstrafe tritt bei Übertretungen Haftstrafe in der Dauer von 1 Tag bis zu 6 Wochen. Im übrigen richtet sich das Maß der Ersatzstrafe (d. h. der Geldbetrag, der je einem Tag Freiheitsstrafe gleichzusetzen ist) nach freiem Ermessen des Gerichts. Es kann z. B. in einem Falle je eine Reichsmark und in einem andern je 50 Reichsmark in je einen Tag Haft umgewandelt werden, wie anderseits bei der Bemessung einer Geldstrafe nach § 27 c des RStGB. (in der Fassung vom 6. Februar 1924) die wirtschaftlichen Verhältnisse des Täters zu berücksichtigen sind.

Über Bewährungsfristen s. Anm. 9 unten. Nach § 21 der dort bez. JustMinBek. kommt die Gewährung einer Bewährungsfrist auch bei Ersatzfreiheitsstrafen in Frage.

9. Mindestbetrag: Ein Tag; Höchstbetrag: Sechs Wochen (§ 18 RStGB.). RStGB.).

Das Gericht kann eine Bewährungsfrist gewähren. Die Vorschriften hierüber finden sich in der Bek. des bayer. Staatsministeriums der Justiz über Begnadigung vom 3. März 1922 (JustizMBl. S. 67), 3. Abschnitt, „Bedingte Begnadigung", § 13—40, abgeändert durch die Bek. des bayer. JustizMin. vom 14. Juni 1924 (JustizMBl. S. 89).

Danach sind die Gerichte ermächtigt, bei Freiheitsstrafen Bewährungsfrist zu bewilligen, damit der Verurteilte sich durch gute Führung während der Frist Straferlaß verdienen kann (§ 13 a. a. O.). Voraussetzung ist, daß der Verurteilte besondere Berücksichtigung verdient und sich bei ihm künftiges Wohlverhalten erwarten läßt (§ 14 a. a. O.). Das Gericht hat schon bei Festsetzung der Strafe zu prüfen, ob Anlaß zur Bewilligung einer Bewährungsfrist besteht (§ 16 a. a. O.). Das Gericht kann auch noch nachträglich eine Bewährungsfrist bewilligen (§ 18 a. a. O.). Auch für eine Freiheitsstrafe, die im Falle der Uneinbringlichkeit einer Geldstrafe an deren Stelle tritt, kann eine Bewährungsfrist zugestanden werden (§ 21).

10. Die Strafe, Geld- wie Haftstrafe, kann nach § 407 der RStPO. in der Fassung vom 22. März 1924 (RGBl. I S. 322) auch mittels Strafbefehles festgesetzt werden.

11. Zu den Lehr- und Dienstherren zählen alle Arbeitgeber und sonstigen Personen beiderlei Geschlechtes, die auf Grund eines Dienst- oder Lehrvertrages oder eines sonstigen Vertragsverhältnisses Schulpflichtige zu beaufsichtigen haben, so auch Fabrikherren (vgl. Ziff. I, 3 der Bek. vom 23. Juni 1923 (KMBl. S. 75).

12. Die Schulpflicht beginnt mit dem 6. Lebensjahre und dauert in Bayern gegenwärtig regelmäßig 10 Jahre, von denen 7 oder 8 auf die Volkshauptschulpflicht und 3 oder 2 auf die Fortbildungsschulpflicht treffen. Sie endigt in der Regel mit dem 16. Lebensjahre, kann aber bis zur Vollendung des 18. Lebensjahres verlängert werden (s. Anm. 2 oben). Die Fortbildungsschulpflicht fällt sohin in die Zeit zwischen dem 13. oder 14. Lebensjahre einerseits und dem 16., ausnahmsweise 18. Lebensjahre andererseits.

Die gerichtliche Strafmündigkeit beginnt nach § 2 des Jugendgerichtsgesetzes vom 16. Februar 1923 (RGBl. I S. 135) mit dem 14. Lebensjahre. Personen, die über 14, aber noch nicht 18 Jahre alt sind, sind gemäß § 1 des Jugendgerichtsgesetzes „Jugendliche" im Sinne dieses Gesetzes und nach seinen Vorschriften zu behandeln, wenn sie eine mit Strafe bedrohte Handlung begangen haben. Nach § 3 des JGG. ist ein solcher Jugendlicher nicht strafbar, wenn er zur Zeit der Tat nach seiner geistigen oder sittlichen Entwicklung unfähig war, das Ungesetzliche der Tat einzusehen oder seinen Willen dieser Einsicht gemäß zu bestimmen. Aus § 9 Abs. III des JGG. folgert, daß bei Übertretungen wie hier, sowohl Geld- wie Haftstrafen die Hälfte des Höchstbetrages der angedrohten Strafe (sohin 75 Reichsmark und 3 Wochen Haft; s. Anm. 8 und 9 oben!) nicht übersteigen dürfen. In besonders leichten Fällen kann von Strafe überhaupt abgesehen werden (§ 9 Abs. IV a. a. O.). Eine Strafe entfällt auch, wenn das Gericht Erziehungsmaßregeln für ausreichend hält (§ 5 und 6 a. a. O.). Als zulässige Erziehungsmaßregeln zählt der § 7 auf:

1. Verwarnung,
2. Überweisung in die Zucht der Erziehungsberechtigten oder der Schule,
3. Auferlegung besonderer Verpflichtungen,
4. Unterbringung,
5. Schutzaufsicht,
6. Fürsorgeerziehung.

Die Reichsregierung kann mit Zustimmung des Reichsrats auch andere Erziehungsmaßregeln für zulässig erklären.

Das Gericht kann die Vollstreckung der ausgesprochenen Haftstrafe im Urteil aussetzen, damit der Verurteilte sich durch gute Führung während einer Probezeit Straferlaß verdienen kann (§ 10 a. a. O.). Auch eine nachträgliche Aussetzung der Vollstreckung der erkannten Haftstrafe nach Erlaß des Urteils ist möglich (§ 11 a. a. O.). Ist auf Geldstrafe erkannt worden, so hat das Gericht, sobald an sich die Voraussetzungen zur Vollstreckung der Ersatzfreiheitsstrafe vorliegen, darüber zu entscheiden, ob die Vollstreckung der Ersatzfreiheitsstrafe ausgesetzt werden soll (§ 14 mit § 11 Satz 2 und §§ 12 und 13 a. a. O.).

Zuständig sind die „Jugendgerichte". Jugendgerichte sind die Schöffengerichte (nicht die Amtsrichter allein) — § 17 a. a. O. Einzelne Amtshandlungen, die nach der Strafprozeßordnung der Amtsrichter zu erledigen hat, hat der „Jugendrichter" (der Vorsitzende des Jugendgerichts) vorzunehmen (§ 19 a. a. O.).

Die Verhandlungen vor dem erkennenden Gericht sind nicht öffentlich (§ 23 a. a. O.). Für Jugendsachen ist auch das Jugendgericht örtlich zuständig, in dessen Bezirk die vormundschaftsgerichtliche Zuständigkeit für den Beschuldigten begründet ist oder sich der Angeschuldigte zur Zeit der Erhebung der Anklage aufhält (§ 25 a. a. O.), also nicht nur das Gericht, in dessen Bezirk die Schule versäumt wurde.

In einem Strafbefehle darf gegen einen Jugendlichen wegen Schulversäumnis nur Geldstrafe und die an Stelle der Geldstrafe tretende Freiheitsstrafe ausgesprochen werden (§ 39 a. a. O.). Auf Haft kann nur nach Verhandlung vor dem Jugendgericht erkannt werden.

13. Volksfortbildungsschule oder Berufsfortbildungsschule.

14. S. Anm. 6 Schlußabsatz! Wenn sich das zuständige Jugendgericht an einem Orte befindet, an dem auch das einschlägige Landgericht seinen Sitz hat, dann ist der Strafantrag an den Staatsanwalt für Jugendsachen bei der Staatsanwaltschaft für den betreffenden Landgerichtsbezirk zu richten (Bek. des Staatsmin. der Justiz vom 7. Mai 1923 zum Vollzuge des Jugendgerichtsgesetzes — zu § 21 —, Justiz-MBl. S. 26, mit Bek. des Staatsmin. der Justiz vom 29. Februar 1924 über die Neuordnung der Staatsanwaltschaft, Bayer. Staatsanz. Nr. 52/1924).

15. Geld bis zu 300 ℳ:

Abgeändert durch die VO. über Vermögensstrafen und Bußen vom 6. Februar 1924 (s. Anm. 8 Abs. 1 oben!).

Im Zusammenhalt mit dem Jugendgerichtsgesetz ergibt sich, daß ein Fortbildungs-Schulpflichtiger (Jugendlicher) im Gerichtsverfahren zu einer Geldstrafe nur bis ($\frac{150}{2}$ =) 75 Reichsmark verurteilt werden kann (s. Anm. 12 Abs. 2 oben!)

Bezüglich Bemessung der Geldstrafe und Umwandlung der Geldstrafe in Freiheitsstrafe s. Anm. 8 Abs. 2 und Anm. 12 Abs. 4, bezüglich Anwendung des Strafbefehls s. Anm. 12 Abs. 7 oben!

16. Bis zu 3 Wochen (s. Anm. 9 Abs. 1 mit Anm. 12 Abs. 2 oben!)

17. S. VO. vom 30. September 1922 über die Behandlung der Schulversäumnisse (GVBl. S. 618, abgedruckt im Anhang S. 126).

Zum Vollzuge des Art. 58 des PolStGB. in der Fassung nach § 33 des SchAG. sowie der vorgen. VO. über die Behandlung der Schulversäumnisse vom 30. September 1922 ergingen im Einverständnisse mit den Staatsmin. der Justiz und des Innern die in der Bek. des Staatsmin. für Unterricht und Kultus vom 23. Juni 1923 zusammengefaßten Anordnungen und Erläuterungen (KMBl. S. 75, MABl. S. 56; abgedruckt im Anhang S. 127). Bezüglich des Verwaltungsstrafverfahrens vor den Schulpflegschaften s. Ziff. II, 9—27 mit Ziff. V 37—40 für Berufsfortbildungsschulen der Bek. vom 23. Juni 1923.

Hervorzuheben ist, daß zwar nach § 1 der VO. vom 30. September 1922 dem Antrage der Schulbehörde auf gerichtliche Bestrafung in der Regel das Verwaltungsstrafverfahren vor der Schulpflegschaft vorauszugehen hat und eine Ausnahme hievon nur in den in § 4 Abs. I der VO. angegebenen Fällen vorgesehen ist, daß aber die Zulässigkeit der gerichtlichen Strafverfolgung nicht von der Einhaltung dieser Vorschriften abhängt. Jeder von der zuständigen Bezirks- oder Stadtschulbehörde — bei Berufsfortbildungsschulen von der Schulvorstandschaft oder vom Bezirksamt oder vom Stadtrat (s. Anm. 6 oben!) — gestellte Strafantrag ist von der Amtsanwaltschaft und dem Gerichte ohne weitere Prüfung irgendwelcher auf dem Gebiete des Verwaltungsstrafverfahrens liegenden Voraussetzungen zu behandeln (§ 4 Abs. II der VO. vom 30. September 1922, Ziff. 34 der MinBek. vom 23. Juni 1923; vgl. auch die „Begründung" zum Entwurf des SchAG., Anm. 1 oben, drittletzter und vorletzter Absatz).

Diese Erleichterung in der Möglichkeit eine gerichtliche Ahndung von Schulversäumnissen herbeizuführen, darf jedoch anderseits die Schulbehörden nicht dazu verleiten, die Bedeutung des Verwaltungsstrafverfahrens bei der Bekämpfung des Schulversäumnisunwesens zu unterschätzen. Ganz abgesehen davon, daß das Verwaltungsstrafverfahren, wie bereits vorstehend bemerkt, schon nach § 1 der VO. vom 30. Sept. 1922 die Regel zu bilden hat, ist zu beachten, daß im Gerichtsverfahren Schulversäumnisfälle mit gelinderer Strafe bedacht, bei Jugendlichen (s. Anm. 12) überhaupt ohne Strafe belassen werden können, wo die Schulbehörde nach ihrer Kenntnis der Verhältnisse ein schärferes Zugreifen für notwendig halten muß; es ist insbesondere zu beachten, daß der zulässige Höchstbetrag von Geldstrafen beim Verwaltungsstrafverfahren überhaupt größer ist als beim Gerichtsverfahren (150 RM., bezw. 75 RM. bei Jugendlichen, im Gerichtsverfahren gegen 1000 RM., bezw. 500 RM. bei Jugendlichen, im Verwaltungsstrafverfahren — s. Anm. 8 Abs. 1 und Anm. 12 Abs. 2 oben und Anm. 20 unten!) Es wird deshalb, wenn nicht besondere Verhältnisse ein anderes Vorgehen erheischen, die Schulbehörde Antrag auf gerichtliche Strafverfolgung — auch beim Vorliegen der in § 4 Abs. I der VO. vom 30. September 1922 mit Ziff. 19 Abs. II und Ziff. 33 der Bek. vom 23. Juni 1923 („besonders schwere Fälle") angegebenen Voraussetzungen, denn der Strafantrag „kann" gestellt werden, es heißt nicht: „muß" gestellt werden — zweckmäßig nur dann stellen, wenn anzunehmen ist, daß das Gerichtsverfahren an sich auf den Schuldigen eine größere Wirkung ausübt als das Verwaltungsstrafverfahren vor der Schulpflegschaft, oder wenn eine Freiheitsstrafe angemessen erscheint (nur das Gericht kann eine Haftstrafe verhängen, nur eine vom Gericht ausgesprochene Geldstrafe kann im Uneinbringlichkeitsfalle in Haft umgewandelt werden) oder wenn die Schulpflegschaft in der Behandlung der Schulversäumnisse versagt.

Aus dem Vorgesagten ergibt sich aber auch, daß dann, wenn ein schuldhaftes Versagen der Schulpflegschaft vorliegt, diese von der Behandlung der Schulversäumnisse nicht einfach für alle Zukunft ausgeschaltet werden darf, sondern daß sie mit den Befugnissen, die nach § 26 des SchAG. mit Ziff. 48 I der VB. (Überwachung der Tätigkeit der Schulpflegschaften), Ziff. 7 und 25 der MinBek. vom 23. Juni 1923 (KMBl. S. 75, MABl. S. 56) — Aufsicht im Besonderen bezüglich der Behandlung der Schulversäumnisse — und nach § 17 des SchAG. (s. Anm. 5 hierzu) — Verhängung von Dienststrafen über Schulpflegschaftsmitglieder — den Schulbehörden zustehen, zum pflichtgemäßen Einschreiten bei strafbaren Schulversäumnissen gebracht werden muß.

18. Das Verwaltungsstrafverfahren spielt sich zunächst und regelmäßig vor den Schulpflegschaften ab (§ 1 der VO. vom 30. September 1922, Ziff. II, 9—27 der MinBek. vom 23. Juni 1923), bei öffentlichen Berufsfortbildungsschulen vor den in § 9 Abs. II—IV der VO. vom 22. Dezember 1913 (GVBl. S. 966, KMBl. S. 363) bezeichneten Schulbehörden (VO. vom 30. September 1922, § 7; Bek. vom 23. Juni 1923, Ziff. 37). Gegen Entscheidungen der Schulpflegschaften ist Beschwerde an die Bezirksschulbehörde, in unmittelbaren Städten an die Stadtschulbehörde, zulässig (§ 2 Abs. IV der VO. vom 30. September 1922; Ziff. 26 der

Bek. vom 23. Juni 1923*). Bei öffentlichen Berufsfortbildungsschulen geht die Beschwerde an die Schulvorstandschaft oder je nach der Einrichtung der Schule an das Bezirksamt, in unmittelbaren Städten an den Stadtrat (Ziff. 37 der Bek. vom 23. Juni 1923).

19. Als Gerichts-Strafe ist der Verweis bei Jugendlichen im Jugendgerichtsgesetze vom 16. Februar 1923 (s. Anm. 12 oben!) **nicht** vorgesehen. Im Verwaltungsstrafverfahren kann die Strafe des Verweises über Jugendliche ebenso wie über säumige Erziehungsberechtigte und ihnen gleichstehende Personen verhängt werden, wenn auch bei den Jugendlichen besonders sorgsam abzuwägen ist, ob diese Strafe genügt (Ziff. 19 Abs. II der Bek. vom 23. Juni 1923). Anderseits sind die Bestimmungen in § 2 und 3 des JGG. über Strafmündigkeit und Straffähigkeit Jugendlicher auch im Verwaltungsstrafverfahren entsprechend anzuwenden.

20. Geldstrafe bis zu 100 ℳ: Nunmehr 1000 Reichsmark, bei Jugendlichen in entsprechender Anwendung des JGG. vom 16. Februar 1923 (§ 9) die Hälfte = 500 Reichsmark. Vgl. zunächst die MinBek. vom 15. Dezember 1923 über die Behandlung der Schulversäumnisse (KMBl. S. 162, MABl. S. 83). Diese Bek. fußt auf dem Geldstrafengesetz vom 27. April 1923 in der Fassung nach Art. II der VO. vom 23. November 1923 (RGBl. I S. 1117). Das Geldstrafengesetz wie auch die VO. vom 23. November 1923 sind ersetzt durch die VO. über Vermögenssteuer und Bußen vom 6. Februar 1924 (RGBl. I S. 44). Der Mindestbetrag von einer Goldmark und der Höchstbetrag von eintausend Goldmark bei Geldstrafen wie hier sind jedoch nach Art. II, V und VIII der VO. vom 6. Februar 1924 geblieben.

Zufolge des § 19 des Münzgesetzes vom 30. August 1924 (RGBl. II S. 254), der 1. VO. zur Durchführung des Münzgesetzes vom 10. Oktober 1924 und der 2. VO. über das Inkrafttreten der Gesetze zur Durchführung des Sachverständigen-Gutachtens vom 10. Oktober 1924 (RGBl. II S. 383), des § 1 Abs. 2 Satz 2 der VO. über Goldbilanzen vom 28. Dezember 1923 (RGBl. I S. 1253) und der Zweiten Verordnung zur Durchführung des Münzgesetzes vom 12. Dezember 1924 (RGBl. I S. 775), § 2 und 4, ist an Stelle von „Goldmark" „Reichsmark" zu setzen.

---

*) Ziff. 26 verweist bezüglich der Kosten des Verfahrens auf die MinBek. vom 21. August 1920 (KMBl. S. 369). An die Stelle des dort genannten Kostengesetzes vom 21. August 1914 (GVBl. S. 439) ist das Kostengesetz vom 16. Februar 1921 (GVBl. S. 134) getreten. Statt Art. 155 und 153 des Kostengesetzes hat es in der Bek. zu heißen: Art. 145 und 143. Nach dem Gesetze zur Änderung des Kostengesetzes vom 18. März 1922 (GVBl. S. 209) ist in Art. 143 Abs. I Ziff. 3 an Stelle der Worte „10 bis 1000 Mark" „10 bis 10000 Mark", in Abs. III an Stelle von „2000 Mark" „20 000 Mark" zu setzen. Derzeit richtet sich der Gebührenansatz nach den Bestimmungen in der MinBek. vom 4. Januar 1924 zum Kostengesetze vom $\frac{\text{16. Februar 1921}}{\text{18. März 1922}}$ und zum Stempelgesetze vom 15. Februar 1921 (GVBl. 1924 S. 7). S. insbes. Ziff. 2 (Mindestsätze der Gebühren der Art. 48 und 143 Abs. I Ziff. 2 bis 4 Kostengesetzes auf 2 Mark, des Art. 143 Abs. I Ziff. 1 auf 1 Mark ermäßigt) und Ziff. 8 (Möglichkeit der Ermäßigung der Gebühren und Stempel auf ein Zehntel der Beträge). Die Ansetzung der Kosten und Gebühren erfolgt in „Reichsmark" (vgl. Anm. 20 unten!).

Durch die vorstehenden Bestimmungen ist auch der in Ziff. 18 Abs. 2 Schlußsatz der Bek. vom 23. Juni 1923 angegebene Höchstbetrag von 5000 Mark (Inflationszeit!) überholt. Mehr wie 1000 Reichsmark (bei Jugendlichen 500 Reichsmark) darf für den einzelnen Versäumnisfall nicht erkannt werden.

21. „Jeder versäumte Halbtag oder Teil eines solchen gilt als ein Schulversäumnis" (Bek. vom 23. Juni 1923, Ziff. 9, Abs. I, Satz 2). „Für jedes schuldhafte Versäumnis (Ziff. 9 Abs. I Satz 2) kann die im Gesetze vorgesehene Strafe gesondert verhängt werden" (Bek. vom 23. Juni 1923, Ziff. 18, Abs. I). Werden mehrere schuldhafte Versäumnisse einer Person gleichzeitig abgewandelt, so sind daher die etwa für den einzelnen Halbtag oder Teil eines Halbtages angesetzten Geldstrafen zusammenzuzählen.

Die Bestimmungen des Reichsstrafgesetzbuches über Verjährung — vgl. Anm. 6 Abs. III oben! — sind auch im Verwaltungsstrafverfahren entsprechend anzuwenden. Versäumnisfälle, die mehr wie drei Monate zurückliegen, bevor die Verjährung dadurch unterbrochen wurde, daß der Vorsitzende der Schulpflegschaft — bei öffentlichen Berufsfortbildungsschulen die betreffende Schulbehörde — durch eine Amtshandlung zur Einleitung des Verwaltungsstrafverfahrens schritt (s. Ziff. 11 Abs. II ff., Ziff. 30 und 37 der Bek. vom 23. Juni 1923), sind nicht mit Strafe zu belegen. Werden die Schulversäumnisse nach der Vorschrift in Ziff. 12 a. a. O. ordnungsgemäß im Laufe der ersten Hälfte des auf den Versäumnisfall folgenden Monats abgewandelt, kann Verjährung nicht in Mitte treten.

22. Wenn an strafbaren Schulversäumnissen sowohl die Erziehungsberechtigten oder ihnen gleichstehende Personen wie auch strafmündige Fortbildungsschulpflichtige schuld sind, ist gegen sie sämtlich im Verwaltungsstrafverfahren vorzugehen. Die Bestrafung der Erziehungsberechtigten oder der ihnen gleichgestellten Personen schließt die gleichzeitige Bestrafung von Fortbildungsschulpflichtigen — und umgekehrt — wegen der gleichen Versäumnisse nicht aus. Es muß jedoch auf beiden Seiten eigenes Verschulden vorliegen.

S. ferner auch Ziff. 5 und 6 der Bek. vom 23. Juni 1923, wonach unabhängig von der Strafverfolgung im Verwaltungs- oder gerichtlichen Strafverfahren gegen säumige Schulpflichtige auch mit den Mitteln der Schulzucht und in geeigneten Fällen mit sonstigen Erziehungsmaßnahmen vorzugehen ist.

23. Das Verwaltungsstrafverfahren ist auch zulässig bei säumigen Schülern, deren Schulpflicht gemäß § 6 der Verordnung vom 30. Sept. 1922 (GVBl. S. 618) über 10 Jahre hinaus verlängert wurde, nicht dagegen bei solchen, die über 10 Schulpflichtjahre hinaus zufolge statutarischer Verpflichtung gemäß § 120 Abs. III und IV der Reichsgewerbeordnung eine gewerbliche Fortbildungsschule zu besuchen haben (Ziff. 38 der MinBek. vom 23. Juni 1923, KMBl. S. 75, MABl. S. 56). Hier ist nur gerichtliche Strafverfolgung, bei Jugendlichen nach den Bestimmungen des Jugendgerichtsgesetzes (Anm. 12 oben!) möglich. Der Strafrahmen erstreckt sich — weil es sich um „Übertretungen" im Sinne des RStGB. handelt — gemäß § 150 Abs. I Ziff. 4 der Reichsgewerbeordnung und der an die Stelle des Geldstrafengesetzes vom 27. April 1923 getretenen VO. über Vermögensstrafen und Bußen vom 6. Februar 1924 (RGBl. I S. 44) von 1 bis 150 (bei Jugendlichen 75) Goldmark, nun Reichsmark, im Uneinbringlichkeitsfalle Haft von 1 Tag bis zu 6, bezw. 3 Wochen (s. § 27 Abs. II Ziff. 2 des RStGB. in der Fassung der VO.

vom 6. Februar 1924 mit Art. V und VIII dieser VO. und Zweite VO. zur Durchführung des Münzgesetzes, RGBl. I S. 775, § 2).

§ 34.

Art. 100 des Volksschullehrergesetzes vom 14. August 1919 wird aufgehoben [1]).

1. „Art. 100 des Volksschullehrergesetzes bestimmt:

„„Die Aufsicht über das Volksschulwesen und die Volksschullehrer wird durch Gesetz geregelt. Bis zum Erlaß eines allgemeinen Gesetzes über das Volksschulwesen gelten die durch Verordnung getroffenen Bestimmungen.““

Diese Vorschriften werden durch das vorliegende Gesetz gegenstandslos.“ (Begr.)

VIII. Abschnitt.

Inkrafttreten und Vollzug.

§ 35.

I Dieses Gesetz tritt am 1. Oktober 1922 [1]) in Kraft. Das Gesetz wird als dringend [2]) bezeichnet.

II Maßnahmen, die zur Durchführung erforderlich sind, können nach den Vorschriften des Gesetzes schon vorher getroffen werden [3]).

1. Im Entwurf war der 1. Januar 1923 vorgesehen gewesen.

2. S. § 77 Abs. I Ziff. 6 der Verfassungsurkunde des Freistaates Bayern vom 14. August 1919 (GVBl. S. 531). Die vom Landtag als „dringend“ bezeichneten Gesetze gehören zu den Gesetzen, die von der Volksentscheidung (§ 76 III der Verf.) ausgenommen sind.

3. Die Übergangsbestimmungen der MinBek. vom 29. September 1922, Vollzug des Gesetzes über Schulpflege, Schulleitung und Schulaufsicht an den Volksschulen betr. (KMBl. S. 159) haben mit der Durchführung der Vollzugsvorschriften vom 16. August 1923 (KMBl. S. 91) ihre Geltung verloren.

§ 36.

Das zuständige Staatsministerium [1]) erläßt die näheren Vorschriften zum Vollzuge dieses Gesetzes [2]).

München, den 1. August 1922.

Im Namen des Landtags:
Königbauer, Präsident.

Das Gesamtministerium:
Graf v. Lerchenfeld. Gürtner.
Dr. **Schweyer.** Dr. **Matt.**
Dr. **Krausneck. Oswald. Wutzlhofer.**
I. V. Dr. **v. Meinel.**

1. Staatsmin. für Unterricht und Kultus (s. VO. vom 16. März 1849, die oberste Leitung der Kirchen- und Schulangelegenheiten betr., RBl. S. 249, Döll. 21 S. 175, Weber 4 S. 27 mit VO. vom 27. Februar 1847,

GVBl. S. 169, Döll. 21 S. 168, Weber 3 S. 659 und MinBek. vom 11. November 1918, KMBl. S. 322).

2. a) Übergangsbestimmungen: MinBek. vom 29. September 1922, Vollzug des Gesetzes über Schulpflege, Schulleitung und Schulaufsicht an den Volksschulen betr. (KMBl. S. 159).

b) Nunmehr maßgebend: MinBek. vom 16. August 1923 zum Vollzuge des Gesetzes über Schulpflege, Schulleitung und Schulaufsicht an den Volksschulen vom 1. August 1923 (Schulaufsichtsgesetz) — KMBl. S. 91. Die einzelnen Bestimmungen der Bek. sind vorstehend im Anschlusse an die einschlägigen Paragraphen des Gesetzes abgedruckt. Nachstehend folgt die den Vollzugsvorschriften als „Anlage" beigefügte Wahlordnung.

Vollzugsvorschriften.

Anlage.

Wahlordnung.

A. Schulpflegschaft.

1. Wahl der Elternvertreter.

1. I *Zur Vornahme der Wahl der Elternvertreter und ihrer Ersatzpersonen in die Schulpflegschaft wird vom Gemeinderat oder Stadtrat für jede Schule, für die eine Schulpflegschaft gebildet wird, oder für die Schulen, für die gemäß § 3 des SchAG. eine gemeinschaftliche Schulpflegschaft gebildet werden soll, eine Versammlung der beteiligten Erziehungsberechtigten durch ortsübliche Bekanntmachung einberufen. Die Bekanntgabe der Wahl hat wenigstens acht Tage vorher zu erfolgen. Die Leitung der Wahl obliegt dem Vorsitzenden der Schulpflegschaft oder seinem Stellvertreter (§ 9 des SchAG.). Zur Wahlversammlung haben nur solche Personen Zutritt, die sich als „beteiligte Erziehungsberechtigte" im Sinne der Ziff. 7 Abs. II der Bekanntmachung zum Vollzuge des SchAG. ausweisen können. Der Wahlleiter ist befugt, die Berechtigung zur Anwesenheit und zur Wahl auf Grund des Verzeichnisses der „beteiligten Erziehungsberechtigten" feststellen zu lassen.*

II *Die Wahlversammlung benennt aus ihrer Mitte einen Schriftführer und einen Beisitzer. Wahlleiter, Schriftführer und Beisitzer bilden zusammen den Wahlausschuß. Der Schriftführer hat eine Niederschrift über die Wahlhandlung anzufertigen, die von den Mitgliedern des Wahlausschusses zu unterzeichnen ist. Der Wahlleiter gibt vor Beginn der Wahlhandlung die einschlägigen Bestimmungen der Wahlordnung sowie die Bestimmungen in Ziff. 7 Abs. II sowie Ziff. 14 und 15 der Bekanntmachung zum Vollzuge des SchAG. über die wählbaren Personen bekannt.*

III *Die Wahl kann entweder mündlich oder schriftlich nach dem Grundsatze der Höchststimmenzahl oder der Verhältniswahl vorgenommen werden. Sie ist mündlich zu vollziehen, wenn von der Versammlung nicht eine schriftliche Wahl beantragt und beschlossen wird. Die schriftliche Wahl hat nach dem Grundsatze der Verhältniswahl zu erfolgen, wenn dies von der Versammlung beantragt und der Antrag von einem Drittel der Anwesenden unterstützt wird. Schriftliche Wahl nach dem Grundsatze der Höchststimmenzahl ist erforderlich, wenn die mündliche Wahl zu keinem Ergebnisse geführt hat oder wenn sie von einem Drittel der Anwesenden verlangt und die Verhältniswahl entweder nicht beantragt oder nicht beschlossen worden ist.*

2. Bei der mündlichen Wahl sind zuerst die Mitglieder, sodann die Ersatzpersonen zu wählen. Die Benennung der zu wählenden Personen hat auf Veranlassung des Wahlleiters aus der Mitte der Anwesenden durch Zuruf zu erfolgen. Über jede vorgeschlagene Person wird sofort abgestimmt. Sie ist dann gewählt, wenn mehr als die Hälfte der Abstimmenden sich für sie entschieden hat. In zweifelhaften Fällen ist die Zahl der dafür und dagegen Stimmenden durch Abzählen festzustellen.

3. I Bei der schriftlichen Wahl nach dem Grundsatze der Höchststimmenzahl sind Mitglieder und Ersatzpersonen in einem Wahlgange zu wählen. Zur Abstimmung dienen gleiche Stimmzettel, die der Wahlleiter bereitzuhalten hat. Auf die Stimmzettel sind die Namen der zu Wählenden ohne Ausscheidung nach Mitgliedern und Ersatzpersonen zu schreiben. Es dürfen nicht mehr Namen aufgenommen werden, als Mitglieder und Ersatzpersonen zusammen zu wählen sind. Stimmzettel, die diesen Bestimmungen nicht entsprechen, sind ungültig.

II Die Stimmzettel werden so zusammengefaltet, daß die Namen verdeckt sind, und vom Schriftführer eingesammelt. Alsdann wird die Zahl der für jede einzelne Person abgegebenen gültigen Stimmen festgelegt. Als Mitglieder sind gewählt diejenigen Personen, welche die meisten Stimmen erhalten haben, als Ersatzpersonen die Personen mit den nächsthöchsten Stimmenzahlen. Die Reihenfolge der gewählten Ersatzpersonen richtet sich nach der Höhe der Stimmenzahl. Bei Stimmengleichheit entscheidet das Los. Wenn ein Gewählter die Wahl nicht annimmt, rückt die Person mit der nächsthöchsten Stimmenzahl in die Reihe der Gewählten ein.

4. I Bei der schriftlichen Wahl nach dem Grundsatze der Verhältniswahl hat auf Grund eines sofort zu fassenden Beschlusses die Wahlhandlung entweder nach einer kurzen Unterbrechung der Versammlung oder innerhalb der nächsten acht Tage auf einer neuen Wahlversammlung zu erfolgen. Der Wahlleiter fordert die versammelten Wahlberechtigten auf, Wahlvorschläge einzureichen, und gibt die nachstehenden Bestimmungen in Abs. II und III über die Wahlvorschläge und Stimmzettel bekannt.

II Jeder Wahlvorschlag muß wenigstens von drei Wahlberechtigten eigenhändig unterschrieben sein. Die Namen der Vorgeschlagenen sind in deutlich erkennbarer Reihenfolge aufzuführen. Es dürfen nicht mehr Namen aufgenommen werden als Mitglieder und Ersatzpersonen zusammen zu wählen sind. Der Wahlleiter bezeichnet die Vorschläge in der Reihenfolge ihres Einlaufes mit den Buchstaben A, B, C u. s. w. Der Wahlausschuß prüft die Wahlvorschläge und streicht die Namen der nicht wählbaren oder überzählig Vorgeschlagenen. Personen, die in mehr als einem Wahlvorschlag aufgeführt sind, haben sich auf Veranlassung des Wahlleiters für einen Wahlvorschlag zu entscheiden. Auf den übrigen Vorschlägen wird ihr Name dann gestrichen. Ist dem Wahlausschusse bis zur Vornahme der Wahlhandlung keine Entscheidung bekannt gegeben worden, so ist der Name auf allen Wahlvorschlägen zu streichen.

III Die Wahlvorschläge sind vor der Wahlhandlung den Wahlberechtigten durch den Wahlleiter bekannt zu geben. Gewählt wird durch die Abgabe von Stimmzetteln, auf denen entweder der Buchstabe des Wahlvorschlags oder ein Name oder alle Namen der Vorgeschlagenen aufgezeichnet sind. Stimmzettel, aus denen die Bezeichnung des Wahl-

vorschlags nicht unzweifelhaft zu erkennen ist, oder die Namen aus verschiedenen Wahlvorschlägen enthalten, sind ungültig. Der Stimmzettel ist von dem Wähler zusammengefaltet dem Wahlleiter zu übergeben. Der Schriftführer merkt hierbei die Wähler in dem Verzeichnisse der „beteiligten Erziehungsberechtigten" nach Ziff. 7 Abs. II der Bekanntmachung zum Vollzuge des SchAG. vor.

IV *Nach Schluß der Stimmabgabe wird die Zahl der für jeden Wahlvorschlag abgegebenen gültigen Stimmen festgestellt. Zur Ermittlung der auf jeden Wahlvorschlag fallenden Mitglieder und Ersatzpersonen werden die auf jeden Wahlvorschlag entfallenden Stimmenzahlen der Reihe nach durch 1, 2, 3 u.s.w., solange geteilt, bis sich soviele Höchstzahlen ergeben, als Mitglieder zu wählen sind. Wenn sich am Schlusse die gleiche Höchstzahl für zwei oder mehr Wahlvorschläge ergibt, so ist durch das Los festzustellen, welche Wahlvorschläge zum Zuge kommen sollen. Auf jeden Wahlvorschlag entfallen ebensoviele Ersatzpersonen, als gewählte Mitglieder auf ihn treffen, und zwar gelten als solche die unmittelbar nach den gewählten Mitgliedern aufgeführten Personen.*

V *Die Gewählten haben dem Wahlleiter zu erklären, ob sie die Wahl annehmen wollen.*

5. I *In der Niederschrift sind die Namen der Gewählten unter Ausscheidung als Mitglieder und Ersatzpersonen in der Reihenfolge des Wahlergebnisses aufzuführen. Wurde die Wahl nach den Grundsätzen der Verhältniswahl vorgenommen, so sind die Mitglieder und Ersatzpersonen auch nach den einzelnen Wahlvorschlägen auszuscheiden. Die Ersatzpersonen rücken gegebenenfalls innerhalb der Wahlvorschläge in dieser Reihenfolge in die Schulpflegschaft ein.*

II *Das Wahlergebnis ist alsbald den Wahlberechtigten bekannt zu geben. Der Wahlleiter berichtet darüber in den unmittelbaren Städten dem ersten Bürgermeister, falls dieser nicht selbst Wahlleiter ist, in den sonstigen Gemeinden der Bezirksschulbehörde und dem ersten Bürgermeister, soferne dieser nicht selbst Wahlleiter ist.*

2. Wahl der Lehrervertreter.

6. I *Die Wahl der Lehrervertreter in die Schulpflegschaft wird in einer Versammlung der wahlberechtigten Lehrpersonen der Schule, für welche die Schulpflegschaft gebildet wird, oder einer gemeinschaftlichen Versammlung der wahlberechtigten Lehrpersonen der Schulen, für die gemäß § 3 des Schulaufsichtsgesetzes eine gemeinschaftliche Schulpflegschaft gebildet werden soll, vorgenommen. Wahlleiter ist der Schulleiter, bei mehreren Schulleitern der dienstälteste Schulleiter. Er hat die Wahlberechtigten (auch die an der Schule wahlberechtigten Volksschulfachlehrer) unter Bekanntgabe der Tagesordnung in der üblichen Weise zur Sitzung einzuladen.*

II *Für die Wahlhandlung und die Feststellung des Wahlergebnisses gelten die Bestimmungen in Ziff. 1 Abs. II und III und Ziff. 2 mit 5 dieser Wahlordnung entsprechend.*

B. Stadtschulpflegschaft.

1. Wahl der Elternvertreter.

7. I *Wahlberechtigt und wählbar sind die als Mitglieder gewählten Elternvertreter der einzelnen Schulpflegschaften. Die Festsetzung und Leitung der Wahl obliegt dem ersten Bürgermeister oder seinem Stell-*

vertreter in der Stadtschulbehörde. Die Elternvertreter sind zur Wahlversammlung in der ortsüblichen Weise einzuladen. Im übrigen gelten für die Wahl die Bestimmungen in Ziff. 1 Abs. II und III und Ziff. 2 mit 5 dieser Wahlordnung.

2. Wahl eines Vertreters der Schulleiter.

8. Die Festsetzung und Leitung der Wahl obliegt dem Bezirksschulrate, der gemäß § 23 Abs. II oder gemäß § 27 Abs. 1 des SchAG. Mitglied der Stadtschulbehörde ist, oder seinem Stellvertreter. Er hat sämtliche Schulleiter der Stadt schriftlich gegen Unterschrift zur Wahlhandlung einzuladen. Für diese gelten die Bestimmungen in Ziff. 1 Abs. II und III, Ziff. 2 und 3, Ziff. 4 Abs. V und Ziff. 5 dieser Wahlordnung.

3. Wahl der Lehrervertreter.

9. I Der Wahltag wird von der Stadtschulbehörde nach Benehmen mit dem Stadtlehrerrate festgesetzt. Gleichzeitig werden die Wahlberechtigten aufgefordert, Wahlvorschläge bei der Stadtschulbehörde einzureichen. Dabei ist auf die einschlägigen Bestimmungen der Wahlordnung hinzuweisen.

II Jeder Wahlvorschlag muß wenigstens von einem Mitgliede des Stadtlehrerrates und zwei weiteren zur Stadtschulpflegschaft wählbaren Lehrpersonen eigenhändig unterschrieben sein. Im übrigen gelten für die Wahlvorschläge die Bestimmungen in Ziff. 4 Abs. II dieser Wahlordnung entsprechend.

III Wahlleiter ist der Bezirksschulrat, der gemäß § 23 Abs. II oder gemäß § 27 Abs. I des SchAG. Mitglied der Stadtschulbehörde ist, oder sein Stellvertreter. Er bildet mit dem Vorsitzenden und dem Schriftführer des Stadtlehrerrates den Wahlausschuß. Gemeinsam mit dem Vorsitzenden des Stadtlehrerrates hat er die Wahlberechtigten zur Vornahme der Abstimmung in der üblichen Weise einzuladen. Über die Wahlhandlung ist eine Niederschrift anzufertigen und von den Mitgliedern des Wahlausschusses zu unterzeichnen. Im übrigen gelten die Bestimmungen in Ziff. 4 Abs. III mit V und Ziff. 5 dieser Wahlordnung entsprechend.

IV Wenn in einer unmittelbaren Stadt ein Stadtlehrerrat nicht besteht, so übernimmt dessen Aufgabe bei der Wahl der Lehrervertreter in die Stadtschulpflegschaft die Berufsvertretung der Lehrerschaft gemäß Ziff. 53 Abs. II der Bekanntmachung zum Vollzuge des SchAG.

C. Schlußbestimmungen.

10. I Beim Vorliegen von Verstößen gegen die Wahlordnung kann von den Wahlberechtigten innerhalb acht Tagen vom Wahltag an gerechnet gegen die Wahl Einspruch erhoben werden. Dabei ist der Nachweis zu erbringen, daß die Wahl bei ordnungsmäßigem Verlaufe zu einem anderen Ergebnisse geführt hätte.

II Zuständig für das Einspruchsverfahren ist bei den Wahlen zu den Schulpflegschaften die Bezirksverwaltungsbehörde (Bezirksamt oder Stadtrat), bei den Wahlen zur Stadtschulpflegschaft die Regierung, Kammer des Innern. Die Entscheidungen dieser Behörden sind endgültig.

III Die zuständige Behörde kann gegebenenfalls das Ergebnis der angefochtenen Wahl berichtigen oder, wenn erforderlich, eine Neuwahl anordnen.

IV Die Wahlakten sind bis nach Ablauf der Einspruchsfrist vom Gemeinderat oder Stadtrat aufzubewahren.

Beispiele zur Ermittlung des Wahlergebnisses nach dem Grundsatze der Verhältniswahl.

1.

Bei einer Wahl der Elternvertreter für die Schulpflegschaft waren 3 Mitglieder und 3 Ersatzpersonen nach dem Grundsatze der Verhältniswahl zu wählen. Im ganzen wurden 447 gültige Stimmen abgegeben; davon treffen auf den Wahlvorschlag A 219, auf den Wahlvorschlag B 150 und auf den Wahlvorschlag C 78 Stimmen. Durch die Teilung durch 1, 2 und 3 ergeben sich folgende Höchstzahlen:

Wahlvorschlag

	A mit 219 Stimmen:	*B mit 150 Stimmen:*	*C mit 78 Stimmen:*
Teilung durch 1:	*= 219 (Mitgl.)*	*150 (Mitgl.)*	*78*
" " 2:	*= $109\frac{1}{2}$ "*	*75*	
" " 3:	*= 73*	*50*	

Es treffen also auf die Höchstzahl 219, 150 und $109\frac{1}{2}$ je ein Mitglied und das Ergebnis der Wahl ist folgendes:

Wahlvorschlag A: 2 Mitglieder und somit auch 2 Ersatzpersonen
Wahlvorschlag B: 1 Mitglied und somit auch 1 Ersatzperson

zusammen: 3 Mitglieder und 3 Ersatzpersonen.

Gewählt sind vom Wahlvorschlag A die an erster und zweiter Stelle vorgeschlagenen Personen als Mitglieder, die an dritter und vierter Stelle vorgeschlagenen Personen als Ersatzpersonen, vom Wahlvorschlag B die an erster Stelle vorgeschlagene Person als Mitglied, die an zweiter Stelle vorgeschlagene Person als Ersatzperson. Scheidet ein Mitglied des Wahlvorschlags A aus der Schulpflegschaft aus, so rückt zunächst die an dritter Stelle vorgeschlagene Person dieses Wahlvorschlags in die Schulpflegschaft ein.

2.

Der Stadtlehrerrat hat 4 Mitglieder und 4 Ersatzpersonen zu wählen. Es sind 11 gültige Stimmen abgegeben worden. Davon treffen auf den Wahlvorschlag A 4, auf den Wahlvorschlag B 4 und auf den Wahlvorschlag C 3 Stimmen. Die Teilung durch 1 und 2 ergibt folgende Höchstzahlen:

Wahlvorschlag

	A mit 4 Stimmen:	*B mit 4 Stimmen:*	*C mit 3 Stimmen:*
Teilung durch 1:	*= 4 (Mitgl.)*	*4 (Mitgl.)*	*3 (Mitgl.)*
" " 2:	*= 2*	*2 (Mitgl. d. Los)*	*$1\frac{1}{2}$*

Für die Höchstzahl 2, die am Schluß auf die beiden Wahlvorschläge A und B trifft, muß durch das Los entschieden werden, auf welchen der beiden Wahlvorschläge das vierte Mitglied entfällt.

Wird angenommen, daß hierbei der Wahlvorschlag B zum Zuge kommt, dann ist das Ergebnis der Wahl folgendes:

Wahlvorschlag A: 1 Mitglied und somit auch 1 Ersatzperson
Wahlvorschlag B: 2 Mitglieder und somit auch 2 Ersatzpersonen
Wahlvorschlag C: 1 Mitglied und somit auch 1 Ersatzperson

zusammen: 4 Mitglieder und 4 Ersatzpersonen.

Gewählt sind demnach die an erster Stelle vorgeschlagenen Personen der Wahlvorschläge A und C als Mitglieder, die an zweiter Stelle vorgeschlagenen Personen dieser beiden Wahlvorschläge als Ersatzpersonen, ferner vom Wahlvorschlage B die an erster und zweiter Stelle vorgeschlagenen Personen als Mitglieder und die an dritter und vierter Stelle vorgeschlagenen Personen als Ersatzpersonen.

III. Anhang.

1. Auszug aus der Verfassung des Deutschen Reichs vom 11. August 1919 (RGBl. S. 1383).

Zweiter Hauptteil.

Grundrechte und Grundpflichten der Deutschen.

Vierter Abschnitt.

Bildung und Schule.

Art. 142. Die Kunst, die Wissenschaft und ihre Lehre sind frei. Der Staat gewährt ihnen Schutz und nimmt an ihrer Pflege teil.

Art. 143. Für die Bildung der Jugend ist durch öffentliche Anstalten zu sorgen. Bei ihrer Einrichtung wirken Reich, Länder und Gemeinden zusammen.

Die Lehrerbildung ist nach den Grundsätzen, die für die höhere Bildung allgemein gelten, für das Reich einheitlich zu regeln.

Die Lehrer an öffentlichen Schulen haben die Rechte und Pflichten der Staatsbeamten.

Art. 144. Das gesamte Schulwesen steht unter der Aufsicht des Staates; er kann die Gemeinden daran beteiligen. Die Schulaufsicht wird durch hauptamtlich tätige, fachmännisch vorgebildete Beamte ausgeübt.

Art. 145. Es besteht allgemeine Schulpflicht. Ihrer Erfüllung dient grundsätzlich die Volksschule mit mindestens acht Schuljahren und die anschließende Fortbildungsschule bis zum vollendeten achtzehnten Lebensjahre. Der Unterricht und die Lernmittel in den Volksschulen und Fortbildungsschulen sind unentgeltlich.

Art. 146. Das öffentliche Schulwesen ist organisch auszugestalten. Auf einer für alle gemeinsamen Grundschule baut sich das mittlere und höhere Schulwesen auf. Für diesen Aufbau ist die Mannigfaltigkeit der Lebensberufe, für die Aufnahme eines Kindes in eine bestimmte Schule sind seine Anlage und Neigung, nicht die wirtschaftliche und gesellschaftliche Stellung oder das Religionsbekenntnis seiner Eltern maßgebend.

Innerhalb der Gemeinden sind indes auf Antrag von Erziehungsberechtigten Volksschulen ihres Bekenntnisses oder ihrer Weltanschauung einzurichten, soweit hierdurch ein geordneter Schulbetrieb, auch im Sinne des Abs. 1, nicht beeinträchtigt wird. Der Wille der Erziehungsberechtigten ist möglichst zu berücksichtigen. Das Nähere bestimmt die Landesgesetzgebung nach den Grundsätzen eines Reichsgesetzes.

Für den Zugang Minderbemittelter zu den mittleren und höheren Schulen sind durch Reich, Länder und Gemeinden öffentliche Mittel bereitzustellen, insbesondere Erziehungsbeihilfen für die Eltern von Kindern, die zur Ausbildung auf mittleren und höheren Schulen für geeignet erachtet werden, bis zur Beendigung der Ausbildung.

Art. 147. Private Schulen als Ersatz für öffentliche Schulen bedürfen der Genehmigung des Staates und unterstehen den Landesgesetzen. Die Genehmigung ist zu erteilen, wenn die Privatschulen in ihren Lehrzielen und Einrichtungen sowie in der wissenschaftlichen Ausbildung ihrer Lehrkräfte nicht hinter den öffentlichen Schulen zurückstehen und eine Sonderung der Schüler nach den Besitzverhältnissen der Eltern nicht gefördert wird. Die Genehmigung ist zu versagen, wenn die wirtschaftliche und rechtliche Stellung der Lehrkräfte nicht genügend gesichert ist.

Private Volksschulen sind nur zuzulassen, wenn für eine Minderheit von Erziehungsberechtigten, deren Wille nach Art. 146 Abs. 2 zu berücksichtigen ist, eine öffentliche Volksschule ihres Bekenntnisses oder ihrer Weltanschauung in der Gemeinde nicht besteht oder die Unterrichtsverwaltung ein besonderes pädagogisches Interesse anerkennt.

Private Vorschulen sind aufzuheben.

Für private Schulen, die nicht als Ersatz für öffentliche Schulen dienen, verbleibt es bei dem geltenden Recht.

Art. 148. In allen Schulen ist sittliche Bildung, staatsbürgerliche Gesinnung, persönliche und berufliche Tüchtigkeit im Geiste des deutschen Volkstums und der Völkerversöhnung zu erstreben.

Beim Unterricht in öffentlichen Schulen ist Bedacht zu nehmen, daß die Empfindungen Andersdenkender nicht verletzt werden.

Staatsbürgerkunde und Arbeitsunterricht sind Lehrfächer der Schulen. Jeder Schüler erhält bei Beendigung der Schulpflicht einen Abdruck der Verfassung.

Das Volksbildungswesen, einschließlich der Volkshochschulen, soll von Reich, Ländern und Gemeinden gefördert werden.

Art. 149. Der Religionsunterricht ist ordentliches Lehrfach der Schulen mit Ausnahme der bekenntnisfreien (weltlichen) Schulen. Seine Erteilung wird im Rahmen der Schulgesetzgebung geregelt. Der Religionsunterricht wird in Übereinstimmung mit den Grundsätzen der betreffenden Religionsgesellschaft unbeschadet des Aufsichtsrechts des Staates erteilt.

Die Erteilung religiösen Unterrichts und die Vornahme kirchlicher Verrichtungen bleibt der Willenserklärung der Lehrer, die Teilnahme an religiösen Unterrichtsfächern und an kirchlichen Feiern und Handlungen der Willenserklärung desjenigen überlassen, der über die religiöse Erziehung des Kindes zu bestimmen hat.

Die theologischen Fakultäten an den Hochschulen bleiben erhalten.

Art. 150. Die Denkmäler der Kunst, der Geschichte und der Natur sowie die Landschaft genießen den Schutz und die Pflege des Staates.

Es ist Sache des Reichs, die Abwanderung deutschen Kunstbesitzes in das Ausland zu verhüten.

---

2. Auszug aus der Verfassungsurkunde des Freistaates Bayern vom 14. August 1919 (GVBl. S. 531).

Zu den Vorschriften der Verfassung des Deutschen Reiches im Zweiten Hauptteile, Vierten Abschnitt, Artikeln 142 bis 149 wird bestimmt:

§ 20. Die Freiheit der Kunst, der Wissenschaft und ihrer Lehre wird gewährleistet und kann nur durch Gesetz und nur zur Wahrung der öffentlichen Ordnung, Sicherheit, Gesundheit oder Sittlichkeit beschränkt werden.

§ 21. [I] Die Regelung und Förderung des öffentlichen Erziehungs-, Unterrichts- und Bildungswesens sowie die Genehmigung und Beaufsichtigung der privaten Unterrichts- und Erziehungsanstalten sind Angelegenheiten des Staates. Die öffentlichen Volksschulen sind grundsätzlich Staatsanstalten.

[II] Die Erziehungsberechtigten und die Personen, denen Schulpflichtige durch besonderen Auftrag anvertraut sind, sind verpflichtet, diese während der Dauer der gesetzlichen Schulpflicht zum Schulbesuche anzuhalten.

---

3. Verordnung vom 29. Juli 1920, betreffend die Aufsicht über das Volksschulwesen an den Kreisregierungen (GVBl. S. 397).

Gemäß § 46 und § 61 Ziff. 6 der Verfassungsurkunde des Freistaates Bayern wird verordnet:

§ 1. Die Beaufsichtigung und Leitung des Volksschulwesens in den Kreisen kommt den Regierungen, Kammern des Innern, unter der Oberaufsicht des Staatsministeriums für Unterricht und Kultus zu.

§ 2. Zur Erfüllung dieser Aufgabe wird den Regierungen, Kammern des Innern, außer den juristischen Verwaltungsbeamten die erforderliche Anzahl von hauptamtlich tätigen, fachmännisch vorgebildeten, in der Regel dem Volksschullehrerstande zu entnehmenden Beamten beigegeben. (Art. 144 der Reichsverfassung.)

§ 3. Die zur Beaufsichtigung und Leitung des Volksschulwesens an den Kreisregierungen verwendeten fachmännisch vorgebildeten Beamten sind mit Wirkung vom 1. April 1920 etatmäßige Beamte des Staates im Sinne des Art. 2 des Beamtengesetzes. Ihr Dienstverhältnis wird nach einer etatmäßigen Dienstzeit von 3 Jahren unwiderruflich.

§ 4. Die fachmännisch vorgebildeten Schulaufsichtsbeamten führen in der Besoldungsgruppe X den Titel „Kreisschulrat", in der Besoldungsgruppe XI den Titel „Regierungsschulrat".

§ 5. Für die fachmännisch vorgebildeten Schulaufsichtsbeamten der Kreisregierungen gelten die für die Mitglieder der Regierung bestehenden allgemeinen Anordnungen und Vorschriften.

Sie führen ihr Referat selbständig und sind mit den juristischen Schulreferenten gleichberechtigt.

§ 6. Die Verteilung der Dienstgeschäfte an den Kreisregierungen auf dem Gebiete des Schulwesens zwischen den juristischen Verwaltungsbeamten und den fachmännisch vorgebildeten Beamten steht den Regierungspräsidenten zu, die dabei die Weisungen des Staatsministeriums für Unterricht und Kultus zu beachten haben.

§ 7. Die weiteren Anordnungen erläßt das Staatsministerium für Unterricht und Kultus.

§ 8. Die Verordnung tritt mit ihrer Verkündigung in Kraft.

---

4. Verordnung vom 26. August 1883, die Errichtung der Volksschulen und die Bildung der Schulsprengel betr.
(GVBl. S. 407, KMBl. S. 247).

Wir finden Uns bewogen, unter teilweiser Abänderung Unserer Verordnung vom 29. August 1873 über die Errichtung der Volksschulen und die Bildung der Schulsprengel zu bestimmen, wie folgt:

§ 1. Jede Gemeinde soll wenigstens eine Volksschule besitzen und mit ihrer Markung einen Schulsprengel bilden.

§ 2. Aus erheblichen Gründen, namentlich bei geringer Schülerzahl und geringer Leistungsfähigkeit einzelner Gemeinden kann gestattet werden, daß für mehrere Gemeinden eine Volksschule gemeinsam gehalten und aus den Markungen derselben ein Schulsprengel gebildet werde.

§ 3. Mit Rücksicht auf die Entfernung oder Beschwerlichkeit des Weges zur Gemeindeschule kann die Zuweisung von Bestandteilen einer Gemeindemarkung zum Schulsprengel einer Nachbargemeinde verfügt oder wenn sich dieses nicht ermöglichen läßt, für dieselben in Verbindung mit einer anderen Gemeinde oder Bestandteilen einer Gemeindemarkung, welche hiefür passend gelegen sind, die Errichtung einer neuen Schule und die Bildung eines neuen Schulsprengels angeordnet werden.

Bei Bildung neuer Schulsprengel ist neben den räumlichen Verhältnissen in erster Linie die Konfession der Schulpflichtigen entscheidend.

Befinden sich in einer Gemeinde oder einer Ortschaft, oder in mehreren im Umkreise einer Stunde gelegenen Gemeinden oder Ortschaften zusammen nach einem fünfjährigen Durchschnitt fünfundzwanzig oder mehr schulpflichtige Kinder, welche eine über eine Stunde entfernte Schule besuchen müssen, so können die betreffenden Gemeinden zur Errichtung einer neuen Schule angehalten werden.

(Art. 2 Abs. 4 des Gesetzes vom 10. November 1861, die Aufbringung des Bedarfes für die deutschen Schulen betreffend.) *)

§ 4. In größeren Gemeinden sind nach Maßgabe des Bedürfnisses mehrere Volksschulen zu errichten, und ist der Schulsprengel in eine der Anzahl der Schulen entsprechende Zahl von Schulbezirken räumlich abzuteilen.

§ 5. Der Sprengel, beziehentlich Bezirk einer Volksschule erstreckt sich auf alle innerhalb der Grenzen desselben wohnenden Familien ohne Unterschied des Glaubensbekenntnisses.

§ 6. Wenn jedoch in Gemeinden mit konfessionell gemischter Bevölkerung für die Angehörigen der verschiedenen Kirchengesellschaften gesonderte Volksschulen bestehen, erstrecken sich die Bezirke der einzelnen Schulen nur auf die innerhalb derselben wohnenden Familien derjenigen Kirchengesellschaft, für welche die betreffende Schule errichtet ist.

*) S. nunmehr die Art. 8 mit 10 a des Schulbedarfgesetzes vom 14. August 1919 (GVBl. S. 489) in der Fass. des Gesetzes vom 24. März 1920 (GVBl. S. 103) bezüglich Art. 10 und vom 1. August 1923 (GVBl. S. 337) bezügl. Art. 10 a.

§ 7. *) Die Volksschulen sind regelmäßig konfessionelle Schulen; ausnahmsweise können jedoch in außerordentlichen durch zwingende Verhältnisse bedingten Fällen konfessionell getrennte christliche Volksschulen einer Gemeinde auf Antrag der Gemeindebehörde in konfessionell gemischte Schulen umgewandelt werden.

Ein solcher Antrag erfordert in Gemeinden mit städtischer Verfassung die Zustimmung des Kollegiums der Gemeindebevollmächtigten, in Gemeinden mit Landgemeinde-Verfassung und in den Gemeinden der Pfalz die Zustimmung der Gemeindeversammlung in einem ordnungsmäßig gefaßten Beschlusse.

Diese Zustimmung muß jedoch in Gemeinden unter 20 000 Seelen mit einer Mehrheit von zwei Dritteilen der abgegebenen Stimmen erfolgen.

In Gemeinden mit einer größeren Einwohnerzahl ist eine Mehrheit von zwei Dritteilen der abgegebenen Stimmen erforderlich, wenn sich die Umwandlung auf nicht mehr als die Hälfte der bestehenden Konfessionalschulen, eine Mehrheit von drei Vierteilen aber, wenn sich die Umwandlung auf mehr als die Hälfte dieser Schulen erstrecken soll.

Vor Umwandlung konfessioneller Schulen in konfessionell gemischte Schulen ist jedesmal das Gutachten der kirchlichen Oberbehörden darüber zu erholen, ob der Erteilung zureichenden Religionsunterrichtes kein Hindernis im Wege steht; wo ein solches konstatiert ist, ist die Genehmigung zu versagen.

Die Umwandlung bleibt unter allen Umständen ausgeschlossen, wenn bei der einen oder der anderen konfessionellen Schule stiftungsmäßige Bestimmungen in Mitte liegen, welche im Sinne des § 9 Abs. 4 und des § 10 Titel IV der Verfassungsurkunde und der §§ 46 und 47 der Beilage II zur Verfassungsurkunde hindernd entgegenstehen.

§ 8. Unter denselben Voraussetzungen, unter welchen die Umwandlung von konfessionellen Volksschulen in konfessionell gemischte Schulen zulässig ist, kann auch die Umwandlung von gemischten Schulen in konfessionelle Schulen gestattet werden.

§ 9. Wenn eine Gemeinde mit konfessionell gemischter Bevölkerung eine neue Schule aus Gemeindemitteln errichtet, ohne daß ihr hiezu eine rechtliche Verpflichtung obliegt, so kann diese Schule auf den Antrag der Gemeindebehörde als gemischte Schule erklärt werden.

§ 10. Wo für die Angehörigen der verschiedenen Konfessionen nur eine oder mehrere gemeinsame Volksschulen bestehen, ist Vorsorge zu treffen, daß die Schulkinder den vorgeschriebenen Unterricht ihrer Religion, bezüglich dessen die verfassungsmäßigen Rechte und Zuständigkeiten der kirchlichen Behörden ausdrücklich gewahrt bleiben, gesondert erhalten.

§ 11. Ein Zwang zum Besuche einer konfessionell gemischten Schule darf insolange nicht eintreten, als der Besuch einer konfessionellen Schule möglich gemacht werden kann. Den Mitgliedern der einen oder der anderen Konfession, welche Bedenken tragen, ihre schulpflichtigen Kinder in die betreffende allgemeine

---

*) Die sog. Simultanschulverordnung des Staatsmin. f. Unterricht u. Kult. vom 1. August 1919 (GVBl. S. 391, KMBl. S. 112) brachte eine Abänderung der §§ 7 ff. Da aber nachmals strittig wurde, ob jene VO. dem bayerischen Verfassungsrechte und der Reichsverfassung entspricht, wurde der Vollzug derselben mit VO. des Gesamtministeriums vom 22. Juni 1920 (GVBl. S. 347, KMBl. S. 281) bis auf weiteres eingestellt. Die einschlägigen Verhältnisse werden im Reichsschulgesetze geregelt werden. Einstweilen ist in Bayern hiefür in ihren Grundzügen noch die VO. vom 26. August 1883 maßgebend.

Volksschule zu schicken, muß deshalb, insoferne nicht eine förmliche Umschulung ausführbar und vorzuziehen ist, unbeschadet der gesetzlichen Umlagenpflicht der Besuch einer benachbarten Volksschule ihrer Konfession dann gestattet werden, wenn die gesetzliche Vertretung dieser benachbarten Volksschule zustimmt und die Schulraumverhältnisse nicht absolut hindernd im Wege stehen. Ebenso darf, falls in einer Gemeinde eine Mehrzahl von Schulen sich befindet, ein Zwang für die Eltern, ihre Kinder einer konfessionell gemischten Schule zuzuweisen, nicht geübt werden. Auch bleibt es den beteiligten Eltern unbenommen, eine Schule ihrer Konfession für sich allein oder in Verbindung mit Konfessionsverwandten benachbarter Orte aus eigenen Mitteln zu gründen.

Die Schulen der letzteren Art sind in Bezug auf Dotation, Organisation, Besetzung und Leitung wie die öffentlichen Volksschulen zu behandeln.

§ 12. An Volksschulen für eine bestimmte Konfession dürfen nur Lehrer derselben Konfession angestellt werden.

An konfessionell gemischten Volksschulen mit nur einer Lehrstelle richtet sich die Konfession des anzustellenden Lehrers, wenn nichts anderes hergebracht ist, nach der Konfession der nach dem Durchschnitte der letzten zehn Jahre zu berechnenden Mehrheit der schulpflichtigen Kinder.

An konfessionell gemischten Schulen mit mehreren Lehrstellen ist darauf Rücksicht zu nehmen, daß von jeder beteiligten Konfession Lehrer in entsprechender Zahl zur Anstellung gelangen.

§ 13. In die Lokal- oder Stadtbezirks-Schulinspektion für gemischte Schulen in den Landesteilen diesseits des Rheins haben die Pfarrer der beteiligten christlichen Konfessionen, in deren Pfarrei die Schule gelegen ist, und wenn die Pfarrei mit mehreren Pfarrern besetzt ist, der von der Kreisverwaltungsstelle zu bezeichnende Pfarrer einzutreten.

Der Vorrang unter ihnen bemißt sich nach dem Dienstesalter.

Bei Auswahl der Abgeordneten der Gemeindeverwaltung für eine solche Schulinspektion ist darauf zu achten, daß jede beteiligte Konfession vertreten wird.

In Gemeinden der Pfalz mit konfessionell gemischten Schulen hat in die Ortsschulkommission von jeder beteiligten Konfession ein Mitglied des Gemeinderats einzutreten.

Die Funktionen des Lokalschulinspektors an gemischten Schulen werden in den Landesteilen diesseits des Rheins und in der Pfalz in der Regel von den der betreffenden Lokalschulbehörde angehörigen Pfarrern der verschiedenen christlichen Konfessionen gemeinsam verwaltet.

Auf Antrag der Gemeindebehörde kann jedoch die Funktion des Lokalschulinspektors einem fachmännisch gebildeten Laien übertragen werden, wenn der hiefür erforderliche Aufwand aus Gemeindemitteln zur Verfügung gestellt wird. Dieser Inspektor hat dann auch als Mitglied in die Lokalschulbehörde einzutreten.

Die distriktive Aufsicht über konfessionell gemischte Schulen ist in den der Kreisregierung unmittelbar untergeordneten Städten von der Lokalschulkommission, in den übrigen Orten des Königreichs gemeinsam von den einschlägigen Distrikts-Schulinspektoren der beteiligten Konfessionen zu führen.

§ 14. Die Beschlußfassung über die Errichtung neuer, die Aufhebung bestehender Volksschulen, die Bildung und Abänderung der Schulsprengel und Schulbezirke, sowie über alle hiebei zu ordnenden Verhältnisse steht der einschlägigen Kreisregierung, Kammer des Innern, zu. Gegen die Entscheidung der Regierung ist den Beteiligten, dann den kirchlichen Oberbehörden, insoweit ihr bei Errichtung konfessionell gemischter Schulen eingeholtes Gutachten unberücksichtigt geblieben ist, die Beschwerdeführung an das Staatsministerium des

Innern für Kirchen- und Schulangelegenheiten als zweite und letzte Instanz innerhalb einer unerstrecklichen Frist von vierzehn Tagen gestattet.

Bei Würdigung und Bescheidung der Anträge auf Umwandlung der konfessionellen Schulen in konfessionell gemischte Schulen ist übrigens mit der größten Umsicht zu verfahren und insbesondere ins Auge zu fassen, ob die Umwandlung im Hinblick auf die lokalen Verhältnisse wirklich als sachgemäß zu erachten ist und ob hiedurch das Unterrichts-Interesse gefördert wird.

§ 15. Gegenwärtige für alle Landesteile geltende Verordnung tritt mit dem Tage ihrer Verkündung in Wirksamkeit.

Gleichzeitig erlöschen alle mit derselben in Widerspruch stehenden früheren Vorschriften.

---

5. Verordnung vom 10. Mai 1905, die Gründung, Leitung und Beaufsichtigung von Erziehungsanstalten und Unterrichtsanstalten betr. (GVBl. S. 471, KMBl. S. 179).

Wir finden Uns bewogen, auf Grund des Artikels 59 des Polizeistrafgesetzbuches vom 26. Dezember 1871 bezüglich der Gründung, Leitung und Beaufsichtigung von Erziehungsanstalten und Unterrichtsanstalten zu verordnen, was folgt:

§ 1. Wer eine Erziehungsanstalt oder Unterrichtsanstalt gründen oder leiten will, bedarf hiezu der Genehmigung.

Als eine Unterrichtsanstalt im Sinne dieser Verordnung gilt jede Unterrichtsunternehmung, die nach ihrer Einrichtung und Ausgestaltung darauf berechnet ist, zum Zweck der Erreichung eines bestimmten Lehrzieles den Unterricht in einem schulmäßigen oder schulähnlichen Betriebe zu erteilen, gleichviel ob die Unternehmung für den Besuch von öffentlichen Unterrichtsanstalten einen Ersatz bieten will oder nicht.

Die Beschränkung des Besuches einer Anstalt auf die Mitglieder eines Vereins oder deren Angehörige oder auf sonstige bestimmte Gruppen von Personen befreit die Unternehmung nicht von der Genehmigungspflicht.

Erziehungsanstalten und Unterrichtsanstalten des Staates und der Kreisgemeinden, dann Anstalten, die von Gemeinden zum Zweck der Erfüllung einer gesetzlichen Verpflichtung errichtet werden, fallen nicht unter diese Verordnung.

Erziehungsanstalten und Unterrichtsanstalten, die auf Grund der Bestimmungen des Titels VI der Gewerbeordnung errichtet werden, unterliegen nicht der durch diese Verordnung festgesetzten Genehmigungspflicht. Die aufsichtlichen Befugnisse der obersten Unterrichtsverwaltung gegenüber solchen Anstalten bleiben unberührt.

§ 2. Zuständig zur Erteilung der gemäß § 1 erforderlichen Genehmigung sind

1. Das Staatsministerium des Innern für Kirchen- und Schulangelegenheiten
   a) bei Unterrichtsanstalten, welche einen Ersatz bieten wollen für den Besuch der staatlichen Hochschulen und Fachschulen mit Hochschulcharakter, der Gymnasien (humanistische und Real-Gymnasien), Progymnasien und Lateinschulen, der Industrieschulen und Realschulen, der den Realschulen gleichgestellten Landwirtschaftsschulen, der Kunstgewerbeschulen und der Hebammenschulen,
   b) bei Anstalten, welche die Heranbildung zum geistlichen Stande oder zum Volksschullehrer- und Volksschullehrerinnen-Berufe bezwecken;

2. die Kreisregierungen, Kammern des Innern,
   a) bei Musik- und Kunstschulen, bei kunstgewerblichen, landwirtschaftlichen, technischen und sonstigen Fachschulen, bei Handelsschulen, Baugewerkschulen, gewerblichen und kaufmännischen Fortbildungsschulen, soweit nicht Ziffer 1 einschlägt,
   b) bei Unterrichtsanstalten für Frauen und Mädchen mit einem über die Aufgabe des Elementarunterrichts hinausgehenden Lehrziele, soweit nicht Ziffer 1 einschlägt,
   c) bei Unterrichtsanstalten mit dem Lehrziele des Elementarunterrichts, welche Kindern im volksschulpflichtigen Alter einen Ersatz für den Besuch der öffentlichen Volksschulen bieten wollen,
   d) bei Anstalten für körperlich oder geistig nicht normale oder in der Entwickelung zurückgebliebene Kinder,
3. die Distriktsverwaltungsbehörden bei allen übrigen Erziehungsanstalten und Unterrichtsanstalten.

Die Zuständigkeit der Distriktsverwaltungsbehörden geht an die Kreisregierungen, Kammern des Innern, über, wenn genehmigungspflichtige Anstalten der unter Ziffer 3 fallenden Art durch Städte errichtet werden, die einer Kreisregierung unmittelbar untergeordnet sind.

§ 3. Ergeben sich hinsichtlich der Zuständigkeit zur Erteilung der Genehmigung bei einer einzelnen Anstalt Zweifel, so entscheidet die Stelle, welcher die höhere Zuständigkeit zukommt. Das Staatsministerium des Innern für Kirchen- und Schulangelegenheiten entscheidet in jedem Falle, wenn solche Zweifel bei einer Gattung von Anstalten entstehen.

Das Staatsministerium des Innern für Kirchen- und Schulangelegenheiten ist befugt, erforderlich werdende Ergänzungen der Zuständigkeitsausscheidung des § 2 durch Ministerialentschließung anzuordnen.

§ 4. Auf Wohltätigkeitsanstalten, die zugleich Erziehungsanstalten oder Unterrichtsanstalten sind (Waisenhäuser, Rettungshäuser, Kinderbewahranstalten u. dgl.), findet die gegenwärtige Verordnung gleichfalls Anwendung.

Die erforderliche besondere Genehmigung bleibt vorbehalten, wenn mit der Gründung oder Übernahme von Erziehungsanstalten oder Unterrichtsanstalten die Errichtung von Klöstern oder geistlichen Genossenschaften oder von Zweigniederlassungen derselben verbunden werden soll.

§ 5. Mit dem Gesuche um die Genehmigung zur Errichtung einer Erziehungsanstalt oder Unterrichtsanstalt sind diejenigen Nachweise, Belege und Erläuterungen (Gebäudepläne, Satzungen, dann eventuell Lehrpläne, Haus- und Disziplinarverordnungen, Lehrerverzeichnisse und Lehrmittelnachweisungen 2c.), welche nach Art und Umfang der Anstalt zur vollständigen Würdigung des Gesuches notwendig sind, vorzulegen, sowie alle sonst von der zuständigen Behörde noch für erforderlich erachteten Aufschlüsse zu geben.

§ 6. Der Bescheidung der Gesuche um die Genehmigung zur Errichtung einer Erziehungsanstalt oder Unterrichtsanstalt hat eine erschöpfende Instruktion durch die zuständige Behörde vorangzugehen, wobei auch die nach Lage der Sache beteiligten anderen Behörden, dann die einschlägigen sachverständigen Organe einzuvernehmen sind.

§ 7. Die Genehmigung kann versagt werden, wenn dem Bedürfnisse innerhalb eines hiebei in Betracht kommenden Umkreises durch eine oder mehrere bestehende Anstalten der betreffenden Art bereits genügt und eine weitere Mehrung dieser Anstalten im allgemeinen Interesse nicht wünschenswert ist.

§ 8. Begründer und Inhaber, dann Leiter, Lehrer, Aufsichtsorgane und Bedienstete einer Erziehungsanstalt oder Unterrichtsanstalt können nur Personen sein, deren vollkommene sittliche und bürgerliche Unbescholtenheit keinem gerechtfertigten Bedenken unterliegt.

Außerdem haben nachzuweisen, die Begründer und übernehmer den Besitz der erforderlichen Mittel, die Leiter eine der Aufgabe und dem Umfange der Anstalt entsprechende theoretische und praktische Berufsbildung, die Lehrer für solche Unterrichtsfächer, für welche vom Staate Prüfungen eingerichtet sind, das Bestehen der einschlägigen Prüfungen, die übrigen Lehrer eine für ihre Aufgabe angemessene Lehrbefähigung.

Der Entscheidung des Staatsministeriums des Innern für Kirchen- und Schulangelegenheiten bleibt vorbehalten, ob und wie lange für einzelne Gattungen von Anstalten, für einzelne Lehrfächer oder für einzelne Lehrkräfte der nach Absatz 2 erforderliche Nachweis des Bestehens einer staatlichen Prüfung erlassen werden kann.

Die Inhaber und Leiter der Erziehungsanstalten und Unterrichtsanstalten sind für das Verhalten der Lehrer, Aufsichtspersonen und Bediensteten der Anstalten der Aufsichtsbehörde gegenüber verantwortlich.

§ 9. Bei Genehmigung einer Erziehungsanstalt oder Unterrichtsanstalt ist auch der Name festzustellen, den sie zu führen hat.

Der Name jeder Erziehungsanstalt oder Unterrichtsanstalt hat ihrem Zweck, Charakter und Umfang zu entsprechen. Bezeichnungen und Beisätze, welche zu einer Irreführung Anlaß geben können, sind unzulässig.

Die Inhaber und Leiter der Erziehungsanstalten und Unterrichtsanstalten haben in ihren Ausschreibungen, Einladungen, Programmen, Zeugnissen ꝛc. alles fern zu halten, was auf Irreführung abzielt oder solche zu bewirken geeignet ist.

§ 10. Wesentliche Änderungen der Organisation einer genehmigten Erziehungsanstalt oder Unterrichtsanstalt, dann der Anstaltsgebäude und ihrer Raumeinteilung, ferner Änderungen des Namens der Anstalt, der Satzungen, der Haus- und Disziplinarordnungen und der Lehrpläne, endlich ein Wechsel in der Person der Anstaltsinhaber oder bei dem Lehr- und Aufsichtspersonale bedürfen der Genehmigung der gemäß § 2 zuständigen Behörde.

Leiter, Lehrer, Aufsichtspersonen und Bedienstete, welche die für ihre Verwendung erforderlichen Eigenschaften nicht mehr besitzen, dürfen nicht im Verbande einer Erziehungsanstalt oder Unterrichtsanstalt belassen werden.

Tritt der Verlust der für die Zulassung erforderlichen Eigenschaften bei dem Inhaber einer Erziehungsanstalt oder Unterrichtsanstalt ein, so kann, wenn nicht ein Wechsel seiner Person erfolgt, von der gemäß § 2 zuständigen Behörde die Zurücknahme der erteilten Genehmigung der Anstalt ausgesprochen werden.

§ 11. Alle Erziehungsanstalten und Unterrichtsanstalten unterstehen der Oberaufsicht des Staates. Die unmittelbare Aufsicht wird durch die gemäß § 2 zur Erteilung der Genehmigung zuständigen Behörden ausgeübt. Das Staatsministerium des Innern für Kirchen- und Schulangelegenheiten und die Kreisregierungen, Kammern des Innern, können hiebei in angemessenem Umfange die Mitwirkung der ihnen unterstellten Behörden in Anspruch nehmen. Das Staatsministerium des Innern für Kirchen- und Schulangelegenheiten erläßt die für einzelne Anstalten oder Gattungen von solchen hinsichtlich der Aufsicht etwa erforderlichen besonderen Anordnungen.

§ 12. Die Aufsichtsbehörden haben die Erziehungsanstalten und Unterrichtsanstalten tunlichst wenigstens einmal im Jahre einer eingehenden Besichtigung zu unterstellen. Hiebei ist nach Erfordernis auf die Beiziehung von Schulmännern, dann von ärztlichen und technischen Sachverständigen Bedacht zu nehmen.

Über das Ergebnis der Besichtigung ist den Inhabern und Leitern der Erziehungsanstalten und Unterrichtsanstalten Bescheid zu erteilen.

Die Leiter der Erziehungsanstalten und Unterrichtsanstalten haben den Aufsichtsbehörden Jahresberichte einzureichen, welche diesen die erforderlichen Aufschlüsse über den Gesamtzustand der Anstalt geben und von ihnen zu bescheiden sind.

§ 13. Die Inhaber und Leiter der Erziehungsanstalten und Unterrichtsanstalten haben den Weisungen der Aufsichtsbehörden, welche, insbesondere anläßlich der Genehmigung der Anstalten, der Anzeige beabsichtigter Änderungen (§ 10), der Vornahme der Besichtigungen und der Vorlage der Jahresberichte, an sie ergehen, vorbehaltlich des in § 15 geregelten Rechtes der Beschwerdeführung, Folge zu leisten.

Bleiben diese Weisungen trotz Mahnung unbeachtet oder erleiden sonst die Voraussetzungen, unter denen die betreffenden Anstalten genehmigt wurden, eine die Interessen der Sittlichkeit, der Gesundheit oder des Unterrichts gefährdende, auf anderem Wege innerhalb angemessener Frist nicht zu behebende Änderung, so kann die Aufsichtsbehörde die Zurücknahme der Genehmigung aussprechen und erforderlichen Falles die sofortige Schließung der Anstalten anordnen.

§ 14. Werden einzelnen Erziehungsanstalten oder Unterrichtsanstalten oder Gattungen von solchen besondere Berechtigungen verliehen oder Beiträge aus Staats- oder Kreismitteln bewilligt, so können ihnen hiefür auch besondere Verpflichtungen auferlegt werden.

§ 15. Gegen die Verfügungen und Beschlüsse der Distriktsverwaltungsbehörden und der Kreisregierungen, Kammern des Innern, kann innerhalb einer vierzehntägigen Frist, von der Zustellung an gerechnet, Beschwerde an die vorgesetzte Stelle eingelegt werden. Der Beschwerde kann die aufschiebende Wirkung versagt werden, wenn die Rücksicht auf Sittlichkeit, Gesundheit oder Unterricht dies erfordert. Die in zweiter Instanz ergehenden Bescheide der Kreisregierungen können mit einer weiteren Beschwerde nicht angefochten werden.

§ 16. Das Staatsministerium des Innern für Kirchen- und Schulangelegenheiten erläßt die besonderen Anordnungen, die hinsichtlich der Beschaffenheit und Einrichtung der Anstaltsgebäude und Anstaltsräume, dann hinsichtlich der Gestaltung des Unterrichts und der zulässigen Lehrmittel, sowie der Behandlung und Verpflegung der Schüler und Zöglinge allgemein oder für einzelne Gattungen von Anstalten geboten sind.

§ 17. Diese Verordnung, die auch für die schon bestehenden Anstalten Geltung hat, tritt mit dem 1. Juni 1905 in Kraft. Vom gleichen Tage an ist die Verordnung vom 18. April 1873, betreffend die Errichtung und Leitung von Erziehungs- und Unterrichtsanstalten, aufgehoben.

---

6. Verordnung vom 22. Dezember 1913 über die Schulpflicht
(GVBl. S. 957, KMBl. S. 351).

Wir finden Uns bewogen zu verordnen, was folgt:

§ 1. [1] Die Schulpflicht beginnt für Knaben und Mädchen mit der Vollendung des sechsten Lebensjahrs und dauert regelmäßig zehn Schuljahre.

II Hiervon treffen regelmäßig sieben Schuljahre auf die Hauptschulpflicht und drei Schuljahre auf die Fortbildungsschulpflicht.

§ 2. Die Schulpflicht ist durch den Besuch der öffentlichen Volksschule (Volkshauptschule und Volksfortbildungsschule) zu erfüllen, soweit sich nicht aus dieser Verordnung ein anderes ergibt.

§ 3. *) I Die Aufnahme in die Hauptschule erfolgt am Beginne des Schuljahrs. Aufgenommen werden alle Kinder, die am Tage des Schuljahrbeginns das sechste Lebensjahr vollendet haben und körperlich und geistig genügend entwickelt sind.

II Die Regierungen, Kammern des Innern, können für ihren Regierungsbezirk oder Teile desselben nach Einvernahme der Kreisschulkommission und des Landrats gestatten, daß bei genügender körperlicher und geistiger Entwicklung auch solche Kinder aufgenommen werden dürfen, die das sechste Lebensjahr vor Ablauf des Kalenderjahrs oder innerhalb eines kürzeren Zeitabschnitts vollenden.

§ 4. I Die Entlassung aus der Hauptschule erfolgt regelmäßig am Schlusse des Schuljahrs derjenigen Volksschule, der die Schulpflichtigen während ihres siebten Schuljahrs zuletzt angehört haben.

II Hauptschulpflichtige, die sich bei der Schlußprüfung nicht als hinreichend unterrichtet erweisen, können durch Verfügung des Distriktsschulinspektors, Stadtschulreferenten oder Stadtschulkommissärs zum weiteren Besuche der Hauptschule auf eine im voraus zu bestimmende Zeit, längstens aber auf die Dauer eines Schuljahrs angehalten werden. Diese Zeit kann nachträglich abgekürzt oder bis zum Schlusse des Schuljahrs verlängert werden. Sie wird auf die Dauer der Fortbildungsschulpflicht regelmäßig nicht angerechnet.

III Bei außerordentlichen Umständen kann die Entlassung aus der Hauptschule auf Antrag der Erziehungsberechtigten vorbehaltlich des Bestehens einer besonderen Schlußprüfung vor dem aus Abs. I sich ergebenden Zeitpunkte durch die Distriktsschulbehörden, in unmittelbaren Städten die Stadtschulkommission ausnahmsweise bewilligt werden.

§ 5. I An öffentlichen Volksschulen können auf Antrag der Gemeindeverwaltung (verstärkten Gemeindeverwaltung) besondere Schulabteilungen für Kinder des achten Schuljahrs durch die Regierung, Kammer des Innern, errichtet werden, wenn die erforderlichen Mittel bereitgestellt sind.

II Der Eintritt in diese Schulabteilungen ist vorbehaltlich des § 6 freiwillig, begründet aber die Verpflichtung zu ihrem regelmäßigen Besuche bis zur ordnungsmäßigen Entlassung unter Fortdauer der Hauptschulpflicht für diese Zeit.

§ 6. I Wo besondere Schulabteilungen für Kinder des achten Schuljahrs bestehen oder errichtet werden, kann die Dauer der Hauptschulpflicht für alle in der Gemeinde oder dem Schulsprengel schulpflichtigen Kinder oder für einen Teil oder einzelne Gattungen auf acht Schuljahre ausgedehnt werden. Dies kann auch mit Wirkung für diejenigen geschehen, die in einer anderen Gemeinde nach § 4 aus der Hauptschule entlassen worden sind und sodann während des achten Jahres ihrer Schulpflicht in der Gemeinde oder dem Schulsprengel mit verlängerter Hauptschulpflicht schulpflichtig werden.

*) Beim Vollzug des § 3 sind die einschlägigen Bestimmungen der Vollzugsvorschriften und Erläuterungen zur Schulpflichtverordnung vom 7. März 1906 (KMBl. S. 143) sinngemäß anzuwenden (E. d. Staatsm. f. U. u. K. vom 24. Sept. 1924 Nr. IV 34 651).

II Die Ausdehnung der Hauptschulpflicht auf acht Schuljahre wird auf Antrag der Gemeindeverwaltung (verstärkten Gemeindeverwaltung) von der Regierung, Kammer des Innern, verfügt. Zu dem Antrage bedarf es in Gemeinden mit städtischer Verfassung der Zustimmung der Gemeindebevollmächtigten.

III Während des achten Hauptschulpflichtjahrs sind in der Regel die besonderen Schulabteilungen für Kinder des achten Schuljahrs zu besuchen. Schulpflichtige, die hierfür nach dem Stande ihrer Kenntnisse nicht reif sind, werden für die Dauer des achten Hauptschulpflichtjahrs durch Verfügung des Distriktsschulinspektors, Stadtschulreferenten oder Stadtschulkommissärs einer anderen ihrem Kenntnisstand entsprechenden Schulabteilung der Hauptschule zugewiesen.

IV Durch die Verlängerung der Hauptschulpflicht auf acht Schuljahre kann die Verpflichtung zum Besuche der Volksschule einer anderen Konfession oder einer konfessionell gemischten Volksschule nur soweit begründet werden, als diese Verpflichtung auch für den Besuch der übrigen Schulabteilungen dieser Volksschule besteht.

§ 7. I In den Fällen der §§ 5 Abs. II, 6 erfolgt die Entlassung aus der Hauptschule regelmäßig am Schlusse des Schuljahrs der Volksschule, der die Schulpflichtigen während ihres achten Schuljahrs zuletzt angehört haben. Eine weitere Verlängerung der Hauptschulpflicht ist alsdann nicht mehr zulässig.

II Die Bestimmung des § 4 Abs. III findet im Falle des § 6 entsprechende Anwendung. Die besondere Schlußprüfung kann erlassen werden.

III Die Zeit des Besuchs der Hauptschule während des achten Schuljahrs wird auf die Dauer der Fortbildungsschulpflicht angerechnet.

§ 8. Bei der Entlassung aus der Hauptschule ist den Schulpflichtigen oder den Erziehungsberechtigten ein Schlußzeugnis auszuhändigen.

§ 9. An die Entlassung aus der Volkshauptschule schließt sich unmittelbar die Pflicht zum Besuche der Volksfortbildungsschule.

§ 10.*) I Der Unterricht in der Volksfortbildungsschule umfaßt mindestens einhundertvierzig Unterrichtsstunden im Schuljahre. Die Verteilung dieser Unterrichtsstunden auf die einzelnen Monate erfolgt nach Einvernahme der Gemeindeverwaltung (verstärkten Gemeindeverwaltung) durch die Distriktsschulbehörden (Stadtschulkommission). Soweit nicht durch das Staatsministerium des Innern für Kirchen- und Schulangelegenheiten für besondere Verhältnisse Ausnahmen zugelassen werden, dürfen auf keine Zeit des Schuljahrs weniger als zwei Unterrichtsstunden in der Woche festgesetzt werden. Unterrichtseinheiten von weniger als zweistündiger Dauer sollen in der Regel nicht zugelassen werden.

II Die Stundenzahl des Religionsunterrichts wird in die im Abs. I bezeichneten Stundenzahl nicht eingerechnet.

III Die Zahl der Unterrichtsstunden in der Volksfortbildungsschule kann auf Antrag der Gemeindeverwaltung (verstärkten Gemeindeverwaltung) durch Verfügung der Regierung, Kammer des Innern, für alle Schulpflichtigen oder für einen Teil oder einzelne Gattungen über die Mindestzahl von einhundert-

---

*) Die durch Bek. vom 28. April 1922 (KMBl. S. 86) bis zum 30. April 1925 erstreckte Übergangsvorschrift zu § 10 Abs. I und zu § 11 Abs. I wurde durch MinBek. vom 11. März 1925 (MABl. S. 45) bis zum 30. April 1928 verlängert.

vierzig im Schuljahr vermehrt werden. Die Vorschrift im § 6 Abs. II Satz 2 findet Anwendung.

§ 11. *) I Der Unterricht in der Volksfortbildungsschule soll tunlichst nur an Werktagen erteilt werden und sich nicht über sieben Uhr abends hinaus erstrecken. Wo es nach den örtlichen Verhältnissen nicht zu vermeiden ist, dürfen mit Genehmigung der Regierung, Kammer des Innern, außer dem Religionsunterrichte bis zu zwei Stunden Unterricht an den Vormittagen und auf dem Lande ausnahmsweise auch an den Nachmittagen der Sonntage bis drei Uhr gehalten werden.

II Die erforderliche Zeit zum Besuche des Hauptgottesdienstes oder eines besonders eingerichteten Schulgottesdienstes an den Sonntagen ist vom Unterricht frei zu lassen.

§ 12. I Fortbildungsschulpflichtige sind für die Dauer ihrer allgemeinen Schulpflicht zum Besuche des allgemeinen, von den Kirchengesellschaften eingerichteten Religionsunterrichts ihres Bekenntnisses (Christenlehre usw.) oder eines besonderen Religionsunterrichts ihres Bekenntnisses (Abs. II) verpflichtet.

II Ein besonderer Religionsunterricht kann nach Bereitstellung der erforderlichen Mittel auf Antrag der zuständigen kirchlichen Behörde durch Verfügung der Regierung, Kammer des Innern, eingerichtet werden. Bei Volksfortbildungsschulen mit großer Schülerzahl soll dies tunlichst geschehen.

§ 13. I Nach Bereitstellung der erforderlichen Mittel kann an der Volksfortbildungsschule durch Verfügung der Regierung, Kammer des Innern, ein besonderer Fachunterricht (z. B. Fachzeichnen, Gewerbekunde, Hauswirtschaftslehre) eingerichtet werden. Die Unterrichtsstunden für den Fachunterricht dürfen in die Mindeststundenzahl der Volksfortbildungsschule (§ 10 Abs. I) nicht eingerechnet werden.

II Wenn in einer Gemeinde oder einem zusammengesetzten Schulsprengel an der öffentlichen Volksschule des einen Konfessionsteils ein besonderer Fachunterricht eingerichtet wird, so ist der Besuch dieses Fachunterrichts und die Benützung der hierfür bestehenden Einrichtungen den innerhalb des gleichen Gebiets wohnenden Fortbildungsschulpflichtigen des anderen Konfessionsteils unter den gleichen Bedingungen auch dann zu gestatten, wenn diese Fortbildungsschulpflichtigen einer anderen öffentlichen Volksschule zugeteilt sind, es sei denn, daß ihnen der Besuch einer Berufsfortbildungsschule offen steht oder der gleiche Fachunterricht auch an der öffentlichen Volksschule ihres Bekenntnisses erteilt wird.

III Der Besuch des besonderen Fachunterrichts an einer Volksfortbildungsschule kann auf Antrag der Gemeindeverwaltung (verstärkten Gemeindeverwaltung) sämtlichen beteiligten Fortbildungsschulpflichtigen ohne Unterschied des Bekenntnisses (Abs. I, II) für die Dauer ihrer allgemeinen Schulpflicht durch Verfügung der Regierung, Kammer des Innern, zur Pflicht gemacht werden. Die Bestimmung in § 6 Abs. II Satz 2 findet Anwendung. Die rechtliche Natur der beteiligten Volksschulen bleibt unverändert.

§ 14. I Die Entlassung aus der Volksfortbildungsschule erfolgt vorbehaltlich der in dieser Verordnung zugelassenen Ausnahmen am Schlusse des Schuljahrs derjenigen Volksschule, der die Fortbildungsschulpflichtigen während des letzten Schuljahrs ihrer allgemeinen Schulpflicht zuletzt angehört haben.

II Fortbildungsschulpflichtige, die sich bei der Entlassungsprüfung nicht als hinreichend unterrichtet erweisen, können durch Verfügung des Distriktsschulinspektors, Stadtschulreferenten oder Stadtschulkommissärs zum weiteren

Besuche der Volksfortbildungsschule auf eine im voraus zu bestimmende Zeit, längstens aber auf die Dauer eines Schuljahrs angehalten werden. Diese Zeit kann nachträglich abgekürzt oder bis zum Schlusse des Schuljahrs verlängert werden.

III Bei außerordentlichen Umständen kann die Entlassung aus der Volksfortbildungsschule auf Antrag der Erziehungsberechtigten vorbehaltlich des erfolgreichen Bestehens einer besonderen Entlassungsprüfung vor dem aus Abs. I sich ergebenden Zeitpunkte durch die Distriktsschulbehörden, in unmittelbaren Städten die Stadtschulkommission, ausnahmsweise bewilligt werden.

§ 15. Die Schulpflicht endigt vorbehaltlich des § 19 mit der Aushändigung des Entlassungszeugnisses an die Schulpflichtigen oder die Erziehungsberechtigten.

§ 16. I Wenn in einer Gemeinde mit Genehmigung der Regierung, Kammer des Innern, ein Wanderlehrkurs für Fortbildungsschulpflichtige veranstaltet wird, so können die Fortbildungsschulpflichtigen, für die der Wanderlehrkurs bestimmt ist, ohne Unterschied des Bekenntnisses und ohne Rücksicht auf Gemeinde-, Schulsprengel- oder Schulbezirksgrenzen zum Besuche dieses Wanderlehrkurses durch Verfügung der Regierung, Kammer des Innern, verpflichtet werden.

II Die Verpflichtung zum Besuch eines Wanderlehrkurses soll in der Regel nicht auf länger als sechs Wochen im Schuljahr und nicht auf länger als vier Stunden an jedem Werktag ausgedehnt und tunlichst auf arbeitsstille Zeiten beschränkt werden. Fortbildungsschulpflichtige, die am Orte des Wanderlehrkurses nicht schulpflichtig sind, dürfen zu seinem Besuche nur angehalten werden, soweit sie nach den Entfernungs- und Verkehrsverhältnissen von ihrem Wohnort aus ohne unbilligen Aufwand an Zeit und Kraft für den Hin- und Rückweg an dem Kurse teilnehmen und jedesmal vor Eintritt der Nacht nach Hause zurückkehren können.

III Die Verfügung nach Abs. I darf nur erlassen werden, wenn für die Gemeinden (zusammengesetzten Schulsprengel), aus denen Fortbildungsschulpflichtige zum Besuche des Wanderlehrkurses verpflichtet werden sollen, die im § 6 Abs. II bezeichneten gemeindlichen Vertretungskörper zugestimmt haben.

IV Fortbildungsschulpflichtige, die einen mit Genehmigung der Regierung, Kammer des Innern, eingerichteten Wanderlehrkurs (Abs. I) freiwillig oder pflichtmäßig besuchen, sind für die Dauer des ordnungsmäßigen Besuchs von der Teilnahme am Unterrichte der Volksfortbildungsschule mit Ausnahme des Religionsunterrichts befreit. Die Regierung, Kammer des Innern, kann eine weitergehende Anrechnung der Zeit des Besuchs eines Wanderlehrkurses auf die Jahresstundenzahl der Volksfortbildungsschule zulassen.

§ 17. Von der Verpflichtung zum Besuche der Volksschule sind befreit

1. Schüler und Schülerinnen einer Unterrichtsanstalt mit einem über die Volksschule wesentlich hinausgehenden Lehrziel und einer die Schüler oder Schülerinnen voll beschäftigenden Unterrichtszeit,
2. Schüler und Schülerinnen einer Berufsfortbildungsschule im Sinn Unserer Verordnung über die Berufsfortbildungsschulen,
3. Schüler und Schülerinnen einer sonstigen Unterrichts- oder Erziehungsanstalt, bezüglich deren von der Aufsichtsbehörde anerkannt ist, daß ihr Unterricht ausreichenden Ersatz für den Besuch der Volksschule bietet,
4. Schulpflichtige, die mit Genehmigung der Distriktsschulbehörden, in unmittelbaren Städten der Stadtschulkommission, anderweitig einen vollständigen Privatunterricht in den sämtlichen Lehrgegenständen der Volksschule erhalten.

§ 18. [I] Das Staatsministerium des Innern für Kirchen- und Schulangelegenheiten kann bestimmen, daß Schulpflichtige, die während des achten und neunten Schuljahrs ihrer allgemeinen Schulpflicht eine Unterrichtsanstalt der im § 17 Ziff. 1 bezeichneten Art mit Erfolg besucht haben und sodann austreten, vorbehaltlich des Abs. III vom weiteren Besuche der Volksschule befreit sind.

[II] Das Staatsministerium des Innern für Kirchen- und Schulangelegenheiten kann ferner bestimmen, daß Schulpflichtige, die eine landwirtschaftliche Winterschule von mindestens viereinhalbmonatiger Dauer und einer die Schüler voll beschäftigenden Unterrichtszeit regelmäßig und mit entsprechendem Fortgange besucht haben, vorbehaltlich des Abs. III während des folgenden Sommerhalbjahrs vom Besuche der Volksschule befreit sind.

[III] Schulpflichtige, die nach Abs. I oder II oder nach § 16 Abs. IV Satz 2 vom Besuche der Volksschule befreit sind, bleiben bis zur Beendigung ihrer Schulpflicht der Schulzucht unterworfen und, soferne nicht Befreiung gewährt wird, zum Besuche des Religionsunterrichts (§ 12) verpflichtet. Sie können bis zur Beendigung ihrer Schulpflicht auf Antrag der Ortsschulbehörde durch die Distriktsschulbehörden, in unmittelbaren Städten durch die Stadtschulkommission, wieder zum Besuche der Volksfortbildungsschule angehalten werden, wenn sie sich grober Verfehlungen gegen die Schulzucht schuldig gemacht oder den Besuch des Religionsunterrichts wiederholt schuldhaft versäumt haben.

§ 19. [I] In den Fällen der §§ 17 Ziff. 1 und 18 Abs. I, II endigt die Schulpflicht in dem Kalenderjahre, in dem die Schulpflichtigen ihre zehnjährige Gesamtschulzeit vollenden, und zwar mit demjenigen Tage, an dem am Wohnorte der Schulpflichtigen die ordnungsmäßige Entlassung der übrigen Fortbildungsschulpflichtigen (§ 15) stattfindet.

[II] Für Schüler und Schülerinnen einer Berufsfortbildungsschule bemißt sich die Entlassung aus der Schulpflicht nach den Bestimmungen Unserer Verordnung über die Berufsfortbildungsschulen.

§ 20. Wenn Schulpflichtige vor Beendigung ihrer Schulpflicht aus einer Berufsfortbildungsschule oder aus einer sonstigen Unterrichts- oder Erziehungsanstalt (§ 17 Ziff. 1, 3) ausscheiden, so hat der Leiter der bisher besuchten Berufsfortbildungsschule oder sonstigen Unterrichts- oder Erziehungsanstalt die Ortsschulbehörde des Wohnorts der Schulpflichtigen alsbald zu benachrichtigen.

§ 21. Die Vorschriften der Verordnung vom 2. September 1886, die Behandlung der Versäumnisse des Besuchs der Schule und des öffentlichen Religionsunterrichts betreffend *), finden auch in den Fällen der §§ 5 Abs. II, 6, 12, 13, 16, 18 Abs. III sowie in Bezug auf die Volksfortbildungsschule entsprechende Anwendung. Das Staatsministerium des Innern für Kirchen- und Schulangelegenheiten ist ermächtigt, in diesen Fällen Abweichungen in Bezug auf das Verfahren und die Zuständigkeit zu genehmigen oder vorzuschreiben.

§ 22. Die Vorschriften dieser Verordnung finden auf alle Einwohner des Königreichs ohne Rücksicht auf die Staatsangehörigkeit Anwendung, soweit nicht völkerrechtlich oder nach Staatsverträgen ein anderes gilt.

§ 23. [I] Beschwerden gegen Verfügungen der Schulbehörden zum Vollzuge dieser Verordnung werden regelmäßig im letzten Rechtszuge von der Regierung, Kammer des Innern, entschieden.

---

*) S. nunmehr Verordnung vom 30. September 1922 über die Behandlung der Schulversäumnisse (GVBl. S. 618).

II In Fällen, in denen die Regierung, Kammer des Innern, an erster Stelle zu verfügen hat, steht die Beschwerde zum Staatsministerium des Innern für Kirchen- und Schulangelegenheiten offen.

§ 24. Das Staatsministerium des Innern für Kirchen- und Schulangelegenheiten ist ermächtigt, zum Vollzuge dieser Verordnung weitere Vorschriften zu erlassen und in einzelnen Fällen aus besonders wichtigen Gründen Ausnahmen zu gestatten.

§ 25. I Diese Verordnung tritt am 1. Januar 1914 in Kraft.

II Vom gleichen Tag an sind die Verordnungen vom 4. Juni 1903 und 20. Juni 1907, die Schulpflicht betreffend, aufgehoben. Befreiungen vom Besuche der Volksschule, die auf Grund des § 17 der Schulpflichtverordnung vom 4. Juni 1903 eingetreten oder bewilligt worden sind, bleiben für die beteiligten Schulpflichtigen in Kraft. Änderungen im Schulbetriebe, die infolge der Vorschriften der §§ 10, 11 erforderlich werden, sind erst vom Beginne des nächsten Schuljahrs an durchzuführen.

III Die Distriktsschulbehörden können bis zur Dauer von drei Jahren nach dem Inkrafttreten der gegenwärtigen Verordnung auf Antrag der Gemeindeverwaltung (verstärkten Gemeindeverwaltung) nach Einvernahme der Ortsschulbehörde gestatten, daß der Unterricht in der Volksfortbildungsschule bis auf achtzig Unterrichtsstunden im Schuljahr ohne Einrechnung des Religionsunterrichts abgemindert wird. Bei unmittelbaren Städten ist die Regierung, Kammer des Innern, zur Erteilung dieser Genehmigung zuständig. Für die gleiche Zeitdauer kann die nach § 11 Abs. I Satz 2 erforderliche Genehmigung von den Distriktsschulbehörden, in unmittelbaren Städten der Stadtschulkommission, gegeben werden.

IV Wo der Durchführung der Vorschrift des § 10 Abs. I, II mit Rücksicht auf besondere örtliche Verhältnisse wichtige Gründe entgegenstehen, kann auch nach Ablauf der im Abs. III bezeichneten Frist die Regierung, Kammer des Innern, bis auf weiteres in Bezug auf die Unterrichtsstundenzahl der Volksfortbildungsschule Erleichterungen bis zu der im Abs. III bestimmten Mindeststundenzahl zulassen. Die Erleichterungen können auch auf einzelne Gattungen von Fortbildungsschulpflichtigen beschränkt werden *).

V In Gemeinden, in denen schon bisher Fortbildungsschulen bestanden haben, dürfen die Erleichterungen nach Abs. III, IV auf diejenigen Gattungen von Fortbildungsschulpflichtigen, die bisher zum Besuche der Fortbildungsschule verpflichtet waren, nicht erstreckt werden.

7. Verordnung vom 22. Dezember 1913 über die Berufsfortbildungsschulen (GVBl. S. 966, KMBl. S. 363).

Wir finden Uns bewogen zu verordnen, was folgt:

§ 1. I Berufsfortbildungsschulen im Sinne dieser Verordnung sind Unterrichtsanstalten, in denen die Schüler, ohne daß der Unterricht sie voll in Anspruch nimmt, unter besonderer Berücksichtigung ihrer beruflichen Ausbildung nach Einzelberufen oder Berufsgruppen getrennt unterrichtet werden. Sie haben die Aufgabe mit den Mitteln der Schule dazu beizutragen, daß ihre Schüler religiös und vaterländisch gesinnte, körperlich, sittlich und beruflich tüchtige Menschen werden.

*) S. die Fußnote zu § 10 u. 11.

II Öffentliche Berufsfortbildungsschulen im Sinne dieser Verordnung sind Berufsfortbildungsschulen, die von einer Gemeinde errichtet sind.

III Unter Schülern im Sinne dieser Verordnung sind auch Schülerinnen zu verstehen.

§ 2. I Die Errichtung einer Berufsfortbildungsschule bedarf der Genehmigung der Regierung, Kammer des Innern.

II Mit dem Gesuch um Genehmigung sind die erforderlichen Nachweise, Belege und Erläuterungen vorzulegen sowie alle von der Regierung, Kammer des Innern, sonst noch gewünschten Aufschlüsse zu erteilen.

III Die Genehmigung zur Errichtung einer öffentlichen Berufsfortbildungsschule darf in der Regel nicht versagt werden, wenn die Berufsfortbildungsschule den Mindestanforderungen nach §§ 3, 4, 6, 8 genügt und entsprechende Räume zur Verfügung stehen.

IV Die Genehmigung zur Errichtung einer nichtöffentlichen Berufsfortbildungsschule kann auch bei Erfüllung der Mindestanforderungen (Abs. III) und der sonstigen, insbesondere in Bezug auf die Person des Unternehmers und die Unterrichtsräume zu stellenden Bedingungen versagt werden, wenn dem Bedürfnis innerhalb eines hierbei in Betracht kommenden Umkreises durch eine öffentliche Berufsfortbildungsschule für die betreffenden Berufsarten bereits genügt ist und die Errichtung der nicht öffentlichen Berufsfortbildungsschule mit Rücksicht auf die öffentliche Berufsfortbildungsschule nicht wünschenswert wäre.

§ 3. I Der Unterricht in den Berufsfortbildungsschulen soll mindestens zweihundertvierzig Unterrichtsstunden im Schuljahr umfassen, die tunlichst gleichmäßig auf das ganze Schuljahr zu verteilen sind. Soweit nicht vom Staatsministerium des Innern für Kirchen- und Schulangelegenheiten für besondere Verhältnisse oder einzelne Arten von Berufsfortbildungsschulen Ausnahmen zugelassen werden, dürfen auf keine Zeit des Schuljahrs weniger als zwei Unterrichtsstunden in der Woche festgesetzt werden. Unterrichtseinheiten von weniger als zweistündiger Dauer sollen in der Regel nicht zugelassen werden.

II Die Zahl der Unterrichtsstunden einer Berufsfortbildungsschule für Mädchen kann in Gemeinden, in denen für Mädchen die Pflicht zum Besuch einer besonderen Schulabteilung mit Haushaltungsunterricht für das achte Schuljahr eingeführt ist, mit Genehmigung der Regierung, Kammer des Innern, allgemein oder mit Beschränkung auf einzelne Gruppen bis auf einhundertsechzig im Schuljahr abgemindert werden.

III Die Stundenzahl des Religionsunterrichts wird auf die in Abs. I, II bezeichneten Stundenzahlen nicht angerechnet.

§ 4. I Der Unterricht in der Berufsfortbildungsschule soll sich nicht über sieben Uhr abends hinaus erstrecken und tunlichst nur an Werktagen erteilt werden. Wo es nach den örtlichen Verhältnissen nicht zu vermeiden ist, dürfen jedoch mit Genehmigung der Regierung, Kammer des Innern, außer dem allgemeinen von den Kirchengesellschaften eingerichteten Religionsunterrichte bis zu zwei Stunden Unterricht an den Vormittagen der Sonntage gehalten werden.

II Die erforderliche Zeit zum Besuche des Hauptgottesdienstes oder eines für Fortbildungsschulpflichtige eingerichteten Schulgottesdienstes an den Sonntagen ist vom Unterrichte freizulassen.

III Die Unterrichtszeiten werden bei den öffentlichen Berufsfortbildungsschulen durch die Schulvorstandschaft, soweit tunlich nach Anhörung von Angehörigen der beteiligten Berufskreise, festgesetzt und sind in der ortsüblichen

Weise öffentlich bekannt zu machen. Der Leiter einer öffentlichen Berufsfortbildungsschule ist befugt, in besonderen Fällen einzelne Unterrichtsstunden zu verlegen. Für die nicht öffentlichen Berufsfortbildungsschulen sind in der Schulordnung die erforderlichen Bestimmungen vorzusehen.

IV Beginn und Dauer des Schuljahrs sowie der Ferien werden durch die Schulordnung bestimmt. Bei ihrer Festsetzung ist auf die Bedürfnisse der beteiligten Berufskreise und die für die Volksschulen geltende Ordnung Rücksicht zu nehmen.

§ 5. I An den öffentlichen Berufsfortbildungsschulen soll für die einer öffentlich aufgenommenen Kirchengesellschaft angehörigen Schüler, soweit sie der allgemeinen Schulpflicht unterliegen, im Einverständnisse mit der zuständigen kirchlichen Behörde in der Regel ein besonderer Religionsunterricht und zwar von der Dauer bis zu einer Stunde, aber nicht unter einer halben Stunde in der Woche eingerichtet werden.

II Soweit ein besonderer Religionsunterricht nicht eingerichtet ist, sind die Schüler einer Berufsfortbildungsschule durch Verfügung der Regierung, Kammer des Innern, zum Besuche des Religionsunterrichts ihres Bekenntnisses an die Volksfortbildungsschule oder zum Besuche des allgemeinen, von den Kirchengesellschaften eingerichteten Religionsunterrichts ihres Bekenntnisses zu verweisen. Schüler einer nicht öffentlichen Berufsfortbildungsschule können zum Besuche des Religionsunterrichts auch an eine öffentliche Berufsfortbildungsschule verwiesen werden.

§ 6. I Für die Gliederung der Berufsfortbildungsschulen, den Unterricht, die Lehrfächer, die Lehrpläne und die Verteilung der Stunden werden vom Staatsministerium des Innern für Kirchen- und Schulangelegenheiten allgemeine Grundsätze aufgestellt, die unter Berücksichtigung der örtlichen Bedürfnisse und der Leistungsfähigkeit der Schulunternehmer für die Errichtung und Ausgestaltung von Berufsfortbildungsschulen als maßgebende Richtpunkte dienen sollen. Dabei können Mindestanforderungen festgestellt werden, die von jeder Berufsfortbildungsschule erfüllt werden müssen.

II Das Staatsministerium des Innern für Kirchen- und Schulangelegenheiten kann auch Vorschriften darüber erlassen, welchen Mindestanforderungen in Bezug auf besondere Vorbildung und Lehrbefähigung Personen genügen müssen, die zum Unterricht an Berufsfortbildungsschulen hauptamtlich oder nebenamtlich verwendet werden sollen.

§ 7. Für Schulabteilungen einer Berufsfortbildungsschule, deren Schüler der allgemeinen Schulpflicht nicht mehr unterliegen, können Abweichungen von den in §§ 3, 4, 6 enthaltenen Mindestanforderungen zugelassen werden.

§ 8. I Für jede Berufsfortbildungsschule ist eine Schulordnung aufzustellen, die der Genehmigung der Regierung, Kammer des Innern, bedarf.

II Die Schulordnung muß die wesentlichen Bestimmungen über die Einrichtung und den Unterrichtsbetrieb der Berufsfortbildungsschule und zwar insbesondere über die Gliederung, den Unterricht, die Lehrfächer, die Lehrpläne, die Verteilung der Stunden, das Schuljahr, die Ferien, den Eintritt und Austritt der Schüler, die Schulzucht, die Behandlung der Schulversäumnisse, die Organe und den Namen der Berufsfortbildungsschule enthalten.

§ 9. I Die öffentlichen Berufsfortbildungsschulen stehen unter der Verwaltung der Gemeinde, von der auch die Schulordnung aufgestellt wird.

II Für die öffentlichen Berufsfortbildungsschulen ist eine Schulvorstandschaft zu bestellen. In der Schulvorstandschaft haben außer der Gemeindebehörde die Geistlichen der beteiligten Konfessionen sowie die Berufskreise, für die die Berufsfortbildungsschulen bestimmt sind, ferner die Leiter und, soferne sie nicht bei der Bildung besonderer Organe nach Abs. III berücksichtigt werden, die Lehrer der Berufsfortbildungsschulen mit Einschluß der Religionslehrer angemessene Vertretung zu erhalten.

III Sind einer Schulvorstandschaft mehrere öffentliche Berufsfortbildungsschulen als selbständige Schulkörper unterstellt, so können für jede dieser Berufsfortbildungsschulen besondere Organe in Unterordnung unter die gemeinsame Schulvorstandschaft gebildet werden.

IV Für die Leitung der öffentlichen Berufsfortbildungsschulen insbesondere in unterrichtlicher Beziehung kann ein gemeinsamer, entsprechend vorgebildeter Leiter aufgestellt werden. Auch für jede einzelne öffentliche Berufsfortbildungsschule in einer Gemeinde und für selbständige Abteilungen einer solchen können Leiter bestellt werden.

V Die Zusammensetzung und die Zuständigkeit der Schulvorstandschaft und der besonderen Organe sowie die Rechte und Pflichten und der Amtstitel der Leiter werden durch die Schulordnungen geregelt. Das Staatsministerium des Innern für Kirchen- und Schulangelegenheiten kann hierfür bindende Vorschriften erlassen.

VI Bei den nicht öffentlichen Berufsfortbildungsschulen sind die erforderlichen Bestimmungen durch die Schulordnung vorzusehen.

§ 10. I Die Berufsfortbildungsschulen stehen unmittelbar unter der Aufsicht der Regierung, Kammer des Innern.

II Die Regierung, Kammer des Innern, kann bei der Ausübung ihrer Aufsichtsrechte in angemessenem Umfange die Mitwirkung der ihr unterstellten Behörden, insbesondere der Distriktsschulbehörden in Anspruch nehmen. Sie kann auch besondere Aufsichtsorgane bestellen und bei den öffentlichen Berufsfortbildungsschulen einzelne Aufsichtsbefugnisse den Schulverwaltungsorganen (§ 9 Abs. II, III) sowie den Leitern der Berufsfortbildungsschulen widerruflich übertragen.

III Den kirchlichen Oberbehörden bleibt anheimgegeben besondere kirchliche Kommissäre aufzustellen, um sich von dem Stande des Religionsunterrichts und des religiös-sittlichen Lebens in den Berufsfortbildungsschulen Kenntnis zu verschaffen. Die kirchlichen Kommissäre sind der Regierung, Kammer des Innern, zu bezeichnen.

§ 11. I Zu jeder Änderung in der inneren und äußeren Organisation einer Berufsfortbildungsschule, insbesondere zu Änderungen der Schulordnung, dann zur Aufstellung und zu jedem Wechsel der Leiter, Lehrkräfte und Aufsichtspersonen ist die Genehmigung der Regierung, Kammer des Innern, erforderlich.

II Leiter, Lehrkräfte, Aufsichtspersonen und Bedienstete, die die für ihre Verwendung an einer Berufsfortbildungsschule erforderlichen Eigenschaften nicht mehr besitzen, dürfen nicht im Verbande der Berufsfortbildungsschule belassen werden.

III Den Weisungen der Regierung, Kammer des Innern, oder der von ihr beauftragten Aufsichtsorgane, die in Ausübung des ihnen zustehenden Aufsichtsrechts ergehen, ist Folge zu leisten. Bleiben sie trotz Mahnung unbeachtet oder erleiden sonst die Voraussetzungen, unter denen die Errichtung einer Berufsfortbildungsschule genehmigt wurde, eine den Unterricht oder die Erziehung gefährdende, auf anderem Wege in angemessener Frist nicht zu behebende Änderung, so kann die Regierung, Kammer des Innern, die Zurücknahme der Genehmigung zum Betriebe der Berufsfortbildungsschule aussprechen und erforderlichen Falles die sofortige Schließung anordnen.

IV Werden für eine Berufsfortbildungsschule Beiträge aus Staats- oder Kreismitteln bewilligt oder besondere Berechtigungen verliehen, so können hierfür besondere Verpflichtungen auferlegt werden.

§ 12. I Der Eintritt in eine Berufsfortbildungsschule ist vorbehaltlich der §§ 13, 14 freiwillig.

II Durch den Eintritt in eine öffentliche Berufsfortbildungsschule wird die Verpflichtung begründet den Unterricht mit Einschluß des Religionsunterrichts (§ 5) bis zum ordnungsmäßigen Austritte regelmäßig zu besuchen.

III Der Austritt aus einer öffentlichen Berufsfortbildungsschule ist im allgemeinen nur am Schlusse eines Schuljahrs dieser Schule gestattet. Der Austritt während eines Schuljahrs kann von der Schulvorstandschaft genehmigt werden, wenn er durch wichtige Gründe gerechtfertigt ist. Gegen die Verfügung der Schulvorstandschaft steht die Beschwerde zur Regierung, Kammer des Innern, offen. Für die Austrittserklärung können durch die Schulordnung oder allgemein Formvorschriften erlassen werden.

IV Schüler, die eine öffentliche Berufsfortbildungsschule freiwillig besuchen, können, wenn sie dem Unterrichte nicht mit Nutzen zu folgen vermögen, durch Verfügung der Schulvorstandschaft vom weiteren Besuche der Berufsfortbildungsschule ausgeschlossen werden. Gegen die Verfügung der Schulvorstandschaft steht die Beschwerde zur Regierung, Kammer des Innern, offen.

§ 13. I Auf Antrag der Gemeindebehörde kann der Besuch einer öffentlichen Berufsfortbildungsschule an Stelle der Volksfortbildungsschule allen Schulpflichtigen, für deren Ausbildung die Berufsfortbildungsschule nach ihrer Schulordnung bestimmt ist, bis zur Beendigung der allgemeinen Schulpflicht durch Verfügung der Regierung, Kammer des Innern, zur Pflicht gemacht werden. Zu dem Antrage der Gemeindebehörde ist in Gemeinden mit städtischer Verfassung die Zustimmung der Gemeindebevollmächtigten erforderlich.

II Die Verpflichtung nach Abs. I kann auch auf diejenigen erstreckt werden, die, ohne am Schulsitze zu wohnen, in der Gemeinde des Schulsitzes beschäftigt sind.

III Auf Antrag der beteiligten Gemeindebehörden und mit Zustimmung der im Abs. I bezeichneten Vertretungskörper der Gemeinden kann die Verpflichtung nach Abs. I auf Schulpflichtige aus benachbarten Gemeinden ausgedehnt werden, soweit diese Schulpflichtigen nach den Entfernungs- und Verkehrsverhältnissen von ihrem Wohnort aus ohne unbilligen Aufwand an Zeit und Kraft für den Hin- und Rückweg an dem Unterrichte teilnehmen und jedesmal vor Eintritt der Nacht nach Hause zurückkehren können.

IV Der Besuch einer nicht öffentlichen Berufsfortbildungsschule an Stelle der Volksfortbildungsschule oder einer öffentlichen Berufsfortbildungsschule kann durch Verfügung der Regierung, Kammer des Innern, auf Antrag des Unternehmers und mit Zustimmung der im Abs. I bezeichneten gemeindlichen Vertretungskörper denjenigen Schulpflichtigen, für deren Ausbildung die Berufsfortbildungsschule nach ihrer Schulordnung bestimmt ist, zur Pflicht gemacht werden. Dabei wird vorausgesetzt, daß die nicht öffentliche Berufsfortbildungsschule den an eine öffentliche Berufsfortbildungsschule zu stellenden Anforderungen entspricht, daß eine nach den Einzelberufen der beteiligten Schulpflichtigen gegliederte öffentliche Berufsfortbildungsschule nicht zur Verfügung steht und daß den Schulpflichtigen oder ihren Erziehungsberechtigten keine höheren Kosten als durch den Besuch der öffentlichen Fortbildungsschule erwachsen.

V Für Personen unter achtzehn Jahren, die der allgemeinen Schulpflicht nicht mehr unterliegen, kann die Verpflichtung zum Besuch einer Berufsfortbildungsschule auf Grund des § 120 der Gewerbeordnung eingeführt werden.

§ 14. I Ist in einer Gemeinde die Zahl der von der Verpflichtung zum Besuch einer öffentlichen Berufsfortbildungsschule nicht betroffenen Schulpflichtigen desselben Geschlechts verhältnismäßig so gering, daß die Fortführung der Volksfortbildungsschule unverhältnismäßig hohe Kosten verursachen oder aus sonstigen wichtigen Gründen unzweckmäßig sein würde, so darf die Volksfortbildungsschule für diese Schulpflichtigen auf Antrag der Gemeindebehörde durch Verfügung der Regierung, Kammer des Innern, aufgehoben werden. Die Vorschrift im § 13 Abs. I Satz 2 findet Anwendung. Alsdann sind in Verbindung mit der öffentlichen Berufsfortbildungsschule eine oder mehrere allgemeine Abteilungen zu errichten, zu deren Besuch alle Fortbildungsschulpflichtigen des betreffenden Geschlechts, soweit sie nicht einer Fachabteilung angehören, bis zur Beendigung ihrer allgemeinen Schulpflicht verpflichtet sind.

II In der allgemeinen Abteilung kann eine Abminderung der Stundenzahl bis auf einhundertsechzig im Schuljahr ohne Einrechnung des Religionsunterrichts zugelassen werden.

§ 15. I Für alle Schüler, die im Zeitpunkte der Beendigung ihrer allgemeinen Schulpflicht eine Berufsfortbildungsschule besuchen, ist unter der Leitung eines von der Regierung, Kammer des Innern, zu bestimmenden Prüfungskommissärs eine Entlassungsprüfung abzuhalten.

II Im Falle des § 13 Abs. V kann die Entlassungsprüfung unterbleiben, wenn oder soweit eine entsprechende Prüfung am Schlusse der verlängerten Schulbesuchspflicht stattfindet.

III Schüler einer nicht öffentlichen Berufsfortbildungsschule können zur Ablegung der Entlassungsprüfung an die Volksfortbildungsschule oder eine öffentliche Berufsfortbildungsschule verwiesen werden.

§ 16. I In den Fällen der §§ 13 Abs. I, II, III, IV 14 erfolgt die Entlassung aus der Berufsfortbildungsschule regelmäßig am Schlusse des Schuljahrs, in dem die Schüler das letzte Jahr ihrer allgemeinen Schulpflicht vollenden. Bei außerordentlichen Umständen kann sie auf Antrag der Erziehungsberechtigten vorbehaltlich des Bestehens einer besonderen Entlassungsprüfung vor dem aus Satz 1 sich ergebenden Zeitpunkte durch Verfügung des Prüfungskommissärs ausnahmsweise bewilligt werden.

II Schulpflichtige, die sich bei der Entlassungsprüfung nicht als hinreichend unterrichtet erweisen, können durch Verfügung des Prüfungskommissärs zum weiteren Besuche der Berufsfortbildungsschule oder der Volksfortbildungsschule auf eine im voraus zu bestimmende Zeit, längstens aber auf die Dauer eines Schuljahrs angehalten werden. Diese Zeit kann nachträglich abgekürzt oder bis zum Schlusse des Schuljahrs verlängert werden.

§ 17. I Die Schulpflicht endigt für Schüler einer Berufsfortbildungsschule mit der Aushändigung des Entlassungszeugnisses an sie oder die Erziehungsberechtigten.

II Im Falle des § 13 Abs. V endigt die allgemeine Schulpflicht in dem Kalenderjahre, in dem die Schulpflichtigen ihre zehnjährige Gesamtschulzeit vollenden, und zwar mit demjenigen Tage, an dem am Wohnorte der Schulpflichtigen die ordnungsmäßige Entlassung der übrigen Schulpflichtigen stattfindet.

§ 18. I Von der Verpflichtung zum Besuche einer Berufsfortbildungsschule (§§ 13, 14) sind befreit

1. Schüler und Schülerinnen einer Unterrichtsanstalt mit einer sie voll beschäftigenden Unterrichtszeit und einem Lehrziele, das in den allgemein bildenden Fächern über jenes der Berufsfortbildungsschule wesentlich hinausgeht,
2. Schüler und Schülerinnen einer sonstigen Unterrichts- oder Erziehungsanstalt, bezüglich deren von der Aufsichtsbehörde anerkannt ist, daß ihr Unterricht ausreichenden Ersatz für den Besuch der Berufsfortbildungsschule bietet,
3. Schulpflichtige, die mit Genehmigung der Distriktsschulbehörden, in unmittelbaren Städten der Stadtschulkommission anderweitig einen vollständigen, den Besuch der Berufsfortbildungsschule ausreichend ersetzenden Privatunterricht erhalten.

II Die Bestimmungen der §§ 16 Abs. IV, 18 der Schulpflichtverordnung finden entsprechend Anwendung.

§ 19 *).

§ 20. Die näheren Vorschriften zum Vollzuge dieser Verordnung werden vom Staatsministerium des Innern für Kirchen- und Schulangelegenheiten erlassen.

§ 21. I Diese Verordnung tritt am 1. Januar 1914 in Kraft.

II Vom gleichen Tage an sind alle entgegenstehenden oder durch die gegenwärtige Verordnung ersetzten Vorschriften, insbesondere auch die §§ 29 bis 33 der organischen Bestimmungen für die Gewerbeschulen vom 1. Oktober 1870, aufgehoben.

III Die zur Zeit des Inkrafttretens dieser Verordnung bestehenden Fortbildungsschulen müssen, wenn sie nach dem Willen ihrer Unternehmer künftig als Berufsfortbildungsschulen gelten sollen, innerhalb eines Zeitraums von längstens drei Jahren den Anforderungen der gegenwärtigen Verordnung angepaßt werden. Das Staatsministerium des Innern für Kirchen- und Schulangelegenheiten ist ermächtigt in besonders berücksichtigenswerten Fällen für eine weitere Übergangszeit von höchstens zwei Jahren einzelne Erleichterungen und Abweichungen zuzulassen.

---

8. Ministerialentschließung vom 7. Januar 1921, Befreiung der israelitischen Kinder und der Adventistenkinder vom Schulbesuch betr. (KMBl. S. 13).

I. Die israelitischen Kinder, die eine öffentliche Volksschule besuchen, waren schon bisher nach den für die einzelnen Regierungsbezirke geltenden Bestimmungen von der Teilnahme am Unterricht an den Samstagen teilweise befreit. Zur Herbeiführung eines gleichmäßigen Verfahrens wird in stets widerruflicher Weise bestimmt:

1. Auf Antrag der Erziehungsberechtigten sind die israelitischen volksschulpflichtigen Kinder vom Schulbesuch an den Samstagen soweit zu befreien, als dies zur Teilnahme am Gottesdienst ihres Bekenntnisses erforderlich ist. Über die Befreiung entscheidet die Bezirksschulbehörde, in unmittelbaren Städten die Stadtschulbehörde.

2. In gleicher Weise sind die israelitischen Schulkinder auf Antrag an den Samstagen vom Schreiben, Zeichnen und den Handarbeiten sowie von

---

*) Aufgehoben durch § 8 der Verordnung vom 30. September 1922 über die Behandlung der Schulversäumnisse (GVBl. S. 618).

sonstigen körperlichen Tätigkeiten zu befreien, die ihnen ihre religiösen Vorschriften für diesen Wochentag verbieten.

3. Soferne nach Lage der Verhältnisse eine Nachholung des versäumten Unterrichts für erforderlich zu erachten ist, hat die Bezirks- oder Stadtschulbehörde bei der Erteilung der Genehmigung nach Ziff. 1 oder 2 anzuordnen, daß die Erziehungsberechtigten für Ersatz durch Privatunterricht oder in sonstiger Weise Sorge zu tragen haben. Der Ersatzunterricht unterliegt der Genehmigung und der Aufsicht der Bezirks- oder Stadtschulbehörde. Die Befreiung ist zu widerrufen, wenn der Anordnung nicht Folge geleistet wird oder wenn der anderweitige Unterricht nicht entspricht.

II. Soweit israelitische Schulkinder schon bisher vom Schulbesuch an anderen israelitischen Feiertagen befreit waren, hat es hierbei bis auf weiteres sein Bewenden. Wegen der Nachholung des versäumten Unterrichts kann auch in diesen Fällen, soweit erforderlich, Anordnung nach vorstehender Ziff. I Nr. 3 getroffen werden.

III. Die Bestimmungen in Ziff. I gelten für die Angehörigen der Gemeinschaft der Siebententags-Adventisten entsprechend. Voraussetzung für die Befreiung von der Teilnahme am Unterricht ist, daß die Zugehörigkeit zu dieser Gemeinschaft in jedem Falle einwandfrei festgestellt ist.

IV. 1. Die Bestimmungen dieser Entschließung begründen keinen Rechtsanspruch auf Befreiung.

2. Die Regierungen, Kammern des Innern, können die erforderlichen näheren Anordnungen erlassen.

---

9. Bekanntmachung vom 22. Mai 1922 über die Ferienordnung (KMBl. S. 101).

1. Die Gesamtdauer der Ferien während eines Schuljahres beträgt an den bayerischen Volksschulen, Berufsfortbildungsschulen und höheren Unterrichtsanstalten (höhere Lehranstalten, Lehrer- und Lehrerinnenbildungsanstalten, höhere Mädchenschulen und Mädchenmittelschulen) 85 Tage.

Hiervon treffen auf die Weihnachtsferien 14 Tage, auf die Oster- oder Jahresschlußferien 21 Tage, auf die Sommerferien 49 Tage; dazu kommt noch der Pfingstdienstag.

2. Die Weihnachtsferien beginnen am 20. Dezember morgens und endigen am 2. Januar abends.

3. Beginn und Schluß der Osterferien (Jahresschlußferien) wird alljährlich vom Ministerium eigens bekannt gegeben.

4. Die Sommerferien beginnen am 14. Juli morgens und endigen am 31. August abends.

5. Ist der erste Tag der Weihnachts- oder der Sommerferien ein Sonntag, so beginnen diese Ferien am vorausgehenden Samstag morgens, ohne daß der oben festgesetzte Schlußtag sich ändert.

Ist der Schlußtag dieser Ferien ein Sonntag, so endigen sie am darauffolgenden Montag abends.

6. Für Volksschulen an Orten, wo sich keine höheren Lehranstalten, Lehrer- oder Lehrerinnenbildungsanstalten befinden, sind folgende Abweichungen zulässig:

a) Die Weihnachtsferien oder die Osterferien können um sieben Tage verkürzt werden mit der Maßgabe, daß die ausfallenden Ferientage den

Sommerferien zuzuschlagen sind. Ferner kann der Beginn der Sommerferien und allenfalls ihre Verteilung auf mehrere Abschnitte entsprechend den örtlichen Verhältnissen festgesetzt werden.

b) Soweit bisher ganze oder halbe Tage wegen kirchlicher Feste oder sonst nach örtlichem Herkommen schulfrei waren, sind sie bis zum Höchstmaß von sieben Tagen in die Gesamtzahl der 85 Ferientage einzurechnen und entweder an den 14tägigen Weihnachtsferien oder an den 3wöchigen Osterferien abzuziehen.

c) Die nach a) zulässige Sonderregelung und die nach b) erforderliche Festsetzung erfolgt durch Beschluß der Schulpflegschaft, die davon der Bezirksschulbehörde Anzeige zu erstatten hat.

7. Die nach Ziff. 6 getroffene Regelung der Ferien an den Volksschulen hat jeweils auch Maß zu geben für die an den betreffenden Orten bestehenden Berufsfortbildungsschulen.

---

10. Verordnung vom 30. September 1922 über die Behandlung der Schulversäumnisse (GVBl. S. 618).

Das Gesamtministerium erläßt zum Vollzuge des Art. 58 des Polizeistrafgesetzbuchs in der Fassung nach § 33 des Gesetzes über Schulpflege, Schulleitung und Schulaufsicht an den Volksschulen vom 1. August 1922 (GVBl. S. 385) folgende Verordnung:

§ 1. Dem Antrag der Schulbehörde auf gerichtliche Bestrafung nach Art. 58 Abs. II und III des Polizeistrafgesetzbuchs hat vorbehaltlich des § 4 Abs. I ein Verwaltungsstrafverfahren vor der Schulpflegschaft vorauszugehen.

§ 2. I Die Entscheidungen der Schulpflegschaften im Verwaltungsstrafverfahren ergehen auf Grund mündlicher Verhandlung nach Anhörung der Beschuldigten.

II Die Zustellungen an die Beschuldigten erfolgen entweder unmittelbar gegen Empfangsbestätigung durch die Gemeindebehörde oder gegen Zustellungsnachweis durch die Post.

III Die Kosten des Verfahrens fallen dem Beschuldigten zur Last, wenn er verurteilt wird.

IV Gegen Entscheidungen der Schulpflegschaften im Verwaltungsstrafverfahren ist Beschwerde an die Bezirksschulbehörde, in unmittelbaren Städten an die Stadtschulbehörde, zulässig. Die Beschwerde ist binnen einer unerstrecklichen Frist von 14 Tagen, von der Eröffnung des Bescheides an gerechnet, beim Bezirksamt, in unmittelbaren Städten beim Stadtrat, einzulegen. Die Entscheidung der Bezirksschulbehörde (Stadtschulbehörde) ist endgültig.

V Die weiteren Vorschriften über das Verfahren werden vom Staatsministerium für Unterricht und Kultus erlassen.

§ 3. I Von der Strafe des Verweises ist nur beim ersten Versäumnis in leichteren Fällen Gebrauch zu machen. In schwereren Fällen sowie bei wiederholtem Versäumnis während des gleichen Schuljahres ist auf Geldstrafe bis zu 100 Mk. zu erkennen *).

II Bei der Bemessung der Geldstrafe ist neben den Gesamtumständen des Falles insbesondere die Dauer der versäumten Schulzeit zu berücksichtigen.

---

*) S. Ziff. 18 der folg. Bek. vom 23. Juni 1923 (S. 131 unten).

§ 4. I Von der zuständigen Schulbehörde kann ohne vorgängiges Verwaltungsstrafverfahren Strafantrag gestellt werden:

1. wenn innerhalb des gleichen Schuljahres gegen den Schuldigen bereits eine Geldstrafe im Verwaltungsstrafverfahren verhängt worden ist;
2. wenn die Schulpflegschaft es unterläßt, ein Verwaltungsstrafverfahren rechtzeitig und ordnungsgemäß durchzuführen, oder wenn die Durchführung sonstigen Schwierigkeiten begegnet;
3. in besonders schweren Fällen.

II Die Zulässigkeit der gerichtlichen Strafverfolgung hängt nicht vom Vorliegen der in Abs. I bezeichneten Voraussetzung ab.

§ 5. I Die Einhebung der im Verwaltungsstrafverfahren erkannten Geldstrafen und der im Verfahren vor den Schulpflegschaften erwachsenden Kosten sowie ihre zwangsweise Beitreibung erfolgt durch die Gemeindebehörde nach den Vorschriften über die Beitreibung rückständiger Gemeindeumlagen.

II Die Geldstrafen fließen in die Schulkasse, wo eine solche nicht besteht, in die Gemeindekasse.

§ 6. Die Regierung, Kammer des Innern, kann die Schulpflicht eines Schülers, der im Laufe eines Schuljahres oder mehrerer Schuljahre ein bestimmtes Maß von unentschuldigten Schulversäumnissen aufweist, um ein Jahr, jedoch nicht über das vollendete 18. Lebensjahr hinaus, verlängern.

§ 7. Bei öffentlichen Berufsfortbildungsschulen treten beim Vollzuge der vorstehenden Verordnung an die Stelle der Schulpflegschaften die in § 9 Abs. II—IV der Verordnung vom 22. Dezember 1913 über die Berufsfortbildungsschule (GVBl. S. 966) bezeichneten Schulbehörden nach näherer Bestimmung der Schulordnungen.

§ 8. Die Verordnung vom 2. September 1886, die Behandlung der Versäumnisse des Besuches der Schule und des öffentlichen Religionsunterrichts betreffend (GVBl. S. 585) und der § 19 der Verordnung vom 22. Dezember 1913 über die Berufsfortbildungsschulen (GVBl. S. 966) werden aufgehoben.

§ 9. Diese Verordnung tritt am 1. Oktober 1922 in Kraft.

---

11. Bek. d. Staatsmin. f. Unt. u. K. v. 23. Juni 1923 über die Behandlung der Schulversäumnisse (KMBl. S. 75, MABl. S. 56).

Zum Vollzuge des Art. 58 des Polizeistrafgesetzbuches i. d. F. nach § 33 des Ges. über Schulpflege, Schulleitung und Schulaufsicht an den Volksschulen v. 1. Aug. 1922 (GVBl. S. 385) sowie der V. über die Behandlung der Schulversäumnisse v. 30. Sept. 1922 (GVBl. S. 618) ergehen im Einverständnisse mit den Staatsministerien der Justiz und des Innern folgende Anordnungen und Erläuterungen:

I. Allgemeines.

1. Beim Vollzuge der neuen Vorschriften haben sich alle Beteiligten vor Augen zu halten, daß die Belange der Schule und der Volksbildung unbedingt die Eindämmung der in den letzten Jahren stark angewachsenen Schulversäumnisse erfordern und daß zu diesem Zwecke die rasche und entschiedene Anwendung der nunmehr gegebenen Handhabe zu einem nachdrücklicheren Einschreiten dringend geboten ist. Dies gilt insbesondere auch für Schulversäumnisse, die auf gemeinsamer Verabredung beruhen.

2. Die neuen Vorschriften gelten zunächst für alle an öffentlichen Volksschulen (Volkshauptschulen und Volksfortbildungsschulen) sowie an Berufsfortbildungsschulen (vgl. hierzu Abschn. V) seit dem 1. Oktober 1922 angefallenen Schulversäumnisse. Außerdem gelten sie grundsätzlich auch für die christlichen Bekenntnissonderschulen nach Art. 33 und die israelitischen Volksschulen nach Art. 36 des Schulbedarfsges. nach Maßgabe der für diese Schulen zum Vollzuge des Schulaufsichtsgesetzes ergangenen besonderen Anordnungen.

Die Vorschriften gelten auch für die Unterlassung der Anmeldung zum Eintritt in die Volkshauptschule, Volksfortbildungsschule oder Berufsfortbildungsschule, ferner für schuldbare Versäumnisse anläßlich des Übertritts von einer Schule in die andere.

Die Vorschriften gelten endlich auch in den Fällen der §§ 5 Abs. II, 6, 12, 13, 16 und 18 Abs. III der V. über die Schulpflicht v. 22. Dez. 1913 (GVBl. S. 957).

3. Die Erziehungsberechtigten und ihre Stellvertreter sind verpflichtet, die ihrer häuslichen Gemeinschaft angehörenden Schulpflichtigen während der ganzen Dauer der Schulpflicht zum Besuch der Volkshauptschule und der Fortbildungsschule anzuhalten. Die gleiche Verpflichtung obliegt allen Personen, die Schulpflichtige auf Grund eines Dienst- oder Lehrvertrages oder eines sonstigen Vertragsverhältnisses zu beaufsichtigen haben, insbesondere den Vorständen von Erziehungsanstalten sowie den Dienstherren, Lehrherren und sonstigen Arbeitgebern. Diesen obliegt die Verpflichtung neben den Erziehungsberechtigten auch dann, wenn die Schulpflichtigen nicht in ihre häusliche Gemeinschaft aufgenommen sind.

4. Zur Verhütung von Schulversäumnissen ist die Vorführung säumiger Schulpflichtiger durch den Schuldiener auf Anordnung des Schulleiters oder durch Vermittlung der Ortspolizeibehörde zulässig. Der Antrag auf Vorführung durch Vermittlung der Ortspolizeibehörde ist vom Schulleiter zu stellen. Die Ortspolizeibehörde ist verpflichtet, dem Antrage ungesäumt zu entsprechen. Wenn sie dem Antrage nicht stattgibt, hat der Schulleiter der Bezirksschulbehörde zu berichten.

Die Beiziehung der Gendarmeriebeamten zur Vorführung säumiger Schulpflichtiger ist nur in Ausnahmefällen auf Anordnung des Bezirksamts oder auf Ansuchen der Ortspolizeibehörde oder der Beamten des ortspolizeilichen Dienstes zulässig, wenn das Vorgehen des Schuldieners oder der Ortspolizeibehörde erfolglos war oder für sich allein nach den gegebenen Verhältnissen von vornherein aussichtslos erscheint (D. V. f. d. Gendarmerie 18. Juli 1922 § 40 Abs. I, II aut. E. d. StMin. d. Inn. v. 4. März 1894 Nr. 3588).

5. Gegen säumige Schulpflichtige ist ohne Rücksicht darauf, ob ein Verwaltungsstrafverfahren oder ein gerichtliches Strafverfahren durchgeführt wird, auch nachdrücklich mit den Mitteln der Schulzucht vorzugehen.

6. Unabhängig von der Strafverfolgung sind die Bezirksschulbehörden (Stadtschulbehörden) berechtigt und verpflichtet, in geeigneten Fällen die zuständige Jugendpflegerin oder das Vormundschaftsgericht behufs weiterer Maßnahmen zu verständigen oder Antrag auf Einleitung der Fürsorgeerziehung zu stellen. Die Schulleiter oder die Schulpflegschaften haben in den hierfür in Betracht kommenden Fällen entsprechenden Antrag an die Bezirksschulbehörde (Stadtschulbehörde) zu stellen.

7. Die Behandlung der Schulversäumnisse durch die Schulen und die Schulpflegschaften unterliegt der Aufsicht der vorgesetzten Schulaufsichtsbehörden. Die Regierungen, Kammern des Innern, sowie die Bezirks- und Stadt-

schulbehörden werden sich insbesondere in der nächsten Zeit angelegen sein lassen, den neuen Vorschriften den entsprechenden Vollzug zu sichern.

8. Die dieser Bekanntmachung als Anlage beigefügten Musterformblätter sollen nur als Anhaltspunkt für den Gebrauch, insbesondere bei einfacheren Verhältnissen, dienen. Abweichungen von diesen Mustern, namentlich für Zwecke der Berufsfortbildungsschulen, und die Verwendung weiterer Formblätter sind nicht ausgeschlossen. Insbesondere kann für die Ladungsnachweise (Anlage 1 S. 1) *) ein eigenes Formblatt verwendet werden, soweit dies veranlaßt erscheint.

II. Verwaltungsstrafverfahren vor den Schulpflegschaften.

9. Jeder mit der verantwortlichen Führung einer Schulklasse an einer Volkshaupt- oder Volksfortbildungsschule betraute Lehrer hat spätestens am Schlusse des Unterrichts alle Versäumnisse als entschuldigt oder unentschuldigt in der Schülerliste vorzumerken. Jeder versäumte Halbtag oder Teil eines solchen gilt als ein Schulversäumnis. Die Einträge sind zu berichtigen, wenn nachträgliche Anzeigen oder Feststellungen das Versäumnis als genügend entschuldigt erscheinen lassen.

Am Schlusse des Monats werden die unentschuldigten und die nicht genügend entschuldigten oder nicht genügend aufgeklärten Versäumnisse des Schulbesuchs festgestellt und in einer je nach Bedarf entweder für jede Schulklasse oder für die ganze Schule gemeinsam herzustellenden Versäumnisliste (Anlage 1) vorgetragen. Tatsachen, die für die Beurteilung des Versäumnisses von Belang sind, insbesondere frühere Bestrafungen wegen Schulversäumnisses, sind besonders vorzumerken (Anl. 1 Spalte 5) *).

Die Fachlehrkräfte und die Religionslehrer haben die in ihrem Unterricht angefallenen Versäumnisse jeweils spätestens am Schlusse des Unterrichts vorzumerken und am Ende des Monats dem Klaßlehrer zur Aufnahme in die Versäumnisliste schriftlich mitzuteilen.

Die Prüfung der Entschuldbarkeit der Versäumnisse ist mit größter Genauigkeit und Gerechtigkeit vorzunehmen.

10. Als genügender Entschuldigungsgrund im Sinne des Art. 58 Abs. II, III des PolStGB. gelten insbesondere:

a) Krankheit der Schulpflichtigen oder gefährliche ansteckende Erkrankung von Wohnungsgenossen, Ungangbarkeit des Schulwegs (z. B. bei Hochwasser), außergewöhnlich ungünstige Witterung bei weiten Schulwegen und dergleichen,
b) Unentbehrlichkeit der Schulpflichtigen zu häuslichen oder landwirtschaftlichen Dienstleistungen in Notlagen, durch Sitte und Anstand gebotene Teilnahme der Schulpflichtigen an besonderen Familienereignissen (z. B. Beerdigungen, Hochzeits- oder Tauffeiern nächster Angehöriger) und dergleichen.

In allen diesen Fällen gilt das Versäumnis in der Regel nur dann als entschuldigt, wenn die nach Ziff. 3 für den Schulbesuch verantwortlichen Personen den Schulleiter oder den Klaßlehrer von dem Hinderungsgrunde rechtzeitig in Kenntnis gesetzt haben. In den Fällen unter a ist der Hinderungsgrund baldmöglichst, in der Regel im Laufe des ersten Versäumnishalbtags, anzuzeigen, in den Fällen unter b ist vor der Abhaltung des Schulpflichtigen vom Unterricht um Befreiung vom Schulbesuch nachzusuchen. Nur in besonderen Fällen dürfen spätere Mitteilungen als genügende Entschuldi-

*) Von einem Abdruck der Anlagen wurde abgesehen.

gung angenommen werden. Veranlaßten Falles kann der Schulleiter die Beibringung geeigneter Nachweise über die Versäumnisursache (z. B. ärztlicher Zeugnisse) verlangen.

Wenn der vorgebrachte Entschuldigungsgrund nicht als ausreichend oder mangels Beibringung eines entsprechenden Nachweises nicht als erwiesen zu erachten ist, oder wenn in Fällen des Abs. I Buchst. b die Schule trotz Ablehnung der nachgesuchten Schulbefreiung versäumt worden ist, gelten die Versäumnisse als schuldhaft.

Zuständig zur Entscheidung über das Gesuch um Befreiung vom Schulbesuch (Buchst. b oben) ist für Schulbefreiungen bis zu 4 Tagen der Schulleiter, im übrigen der Bezirksschulrat. Der Schulleiter hat seine Entscheidung nach Einvernahme der beteiligten Lehrkräfte zu treffen und diese von der getroffenen Entscheidung zu benachrichtigen. Gegen die Entscheidung des Schulleiters ist Beschwerde zur Bezirksschulbehörde (Stadtschulbehörde), gegen die Entscheidung des Bezirksschulrats ist Beschwerde zur Regierung, Kammer des Innern, zulässig. Diese entscheidet endgültig. Beschwerden haben keine aufschiebende Wirkung.

11. Die Versäumnislisten sind am Letzten jedes Monats oder, wenn die Schule vor dem Ende des Monats geschlossen wird, am letzten Schultag auf Grund der Einträge in der Schülerliste herzustellen und falls für einzelne Schulklassen gesonderte Versäumnislisten geführt werden, sofort dem Schulleiter zu übergeben. Dieser hat die Versäumnislisten alsbald zu überprüfen und die etwa notwendigen Ergänzungen zu veranlassen. Insbesondere hat er sein Augenmerk darauf zu richten, daß die Versäumnisse in den einzelnen Klassen gleichmäßig behandelt werden. Er kann auch schon beim Anfall der einzelnen Versäumnisse vom Lehrer zur Entscheidung beigezogen werden oder nach eigenem Ermessen eingreifen.

Der Schulleiter hat die Versäumnislisten spätestens am 3. Tage des folgenden Monats zur Kenntnis des Vorsitzenden der Schulpflegschaft oder seines Stellvertreters zu bringen und im Benehmen mit diesem die Durchführung des Verwaltungsstrafverfahrens zu veranlassen, soweit nicht nach Ziff. 30 zu verfahren ist.

12. Das Verwaltungsstrafverfahren vor den Schulpflegschaften ist unbeschadet der erforderlichen Gründlichkeit in der Vorbereitung der Fälle mit tunlichster Einfachheit und Beschleunigung durchzuführen. Alle in der Versäumnisliste aufgeführten Fälle sind im Laufe der ersten Hälfte des auf den Versäumnisfall folgenden Monats der Erledigung durch die Schulpflegschaft zuzuführen, soweit nicht gemäß Ziff. 30 bis 33 ohne Einleitung eines Verwaltungsstrafverfahrens Antrag auf gerichtliche Strafverfolgung gestellt wird.

13. Die Sitzungstage der Schulpflegschaften für die Behandlung der Schulversäumnisse sind innerhalb der ersten Monatshälfte unter Berücksichtigung des Bedürfnisses und der örtlichen Verhältnisse festzusetzen. Den Vorsitzenden der Schulpflegschaften bleibt es unbenommen, zur rascheren Abwandlung einzelner Schulversäumnisse außerordentliche Schulsitzungen anzuberaumen. Sie können dazu auch von der Aufsichtsbehörde angewiesen werden.

14. Die Beschuldigten (PolStGB. Art. 58 Abs. II, III, vorstehende Ziff. 3) sind zu den Sitzungen der Schulpflegschaft durch den Vorsitzenden der Schulpflegschaft oder seinen Stellvertreter zu laden (V. v. 30. Sept. 1922 § 2 Abs. II). In unmittelbaren Städten kann die Ladung durch die Stadtschulbehörde erfolgen.

Die Form der Ladung bleibt dem Ermessen der Schulpflegschaft oder der Stadtschulbehörde überlassen. Die unmittelbare Ladung gegen Empfangsbestätigung empfiehlt sich mehr für einfachere, insbesonders für ländliche Verhältnisse, die Ladung gegen Zustellungsnachweis durch die Post (Anlage 2) *) mehr für größere Orte sowie in Fällen, in denen anzunehmen ist, daß der unmittelbaren Ladung gegen Empfangsbestätigung Schwierigkeiten entgegenstehen.

Mit der Ladung kann die Androhung einer Ungehorsamsstrafe nach Art. 21 PolStGB. in Verbindung mit Art. III u. V des Geldstrafengesetzes v. 27. April 1923 (RGBl. I S. 254) **) für den Fall des Nichterscheinens verbunden werden.

15. In der Sitzung der Schulpflegschaft ist dem Beschuldigten der festgestellte Versäumnistatbestand zu eröffnen. Es ist ihm Gelegenheit zu geben, sich hierzu zu äußern.

Nach der Einvernahme des Beschuldigten erfolgt die Vernehmung etwaiger Auskunftspersonen (Ziff. 16) in Gegenwart des Beschuldigten. Dem Beschuldigten ist Gelegenheit zu geben, sich zu ihren Aussagen zu äußern.

16. Zu den Sitzungen der Schulpflegschaften können Lehrer, die nicht Mitglieder der Schulpflegschaften sind, insbesondere die beteiligten Klaßlehrer als Auskunftspersonen beigezogen werden. Die Lehrkräfte sind zur Befolgung solcher Einladungen dienstlich verpflichtet. Im übrigen ist den beteiligten Lehrpersonen gestattet, an den Sitzungen mit beratender Stimme teilzunehmen, sofern dies ohne Ausfall von Unterricht möglich ist.

Sonstige Auskunftspersonen (Zeugen und Sachverständige) sind zu den Sitzungen der Schulpflegschaften nur dann beizuziehen, wenn bestimmt feststeht, daß dadurch keine besonderen Kosten erwachsen. Andernfalls hat der Vorsitzende der Schulpflegschaft, wenn er ihre Einvernahme für notwendig erachtet, das Bezirksamt oder den Stadtrat um Einvernahme durch Vermittlung der Polizeiorgane zu ersuchen.

17. Im übrigen gelten für das Verwaltungsstrafverfahren vor der Schulpflegschaft, insbesondere für die Beschlußfähigkeit der Schulpflegschaft und das Abstimmungsverhältnis die allgemeinen Bestimmungen über das Verfahren der Schulpflegschaften. Bei den Abstimmungen dürfen die Beschuldigten, die Auskunftspersonen und die Lehrer, die nicht Mitglieder der Schulpflegschaft sind, nicht anwesend sein.

18. Für jedes schuldhafte Versäumnis (Ziff. 9 Abs. I Satz 2) kann die im Gesetze vorgesehene Strafe gesondert verhängt werden.

Der Höchstbetrag der Geldstrafe, die im Verwaltungsstrafverfahren für jedes Versäumnis festgesetzt werden kann, beträgt nach Art. 58 Abs. IV des PolStGB. 100 Mk. Dieser Höchstbetrag ist durch Art. II des Geldstrafengesetzes vom 27. April 1923 (RGBl. I S. 254) sehr beträchtlich erhöht worden. Die Schulpflegschaften werden jedoch angewiesen, bei Verhängung von Geldstrafen im Verwaltungsstrafverfahren den Höchstbetrag von 5000 Mk. für den einzelnen Versäumnisfall nicht zu überschreiten ***).

---

*) Von einem Abdruck der Anlagen wurde abgesehen.

**) An die Stelle des Geldstrafengesetzes vom 27. April 1923 ist die Verordnung über Vermögensstrafen und Bußen vom 6. Februar 1924 (RGBl. I S. 44) getreten (s. hier Art. III u. VIII).

***) S. nunmehr die in Anm. 20 zu Art. 58 des PolStGB. angegebenen Bestimmungen (S. 95 oben).

19. Nach § 3 der V. v. 30. Sept. 1922 ist von der Strafe des Verweises nur beim ersten Versäumnis in leichteren Fällen Gebrauch zu machen. In schweren Fällen sowie bei wiederholtem Versäumnis während des gleichen Schuljahrs ist auf Geldstrafe (vgl. vorst. Ziff. 18 Abs. II) zu erkennen.

Schwerere Fälle im Sinne dieser Vorschrift sind insbesondere dann anzunehmen, wenn den Versäumnissen nicht sowohl Leichtsinn, als böswillige Absicht, namentlich Gewinnsucht zugrunde liegt oder wenn die Dauer der versäumten Schulzeit mehr als einen Tag beträgt. Nachdem die Strafe des Verweises als Kriminalstrafe gegen Jugendliche wegen ihrer geringen Bedeutung durch das Jugendgerichtsgesetz vom 16. Februar 1923 beseitigt worden ist, werden die Schulpflegschaften im Verwaltungsstrafverfahren mit besonderer Sorgfalt zu prüfen haben, ob die Gesamtumstände des Falles diese Strafe als genügend erscheinen lassen.

Wenn innerhalb des gleichen Schuljahrs gegen den Schuldigen bereits eine Geldstrafe im Verwaltungsstrafverfahren verhängt worden ist (V. v. 30. Sept. 1922 § 4 Abs. I Ziff. 1) oder wenn sonst besonders schwere Fälle im Sinne der Ziff. 33 dieser Bekanntmachung vorliegen, hat die Schulpflegschaft bei der zuständigen Schulbehörde (Ziff. 28) die Einleitung des gerichtlichen Strafverfahrens anzuregen.

20. Wenn der Beschuldigte verurteilt wird, sind ihm in dem Beschlusse der Schulpflegschaft die Kosten (insbesondere Drucksachen-, Porto- und Zustellungskosten) ausdrücklich aufzuerlegen (V. v. 30. Sept. 1922 § 2 Abs. III). Wenn der Beschuldigte freigesprochen wird, fallen etwa erwachsene Kosten als Bestandteil des sächlichen Bedarfs der Volksschulen den Gemeinden zur Last (Art. 11 des Schulbedarfgesetzes).

21. Alle Beschlüsse der Schulpflegschaften sind in der hierfür vorgesehenen Spalte der Versäumnisliste zu vermerken. Soweit Anlaß besteht, sind die Erklärungen der Beschuldigten und die Aussagen etwa vernommener Auskunftspersonen in einer kurzen gesonderten Niederschrift aufzunehmen, die der Versäumnisliste als Beilage beizufügen ist. Die Eintragung der Beschlüsse der Schulpflegschaft und der sonst etwa veranlaßten Bemerkungen in die Versäumnisliste und die Führung der Niederschrift obliegt dem in der Schulsitzung anwesenden dienstjüngsten Lehrer, falls ein Lehrer nicht anwesend ist, einem vom Vorsitzenden bestimmten anderen Mitgliede der Schulpflegschaft. Die Versäumnisliste und eine etwa aufgenommene Niederschrift sind durch den Vorsitzenden und den Schriftführer zu unterzeichnen.

22. Ist der Beschuldigte erschienen, so ist ihm der Beschluß entweder mündlich gegen Unterschrift in der Versäumnisliste zu eröffnen oder schriftlich nach Maßgabe des § 2 Abs. II der V. v. 30. Sept. 1922 zuzustellen. (Anlage 3)*).

Ist der Beschuldigte nicht erschienen, so ist, sofern nicht von der Vorführung des säumigen Schulpflichtigen nach Ziff. 4 Gebrauch gemacht werden will, nach Lage der Sache zu erkennen. Der Beschluß ist dem Beschuldigten entweder gegen Unterschrift zu eröffnen oder durch die Post zuzustellen (V. v. 30. Sept. 1922 § 2 Abs. II). Veranlaßten Falles (Ziff. 19 Abs. III) ist die Einleitung des gerichtlichen Strafverfahrens anzuregen.

In allen Fällen ist der Beschuldigte, wenn er verurteilt wird, über das Beschwerderecht nach § 2 Abs. IV der V. v. 30. Sept. 1922 sowie über die Gebührenpflichtigkeit des Beschwerdeverfahrens zu belehren. Der Verurteilte kann sofort durch mündliche Erklärung vor der Schulpflegschaft auf Einlegung

*) Von einem Abdruck der Anlagen wurde abgesehen.

der Beschwerde verzichten. Für Schulpflichtige kann dieser Verzicht nur durch den gesetzlichen Vertreter erklärt werden. Durch den Verzicht wird der Beschluß der Schulpflegschaft sogleich rechtskräftig. Der Verzicht ist in der Versäumnisliste festzustellen.

23. Die Versäumnislisten mit den Beschlüssen der Schulpflegschaft und den zugehörigen Niederschriften sind vom Vorsitzenden der Schulpflegschaft dem Schulleiter zuzustellen. Dieser hat sie den beteiligten Klaßlehrern zur Kenntnisnahme und Vormerkung der verhängten Strafen, soweit sie rechtskräftig sind, in der Schülerliste mitzuteilen und sodann, falls Anregungen auf Einleitung des gerichtlichen Strafverfahrens (Ziff. 19 Abs. III, 22 Abs. II Satz 2) vorliegen, umgehend der Bezirksschulbehörde (und zwar zunächst dem Bezirksschulrate), in unmittelbaren Städten der Stadtschulbehörde vorzulegen. Die weitere Behandlung bemißt sich nach Ziff. 29.

24. Die Verwahrung der abgeschlossenen Versäumnislisten samt den etwa aufgenommenen Niederschriften obliegt dem Schulleiter.

25. Die Mitglieder der Bezirksschulbehörde (Stadtschulbehörde) haben sich gelegentlich der Vornahme von Gemeindebesichtigungen und Schulbesuchen durch stichprobenweise Einsichtnahme in die Versäumnislisten von dem Vollzuge der Vorschriften über die Behandlung der Schulversäumnisse zu überzeugen. Der Bezirksschulbehörde (Stadtschulbehörde) bleibt es überlassen, die allmonatliche Vorlage der Schulversäumnisverhandlungen anzuordnen.

Nimmt die Bezirksschulbehörde (Stadtschulbehörde) wahr, daß die Schulpflegschaft ihrer Pflicht zu entsprechender Behandlung der Schulversäumnisse nicht in geeigneter Weise nachkommt, so ist zunächst zu versuchen, im Wege aufsichtlicher Einwirkung auf die Schulpflegschaft Abhilfe zu schaffen. Führt dieser Weg nicht zum Ziele, so ist nach § 4 Abs. I Ziff. 2 der V. v. 30. Sept. 1922 zu verfahren.

26. Die Entscheidungen der Bezirksschulbehörde (Stadtschulbehörde) im Beschwerdeverfahren ergehen regelmäßig nicht auf Grund mündlicher Verhandlung, sondern im Bureauwege. Der Bezirksschulbehörde (Stadtschulbehörde) bleibt es jedoch überlassen, eine mündliche Verhandlung anzuberaumen, falls sie dies für erforderlich hält.

Die Bezirksschulbehörde (Stadtschulbehörde) pflegt die etwa noch erforderlichen Erhebungen und führt die Beschwerde auf dem raschesten Wege der Erledigung zu. Sind in einer unmittelbaren Stadt Bezirksschulräte vorhanden, die nicht Mitglieder der Stadtschulbehörde sind, so hat die Stadtschulbehörde von ihrer Entscheidung jeweils den zuständigen Bezirksschulrat zur Sache zu hören. Abdruck des ergehenden Bescheides ist dem Vorsitzenden der Schulpflegschaft zur Verständigung des Schulleiters und des Klaßlehrers und zur Beifügung zu den Akten der Schulpflegschaft zuzuleiten.

Die Bescheide der Bezirksschulbehörden (Stadtschulbehörden) im Beschwerdeverfahren sind gebührenpflichtig, soferne der Beschwerde nicht vollständig stattgegeben wird (Kosten-G. Art. 170 Ziff. 7, MB. v. 21. Aug. 1920, KMBl. S. 369).

27. Zum Vollzuge des § 5 Abs. I der V. v. 30. Sept. 1922 hat der Vorsitzende der Schulpflegschaft sofort nach Eintritt der Rechtskraft des Beschlusses der Schulpflegschaft — falls Beschwerde eingelegt wird, sofort nach Mitteilung des Beschlusses der Bezirksschulbehörde (Stadtschulbehörde) — die verhängte Geldstrafe und die im Verwaltungsstrafverfahren vor der Schulpflegschaft etwa erwachsenen Kosten der Gemeindebehörde zur Einhebung mitzuteilen. Wenn auch im Beschwerdeverfahren Kosten erwachsen sind, sind diese gleichzeitig einzuheben.

Die Bezirksverwaltungsbehörden können anordnen, daß die Gemeindebehörden ihnen über die Einhebung der verhängten Geldstrafen Nachweis zu erbringen haben.

III. Gerichtliche Strafverfolgung.

28. Zuständig zur Stellung des Antrags auf Einleitung des gerichtlichen Strafverfahrens gemäß Art. 58 Abs. II, III PolStrGB. ist für die Volkshaupt- und Volksfortbildungsschulen die Bezirksschulbehörde, in unmittelbaren Städten die Stadtschulbehörde, für die Berufsfortbildungsschulen entweder die Schulvorstandschaft oder das Bezirksamt (der Stadtrat) nach Maßgabe der Ziff. 37. Der Stadtrat hat vor Stellung des Antrags den Stadtschulrat, wo ein solcher aufgestellt ist, zu hören.

Soweit bis zur Veröffentlichung dieser Bekanntmachung Strafanträge von Schulpflegschaften oder Gemeindebehörden gestellt worden sind, haben sie als ordnungsmäßig gestellt zu gelten.

29. Die Bezirksschulbehörde (Stadtschulbehörde) hat nach Vorlage der Versäumnislisten gemäß Ziff. 23 Satz 2 ungesäumt zu prüfen, ob sie der Anregung der Schulpflegschaft (Ziff. 19 Abs. III, 22 Abs. II Satz 2) stattgeben will, und bejahenden Falles die Einleitung des gerichtlichen Strafverfahrens durch eine mit entsprechendem Strafantrag versehenen Strafanzeige beim zuständigen Amtsanwalte herbeizuführen. (Anlage 4.)*) Von der Hinausgabe der Versäumnislisten an den Amtsanwalt ist abzusehen. Erachtet die Bezirksschulbehörde (Stadtschulbehörde) die gerichtliche Strafverfolgung nicht für veranlaßt, so hat sie dies der Schulpflegschaft zu eröffnen und diese gegebenen Falles anzuweisen, das Verwaltungsstrafverfahren durchzuführen. Die Anweisung ist für die Schulpflegschaft bindend.

30. Erachtet der Schulleiter die Voraussetzungen des § 4 Abs. I der V. v. 30. Sept. 1922 für gegeben, so hat er im Benehmen mit dem Klaßlehrer sofort die Einleitung der gerichtlichen Strafverfolgung bei der Bezirksschulbehörde (Stadtschulbehörde) anzuregen, ohne daß die Sache vorher der Behandlung in der Schulpflegschaft zuzuführen ist. Erachtet die Bezirksschulbehörde (Stadtschulbehörde) die Voraussetzungen für die Einleitung der gerichtlichen Strafverfolgung nicht als gegeben, so teilt sie dies dem Schulleiter mit und veranlaßt gegebenen Falles die Einleitung des Verwaltungsstrafverfahrens. Andernfalls ist Strafantrag beim Amtsanwalte zu stellen.

31. Die Bezirksschulbehörde (Stadtschulbehörde) kann auch von sich aus die Einleitung der gerichtlichen Strafverfolgung in geeignet erscheinenden Fällen veranlassen.

32. Die Stadtschulbehörde hat bei Behandlung der Fälle nach Ziff. 29—31 den zuständigen Bezirksschulrat zu hören, wenn dieser nicht Mitglied der Stadtschulbehörde ist.

33. Besonders schwere Fälle im Sinne des § 4 Abs. I Ziff. 3 der V. v. 30. Sept. 1922 sind insbesondere anzunehmen

a) wenn die in Ziff. 19 Abs. II dieser Bekanntmachung aufgeführten Erschwerungsgründe in besonderem Maße gegeben sind,
b) bei Vereinbarungen zu gemeinsamem Schulversäumnis,
c) wenn dem Verwaltungsstrafverfahren vor der Schulpflegschaft von den Beteiligten hartnäckiger Widerstand entgegengesetzt wird.

34. Nach § 4 Abs. II der V. v. 30. September 1922 hängt die Zulässigkeit der gerichtlichen Strafverfolgung nicht vom Vorliegen der in Abs. I

*) Von einem Abdruck der Anlagen wurde abgesehen.

daselbst bezeichneten Voraussetzungen ab. Damit entfallen alle rechtlichen Schwierigkeiten, die bisher vielfach der Durchführung des gerichtlichen Strafverfahrens entgegenstanden; jeder von der zuständigen Bezirks- oder Stadtschulbehörde gestellte Strafantrag ist von der Amtsanwaltschaft und dem Gericht ohne weitere Prüfung irgend welcher auf dem Gebiete des Verwaltungsstrafverfahrens liegenden Voraussetzungen zu behandeln.

IV. Verlängerung der Schulpflicht.

35. Die Regierungen, Kammer des Innern, haben die Anwendung des § 6 der V. v. 30. Sept. 1922 in Erwägung zu ziehen:

a) wenn ein Schulpflichtiger innerhalb eines Schuljahres mehr als ein Achtel, innerhalb zweier aufeinanderfolgender Schuljahre mehr als ein Zehntel der Schultage unentschuldigt versäumt hat,

b) wenn ein Volkshauptschulpflichtiger 14 Schultage, ein Fortbildungsschulpflichtiger 4 Schultage im Zusammenhang unentschuldigt versäumt hat, und wenn sich dadurch erhebliche Mängel in der Schulausbildung ergeben haben.

Halbe Schultage sind als voll zu zählen.

36. Die Schulleiter haben die Versäumnisse am Ende des Schuljahres im Benehmen mit den Klaßlehrern auf das Vorliegen der in Ziff. 35 bezeichneten Voraussetzungen zu prüfen. Wo diese Voraussetzungen gegeben sind, haben sie unter Beifügung der erforderlichen Belege (Versäumnislisten, Schulbögen u. dgl.) an die Bezirksschulbehörde (Stadtschulbehörde), in unmittelbaren Städten mit mehreren Bezirksschulräten durch Vermittlung des zuständigen Bezirksschulrats, unter Beifügung einer Äußerung über den Fortgang zu berichten. Für Schüler, die vor der Entlassung aus der Volkshauptschule oder der Fortbildungsschule stehen, ist dieser Bericht spätestens 4 Wochen vor Schluß des Schuljahrs zu erstatten.

Die Bezirksschulbehörden (Stadtschulbehörden) haben die Berichte ungesäumt mit gutachtlicher Äußerung den Regierungen, Kammern des Innern, vorzulegen und bei denjenigen Fortbildungsschülern, die zur Entlassung kommen sollen, gleichzeitig die Erziehungsberechtigten durch schriftliche Mitteilung darauf aufmerksam zu machen, daß sie mit der Möglichkeit der Verlängerung der Schulpflicht um ein Jahr zu rechnen haben. Die Regierungen, Kammern des Innern, haben in diesem Falle die Entscheidung so zu beschleunigen, daß sie den Beteiligten tunlichst noch vor der Beendigung des Schuljahres eröffnet werden kann. Andernfalls ist das Entlassungszeugnis bis zur Entscheidung der Regierung zurückzubehalten.

Wenn die Entscheidung, durch die eine Verlängerung der Schulpflicht angeordnet worden ist, um mehr als 2 Jahre vor dem Zeitpunkte der ordnungsmäßigen Entlassung aus der Volkshauptschule oder der Fortbildungsschule zurückliegt, haben die Regierungen, Kammern des Innern, zu diesem Zeitpunkte von Amts wegen nachzuprüfen, ob Anlaß besteht, die Anordnung aufrecht zu erhalten. Die Anordnung kann aufgehoben werden, wenn sich der Schüler in den auf die Anordnung folgenden Schuljahren gut geführt hat.

V. Besondere Vorschriften für die Berufsfortbildungsschulen.

37. Beim Vollzuge der Abschnitte II—IV dieser Bekanntmachung treten bei den öffentlichen Berufsfortbildungsschulen, bei denen sowohl eine Schulvorstandschaft als auch besondere Organe bestehen (V. v. 22. Dezember 1913 § 9 Abs. II, III — GVBl. S. 966 —), an die Stelle der Schulpflegschaften die besonderen Organe, an die Stelle der Bezirksschulbehörde (Stadtschulbe-

hörde) die Schulvorstandschaft. Wenn besondere Organe nicht gebildet sind, übt die Schulvorstandschaft die Zuständigkeit der Schulpflegschaft aus. Die Zuständigkeit der Bezirksschulbehörde (Stadtschulbehörde) ist in diesem Falle dem Bezirksamt, in unmittelbaren Städten dem Stadtrat übertragen. Dieser hat gegebenen Falles den Stadtschulrat zu hören*).

38. An öffentlichen Berufsfortbildungsschulen ist ein Verwaltungsstrafverfahren vor den zuständigen Schulbehörden nur für diejenigen Schulversäumnisse zulässig, die innerhalb der zehnjährigen durch die Verordnung vom 22. Dezember 1913 (GVBl. S. 957) begründeten Schulpflicht liegen. Soweit darüber hinaus die Verpflichtung zum Besuch einer Fortbildungsschule auf Grund des § 120 Abs. III und IV der Reichsgewerbeordnung besteht, ist ein Verwaltungsstrafverfahren im Hinblick auf Art. 58 Abs. I des Polizeistrafgesetzbuches nicht zulässig. Die Strafverfolgung der innerhalb dieser verlängerten Schulpflicht liegenden Schulversäumnisse kann nur vor den Gerichten auf Grund des § 150 Abs. I Ziff. 4 der Reichsgewerbeordnung erfolgen. Da sich der Höchstbetrag der hier angedrohten Geldstrafe nunmehr nach dem Geldstrafengesetze vom 27. April 1923 (RGBl. I S. 254) bemißt, wird auch gegen diese Schulversäumnisse in Zukunft ein wirksames Einschreiten möglich sein**).

39. Für die Berufsfortbildungsschulen ist eine Zuständigkeit der Bezirksschulräte nicht gegeben. Daher entfällt hier ihre Mitwirkung in den Fällen der Ziff. 23, 26 und 32.

40. Zum Vollzuge der Ziff. 9 haben in Berufsfortbildungsschulen mit Fachlehrersystem alle Lehrkräfte die Pflicht, die fehlenden Schüler und, soweit es ihnen möglich ist, die Versäumnisursache vorzumerken. Dem Klaßlehrer obliegt die Aufgabe, die Einträge in die Schüler- und Versäumnisliste nach Maßgabe der Ziff. 9 vorzunehmen.

VI. Schlußbestimmungen.

41. Die ME. vom 23. Dezember 1918 über die Behandlung der Schulversäumnisse (KMBl. S. 348) sowie alle Anordnungen, die den Vorschriften der V. v. 30. Sept. 1922 oder dieser Bekanntmachung entgegenstehen oder durch sie ersetzt sind, werden aufgehoben.

42. Die Regierungen, Kammern des Innern, können weitere Vollzugsbestimmungen erlassen.

12. Bek. d. Staatsmin. f. Unt. u. K. v. 15. Dez. 1923 über die Behandlung der Schulversäumnisse (KMBl. S. 162, MABl. S. 83).

Unter Bezugnahme auf die Min.-Bek. vom 25. Oktober 1923 (KMBl. S. 132, Amtsbl. d. b. inn. Verw. S. 76) wird folgendes bekanntgegeben und bestimmt:

1. Nach Art. II des Geldstrafengesetzes v. 27. April 1923 in der Fassung nach Art. II der Ver. v. 23. Nov. 1923 (RGBl. I S. 117) mit Art. VIII Abs. I dieser Ver. beträgt vom 8. Dez. 1923 an bei der Geldstrafe, die im Verwaltungsstrafverfahren für jedes Versäumnis festgesetzt werden kann,

*) Ein neuer Absatz II wurde beigefügt durch MBek. vom 10. Mai 1925, abgedruckt im „Nachtrag", S. 246 unten.

**) An die Stelle des Geldstrafengesetzes vom 27. April 1923 ist die Verordnung über Vermögensstrafen und Bußen vom 6. Februar 1924 (RGBl. I S. 44) getreten (s. Anm. 23 zu Art. 58 des PolStGB. S. 96 oben).

der Mindestbetrag eine Goldmark und der Höchstbetrag 1000 Goldmark. Dieser Strafrahmen gilt nach Art. VII Abs. II S. 2 des Vermögensstrafengesetzes v. 13. Okt. 1923 (RGBl. I S. 943) auch für Schulversäumnisse, die vor dem 8. Dez. 1923 liegen. Die Schulpflegschaften, bei den Berufsfortbildungsschulen die besonderen Organe und die Schulvorstandschaften werden angewiesen, bei Verhängung von Geldstrafen im Verwaltungsstrafverfahren die Strafen innerhalb dieser Grenze unter Berücksichtigung der Lage des Einzelfalles zu bemessen.

2. Für die Berechnung der nach Ziff. 1 auf einen Goldmarkbetrag festgesetzten Strafen gelten die Vorschriften in Art. IV und V der oben angeführten Ver. v. 23. Nov. 1923. Diese lauten:

„**Art. IV.** Lautet eine Vermögensstrafe (Art. IV Abs. 2 des Gesetzes über Vermögensstrafen und Bußen vom 13. Okt. 1923) oder eine Buße auf einem Goldmarkbetrag, so ist dieser Betrag in Reichswährung nach dem für den Tag der Zahlung oder Beitreibung maßgebenden Goldumrechnungssatz umzurechnen, den der Reichsminister der Finanzen auf Grund des § 2 Abs. 3 der Aufwertungsverordnung vom 11./18. Okt. 1923 (RGBl. I S. 939, 979) festsetzt und fortlaufend veröffentlicht.

Die Zahlung kann auch in anderen als den gesetzlichen Zahlungsmitteln geleistet werden, soweit sie von den öffentlichen Kassen anzunehmen sind; den Umrechnungssatz bestimmt der Reichsminister der Finanzen. Maßgebend ist der für den Tag der Zahlung oder Beitreibung geltende Umrechnungssatz.

Für Vermögensstrafen und Bußen, die auf Goldmark lauten, tritt Art. IV des Gesetzes über Vermögensstrafen und Bußen*) außer Kraft.

Art. V. Bei Vermögensstrafen und Bußen gilt als Tag der Zahlung:

1. bei Zahlung durch Postanweisung oder Zahlkarte der aus dem Tagesstempel der Aufgabepostanstalt ersichtliche Tag der Einzahlung;
2. bei Zahlung durch Postscheck oder Postüberweisung der Tag, der sich aus dem Tagesstempel des Postscheckamts auf dem dem Zahlungsempfänger ausgehändigten Abschnitt ergibt.

Im übrigen gilt als Tag der Zahlung der Tag des Zahlungseinganges."

Der nach vorstehendem Art. IV Abs. I maßgebende Goldumrechnungssatz wird vom Reichsfinanzminister täglich den Telegraphenanstalten und Postagenturen mitgeteilt und dort durch Aushang öffentlich bekannt gemacht.

3. Die Vorschriften in der Min.-Bek. v. 25. Okt. 1923 gelten noch für die Strafen, die auf Grund dieser Min.-Bek. und der in ihr angeführten Bestimmungen in Papiermark festgesetzt worden sind.

---

13. ME. v. 20. Mai 1815, Schulstrafen betr. (Döll. 9 S. 1459, Weber 1 S. 473).

J. Dem k. General-Kommissariat des Isarkreises wird . . . zur Entschließung hiemit eröffnet:

1. Es kann nicht zugegeben werden, daß die Lehrer und Lehrerinnen in den Volksschulen sich wieder, wie ehedem, der Ruthe oder eines Stäbchens zur Bestrafung fehlender Schulkinder bedienen.

2. Theils zur Verhütung der gewöhnlichen Fehler und Vergehungen der Schulkinder, theils zu ihrer Bestrafung sollen die in den Deutschen Schulnachrichten vom Jahre 1812 (St. XI S. 175) angezeigten Mittel mit eini-

*) Vgl. Ziff. 2 der Min.-Bek. v. 25. Okt. 1923.

gen Modifikationen und in folgender Stufenordnung in Anwendung gebracht werden. Nämlich:

a) An- und Abmahnungen,
b) Warnungen, Drohungen,
c) Verweise.

Diese Mittel sub b und c sind in gehörigen Graden immer zuerst privat und dann, wenn dies nicht fruchtet, öffentlich anzuwenden;

d) geringe Noten, welche auf die Berechnung des jährlichen Fortganges Einfluß haben, und auch den Eltern angezeigt werden;
e) Stehen in oder außer der Schulbank;
f) Versetzung auf eine eigene Strafbank auf einige Zeit;
g) Schulzimmer-Arrest mit Abstinenz über Mittag, wovon die Eltern immer sogleich in Kenntniß zu setzen sind *).

3. Gröbere Vergehen, welche Bosheit des Herzens zum Grunde haben — auch anhaltende, durch Anwendung obiger Mittel nicht gebesserte Faulheit — und besonders Verführung anderer Schüler oder Schülerinnen sind durch körperliche Züchtigung mit der Ruthe oder einem Stäbchen zu bestrafen.

Diese Strafe ist jedoch nur von dem Lokal-Schulinspektor oder Lokal-Schulkommissär nach genauer Untersuchung zu erkennen und zu diktieren, auch in seiner Gegenwart durch den Schulpedell zu vollziehen.

4. Bleibt auch diese Strafe ohne die gewünschte Wirkung, so ist ein solches Schulkind nach vorhergegangenem Erkenntnisse der ganzen Lokalschul-Kommission in die zu errichtende Korrektionsschule, worüber dem Berichte des kgl. General-Kommissariats entgegengesehen wird, zu überweisen, aus welcher es nur nach abgelegten Beweisen einer vollkommenen Besserung in seine vorige Schule zurückversetzt werden darf **).

Das k. General-Kommissariat erhält unter Rückschluß der Berichtsbeilagen den Auftrag, das weiter Geeignete zu verfügen.

München, den 20. Mai 1815.

---

14. Ministerialentschließung vom 20. Februar 1910, die Handhabung des Züchtigungsrechtes an den Volksschulen betr. (KMBl. S. 123).

Die Erlassung neuer Vorschriften über die Handhabung des Züchtigungsrechtes an den Volksschulen mußte im Hinblicke auf die bevorstehende Abänderung der Reichs-Strafprozeßordnung und des Reichs-Strafgesetzbuches vorerst zurückgestellt werden. Hienach haben die einschlägigen Vorschriften bis auf weiteres in Geltung zu bleiben.

Die K. Regierungen werden angewiesen, auf tunlichste Einschränkung der körperlichen Züchtigung und auf Verhütung von Überschreitungen des Züch-

---

*) In einer weiteren ME. v. 30. Juni 1815 gl. Betr. (Döll. 9 S. 1461) wurde bestimmt, „daß diese Strafe nur zur Nachholung versäumter Arbeiten auferlegt, und der Sträfling nicht ganz und gar ohne Aufsicht gelassen werden dürfe; daß deßhalb aber auch die erwähnte Strafe nur in Schulhäusern, in welchen ein Lehrer oder eine Lehrerin ihre Wohnung hat, denen dadurch ein und das andere Mal nachzusehen möglich und nicht beschwerlich ist, diktiert werden könne".

**) Korrektionsschulen in diesem Sinne gibt es nicht.

tigungsrechtes in den Volksschulen fortgesetzt nachdrücklich hinzuwirken. Zu diesem Zwecke werden die K. Regierungen, Kammern des Innern, ermächtigt, Lehrpersonen, welche wegen Überschreitung des Züchtigungsrechtes disziplinär bestraft oder gerichtlich verurteilt worden sind, die Befugnis zur Ausübung des Züchtigungsrechtes auf bestimmte oder unbestimmte Zeit zu entziehen. Im Falle der Außerachtlassung eines solchen Verbotes ist mit strengen Disziplinarstrafen einzuschreiten.

Den K. Regierungen, Kammern des Innern, wird weiter anheimgegeben, allgemein für einzelne Lehrerkategorien oder für einzelne Lehrpersonen die Führung eines Strafverzeichnisses anzuordnen, in welches jede vollzogene Züchtigung nebst kurzer Begründung ihrer Notwendigkeit für jeden Schultag einzutragen ist, und mit der Kontrolle dieser Strafverzeichnisse die Kreis-, Distrikts- und Ortsschulinspektoren zu betrauen.

Die Landesschulkommission erblickt ein wirksames Mittel zur Vermeidung von Fehlgriffen in der Ausübung des Züchtigungsrechtes sowie zur allmählichen Verdrängung der körperlichen Züchtigung aus der Volksschule darin, daß die Schulaufsichtsbeamten und das Lehrpersonal der Volksschulen die nachstehend abgedruckten „Pädagogischen Merksätze über die Anwendung der körperlichen Züchtigung“ sich zu eigen machen.

Die K. Regierungen werden beauftragt, für zuverlässige Bekanntgabe dieser Merksätze an die Organe der distriktiven und der örtlichen Schulaufsicht, dann an das gesamte vorhandene und künftig neu zugehende Volksschullehrpersonal Sorge zu tragen.

Die Vorstände der öffentlichen und der privaten Lehrer- und Lehrerinnen-Bildungsanstalten sind auf die vorstehende Bekanntmachung und auf die Merksätze zur entsprechenden Beachtung beim Unterrichte in der Erziehungs- und Unterrichtslehre hinzuweisen.

Pädagogische Merksätze
über die Anwendung der körperlichen Züchtigung.

1. Zweck dieser Merksätze ist, die körperliche Züchtigung aus der Schule allmählich zu verdrängen.
2. Das Recht der körperlichen Züchtigung soll dem Lehrer nicht genommen werden.
3. Ehrensache des Lehrers muß es sein, die Anwendung der Körperstrafe in seiner Schule auf ein Mindestmaß zu beschränken.
4. Mißbrauch des Züchtigungsrechtes verrät mangelhafte pädagogische Durchbildung.
5. Die Körperstrafe ist kein geeignetes Mittel zur Beförderung des Lernens.
6. Sie soll nie angewendet werden, ohne daß zuvor der etwaige Einfluß häuslicher oder physiologischer Verhältnisse auf das Verhalten des Schülers gewürdigt worden ist.
7. Die Körperstrafe darf in ihrer Anwendung weder die Gesundheit des Schülers schädigen noch seine Ehre antasten noch die Schamhaftigkeit verletzen.
8. Überschreitung des Züchtigungsrechtes führt nicht selten vor die Schranken des Gerichtes, auch wenn sie nur im Eifer, in Aufregung oder in Entrüstung geschehen ist.

Der Lehrer soll darum zum Schutze nicht nur der Schüler, sondern auch seiner eigenen pädagogischen Würde alles beachten, was das Handeln im

Affekt erschwert. Insbesonders empfiehlt es sich, immer in angemessener Entfernung vom Schüler zu bleiben.

9. Die wirksamsten Mittel, die Anlässe zur Anwendung von Strafen zu vermindern, sind gewissenhafte Vorbereitung, anregender Unterricht, strenge Selbstzucht.

---

15. Ministerialentschließung vom 20. Febr. 1910, den Vollzug verhängter Schulstrafen an den Volksschulen betr. (KMBl. S. 126).

Die nachstehenden Vorschriften sind zur Kenntnis sämtlicher Distrikts- und Lokalschulbehörden, dann des gesamten Volksschullehrpersonals zu bringen. Die Vorstände der öffentlichen und der privaten Lehrer- und Lehrerinnenbildungsanstalten sind auf die Vorschriften zur entsprechenden Beachtung beim Unterrichte in der Erziehungs- und Unterrichtslehre hinzuweisen.

Vorschriften über den Vollzug von Schulstrafen in den Volksschulen.

1. Die Strafe des Schularrestes soll bei Werktagsschülern in der Regel die Dauer einer Stunde nicht überschreiten; der Strafzweck wird nicht selten auch bei kürzerer Dauer der Strafe zu erreichen sein.

Arrest während der Mittagpause ist unzulässig. Der Arrest darf auch nicht bis in die späten Abendstunden ausgedehnt werden. Schüler, die weite Schulwege zurückzulegen haben, sind stets so rechtzeitig zu entlassen, daß sie noch vor Eintritt der Dunkelheit ihre Wohnung erreichen können.

2. Die zum Vollzug des Schularrestes verwendeten Räumlichkeiten müssen der Lage und Einrichtung nach hiezu geeignet, in gesundheitlicher Beziehung einwandfrei und bei kalter Witterung entsprechend durchwärmt sein.

3. Während der Dauer des Schularrestes sind die Schüler zu beaufsichtigen und ausreichend zu beschäftigen.

4. Ist die Arreststrafe von einem Lehrer verhängt, so obliegt die Beaufsichtigung bei Arrest bis zu einer Stunde dem Lehrer; bei längerem Arrest obliegt die Beaufsichtigung dem Schuldiener, falls ein solcher nicht vorhanden ist, dem Lehrer.

Ist die Arreststrafe von einem Fachlehrer verhängt, so obliegt die Beaufsichtigung ohne Rücksicht auf die Dauer des Arrests zunächst dem Fachlehrer. Ist der Fachlehrer verhindert, die ihm obliegende Aufsicht selbst zu führen, so wird er eine Arreststrafe nur dann verhängen, wenn er die Beaufsichtigung dem Schuldiener oder, falls ein solcher nicht vorhanden ist, einer anderen geeigneten Person übertragen kann, oder wenn er sich mit dem Lehrer wegen der Übernahme der Aufsicht und der Zeit des Strafvollzugs einigt.

Ist die Arreststrafe von einem Organe der distriktiven oder der örtlichen Schulaufsicht oder von der Ortsschulbehörde verhängt, so ist die Beaufsichtigung, wenn nicht der Lehrer sie übernimmt, dem Schuldiener zu übertragen. Ist ein verlässiger Schuldiener nicht vorhanden, so wird eine Arreststrafe nur verhängt und vollzogen werden können, wenn für entsprechende Überwachung durch eine andere geeignete Person gesorgt werden kann.

5. Für angemessene Beschäftigung des im Arreste befindlichen Schülers hat derjenige Lehrer oder Fachlehrer zu sorgen, welcher die Arreststrafe verhängt hat.

Ist die Arreststrafe von einem Organe der distriktiven oder der örtlichen Schulaufsicht oder von der Ortsschulbehörde verhängt, so hat der Lehrer für Beschäftigung des Schülers zu sorgen.

6. Körperliche Züchtigung ist von demjenigen Lehrer oder Fachlehrer zu vollziehen, welcher diese Strafe verhängt hat.

Die Organe der distriktiven oder der örtlichen Schulaufsicht sind befugt, zum Vollzuge einer von ihnen in der Eigenschaft als Schulaufsichtsbeamte verhängten Schulstrafe der körperlichen Züchtigung, die sie nicht selbst vollziehen wollen, den Schuldiener heranzuziehen, wenn sie sich nicht etwa mit dem Lehrer wegen des Vollzugs einigen.

7. Unter „Lehrer" im Sinne vorstehender Vorschriften ist immer nur diejenige Lehrperson zu verstehen, deren Schule, Schulabteilung oder Klasse der zu bestrafende Schüler angehört, gleichviel ob es sich um Volksschullehrer, Volksschullehrerinnen, Schulverweser, Schulverweserinnen, Hilfslehrer, Hilfslehrerinnen, Aushilfslehrer, Aushilfslehrerinnen handelt.

„Fachlehrer" im Sinne vorstehender Vorschriften sind Religionslehrer, Zeichenlehrer, Turnlehrer, Zeichenlehrerinnen, Turnlehrerinnen, Handarbeitslehrerinnen usw.

---

16. Bekanntmachung vom 26. Oktober 1911, die Qualifikation des Lehrpersonals an den Volksschulen betr. (KMBl. S. 689).

1. Die Festsetzung der Qualifikation erfolgt im Dezember jedes zweiten Jahres auf Grund gemeinsamer Beratung des K. Distriktsschulinspektors (Stadtschulreferenten, Stadtschulkommissärs) und des Vorstandes der Distriktsverwaltungsbehörde.

2. Die Qualifikation umfaßt ein ziffernmäßiges Urteil über Fleiß, Lehrbefähigung, Unterrichtserfolg und Erziehungserfolg sowie ein wörtliches Urteil über Verhalten und Gesundheit.

3. I Bei Beurteilung des Fleißes ist 2 die Normalnote für pflichtgemäße Berufsausübung; $1^1/_2$ gilt als Note der Hervorhebung und 1 als die der Auszeichnung. $2^1/_2$ ist die Fleißnote für teilweise unbefriedigende, 3 für mehrfach unbefriedigende, $3^1/_2$ für vollständig unbefriedigende Berufsausübung. Note 4 im Fleiß bezeichnet Berufsunwürdigkeit.

II Normalnote für Lehrbefähigung, Unterrichtserfolg und Erziehungserfolg ist $2^1/_2$. Mit dieser Note wird eine in den gedachten drei Richtungen befriedigende, d. i. genügende Leistung bewertet. Als Notenstufen für bessere Leistungen sind anzuwenden 2 = gut, $1^1/_2$ = fast sehr gut, 1 = sehr gut, als solche für geringere Leistungen 3 = noch genügend, $3^1/_2$ = fast ungenügend, 4 = ungenügend.

III Die Erteilung von andern als den vorstehenden Noten ist unzulässig.

IV Die Hauptnote wird aus dem Durchschnitte der vier Einzelnoten gezogen. Auch bei den Hauptnoten sind die Zwischenstufen $I^1/_2$, $II^1/_2$, $III^1/_2$ zu benützen, wenn sich diese als Durchschnittsnoten berechnen. In Zweifelsfällen gibt bei Berechnung der Hauptnote die Note für Unterrichtserfolg den Ausschlag.

V Das Verhalten wird mit Worten, z. B. tadellos, nicht tadelfrei, die Gesundheit mit Bezeichnungen wie gut, rüstig, kränklich, häufig heiser usw. charakterisiert.

4. I Die Qualifikationslisten sind nach dem anliegenden Formular (Vordruck a) *) herzustellen.

II Für Lehrpersonen, welche die Anstellungsprüfung bestanden haben, ist die bereits angelegte Qualifikationsliste mittels des beizuheftenden Ergänzungsbogens nach Vordruck b *) fortzuführen.

III Die Kreisregierungen fordern zur Ergänzung der von ihnen geführten Qualifikationslisten entweder die Originallisten auf kurze Zeit ein oder lassen sich Nachtraglisten nach Vordruck c *) vorlegen.

5. I In der Regel ist auf Übereinstimmung zwischen den Noten in dem allgemeinen Visitationsberichte des Distriktsschulinspektors (Stadtschulreferenten, Stadtschulkommissärs) und denen der Qualifikationsliste zu sehen. Wesentliche Abweichungen sind zu begründen.

II Die Qualifikation ist von dem Distriktsschulinspektor (Stadtschulreferenten, Stadtschulkommissär) zu entwerfen. Die Beurteilung des Fleißes, der Lehrbefähigung, des Unterrichtserfolges und des Erziehungserfolges geschieht durch den Distriktsschulinspektor (Stadtschulreferenten, Stadtschulkommissär) allein; die Kennzeichnung des Verhaltens und der Gesundheit sowie die Festsetzung allenfallsiger Bemerkungen über Fähigkeiten in Musik, Zeichnen, Verwendbarkeit im Fortbildungsschulunterrichte usw. erfolgt auf Grund Beratung zwischen dem Distriktsschulinspektor (Stadtschulreferenten, Stadtschulkommissär) und dem Vorstande der Distriktsverwaltungsbehörde.

III Wenn zwischen beiden zur Qualifikation Berufenen in einem Punkte der Qualifikation eine Einigung nicht erzielt wird, so ist die treffende Spalte zunächst offen zu lassen und auf Grund näherer Darlegung des beiderseitigen Standpunktes die Entscheidung der Kreisregierung zu erholen.

6. Die Qualifikationsauszüge, die bei Bewerbungen um Schulstellen verwendet werden, sind nach dem anliegenden Vordruck d *) herzustellen.

7. I Die Bezirksoberlehrer und Bezirksoberlehrerinnen sowie die nach § 14 Ziffer 3 der Ministerialbekanntmachung vom 9. Dezember 1908 aufgestellten besonderen Leiter der Fortbildung in der Religionslehre teilen im September jeden Jahres die gemäß § 9 der angeführten Ministerialbekanntmachung abzugebende Benotung der Fortbildungspflichtigen, die gleichfalls nach den vorstehenden Grundsätzen zu erfolgen hat, behufs Eintrages in Abschnitt VI der Qualifikationsliste den Distriktsschulinspektionen und Stadtschulkommissionen mit. Den Kreisregierungen werden diese Benotungen mit dem alljährlich zu erstattenden Konferenzberichte übermittelt.

II Eifer und Erfolg der Fortbildungspflichtigen in der Schule sind von den Distriktsschulbehörden unabhängig von der Beurteilung der Fortbildungstätigkeit festzustellen.

8. Auf Ersuchen ist der Lehrperson der wesentliche Inhalt der Einträge in ihre Qualifikationsliste bekannt zu geben. Als wesentlicher Inhalt gelten die letzten Einträge über Fleiß, Lehrbefähigung, Unterrichtserfolg, Erziehungserfolg, Verhalten und Gesundheit.

9. Die Original-Qualifikationslisten sämtlicher Lehrpersonen oder die Nachtragslisten hierzu mit den im Dezember festgesetzten Qualifikationseinträgen sind im Laufe des darauffolgenden Monats durch die Distriktsschulinspektionen und Stadtschulkommissionen der Kreisregierung vorzulegen.

10. Werden Lehrpersonen in der Zeit vom Mai bis Dezember des Jahres, in dem die Qualifikation vorzunehmen ist, versetzt, so hat der Distriktsschulinspektor (Stadtschulreferent, Stadtschulkommissär) des bisherigen

*) Von einem Abdruck der Vordrucke zu Ziff. 4 und 6 wurde abgesehen.

Dienstortes bei Übersendung des von ihm geführten Personalaktes in einem Begleitschreiben mitzuteilen, welche Qualifikation er für die letzte Qualifikationsperiode als angemessen erachtet. Diese Qualifikation kann, wenn die Distriktsschulbehörden des nunmehrigen Dienstortes bis Dezember sich ein eigenes Urteil nicht zu bilden vermochten, in die Qualifikationsliste eingetragen werden. Falls die Distriktsschulbehörden jedoch auf Grund einer Visitation oder besonderer Vorkommnisse selbst ein Urteil gewinnen konnten, so soll dies bei Abgabe der Qualifikation zum Ausdrucke gebracht werden.

11. In Abschnitt X Belobungen und Auszeichnungen kommen nur die in besonderen Entschließungen der K. Regierung oder eines K. Staatsministeriums ausgesprochenen Anerkennungen zum Vortrage, nicht aber die in Prüfungs- und Visitationsbescheiden enthaltenen lobenden Erwähnungen.

12. Die erstmalige Qualifikation findet, unbeschadet der alljährlichen Beurteilung der Fortbildungspflichtigen durch die Bezirksoberlehrer und Bezirksoberlehrerinnen sowie durch die Leiter der Fortbildung in der Religionslehre, im zweiten oder dritten Jahre nach dem Seminaraustritte statt. Bei Schulpraktikanten und Schulpraktikantinnen, Aushilfslehrern und Aushilfslehrerinnen bleibt die Qualifikation beschränkt auf Fleiß, Verhalten und Gesundheit; hierzu ist gutachtliche Äußerung der K. Lokalschulinspektion (Stadtbezirksschulinspektion) zu erholen.

13. In großen Städten kann mit Zustimmung der K. Regierung die Qualifikation des Lehrpersonals auf zwei bis vier Jahre verteilt und im Dezember jeden Jahres ein Teil des Lehrpersonals qualifiziert werden.

14. Die vorstehenden Bestimmungen treten am 1. Januar 1912 in Wirksamkeit. Von diesem Tage an sind alle entgegenstehenden Bestimmungen aufgehoben. Die nächste Qualifikation hat im Dezember 1913 zu erfolgen.

---

17. Bekanntmachung vom 13. Juli 1922, den Vollzug der Schulordnungen betr. (KMBl. S. 123. Schulähnliche Nebenveranstaltungen).

Wiederholt wurde die Wahrnehmung gemacht, daß Schüler der Volksschulen und der höheren Unterrichtsanstalten sich nebenher auch an unterrichtlichen Veranstaltungen anderer Unternehmer beteiligen. Dies kann vom Standpunkt der geltenden Schul- und Lehrordnungen nicht für zulässig erachtet werden. Der Lehrstoff sowohl der Volksschulen wie der höheren Unterrichtsanstalten ist so bemessen, daß er innerhalb der durch die Gesundheit und Aufnahmefähigkeit der Kinder gezogenen Grenzen die geistige Kraft der Schüler regelmäßig in vollem Maße in Anspruch nimmt.

Die Teilnahme der Schüler an weiteren unterrichtlichen Veranstaltungen wird, namentlich wenn diese sich nicht in Lehrstoff und Lehrmethode dem Hauptunterricht anpassen, den Unterrichtserfolg in der Pflichtschule regelmäßig beeinträchtigen.

Den Schülern der Volksschulen und der höheren Unterrichtsanstalten ist daher die Teilnahme an solchen schulähnlichen Nebenveranstaltungen nicht gestattet.

Auf den Unterricht in Gesang und Musik, im Turnen, in den Handfertigkeiten sowie im Zeichnen findet vorstehende Verfügung keine Anwendung; ebenso nicht auf die für Schüler bestimmter Volksschulen und höheren Unterrichtsanstalten durch Genehmigung des Staatsministeriums besonders freigegebenen unterrichtlichen Nebenveranstaltungen.

---

18. Bek. v. 14. Februar 1923 über die politische Betätigung und das Tragen von Abzeichen in der Schule (KMBl. S. 19).

Die Ministerialbekanntmachung vom 3. Juni 1920 über die politische Betätigung von Schülern höherer Unterrichtsanstalten*) (Staatsanz. 1920 Nr. 129) wird nach eingelaufenen Klagen in jüngster Zeit vielfach nicht mehr beachtet. Sie wird daher zum genauen Vollzuge in Erinnerung gebracht.

Abs. III dieser Bekanntmachung wird durch folgende Anordnung ersetzt:

„Den Schülern ist das Tragen von Abzeichen jeder Art im Bereiche der Schule, auf dem Weg von und zu der Schule sowie bei den von der Schule veranstalteten Ausflügen und Wanderungen verboten. Gestattet ist nur das Tragen der Anstalts- und Klassenmützen."

Die Anstaltsvorstände haben die MinBek. vom 3. Juni 1920 in der nunmehr abgeänderten Fassung den Schülern alsbald bekannt zu geben und künftighin strenge auf Durchführung auch dieser Anordnung zu achten.

Es wird erwartet, daß auch die Lehrer der oben genannten Anstalten — schon aus allgemeinen pädagogischen Gründen — im Dienste sich des Tragens von Abzeichen enthalten.

---

19. E. des Staatsmin. f. Unt. u. K. v. 3. Juli 1924 über die politische Betätigung der Schüler (MABl. S. 108).

Seit Jahren bemüht sich das Staatsministerium für Unterricht und Kultus, den politischen Zank und Streit von den Schulen und den Schülern fernzuhalten. (Siehe die MinBek. v. 3. Juni 1920 über die politische Betätigung von Schülern höherer Unterrichtsanstalten — StAnz. Nr. 129 —, die Bek. v. 14. Februar 1923 über die politische Betätigung und das Tragen von Abzeichen in der Schule — KMBl. S. 19 — und die Entschließung vom 3. Dez. 1923 über die Beteiligung von Schülern an Vereinen — KMBl. S. 159 —). Leider hat das Staatsministerium für Unterricht und Kultus

---

*) Sie lautet: „Seit einiger Zeit mehren sich die Klagen darüber, daß einzelne Schüler höherer Unterrichtsanstalten auch innerhalb des Bereichs der Schule im Dienste politischer Parteien tätig sind und dadurch nicht nur zu Zwistigkeiten unter den Schülern, sondern auch zu gegenseitigen Anfeindungen und sogar zu groben Verunglimpfungen anders Denkender Anlaß geben. Ein derartiges Verhalten, das mit den Aufgaben der höheren Schulen in schroffem Widerspruch steht, kann nicht geduldet werden.

Daher wird hiermit jede politische Betätigung von Schülern im Anstaltsbereiche, insbesondere die Verbreitung politischer Flugblätter, das Ankleben oder die Verteilung von Zetteln politischen Inhalts sowie kränkendes und beleidigendes Vorgehen gegen Mitschüler hinsichtlich ihrer politischen Überzeugung oder Haltung strengstens untersagt.

Ebenso wird den Schülern das Tragen von Abzeichen, die die Zugehörigkeit zu einem politischen Verein oder einer politischen Partei bekunden, innerhalb der Schule sowie auf dem Schulwege verboten.

In Übertretungsfällen haben die Schulleiter, je nach der Schwere des Falles unter Zuziehung des Lehrerrates, mit allen durch die Schulordnung vorgesehenen Strafmitteln gegen die Schuldigen vorzugehen.

Hiernach verbotene Abzeichen sind den Schülern abzunehmen.

Vorstehende Entschließung ist den Schülern alsbald bekannt zu geben."

bei diesen Bemühungen nicht überall die notwendige Unterstützung der Eltern gefunden; auch politische Parteien haben sich vielfach im Kampfe der Hilfe von Schülern bedient und diese in die politische Agitation hineingezogen. Insbesondere wurde bei den letzten Landtags- und Reichstagswahlen an vielen Orten die Wahrnehmung gemacht, daß Schüler sich in aufdringlicher Weise an der Verteilung von Flugblättern und Stimmzetteln beteiligten.

Da alle diese Betätigungen nur geeignet sind, die Schüler, wie die Jahresberichte der höheren Unterrichtsanstalten deutlich erkennen lassen, in ihren Studien zu stören und das friedliche Zusammenleben der Schüler zu gefährden, wird den Schülern der höheren Unterrichtsanstalten, den Fortbildungs- und Volksschülern jede Beteiligung an der politischen Agitation und an Wahlbewegungen, insbesondere die Verteilung von Flugblättern und Stimmzetteln, das Sammeln von Unterschriften für politische Zwecke und dergl. untersagt.

Die Vorstände und Leiter der Schulen haben diese Anordnungen den Schülern in geeigneter Weise und zu gegebener Zeit bekannt zu geben und den Vollzug mit aller Strenge zu überwachen.

Die Polizeibehörden werden im Einverständnisse mit dem Staatsministerium des Innern beauftragt, allenfallsige Wahrnehmungen dieser Art den beteiligten Vorständen und Leitern der Schulen zur weiteren Behandlung vom Standpunkte der Schulzucht mitzuteilen.

---

20. E. des Staatsmin. f. Unt. u. K. v. 30. Okt. 1924 über die Beteiligung von Schülern der Volksschulen und Berufsfortbildungsschulen an Vereinen*) (MABl. S. 139).

Die Erfahrungen der letzten Jahre bieten dem Staatsministerium für Unterricht und Kultus Anlaß, für die Beteiligung von Schülern der öffentlichen Volksschulen (Volkshauptschulen und Volksfortbildungsschulen) und der Berufsfortbildungsschulen an Vereinen Grundsätze aufzustellen. Denn auch die Beteiligung dieser Schüler beschränkt sich heute keineswegs mehr auf Vereine, die sich mit der sittlichen und körperlichen Ertüchtigung der Jugend befassen und sie in vaterländischem Geiste belehren und beeinflussen. Vielmehr haben sich gar oft auch Einflüsse geltend gemacht, die der Erziehungsarbeit der Schule hinderlich waren und ihren Erziehungszielen zuwiderliefen. Allgemein wurde die Wahrnehmung gemacht, daß die allzu rege Teilnahme Schulpflichtiger am Vereinsleben einer geordneten Schularbeit in der Regel wenig förderlich ist.

Solche Auswüchse sind mit dem Wesen und dem Zwecke der Schule nicht vereinbar und müssen daher von Schulaufsichtswegen unterbunden werden. Insbesondere muß unter allen Umständen die Politik von den Schulen ferngehalten werden.

Volkshauptschüler sollen, da ihnen zu tätiger Mitgliedschaft doch noch die Reife fehlt, zum Vereinsleben grundsätzlich überhaupt noch nicht herangezogen werden.

*) Bezüglich der Vereine, die sich mit Leibesübungen befassen, s. Ziff. IV.

Hiernach ergehen folgende Anordnungen:

I. Die Zugehörigkeit von Schülern der Volkshauptschulen zu Vereinen ist nicht gestattet. Dies gilt nicht für Schüler und Schülerinnen im achten Schuljahre.

Zusammenfassungen von Kindern lediglich zu Andachtsübungen oder zur Betätigung der Nächstenliebe gehören nicht zu den Vereinen im Sinne dieser und der folgenden Bestimmungen. Hinsichtlich der Zugehörigkeit zu Vereinen für Leibesübungen gilt Ziff. IV.

II. 1. Die Bildung neuer und die Teilnahme an bestehenden Vereinen ist Schülern der Volks- und Berufsfortbildungsschulen nur gestattet, wenn die Vereine von der zuständigen Schulbehörde genehmigt sind.

2. Zuständig zur Genehmigung sind die Bezirksschulbehörden, in unmittelbaren Städten die Stadtschulbehörden. Diese können die Erlaubnis für den einzelnen Verein allgemein erteilen oder sich auf die grundsätzliche Zulassung des Vereins beschränken und für die Teilnahme der einzelnen Schüler die Erlaubnis des Schulleiters vorbehalten.

Die Regierungen, Kammern des Innern, können sich die Entscheidung über die Zulassung von Vereinen für bestimmte Fälle vorbehalten. Sie können ferner anordnen, daß ihnen über die erteilten Zulassungen Anzeige zu erstatten ist.

Auch das Staatsministerium für Unterricht und Kultus behält sich vor, Vereine allgemein zuzulassen oder zu verbieten.

3. Alle Genehmigungen sind widerruflich. Von der Möglichkeit des Widerrufs ist Gebrauch zu machen, wenn sich Mißstände zeigen oder die bei der Genehmigung gestellten Bedingungen nicht beachtet werden. Die Schulleiter haben allgemein die Befugnis, einzelnen Schülern, deren Ausbildung oder Erziehung durch die Vereinsmitgliedschaft nachteilig beeinflußt wird, diese Mitgliedschaft zu untersagen. Gegen diese Entscheidung des Schulleiters ist Beschwerde zulässig.

4. Bei der Prüfung der Gesuche um Zulassung eines Vereins ist von folgenden Grundsätzen auszugehen:

a) Die Leitung des Vereins und seiner für Jugendliche bestimmten Veranstaltungen muß in den Händen von Lehrpersonen oder von anderen Persönlichkeiten liegen, die zur Führung der Jugend befähigt sind, volle Gewähr dafür bieten, daß sie die Schüler zu gesetzmäßigem Verhalten und zur Achtung vor der Staatsautorität anhalten und auch sonst nach ihren Eigenschaften die Übereinstimmung mit den Erziehungszielen der Schule gewährleisten.

b) Politische Vereine sind auszuschließen. Das gleiche gilt für vaterländische Vereine, die sich mit politischen Angelegenheiten befassen.

c) Hingegen können solche Vereine zugelassen werden, die als Haupt- oder Nebenaufgabe die körperliche, geistige, sittliche oder religiöse Förderung der Jugend bezwecken. In allen Fällen ist jedoch Voraussetzung, daß die Bestrebungen des Vereins und die Art ihrer Durchführung mit den Erziehungszielen der Schule in Einklang stehen.

d) Bei Vereinen, die auch Erwachsene zu Mitgliedern haben, ist zu prüfen, ob nicht nach Lage der Verhältnisse Anlaß besteht anzuordnen, daß die Einrichtungen und Veranstaltungen des Vereins für Schulpflichtige von denen für Erwachsene getrennt gehalten werden.

III. 1. Die Zulassung von Schülern zu einem Verein kann auf bestimmte Gruppen (z. B. Berufsfortbildungsschüler, Schüler über 15 Jahre u. ä.) beschränkt werden.

2. In allen Fällen ist bei der Genehmigung durch geeignete Auflagen Vorsorge zu treffen, daß die Schule in die Lage versetzt wird, Einblick in die Arbeit der Vereine zu nehmen. So kann verlangt werden, daß die regelmäßig wiederkehrenden Veranstaltungen allgemein nach Zeit und Ort angezeigt werden und daß mitgeteilt wird, auf welche Weise die übrigen Veranstaltungen bekannt gemacht werden (Zeitung, Anschlag u. dgl.). In jedem Falle ist zu fordern, daß den Schulleitern und Lehrkräften jederzeit Zutritt zu den Veranstaltungen gewährt wird.

3. Die Bestimmung der Zeit, bis zu welcher am Abend Schüler an den Vereinsveranstaltungen teilnehmen dürfen, kann entweder allgemein durch die Bezirks- bzw. Stadtschulbehörde bei der Genehmigung oder von Fall zu Fall durch den Schulleiter — soweit möglich nach Anhörung der Schulpflegschaft, bei Berufsfortbildungsschulen im Einverständnisse mit den besonderen Organen derselben — erfolgen.

4. Vereine, die nur Schüler oder Jugendliche als Mitglieder haben, sind fortlaufend besonders zu überwachen, wenn sie nicht von Erwachsenen geleitet werden.

5. Die Schulbehörden werden allgemein darauf achten, daß die Schüler auch bei ihrer Betätigung in Vereinen Zucht und Sitte wahren. Insbesonders ist dafür zu sorgen, daß beim öffentlichen Auftreten Unschicklichkeiten — z. B. auch in der Kleidung — hintangehalten werden.

IV. Die Betätigung in Vereinen, die sich mit Leibesübungen befassen, ist für Volkshauptschulpflichtige sowie für Volks- und Berufsfortbildungsschulpflichtige nach Maßgabe der vorstehenden Anordnungen in Ziff. II und III und folgender besonderer Bestimmungen gestattet:

1. Die volkshauptschulpflichtigen Schüler haben die schriftliche Einwilligung der Eltern oder sonstigen Erziehungsberechtigten beizubringen. Diese Erklärung ist zunächst dem Klaßlehrer auszuhändigen, der sie durch Vermittlung des Schulleiters an den Verein weiterleitet.

Dem Schulleiter bleibt es überlassen, für die Abgabe der Erklärungen innerhalb des Schuljahrs bestimmte Zeitpunkte festzusetzen.

2. Für die Teilnahme von Schülern an Wettkämpfen und Jugendtreffen, die von Vereinen verschiedener Orte gemeinsam veranstaltet werden, ist besondere Genehmigung der nach Ziff. II, 2 zuständigen Behörde erforderlich.

3. Außerhalb der vom Verein im Rahmen der Ziff. III festgesetzten Übungsstunden dürfen die Schulpflichtigen nicht in den Vereinsräumen oder auf den Turn- und Spielplätzen geduldet werden, insbesondere auch nicht in der Zeit vor und nach den Übungsstunden.

4. Volkshauptschulpflichtige dürfen in der Regel nicht mit Fortbildungsschulpflichtigen zusammen üben; Ausnahmen kann die Bezirks- oder Stadtschulbehörde zulassen. Gemeinsames Üben mit Erwachsenen muß ausgeschlossen bleiben. Wo die Raumverhältnisse es unbedingt erfordern, kann die Bezirks- oder Stadtschulbehörde das gleichzeitige Üben mit Erwachsenen — in gesonderten Abteilungen — zulassen.

5. Für Mädchen sind besondere Mädchenabteilungen zu bilden, die getrennt von den Knabenabteilungen üben.

6. Das Mädchenturnen soll möglichst durch staatlich geprüfte Turnlehrerinnen oder im Turnen ausgebildete Volksschullehrerinnen geleitet werden. Es ist aber bis auf weiteres gestattet, daß die Leitung einem weiblichen oder einem männlichen Vereinsturnwart übertragen wird. Letzterenfalls muß stets eine vertrauenswürdige weibliche Aufsichtsperson zugezogen werden.

7. Der Genuß geistiger Getränke sowie das Rauchen während der Übungsstunden ist verboten. Auch nach Beendigung der Übungsstunden ist der Aufenthalt Jugendlicher in den Räumen des Vereins zum Zwecke des Alkoholgenusses untersagt.

8. Den Schulpflichtigen ist es nicht gestattet, an dem Vereinsleben außerhalb der Übungen teilzunehmen. Soweit die Vereine für Leibesübungen auch außerhalb des Rahmens der Übungsstunden Jugendpflegearbeit treiben, sind sie insofern den übrigen Jugendpflegeeinrichtungen gleichzustellen.

V. Die Verhältnisse an den einzelnen Schulen sind sogleich darauf nachzuprüfen, ob sie den vorstehenden Grundsätzen entsprechen; bei Vereinen, die hiernach die weitere Beteiligung von Schülern in Betracht ziehen, ist das Genehmigungsverfahren von der zuständigen Schulbehörde alsbald einzuleiten.

Bei Verstößen der Vereinsleitungen gegen die hier allgemein aufgestellten Grundsätze oder die ihnen gegebenen Auflagen ist rücksichtslos mit dem Verbot der Teilnahme von Schülern vorzugehen. Zuwiderhandlungen von Schülern gegen die Anordnungen der Schulbehörde sind mit den Mitteln der Schulzucht zu ahnden.

VI. Für alle Volks- und Berufsfortbildungsschüler, gleichviel, ob sie an Vereinen teilnehmen oder nicht, gelten folgende Anordnungen:

1. Jede politische Betätigung von Schülern im Bereiche der Schule ist untersagt, insbesondere die Verbreitung politischer Schriften sowie das Ankleben oder die Verteilung von Flugblättern, Aufrufen, Zetteln politischen Inhalts. Gegen jede kränkende und beleidigende Behandlung von Mitschülern auch wegen ihrer Weltanschauung ist nachdrücklich mit den Mitteln der Schulzucht einzuschreiten. Die Vorschriften der ME. v. 3. Juli 1924 über die politische Betätigung der Schüler (MABl. S. 108) bleiben unberührt.

2. Den Schülern ist das Tragen von Abzeichen jeder Art im Bereiche der Schule, auf dem Wege von und zu der Schule sowie bei den von der Schule veranstalteten Ausflügen und Wanderungen verboten.

3. Die Teilnahme an Waffenübungen jeder Art ist den Schülern verboten.

Das Staatsministerium für Unterricht und Kultus möchte auch in diesem Zusammenhange mit allem Nachdruck auf die Erziehungsaufgabe der Volks- wie der Berufsfortbildungsschule hinweisen. Je mehr die Schule dieser Aufgabe gerecht wird, je mehr sie es versteht, auf dem hier in Betracht kommenden Gebiete die Schüler von parteipolitischer Beeinflussung frei zu halten und ihnen zum Bewußtsein zu bringen, daß vaterländischer Geist in erster Linie Achtung vor dem Gesetz und den gesetzmäßigen Organen des Staates sowie gehorsame Einordnung in das Staatsganze bedeutet, um so weniger wird die Gefahr bestehen, daß die Schüler Anschluß bei Vereinen suchen, deren Bestrebungen vom Standpunkte der Schule unerwünscht sind.

---

21. Bek. d. Staatsm. f. Unt. u. K. vom 25. April 1925 über das Wandern der Volksschüler (Bayer. Staatsanz. v. 28. April 1925 Nr. 96).

Richtlinien für das Wandern der Volksschüler.

Um die Knaben und Mädchen der Volksschule an gesundes frohes Wandern zu gewöhnen und sie mit Natur und Heimat vertraut zu machen, werden versuchsweise nachstehende Anordnungen erlassen:

1. Neben den für alle Schulklassen vorgeschriebenen Beobachtungsgängen können unter Führung der Klaßlehrer mit den Schülern und Schüle-

rinnen der 6., 7. und 8. Klassen der Volksschulen während der Schulzeit auch Wanderungen ausgeführt werden. Die Zahl der Wanderungen innerhalb eines Schuljahres soll sechs nicht übersteigen.

2. Während die Beobachtungsgänge unterrichtlichen Zwecken dienen, soll für die Wanderungen das gesundheitliche und erziehliche Ziel bestimmend sein. Daneben können und sollen Wanderungen stets auch dazu beitragen, die Natur und die Heimat kennen und schätzen zu lernen.

3. Es steht den Lehrpersonen frei, von der Ermächtigung zum Wandern während der Schulzeit Gebrauch zu machen. Die Schüler einer Klasse sind zur Teilnahme an den Wanderungen verpflichtet.

4. Einzelne Schüler, die aus einem triftigen Grund an einer Wanderung ihrer Klasse nicht teilnehmen können, sind für die Zeit der ausfallenden Unterrichtsstunden zum Schulbesuche verpflichtet. Der Schulleiter hat für Zuteilung solcher Schüler zu anderen Klassen oder für entsprechende Beaufsichtigung oder Aushilfe zu sorgen.

5. Bei der Verschiedenartigkeit der Siedelungs- und Wirtschaftsverhältnisse sowie des Gesundheitszustandes der Kinder in großen Städten und auf dem Lande muß die Entscheidung über die Notwendigkeit und Zweckmäßigkeit von Wanderungen der Einsicht der Lehrerschaft überlassen bleiben. Die Bezirks- und Stadtschulbehörden können unzweckmäßige oder unangebrachte Wanderungen untersagen.

6. Für die Durchführung einer Wanderung wird zumeist ein halber Tag genügen. Doch soll es nicht ausgeschlossen sein, eine Wanderung auch auf einen ganzen Tag auszudehnen.

Mehrtägige Wanderungen während der Schulzeit kommen für die Volksschüler nicht in Betracht.

Die Schüler müssen von einer Wanderung vor Eintritt der Dunkelheit in ihre Wohnung zurückkehren.

7. Es ist nicht veranlaßt, daß die für Wanderungen in Betracht kommenden Klassen einer Volksschule am gleichen Tage wandern. Ausfall und Verlegung von Unterrichtsstunden, die nicht vom Klaßlehrer erteilt werden, sind tunlichst zu vermeiden.

8. Der Klaßlehrer hat dem Schulleiter von der beabsichtigten Wanderung unter Angabe des Wanderzieles und der voraussichtlichen Dauer Mitteilung zu machen. Der Schulleiter berichtet gegen Schluß des Schuljahres dem Bezirksschulrat schriftlich über die während des Schuljahrs ausgeführten Wanderungen unter Angabe der Wanderziele und ihrer Zeitdauer sowie über gemachte Erfahrungen.

Der Schulleiter kann Schulamtsbewerber und Schulamtsbewerberinnen zur Teilnahme an Wanderungen veranlassen.

9. Die Schüler dürfen bei den Wanderungen keinesfalls überanstrengt werden. Die Leiter von Wanderungen haben alle Vorsichtsmaßnahmen zu beachten, damit die jugendlichen Wanderer vor gesundheitlichem Schaden und vor Unfällen bewahrt bleiben.

10. Die Wanderungen sind sorgfältig vorzubereiten und durchzuführen. Sie sind grundsätzlich in die nächste Umgebung des Schulortes auszuführen. Es empfiehlt sich namentlich für die Schulen großer Städte, in gemeinsamer Beratung der beteiligten Lehrpersonen für die einzelnen Klassen Wanderziele in angemessenem räumlichen und zeitlichen Umfang aufzustellen.

11. Auf den Wanderungen sollen heitere Wanderlieder gesungen, Gelände- und Singspiele ausgeführt sowie Übungen im Zurechtfinden nach Karte und Kompaß, Sonne und Windrichtung gepflegt werden.

12. Den Schülern sollen durch die Wanderungen in der Regel Kosten nicht erwachsen. Die Eisenbahn darf nur ausnahmsweise und nur in die nächste Umgebung des Schulortes benützt werden. Wanderungen im Anschluß an teuere Bahnfarten sind nicht statthaft.

13. Ein Wettbewerb unter einzelnen Klassen und Schulen bezüglich des Wanderzieles und der Dauer der Wanderung würde dem Zwecke der Wanderungen zuwiderlaufen und ist daher unzulässig.

14. Alkohol- und Nikotingenuß ist ausnahmslos verboten.

15. Durch die vorstehenden Bestimmungen werden größere Wanderungen, die Lehrpersonen mit einzelnen Schülern oder Schülergruppen in der schulfreien Zeit unternehmen, nicht berührt.

---

22. Bek. d. Staatsmin. f. Unt. u. K. v. 24. Januar 1925 über die Prüfungsordnungen für die öffentlichen Volksschulen und Berufs-Fortbildungsschulen (MABl. S. 10).

A. Prüfungsordnung für Volksschulen.

Zum Vollzuge der §§ 4 und 14 der Verordnung vom 22. Dezember 1913 über die Schulpflicht (GVBl. S. 957) ergehen nachstehende Anordnungen:

I. Allgemeine Bestimmungen.

a) Für Volkshauptschulen.

1. In der Zeit vom 1. Februar bis zum Schlusse des Schuljahres finden für die aus der Volkshauptschule in die Volks-Fortbildungsschule oder in die Berufs-Fortbildungsschule übertretenden Schüler *) Schlußprüfungen statt.

2. I Die Schlußprüfung soll den Schülern Gelegenheit geben, Proben der erreichten Schulbildung abzulegen; ferner soll sie einen Einblick in die Bildungsarbeit und in die Gesamtleistung der Schule gewähren.

II Sie darf nicht eine Veranstaltung sein, in der gedächtnismäßig angeeignete Kenntnisse vorgetragen oder abgefragt werden, sondern sie muß so durchgeführt werden, daß sie den Grad der Entwicklung der geistigen Kräfte und das zum geistigen Eigentum gewordene Wissen und Können der Schüler ersehen läßt.

III Diese Art der Prüfung macht eine besondere Vorbereitung der Schüler und insbesondere jeden Prüfungsdrill überflüssig.

3. I Die Schlußprüfung leitet der zuständige Bezirksschulrat.

II Wenn tunlich, sollen Schlußprüfungen alljährlich an allen Schulen eines Schulaufsichtsbezirks abgehalten werden. In Schulaufsichtsbezirken, in denen der Bezirksschulrat in der für die Abhaltung der Prüfungen bestimmten Zeit nur einen Teil der Schlußprüfungen vornehmen kann, ist darauf zu achten, daß innerhalb eines Zeitraumes von zwei, längstens drei Jahren in jeder Schule des Aufsichtsbezirks eine Schlußprüfung abgehalten wird.

III Der Bezirksschulrat legt den von ihm aufgestellten Prüfungsplan rechtzeitig der Regierung, Kammer des Innern, zur Genehmigung vor. In

---

*) Die Bezeichnung Schüler gilt auch für Schülerinnen, die Bezeichnung Klaßlehrer auch für Klaßlehrerinnen.

unmittelbaren Städten, in denen mehrere Bezirksschulräte aufgestellt sind, erfolgt die Vorlage durch die Stadtschulbehörde.

IV Die Regierung setzt tunlichst bald die zuständigen kirchlichen Oberbehörden von dem genehmigten Prüfungsplane, soweit die Schulen ihres Bereiches in Betracht kommen, mit der Anheimgabe in Kenntnis, zur Vornahme der Prüfung aus der Religionslehre Vertreter abzuordnen.

V Der Bezirksschulrat teilt den genehmigten Prüfungsplan dem Bezirksamtsvorstande zur Veröffentlichung im Amtsblatt mit. In unmittelbaren Städten werden die Schulleiter und die beteiligten Lehrpersonen von den sie berührenden Prüfungszeiten durch die Stadtschulbehörde in Kenntnis gesetzt.

VI Zur Prüfung sind die Mitglieder der Schulpflegschaft und des Gemeinderates oder Stadtrates sowie die Erziehungsberechtigten in ortsüblicher Weise einzuladen. In größeren unmittelbaren Städten, in denen dies nicht zweckmäßig erscheint und früher auch nicht üblich gewesen ist, kann nach Anordnung der Stadtschulbehörde von Einladungen zur Prüfung Umgang genommen werden.

VII Der Vorstand des Bezirksamts als Mitglied der Bezirksschulbehörde und der erste Bürgermeister einer unmittelbaren Stadt als Mitglied der Stadtschulbehörde können an den Prüfungen teilnehmen. In großen Städten, in denen ein berufsmäßiger, fachmännisch vorgebildeter Stadtrat mit der Oberleitung über die Volksschulen der Stadt betraut ist (Ziff. 49 Abs. III Buchst. c der Vollzugsvorschriften zum SchAG. vom 16. August 1923) kann auch dieser den Prüfungen anwohnen.

4. Ist die Zahl der Prüflinge benachbarter Schulen gering, so können sie zu einer gemeinsamen Prüfung vereinigt oder an e i n e m Schulorte nacheinander geprüft werden, soferne hieraus Unzuträglichkeiten nicht zu besorgen sind.

5. I Die Schlußprüfung hat sich, vorbehaltlich der Bestimmung in Ziff. 9 Satz 1, stets aus Proben aus dem Rechnen sowie aus dem Lesen mit anschließender Besprechung des Gelesenen, ferner auf eine Aussprache über ein zusammenhängendes Gebiet aus dem Sachunterrichte zu erstrecken. In achten Klassen sollen die zu erörternden Aufgaben eine angemessene Erweiterung und Vertiefung erfahren. Außerdem kann, soferne nicht der Fall der Ziff. 14 gegeben ist, der Prüfungsleiter an einem Tage vor der Prüfung unter entsprechender Aufsicht von allen Prüflingen auch eine Probe aus dem Aufsatz anfertigen lassen, die vom Klaßlehrer durchzusehen und zu benoten ist.

II Jeder Prüfling soll durch den Prüfungsleiter an der Hand einer Schülerliste mit Noteneinträgen für das letzte Schuljahr oder an der Hand der Schulbogen mindestens einmal aufgerufen werden.

III Zur Leitung des Unterrichtsgespräches kann auch der Klaßlehrer herangezogen werden. Das Stoffgebiet, aus dem geprüft wird, bestimmt stets der Prüfungsleiter.

6. I Bei der Schlußprüfung werden die Leistungen der einzelnen Schüler durch den Prüfungsleiter nicht benotet. Die Zeugnisnoten sind, vorbehaltlich der Bestimmung in Abs. II Satz 2, auf Grund der Leistungen im letzten Schuljahre von dem Klaßlehrer, dem Religionslehrer und den allenfalls beteiligten Fachlehrern festzusetzen.

II Der Prüfungsleiter hat darauf zu achten, daß die Benotung der Jahresleistungen in den weltlichen Unterrichtsfächern den geltenden Vorschriften entspricht. Ist hierbei zu große Nachsicht oder zu große Strenge wahrzunehmen, so hat er auf Behebung dieser Unzuträglichkeiten hinzuwirken.

7. Während der Prüfung liegen die von den Prüflingen im letzten Schuljahre gefertigten schriftlichen Arbeiten, Zeichnungen, Handarbeiten usw. zur Besichtigung auf.

8. [I] Besonderes Augenmerk ist den Schülern zuzuwenden, bei denen es fraglich ist, ob ihnen nach dem Stand ihrer Kenntnisse der Übertritt in die Fortbildungsschule gestattet werden kann. Der Klaßlehrer hat sie dem Prüfungsleiter namhaft zu machen und Unterlagen für die Beurteilung vorzulegen. Gegebenen Falles hat der Prüfungsleiter nach der Vorschrift in § 4 Abs. II Satz 1 der Verordnung über die Schulpflicht Verfügung zu treffen. Die Schlußprüfung darf jedoch nicht vorwiegend eine Prüfung zurückgebliebener Schüler sein.

[II] Falls in Schulen, in denen eine Prüfung nicht stattfindet, für einzelne Schüler die Verlängerung des Besuches der Volkshauptschule nach § 4 Abs. II Satz 1 der Verordnung über die Schulpflicht angezeigt erscheint, hat der Klaßlehrer durch den Schulleiter begründeten Antrag beim Bezirksschulrate zu stellen, der hierauf schriftlich Entscheidung trifft.

9. Wenn der Schlußprüfung ein Vertreter der kirchlichen Oberbehörde anwohnt (Ziff. 3 Abs. IV), so werden von ihm zu Beginn der Prüfung im zeitlichen Ausmaße bis zu einem Viertel der vorgesehenen Prüfungszeit die Schüler aus der Religionslehre geprüft. Andernfalls unterbleibt die Prüfung aus diesem Unterrichtsfach oder wird durch einen Vertreter der kirchlichen Oberbehörde in einer Religionsstunde vorgenommen.

10. Die Prüfung soll in starkbesetzten Klassen in der Regel die Zeit von drei Stunden nicht überschreiten und in weniger besetzten Klassen entsprechend kürzer sein.

b) Für Volks-Fortbildungsschulen.

11. Mit der Schlußprüfung ist regelmäßig auch die Prüfung der Schüler, die vor ihrer Entlassung aus der Volks-Fortbildungsschule stehen, zu verbinden. Doch kann diese Entlassungsprüfung auch vor oder nach der Schlußprüfung abgehalten werden.

12. Bei der Entlassungsprüfung soll stets ein Ausschnitt aus der Heimatlebenskunde erörtert und ein dazu passender Lese- und Rechenstoff behandelt werden. Es ist auch zulässig, die Erörterungen aus der Heimatlebenskunde an ein geeignetes Lesestück anzuschließen und das berührte Sachgebiet gleichzeitig rechnerisch zu beleuchten.

13. Ziff. 2 mit 9 gelten entsprechend.

II. Besondere Bestimmungen.

14. Wenn Schluß- und Entlassungsprüfungen gleichzeitig abgehalten werden, sollen die Prüflinge der Volkshauptschule und der Volks-Fortbildungsschule während der Zeit, in der sie an der mündlichen Prüfung nicht beteiligt sind, mit der Anfertigung eines Aufsatzes beschäftigt werden.

15. Über den Verlauf der Schlußprüfung und der Entlassungsprüfung ist eine kurze Niederschrift nach beiliegenden Vordrucken 1 und 2 *) in doppelter Ausfertigung herzustellen. Die eine Ausfertigung ist zu den Akten der Schule, die andere zu denen der Bezirks- oder Stadtschulbehörde zu nehmen.

16. [I] Spätestens vier Wochen nach Abschluß der Prüfungen berichtet der Prüfungsleiter unter Anführung wichtiger Beobachtungen über die abgehaltenen Prüfungen an die Regierung, Kammer des Innern.

---

*) Von einem Abdruck der Vordrucke wurde abgesehen.

II Der Bezirksschulrat hat die bei den Prüfungen wahrgenommenen Vorzüge und Mängel mit den beteiligten Lehrpersonen bei Zusammenkünften zufolge Ziff. 48 Abs. XV der Vollzugsvorschriften zum SchAG. zu besprechen.

17. Diese Bekanntmachung tritt mit ihrer Veröffentlichung in Kraft. Gleichzeitig werden die die Prüfung betreffenden entgegenstehenden Vorschriften der Bekanntmachung vom 26. Oktober 1911 über das Prüfungswesen an den Werktagschulen und Sonntagschulen (Ministerialblatt für Kirchen- und Schulangelegenheiten S. 637) außer Wirksamkeit gesetzt.

III. Schulfeier.

18. Am vorletzten oder letzten Schultage findet alljährlich an allen Schulen für die aus der Volkshauptschule in die Fortbildungsschule übertretenden Schüler, wenn tunlich im Anschluß an den vorgeschriebenen Schulgottesdienst oder an eine kirchliche Schlußfeier, eine Schulfeier statt. Hierzu sind vom Schulleiter die Lehrpersonen der Schule einschließlich der Religions- und Fachlehrer, die Mitglieder der Schulpflegschaft sowie die beteiligten Erziehungsberechtigten einzuladen. Zu den Schulfeiern von Schulen am Dienstsitze des Bezirksschulrats ist auch dieser einzuladen.

19. Die Schulfeier soll in den Anwesenden eine ihrem Anlaß entsprechende gehobene Stimmung erzeugen und den Schülern einen nachhaltigen Eindruck vermitteln.

20. I Sie wird zweckmäßig im Vortrage von Dichtungen in Wort und Ton durch einzelne oder alle Schüler, allenfalls auch in turnerischen Vorführungen oder Turnspielen sowie in einer Ansprache des Klaßlehrers oder Schulleiters oder Bezirksschulrats bestehen. Auch Mitglieder der Schulpflegschaft können hierbei das Wort ergreifen.

II Die Vorträge und Vorführungen der Schüler sind regelmäßig den Unterrichtsaufgaben des letzten Schuljahrs zu entnehmen, so daß die Vorbereitung der Schulfeier nur kurze Zeit in Anspruch nimmt.

21. Den Schluß der Schulfeier bildet die Verteilung der Schlußzeugnisse an die in die Fortbildungsschule übertretenden Schüler.

22. Auch in der Volks-Fortbildungsschule soll alljährlich am letzten Schultage die Verteilung der Entlassungszeugnisse nach einer angemessenen Schulfeier erfolgen. Sie kann auch mit der für die Volkshauptschule verbunden werden.

B. Prüfungsordnung für Berufs-Fortbildungsschulen.

Zum Vollzuge der §§ 15 und 16 der Verordnung vom 22. Dezember 1913 über die Berufs-Fortbildungsschulen (GVBl. 966) ergehen nachstehende Anordnungen:

1. Gegen Schluß des Schuljahres finden für die vor ihrer Entlassung aus der Berufs-Fortbildungsschule stehenden Schüler *) (§ 15 Abs. I, II und III der Verordnung über die Berufs-Fortbildungsschulen) Entlassungsprüfungen statt.

2. Die Entlassungsprüfung soll den Schülern Gelegenheit geben, Proben der erlangten Allgemeinbildung und Berufsbildung abzulegen; ferner soll sie einen Einblick in die Bildungsarbeit und in die Gesamtleistung der Schule gewähren.

---

*) Die Bezeichnung Schüler gilt auch für Schülerinnen, die Bezeichnung Klaßlehrer auch für Klaßlehrerinnen.

3. I Die Prüfung wird von einem von der Regierung, Kammer des Innern, bestimmten Prüfungsleiter abgehalten. Als Prüfungsleiter kommen vor allem Schulleiter, dann auch Schulaufsichtsbeamte für Berufs-Fortbildungsschulen in Betracht. Schulleiter können sowohl an der von ihnen geleiteten Schule als auch an einer andern Schule ihres Dienstortes, ausnahmsweise auch an einer Schule eines benachbarten Ortes, als Prüfungsleiter aufgestellt werden.

II Die Prüfungszeiten sind vom Prüfungsleiter nach Benehmen mit dem Schulleiter festzusetzen und rechtzeitig der Regierung mitzuteilen.

III Zur Prüfung werden die Mitglieder der Schulvorstandschaft und des Gemeinderates oder Stadtrates sowie die Vertreter der mit der Schule in Verbindung stehenden beruflichen Verbände in ortsüblicher Weise eingeladen.

4. Die Entlassungsprüfung ist schriftlich und mündlich. In den Schulen, in denen praktischer Unterricht erteilt wird, soll nach Möglichkeit auch eine Arbeitsprobe gefertigt werden.

5. I Die schriftliche Prüfung, die vor der mündlichen stattfindet, umfaßt Proben aus dem Aufsatz und Rechnen; sie kann auch auf Zeichnen oder ein technisches Fach ausgedehnt werden.

II Die mündliche Prüfung erstreckt sich auf mindestens zwei Pflichtfächer der Schule.

6. I Die Aufgaben für die schriftliche Prüfung und für die Arbeitsprobe werden vom Prüfungsleiter, soweit veranlaßt im Benehmen mit den Lehrpersonen und mit dem Schulleiter, ausgewählt. An Orten mit mehreren Schulen bestimmt die Schulvorstandschaft die Prüfungsaufgaben nach Vorschlägen der beteiligten Klaßlehrer und Fachlehrer.

II Die Bearbeitung der Prüfungsaufgaben erfolgt unter Aufsicht, die der Prüfungsleiter oder der Schulleiter bestimmt. Die Prüfungsarbeiten sind von den Klaßlehrern oder Fachlehrern durchzusehen und zu benoten.

7. Die mündliche Prüfung soll in der Form eines Klaßbesuches durch den Prüfungsleiter erfolgen. Der Prüfungsleiter bestimmt die Prüfungsfächer und die Stoffgebiete, aus denen geprüft wird. Die beteiligten Lehrpersonen haben an der Prüfung teilzunehmen und können zur vollständigen oder teilweisen Durchführung der mündlichen Prüfung herangezogen werden. Soferne der Schulleiter nicht Prüfungsleiter an der von ihm geleiteten Schule ist, wird er nach Möglichkeit der Prüfung anwohnen.

8. I Bei der Entlassungsprüfung werden die Leistungen der einzelnen Schüler durch den Prüfungsleiter nicht benotet. Die Zeugnisnoten sind, vorbehaltlich der Bestimmung in Abs. II Satz 2, auf Grund der Leistungen im letzten Schuljahr, in die auch die Ergebnisse bei der schriftlichen Prüfung einbezogen werden können, von den Klaßlehrern und Fachlehrern festzusetzen.

II Der Prüfungsleiter hat darauf zu achten, daß die Benotung der Jahresleistungen den geltenden Vorschriften entspricht. Ist hierbei zu große Nachsicht oder zu große Strenge wahrzunehmen, so hat er auf Behebung dieser Unzuträglichkeiten hinzuwirken.

9. Während der mündlichen Prüfung liegen die Jahres- und Prüfungsarbeiten der Prüflinge zur Besichtigung auf.

10. Die schriftliche und die mündliche Prüfung sollen tunlichst in die regelmäßige Schulzeit der Prüflinge gelegt werden.

11. Besonderes Augenmerk wird der Prüfungsleiter den Schülern zuwenden, bei denen es fraglich ist, ob sie nach dem Stand ihrer Kenntnisse aus der Berufs-Fortbildungsschule entlassen werden können. Der Klaßlehrer hat sie dem Prüfungsleiter namhaft zu machen und Unterlagen für die Be-

urteilung vorzulegen. Gegebenen Falles hat der Prüfungsleiter nach der Vorschrift in § 16 Abs. II Satz 1 der Verordnung über die Berufs-Fortbildungsschulen zu verfahren.

12. Über den Verlauf der Prüfung ist eine kurze Niederschrift nach beiliegendem Vordruck 3 *) in doppelter Ausfertigung aufzunehmen. Die eine Ausfertigung ist zu den Akten der Schule, die andere zu denen der Schulvorstandschaft zu nehmen.

13. Spätestens vier Wochen nach Abschluß der Prüfungen berichtet der Prüfungsleiter der zuständigen Schulvorstandschaft über die von ihm abgehaltenen Prüfungen. Hierbei sind wichtige Beobachtungen sowie besonders günstige und besonders ungünstige Gesamtleistungen in einzelnen Klassen und Unterrichtsgebieten hervorzuheben.

14. Die Regierung, Kammer des Innern, kann sich von allen Schulvorstandschaften oder von einem Teile hiervon über den bei den Prüfungen wahrgenommenen Stand der Berufs-Fortbildungsschulen berichten lassen.

15. Die Schulvorstandschaften sind befugt, mit Genehmigung der Regierung, Kammer des Innern, im Rahmen dieser Prüfungsordnung ergänzende Bestimmungen, die den besonderen Verhältnissen einzelner Berufs-Fortbildungsschulen Rechnung tragen, zu treffen.

16. Hinsichtlich einer etwa abzuhaltenden Prüfung aus der Religionslehre werden gegebenen Falles die kirchlichen Oberbehörden mit den Regierungen, Kammern des Innern, ins Benehmen treten.

17. Am letzten Schultage soll die Verteilung der Entlassungszeugnisse im Rahmen einer angemessenen Schulfeier erfolgen.

18. Die Prüfungsordnung tritt mit ihrer Veröffentlichung in Kraft.

23. Verordnung vom 5. Mai 1919 über die Bildung von Lehrerräten für das Volksschulwesen (KMBl. S. 63)**)***).

Stadtlehrerräte in den unmittelbaren Städten.

§ 8. [1] In den unmittelbaren Städten, in denen mehr als ein Lehrerrat besteht, wählt die gesamte Lehrerschaft je auf die Dauer von drei Kalenderjahren in geheimer direkter Wahl nach den Grundsätzen der Verhältniswahl einen aus mindestens fünf und höchstens fünfundzwanzig Mitgliedern bestehenden Stadtlehrerrat nebst einer entsprechenden Zahl von Ersatzleuten. Bezirksschulinspektoren sind nicht wählbar.

---

*) Von einem Abdruck der Vordrucke wurde abgesehen.

**) Die §§ 1 mit 7 sind durch Ziff. 54 der VB. zum SchAG. außer Wirksamkeit gesetzt.

***) Die ersten Wahlen galten gemäß MinBek. v. 8. Mai 1919, Wahl der Lehrerräte im Jahre 1919 betr. (KMBl. S. 85), für die Kalenderjahre 1919 mit 1921.

Mit ME. v. 19. Juli 1921, die Wahl der Lehrerräte im Jahre 1921 betr. (KMBl. S. 271) wurde die Amtsdauer der Lehrerräte an den Volksschulen, der Bezirkslehrerräte, der Stadtlehrerräte, der Kreislehrerräte und des Landeslehrerrates über den 1. Januar 1922 hinaus bis auf weiteres verlängert. (Für die Stadtlehrerräte, Kreislehrerräte und den Landeslehrerrat ist diese Anordnung zur Zeit noch in Kraft.)

II Die Zahl der Mitglieder und der Ersatzleute bestimmt innerhalb des vorgeschriebenen Rahmens der Stadtlehrerrat selbst, für die erste Wahl ein Ausschuß, in den jeder Lehrerrat der Stadt ein Mitglied abordnet.

§ 9. I Den Stadtlehrerräten kommt der gleiche Wirkungskreis zu wie den Bezirkslehrerräten, außerdem die Vertretung der Lehrerschaft bei den Gemeindebehörden.

II In kleineren unmittelbaren Städten, in denen kein Stadtlehrerrat zu bilden ist, kommt dem bestehenden einzigen Lehrerrat auch der Wirkungskreis des Stadtlehrerrates zu.

Kreislehrerräte.

§ 10. In jedem Regierungsbezirke wählt die gesamte Lehrerschaft je auf drei Kalenderjahre in geheimer direkter Wahl nach den Grundsätzen der Verhältniswahl einen aus neun Mitgliedern bestehenden Kreislehrerrat und fünf Ersatzleute. Bezirksschulinspektoren sind nicht wählbar.

§ 11. I Der Kreislehrerrat ist die Vertretung der Lehrerschaft bei der Regierung, Kammer des Innern, als Schulaufsichts- und Schulorganisations-Stelle. Er ist in allen wichtigen einschlägigen Fragen, insbesondere auch über die Ernennung von Bezirksschulinspektoren und Kreisschulinspektoren gutachtlich einzuvernehmen und hat das Recht der Anregung und Antragstellung.

II Die Regierung, Kammer des Innern, ist befugt, den Kreislehrerrat oder einzelne seiner Mitglieder behufs Beratung von Schul- und Lehrerangelegenheiten zu Sitzungen mit den Regierungsbeamten einzuberufen.

§ 12. Der Kreislehrerrat wählt einen Vorsitzenden und einen Schriftführer. Zeit und Ort der Sitzungen bestimmt der Vorsitzende. Auf Verlangen des Kreislehrerrates ist ihm am Regierungssitze ein Raum zur Abhaltung seiner Beratungen zur Verfügung zu stellen.

§ 13. Die Wirksamkeit der Mitglieder der Lehrerräte, Bezirkslehrerräte, Stadtlehrerräte und Kreislehrerräte ist ehrenamtlich. Im Falle der Berufung nach § 11 Abs. II erhalten die Mitglieder der Kreislehrerräte Aufwandsentschädigung aus Kreismitteln.

Landeslehrerrat.

§ 14. Die gesamte Lehrerschaft der Volksschulen wählt je auf drei Kalenderjahre in geheimer direkter Wahl nach den Grundsätzen der Verhältniswahl den aus sechzehn Mitgliedern bestehenden Landeslehrerrat und acht Ersatzleute.

§ 15. Der Landeslehrerrat ist die Vertretung der gesamten Lehrerschaft der Volksschulen beim Staatsministerium für Unterricht und Kultus, das alle Maßnahmen grundsätzlicher Art in Bezug auf die sozialen, wirtschaftlichen und rechtlichen Verhältnisse der Lehrerschaft, dann in bezug auf die Einrichtung der Volksschulen und ihren Betrieb nur nach Einvernahme des Landeslehrerrates treffen wird. Ihm steht auch das Recht zu, in den einschlägigen Angelegenheiten Anregungen zu geben.

§ 16. Wenn der beim Staatsministerium für Unterricht und Kultus gebildete Beamtenbeirat über Fragen zu beraten hat, durch die auch die Interessen der Lehrerschaft der Volksschulen berührt werden, so sind zu den Sitzungen des Beamtenbeirates vier Mitglieder des Landeslehrerrates beizuziehen. Die abzuordnenden Mitglieder bestimmt der Landeslehrerrat.

§ 17. I Der Landeslehrerrat wählt aus seiner Mitte einen ersten und einen zweiten Vorsitzenden und einen Schriftführer.

II Soweit die Sitzungen des Landeslehrerrates in München stattfinden, stellt das Staatsministerium für Unterricht und Kultus dazu auf Verlangen einen Sitzungsraum und die etwa erforderlichen Schreibkräfte zur Verfügung.

§ 18. Das Staatsministerium für Unterricht und Kultus kann den Landeslehrerrat oder einzelne seiner Mitglieder zu Beratungen einberufen und auf Ersuchen des Landeslehrerrates zu dessen Sitzungen Ministerialbeamte abordnen.

§ 19. Die Mitglieder des Landeslehrerrats erhalten Aufwandsentschädigung aus Staatsmitteln.

§ 20. Die Wahlordnung für die Wahl der Bezirkslehrerräte, Stadtlehrerräte, Kreislehrerräte und des Landeslehrerrates stellt das Staatsministerium für Unterricht und Kultus auf.

---

24. Wahlordnung vom 8. Mai 1919 für die Wahl der Bezirkslehrerräte, der Stadtlehrerräte, der Kreislehrerräte und des Landeslehrerrats (KMBl. S. 8) *).

§ 1. Jedes ordentliche Mitglied des Lehrerrates einer Volksschule, dann die Lehrer und die mit der selbständigen Führung einer Schulabteilung oder Schulklasse betrauten Schulamtsbewerber (auch Lehrerinnen und Bewerberinnen) an jenen Volksschulen, an denen kein Lehrerrat besteht, sowie die an Volksschulen hauptamtlich angestellten Fachlehrer und Fachlehrerinnen sind bei den Wahlen des für ihren Dienstsitz zuständigen Bezirkslehrerrates oder Stadtlehrerrates, dann des Kreislehrerrates und des Landeslehrerrates wahlberechtigt und vorbehaltlich der in der Verordnung über die Bildung der Lehrerräte bestimmten Ausnahmen auch wählbar. Wählbar sind auch die im zeitlichen oder dauernden Ruhestande befindlichen Lehrer und Lehrerinnen der Volksschulen.

§ 2. I Die Bezirks-, Stadt- und Kreislehrerräte, dann der Landeslehrerrat werden alle drei Jahre im Dezember in einem Wahlgange gewählt.

II Jedes Bezirksamt und jede unmittelbare Stadt bildet einen Wahlbezirk; in unmittelbaren Städten mit mehr als 50 000 Einwohnern können zwei oder mehr Wahlbezirke gebildet werden.

§ 3. I Zur Vorbereitung der Wahl legen die Bezirksämter und die Bürgermeister der unmittelbaren Städte bis zum 10. Oktober des Wahljahres eine alphabetische Liste der Wahlberechtigten ihres Bezirks an; sie geben weiter spätestens am gleichen Tage durch Ausschreiben im Amtsblatte bekannt, daß bis spätestens zum 5. November die Wahlvorschläge einzureichen sind und zwar für die Wahl des Bezirkslehrerrates beim Bezirksamte, des Kreislehrerrates bei der betreffenden Regierung, Kammer des Innern, und des Landeslehrerrates beim Staatsministerium für Unterricht und Kultus. In das Ausschreiben sind die nachstehenden Bestimmungen über die Wahlvorschläge aufzunehmen.

II In den unmittelbaren Städten ist die Bekanntmachung den Lehrerräten der einzelnen Volksschulen besonders zuzustellen.

---

*) Bezüglich der Bezirkslehrerräte zufolge Ziff. 54 der VB. zum SchAG. außer Wirksamkeit gesetzt.

§ 4. Auf jedem Wahlvorschlag muß zweifelsfrei angegeben sein, für welche Wahl er zu gelten hat; jeder Wahlvorschlag muß von mindestens fünf Wahlberechtigten unter Beifügung des Dienstortes und der dienstlichen Stellung, die die Wahlberechtigung begründet, unterzeichnet sein.

§ 5. I In den Wahlvorschlägen sind die Namen der Vorgeschlagenen in deutlich erkennbarer Reihenfolge aufzuführen.

II Die Wahlvorschläge dürfen nicht mehr Namen zur Wahl Vorgeschlagener enthalten, als in der betreffenden Wahl Mitglieder und Ersatzleute zusammen zu wählen sind.

§ 6. I Die zuständigen Behörden prüfen die Wahlvorschläge sofort nach ihrem Eintreffen und streichen die Namen der nicht Wählbaren und der überzählig Vorgeschlagenen.

II Ist eine wählbare Person für die gleiche Wahl in mehr als einem Wahlvorschlage aufgeführt, so ist sie ungesäumt auf kürzestem Wege darüber einzuvernehmen, für welchen Wahlvorschlag sie sich entscheidet; in den Wahlvorschlägen, für die sie sich nicht entschieden hat, ist sie zu streichen. Wird der zuständigen Behörde bis zum Ablauf des 15. November keine Entscheidung bekannt gegeben, so wird der Name aus allen Wahlvorschlägen für die betreffende Wahl gestrichen.

§ 7. Der Wahltag wird vom Staatsministerium für Unterricht und Kultus festgesetzt und nebst den anerkannten Wahlvorschlägen für die Wahl des Landeslehrerrates bekannt gegeben. Die Bezirksämter und die Bürgermeister der unmittelbaren Städte veröffentlichen die Bekanntmachung in ihren Amtsblättern unter Beifügung des von ihnen zu bestimmenden Ortes der Wahl sowie des Beginnes und Ende der Stimmabgabe. Gleichzeitig werden die anerkannten Wahlvorschläge für die Wahl des einschlägigen Kreislehrerrates und Bezirkslehrerrates oder Stadtlehrerrates bekannt gegeben. Bei der Bekanntgabe ist in unmittelbaren Städten § 3 Abs. II zu beachten.

§ 8. I Die Wahlen werden von den Vorständen der Bezirksämter und den Bürgermeistern der unmittelbaren Städte oder ihren Stellvertretern geleitet.

II Der Wahlleiter bildet mit vier von der Lehrerschaft des Wahlbezirks zu bestimmenden Wahlberechtigten den Wahlausschuß. Ein Mitglied des Wahlausschusses übernimmt die Vormerkung der Stimmabgabe in der Wählerliste, ein weiteres Mitglied die Führung der Stimmliste und ein drittes Mitglied die Anfertigung der Niederschrift über den Verlauf und das Ergebnis der Wahl. Die Niederschrift ist zur Anerkennung von den Mitgliedern des Wahlausschusses zu unterzeichnen.

§ 9. I Gewählt wird durch Abgabe von Stimmzetteln aus weißem Papier, auf die die Namen der zu Wählenden handschriftlich oder auf dem Wege der Vervielfältigung aufgezeichnet sind.

II Statt der Namen der zu Wählenden kann auf den Stimmzetteln auch die Lehrer-Standesvereinigung bezeichnet werden, für deren Wahlvorschlag der Abstimmende wählen will.

III Auf der Rückseite jedes Stimmzettels muß außerdem in der oberen rechten Ecke die Wahl, für die er zu gelten hat, deutlich bezeichnet sein.

IV Die Beifügung weiterer Kennzeichen und Bemerkungen, insbesondere der Unterschrift des Wählers, macht die Stimmzettel ungültig.

§ 10. Jeder Wähler darf für jede Wahl nur e i n e n Stimmzettel abgeben; er kann die Stimmabgabe auch auf zwei Wahlen oder eine Wahl beschränken.

§ 11. Für die drei Wahlen wird gleichzeitig abgestimmt, indem die Wähler ihre Stimmzettel dem Wahlleiter so zusammengelegt übergeben, daß der Inhalt der Stimmzettel verdeckt ist. Der Wahlleiter prüft vor der Einlegung der Stimmzettel jedes Wählers in die Wahlurne, ob der einzelne Wähler für eine Wahl nicht mehr als einen Stimmzettel übergeben hat.

§ 12. Die Wahlberechtigten, die an ihrem Dienstorte zu wählen haben, haben ihre Stimmzettel persönlich vor dem Wahlausschuß abzugeben. Die übrigen Wahlberechtigten können persönlich vor dem Wahlausschuß abstimmen oder ihre Stimmzettel an das Bezirksamt einsenden; in letzterem Fall ist die Einsendung schon vor dem Wahltage zulässig; auf dem äußeren Umschlage der Sendung müssen der Vor- und Zuname und der Dienstort des Wählers, dann der Vermerk „Lehrerratswahl" deutlich angegeben sein.

§ 13. Die mit dem Vermerk „Lehrerratswahl" eingelaufenen Sendungen werden beim Bezirksamt uneröffnet aufbewahrt und erst bei der Wahl vom Wahlleiter eröffnet. Dieser legt die entnommenen zusammengelegten Stimmzettel uneröffnet in die Wahlurne, wenn die Namen der betreffenden Wähler in der Wählerliste aufgefunden sind und wenn er sich überzeugt hat, daß für jede Wahl nicht mehr als ein Stimmzettel eingesandt ist. Hat ein Wähler für eine Wahl mehr als einen Stimmzettel eingesandt, so sind seine Stimmzettel für die betreffende Wahl als ungültig auszuscheiden. Gleichzeitig mit der Einlegung der Stimmzettel in die Wahlurne wird die Stimmabgabe in der Wählerliste vermerkt.

§ 14. Ist der Name eines Abstimmenden in der Wählerliste nicht enthalten, so erfolgt die Eintragung nachträglich bei der Wahl, wenn der Wahlausschuß die Wahlberechtigung einstimmig anerkennt und festgestellt wird, daß die Aufnahme in die Wählerliste aus Unkenntnis oder Versehen unterblieben war. Der Beschluß ist in der Niederschrift über den Verlauf der Wahl festzustellen.

§ 15. Nach Ablauf der festgesetzten Frist wird die Abstimmung vom Wahlleiter geschlossen, später einlaufende Sendungen mit dem Vermerk „Lehrerratswahl" sind uneröffnet zu vernichten.

§ 16. I Nach dem Schluß der Stimmabgabe werden die Stimmzettel der Wahlurne entnommen und nach der Bezeichnung in der rechten oberen Ecke für die drei Wahlen ausgeschieden; die Zahl der für jede Wahl abgegebenen Stimmzettel wird in der Niederschrift festgestellt.

II Die Stimmzettel für die Wahl des Kreislehrerrates und des Landeslehrerrates werden von dem Wahlausschusse mit einer Bestätigung des letzteren über die Zahl der betreffenden Zettel verschlossen und alsbald an die einschlägige Regierung, Kammer des Innern, beziehungsweise an das Staatsministerium für Unterricht und Kultus, im Falle des § 2 Abs. II Satz 2 durch Vermittlung des Bürgermeisters eingesandt.

§ 17. Der Wahlausschuß stellt sodann das Ergebnis der Bezirkslehrerratswahl oder Stadtlehrerratswahl fest. Die Stimmzettel werden vom Wahlausschuß einzeln auf ihre Gültigkeit geprüft; der gültig befundene Inhalt der Stimmzettel wird in eine Stimmliste eingetragen.

§ 18. I Es genügt, wenn auf dem Stimmzettel nur einer der in einem Wahlvorschlag enthaltenen Namen verzeichnet ist. Die Abstimmung wird auch in diesem Falle voll für den ganzen Wahlvorschlag gerechnet.

II Sind von mehreren Namen eines Wahlvorschlages einzelne gestrichen, so wird die Abstimmung gleichwohl voll für den ganzen Wahlvorschlag gerechnet.

III Stimmzettel, die Namen aus verschiedenen Wahlvorschlägen enthalten, sind ungültig, desgleichen Stimmzettel, die ausschließlich oder zum Teil auf keinem anerkannten Wahlvorschlage vorgetragene Namen enthalten.

§ 19. I Nach Feststellung der Zahl der für jeden Wahlvorschlag abgegebenen gültigen Stimmen werden zwecks Verteilung der Sitze im Bezirkslehrerrate oder Stadtlehrerrate, dann der Ersatzleute auf die Wahlvorschläge die auf die einzelnen Wahlvorschläge entfallenen Stimmenzahlen nacheinander mit 1, 2, 3 usw. solange geteilt, bis sich soviele Höchstzahlen ergeben, als Mitglieder des Bezirkslehrerrates (Stadtlehrerrates) zu wählen sind. Jeder Wahlvorschlag erhält soviele Sitze zugeteilt, als auf ihn Höchstzahlen entfallen.

II Wenn mehr gleiche Höchstzahlen vorhanden sind, als Sitze zu verteilen sind, oder wenn die an letzter Stelle stehende Höchstzahl auf mehrere Wahlvorschläge entfällt, so wird durch das Los entschieden, welche Wahlvorschläge zum Zuge kommen. Die durch das Los ausgeschiedenen Wahlvorschläge kommen dann in erster Reihe bei der Verteilung der Ersatzleute auf die einzelnen Wahlvorschläge in Betracht; nötigenfalls sind durch weitere Teilung der auf die einzelnen Wahlvorschläge entfallenen Stimmzahlen (z. B. durch 4, 5, 6 usw.) weitere Höchstzahlen zu gewinnen. Wenn die an letzter Stelle in Betracht kommende Höchstzahl auf mehrere Wahlvorschläge zutrifft als noch Ersatzleute zu bestimmen sind, so wird wieder durch das Los bestimmt, welche Wahlvorschläge (welcher Vorschlag) zum Zuge kommen.

§ 20. Die auf den Wahlvorschlägen benannten Bewerber rücken nach der in den amtlich veröffentlichten Wahlvorschlägen festgelegten Reihenfolge in die dem betreffenden Wahlvorschlage zufallenden Stellen ein.

§ 21. In unmittelbaren Städten, in denen zwei oder mehr Wahlbezirke gebildet wurden, wird das Gesamtergebnis der Wahl des Stadtlehrerrates am Tage nach der Wahl durch den aus den einzelnen Wahlausschüssen gebildeten Gesamtwahlausschuß unter der Leitung des Bürgermeisters oder seines Stellvertreters festgestellt.

§ 22. Das Ergebnis der Wahl der Bezirkslehrerräte und Stadtlehrerräte wird von den Bezirksämtern und den unmittelbaren Stadtmagistraten durch Ausschreiben im Amtsblatte veröffentlicht und der vorgesetzten Regierung, Kammer des Innern, angezeigt.

§ 23. I Die in § 16 Abs. II vorgeschriebenen Sendungen an die Regierungen, Kammern des Innern, und an das Staatsministerium für Unterricht und Kultus sind bei diesen Stellen bis zu der alsbald vorzunehmenden amtlichen Ermittlung des Wahlergebnisses uneröffnet aufzubewahren.

II Die Ermittlung des Wahlergebnisses besorgt ein Wahlausschuß aus vier Mitgliedern, die der Stadtlehrerrat am Sitze der betreffenden Regierung bzw. des Ministeriums benennt; die Leitung führt ein Beamter der Regierung bzw. des Ministeriums.

III Zur Ermittlung des Wahlergebnisses sind die Vorschriften in §§ 19 und 20 sinngemäß anzuwenden.

§ 24. Das Ergebnis der Wahl zum Kreislehrerrat ist im Kreisamtsblatt, das Ergebnis der Wahl des Landeslehrerrates im Amtsblatt des Staatsministeriums für Unterricht und Kultus auszuschreiben.

Anlage zur Wahlordnung.

Beispiele zur Ermittlung des Wahlergebnisses.

I. Wahl für einen Bezirkslehrerrat:

Von 144 gültigen Stimmen sind 63 auf Wahlvorschlag A, 37 auf Wahlvorschlag B, 28 auf Wahlvorschlag C und 16 auf Wahlvorschlag D entfallen. Zu wählen sind sieben Mitglieder des Bezirkslehrerrates und fünf Ersatzleute.

Durch Teilung der Stimmenzahlen mit 1, 2 und 3 werden die sieben Höchstzahlen 63, 37, $31\frac{1}{2}$, 28, 21, 18 und 16 gewonnen, die Wahlvorschläge, auf die diese Höchstzahlen entfallen, stellen nach der Reihenfolge der Höchstzahlen die sieben Mitglieder des Bezirkslehrerrates.

Durch weitere Teilung der Stimmenzahlen mit 4 und 5 werden die weiteren Höchstzahlen $15\frac{3}{4}$ und $12\frac{3}{5}$ gewonnen, so daß für die Bestimmung der fünf Ersatzleute die fünf Höchstzahlen $15\frac{3}{4}$, 14, $12\frac{3}{5}$, $12\frac{1}{3}$ und $9\frac{1}{3}$ zur Verfügung stehen.

Wahlvorschlag:	A		B	
Zahl der Stimmen:	63		37	
Teilung durch 1 =	63	I. Mitglied	37	II. Mitglied
„ „ 2 =	$31\frac{1}{2}$	III. „	$18\frac{1}{2}$	IV. „
„ „ 3 =	21	V. „	$12\frac{1}{3}$	4. Ersatzmann
„ „ 4 =	$15\frac{3}{4}$	1. Ersatzmann	$9\frac{1}{4}$	
„ „ 5 =	$12\frac{3}{5}$	3. „	$7\frac{2}{5}$	

Wahlvorschlag:	C		D	
Zahl der Stimmen:	28		16	
Teilung durch 1 =	28	IV. Mitglied	16	VII. Mitglied
„ „ 2 =	14	2. Ersatzmann	8	
„ „ 3 =	$9\frac{1}{3}$	5. „	$5\frac{1}{3}$	
„ „ 4 =	7		4	
„ „ 5 =	$5\frac{3}{5}$		$3\frac{1}{5}$	

Ergebnis:

Auf Wahlvorschlag A entfallen:	3 Mitglieder	2 Ersatzleute
„ „ B „	2 „	1 Ersatzmann
„ „ C „	1 Mitglied	2 Ersatzleute
„ „ D entfällt	1 „	— —
	7 Mitglieder	5 Ersatzleute.

II. Wahl für einen Stadtlehrerrat:

Von 900 gültigen Stimmen entfallen je 300 auf Wahlvorschlag A, B und C. Zu wählen sind 7 Mitglieder und 4 Ersatzleute.

Wahlvorschlag A	Wahlvorschlag B	Wahlvorschlag C
300 I. Sitz	300 II. Sitz	300 III. Sitz
150 IV. Sitz	150 V. Sitz	150 VI. Sitz
100 1. Ersatzm. durch Los	100 VII. Sitz durch Los	100 2. Ersatzm. durch Los
75	75 3. Ersatzm. d. Los	75 4. Ersatzm. durch Los

Da für die Zuteilung des VII. Sitzes die drei Wahlvorschläge mit der Höchstzahl 100 in Betracht kommen, hat über die Zuteilung dieses Sitzes das Los zu entscheiden. Ebenso muß wegen der Ermittlung, welcher der beiden noch mit den Höchstzahlen 100 in Betracht kommenden Wahlvorschläge den zweiten und welcher den dritten Ersatzmann zu stellen hat, das Los entscheiden. Endlich entscheidet das Los darüber, welcher der drei Wahlvorschläge mit der gleichen Höchstzahl 75 den vierten Ersatzmann zu stellen hat.

III. Wahl eines Kreislehrerrates.

Abgegeben wurden 2194 gültige Stimmzettel, davon enthalten nach Wahlvorschlag

A : 1215
B : 347
C : 216
D : 203
E : 187
F : 26 gültige Stimmen;

zu wählen sind 9 Mitglieder des Kreislehrerrates und 5 Ersatzleute.

Feststellung des Ergebnisses.

A	B	C	D	E	F
: 1 = 1215 I.	347 : 1 = 347 IV.	216 VII.	203 VIII.	187[1]	26
: 2 = 607 II.	: 2 = 173[2]	108	101	93	13
: 3 = 404 III.	: 3 = 115	72	67	62	8
: 4 = 303 V.	: 4 = 86	54	50	46	6
: 5 = 243 VI.	: 5 = 69	43	40	37	5
: 6 = 202 IX.					
: 7 = 173[3]					
: 8 = 151[4]					
: 9 = 135[5]					

Auf Wahlvorschlag

A	entfallen	6 Mitglieder,	3 Ersatzleute
B	„	1 Mitglied	1 Ersatzmann
C	„	1 „	—
D	„	1 „	—
E	„	— „	1 Ersatzmann
		9 Mitglieder,	5 Ersatzleute.

IV. Wahl des Landeslehrerrates.

Abgegeben wurden 18055 gültige Stimmzettel, davon entfallen

auf Wahlvorschlag A = 10217
„ „ B = 2329
„ „ C = 2235
„ „ D = 1714
„ „ E = 1127
„ „ F = 318
„ „ G = 115 gültige Stimmen.

Zu wählen sind 16 Mitglieder und 8 Ersatzleute.

	A	B	C	D
: 1 =	10217 I.	2329 V.	2235 VI.	1714 VIII.
: 2 =	5108 II.	1164 XII.	1117 XV.	857
: 3 =	3405 III.	776[5]	745[6]	571
: 4 =	2554 IV.	582	558	428
: 5 =	2043 VII.	465		
: 6 =	1702 IX.	—		
: 7 =	1459 X.	—		
: 8 =	1277 XI.	—		
: 9 =	1135 XIII.	—		
: 10 =	1021 XVI.	—		
: 11 =	928[1]	—		
: 12 =	851[3]	—		
: 13 =	785[4]	—		
: 14 =	729[7]	—		
: 15 =	681[8]	—		

E	F	G
1127 XIV.	318	115
563	159	57
375	106	38
281	79	28

Auf Wahlvorschlag

A	entfallen	10 Sitze,	5 Ersatzleute
B	„	2 „	1 Ersatzmann
C	„	2 „	1 „
D	„	1 Sitz,	1 „
E	„	1 „	—
		16 Sitze	8 Ersatzleute.

25. Bekanntmachung vom 9. Mai 1919, betreffend Erläuterungen und Vollzugsvorschriften zur Verordnung vom 3. Mai 1919 über die Bildung von Lehrerräten für das Volksschulwesen und zur Wahlordnung vom 8. Mai 1919 für die Wahl der Bezirkslehrerräte, Stadtlehrerräte, Kreislehrerräte und des Landeslehrerrates (KMBl. S. 79)*).

I. Abschnitt.

Zur Verordnung über die Lehrerräte.

Zu § 8. 1. Die zulässige Höchstzahl von fünfundzwanzig Mitgliedern soll nur in den größten Städten gewählt werden.

2. Die im Absatz II vorgesehene Vertreterversammlung beruft der Bürgermeister, sie wird vom ältesten (nach Lebensalter) Teilnehmer geleitet; das Ergebnis ist dem Bürgermeister und durch die Abgeordneten allen Lehrerräten mitzuteilen.

*) Vom I. Abschnitt (Zur Verordnung über die Lehrerräte) sind die Erläuterungen und Vollzugsvorschriften zu § 1 mit 5 zufolge Ziff. 54 der VV. zum SchAG. außer Wirksamkeit gesetzt.

Zu **§ 12**. Die Selbständigkeit des Kreislehrerrates schließt nicht aus, daß er um Abordnung von Regierungsbeamten zu seinen Beratungen nachsucht, wenn er dies für sachförderlich hält.

Zu **§ 13**. Die Aufwandsentschädigung bemißt sich nach der Verordnung vom 17. Juli 1915 über die Entschädigung der Beamten bei Vornahme auswärtiger Dienstgeschäfte und zwar unter Zugrundelegung der Klasse IV (§ 7) dieser Verordnung.

Zu **§ 16**. Die Tagesordnung für die Sitzungen des Beamtenbeirats ist jeweils dem Vorsitzenden des Landeslehrerrates so rechtzeitig bekanntzugeben, daß dieser noch die Beiziehung seiner Abgeordneten mit entsprechender Begründung beantragen kann, wenn sie nicht verfügt ist, vom Vorsitzenden des Landeslehrerrats aber für geboten erachtet wird.

Zu **§ 19**. Die Aufwandsentschädigung bemißt sich nach der Verordnung vom 17. Juli 1915 über die Entschädigung der Beamten bei Vornahme auswärtiger Dienstgeschäfte und zwar unter Zugrundelegung der Klasse III (§ 7) der Verordnung.

Schlußbestimmungen.

1. Wenn sich bei den Abstimmungen der Lehrerräte der Volksschulen, der Bezirkslehrerräte, Stadtlehrerräte, Kreislehrerräte und des Landeslehrerrates Stimmengleichheit ergibt, kommt stets dem Vorsitzenden der Stichentscheid zu.

2. Bei allen Verhandlungen, Abstimmungen und Wahlen der Lehrerräte ist das weibliche Lehrpersonal dem männlichen gleichberechtigt.

3. Die gewählten Mitglieder der Lehrerräte können jederzeit zurücktreten. Die nach §§ 5 Abs. III, 8, 10 und 14 der Verordnung gewählten Ersatzleute treten an die Stelle dauernd ausgeschiedener Mitglieder der Lehrerräte, sie werden von der Behörde, die die Wahl geleitet hat, einberufen.

II. Abschnitt.

Zur Wahlordnung.

Zu **§ 1**. Das in den zeitlichen oder dauernden Ruhestand versetzte Lehrpersonal wählt nicht mit, ist aber wählbar.

Zu **§ 2**. In Städten mit mehr als 50 000 Einwohnern bestimmt der Bürgermeister nach Anhörung des Stadtlehrerrates für die erste Wahl nach Anhörung des in § 8 Abs. II der Verordnung über die Lehrerräte vorgesehenen Ausschusses die Zahl der zu bildenden Wahlbezirke.

Zu **§ 3**. 1. Im Hinblick auf § 5 Abs. II und III der Verordnung über die Bildung der Lehrerräte haben die Bezirksämter in der nach § 3 Abs. I der Wahlordnung zu erlassenden Bekanntmachung auch die Zahl der im Bezirke zu wählenden Mitglieder des Bezirkslehrerrates und der Ersatzleute zu veröffentlichen. Für die Bemessung der Zahl ist die abgeschlossene Liste der Wahlberechtigten maßgebend. Auf Grund des § 14 der Wahlordnung erfolgte Nachträge in der Wählerliste haben eine Erhöhung der festgesetzten Zahl der zu Wählenden auch dann nicht zur Folge, wenn durch die Nachträge die Zahl von hundert Wahlberechtigten erreicht oder überschritten wird.

2. Die Wahlberechtigten sind befugt, die Wählerliste vor dem Abschluß einzusehen und gegebenenfalls Ergänzungen oder Streichungen zu beantragen.

Zu **§ 5**. 1. Die Beachtung der Vorschrift in Abs. I ist für den Vollzug des § 20 der Wahlordnung von besonderer Wichtigkeit.

2. Wahlvorschläge, die weniger Namen enthalten als in der betreffenden Wahl Lehrerratsmitglieder und Ersatzleute zusammen zu wählen sind, sind nicht zu beanstanden.

Zu **§ 8**. Der Leiter der Wahl setzt sich mit der Lehrerschaft des Wahlbezirks entsprechende Zeit vor der Wahl wegen Benennung der erforderlichen Zahl von Mitgliedern des Wahlausschusses ins Benehmen und lädt die Benannten, zweckmäßigerweise auch noch einen Ersatzmann, zum rechtzeitigen Erscheinen bei der Wahl ein.

Zu **§ 9**. Die Stimmzettel sollen 9:12 Zentimeter und von mittelstarkem Schreibpapier sein.

Zu **§ 11**. Die Stimmzettel sind einmal so zusammenzufalten, daß ihr Inhalt verdeckt ist und die auf der Rückseite in der rechten oberen Ecke angebrachte Bezeichnung der Wahl vom Wahlleiter rasch erkannt werden kann.

Zu **§ 12**. 1. Die in § 12 Satz 2 zugelassene Vergünstigung ist nur für Wahlberechtigte bestimmt, die außerhalb des Wahlortes wohnen. Die in ihr liegende Abweichung von dem bei sonstigen Wahlen geltenden Grundsatze, daß jeder Wähler persönlich vor dem Wahlausschuß abstimmen muß, findet ihre Berechtigung darin, daß die Bildung kleiner, auf den Wohnort der Wähler und dessen nächste Umgebung beschränkter Wahlbezirke das Wahlgeschäft zu umständlich machen würde. Sie soll verhindern, daß den Beteiligten die Ausübung des Wahlrechts durch die Zurücklegung des Weges zum Wahlort und durch Zeitverlust erschwert wird oder durch Benützung von Fahrtgelegenheit besondere Kosten verursacht.

2. Wer seine Stimmzettel einsendet, soll jeden Stimmzettel für sich zusammengefaltet in den Umschlag einschieben und nicht zwei oder drei Stimmzettel ineinander legen.

Zu **§ 18**. 1. Die Vorschriften in § 18 entsprechen den für die Wahlen nach gebundenen Wahlvorschlägen maßgebenden Grundsätzen.

2. Auf die Vorschrift in § 9 Abs. II der Wahlordnung wird besonders hingewiesen.

Zu **§ 19**. Zur Erläuterung des Verfahrens bei der Feststellung des Wahlergebnisses dienen die in der Anlage zur Wahlordnung abgedruckten Beispiele.

Zu **§ 23**. Die vier Mitglieder des Wahlausschusses müssen wahlberechtigt sein. Wenn sich bei Abstimmungen Stimmengleichheit ergibt, hat der Wahlleiter den Stichentscheid.

---

26. **Auszug aus dem Volksschullehrergesetz** vom 14. August 1919 (GVBl. S. 437).

Das Volksschullehrergesetz hat bis jetzt nachstehende Änderungen erfahren:

Abgeändert oder gestrichen wurden

1. Durch das Gesetz vom 24. März 1920 über die Änderung des Volksschullehrergesetzes und des Schulbedarfgesetzes vom 14. August 1919 (GVBl. 1920 S. 103)
die Artikel 159, 160, 180, 181 und 183.

2. Durch das Beamtenbesoldungsgesetz vom 2. Juni 1920, Art. 62 (GVBl. S. 275)
die Artikel 1, 2, 5, 6, 22 mit 30, 33, 34, 44, 52, 58, 65, 72, 89, 106, 108, 109, 123, 133, 134, 136, 139, 144 und 145.

3. Durch das Gesetz vom 23. März 1921 über die Versorgungsbezüge der Staatsbeamten und ihrer Hinterbliebenen (Pensionsergänzungsgesetz = PEG.) Art. 25 (GVBl. S. 117)
die Artikel 79, 87, 89 und 90.

4. Durch das Gesetz vom 16. Dezember 1921 zur Abänderung des Beamtenbesoldungsgesetzes, Art. 3 (GVBl. 1923 S. 1)
die Artikel 72 und 79.

5. Durch das Schulaufsichtsgesetz vom 1. August 1922, § 34 (GVBl. S. 385)
der Artikel 100.

6. Durch das Gesetz vom 9. Januar 1923 zur siebenten Abänderung des Beamtenbesoldungsgesetzes, Art. 3 (GVBl. S. 7)
die Artikel 44, 53, 69, 72, 79, 87 und 89.

7. Mit Bek. vom 24. März 1923 über die Fassung des Beamtenbesoldungsgesetzes (GVBl. S. 109) wurde das Beamtenbesoldungsgesetz vom 2. Juni 1920 in der vom 1. Oktober 1922 ab gültigen Fassung (BBesG. n. F.) bekannt gegeben.
In Art. 62 sind die Änderungen des Volksschullehrergesetzes vom 14. August 1919 zusammengefaßt.)

8. Durch das Gesetz vom 1. August 1923 zur Änderung von Vorschriften über das Volksschulwesen, Art. 1 (GVBl. S. 337)
die Artikel 1, 21, 28, 33, 62, 84, 109, 135 mit 139, 144, 146, 147, 148, 149, 151 mit 156, 165, 171 und 182.

9. Durch das Gesetz vom 29. August 1923 zur achten Abänderung des Beamtenbesoldungsgesetzes, Art. 3 (GVBl. S. 309)
die Artikel 43, 45, 58, 69, 72, 79, 87 und 150.

10. Durch das Gesetz vom 29. Februar 1924 zur neunten Abänderung des Beamtenbesoldungsgesetzes und sonstiger Vorschriften des Beamten-, Besoldungs- und Versorgungsrechts, Art. 4 (GVBl. S. 117)
der Artikel 87.

11. Durch die Verordnung vom 29. März 1924 zur Änderung beamtenrechtlicher Vorschriften, Art. 2 (GVBl. S. 128)
die Artikel 6, 14, 38, 39, 42, 45, 55, 61 und 150.

Abschnitt VIII.

Dienstaufsicht und Dienststrafrecht.

A. Dienstaufsicht.

Art. 100.*)

Art. 101. I Das zuständige Staatsministerium erläßt die Vorschriften über die dienstliche Beurteilung der Volksschullehrer.

II Der Volksschullehrer kann verlangen, daß ihm die Einträge in seinem Beurteilungsbogen bekanntgegeben werden. Er kann gegen die Einträge Beschwerde zur nächsthöheren Dienstbehörde erheben.

Art. 102. Jeder Vorgesetzte kann dem Volksschullehrer mündlich oder schriftlich Ermahnungen oder Warnungen erteilen.

Art. 103. I Die zuständige Dienstbehörde kann einem **Volksschullehrer** für den Fall, daß er ein Amtsgeschäft nicht binnen bestimmter **Frist** erledigt, die Absendung eines Wartboten auf seine Kosten oder Zwangsstrafen androhen. Läßt er die Frist verstreichen, so kann die Androhung ohne weiteres verwirklicht werden.

---

*) Aufgehoben durch § 34 des SchAG.

II Die Zwangsstrafen dürfen für den gleichen Anlaß insgesamt fünfzig Mark nicht übersteigen.

III Die zuständige Dienstbehörde kann einem säumigen Volksschullehrer auf seine Kosten zur Erledigung rückständiger Amtsgeschäfte eine Dienstaushilfe beigeben.

IV Das zuständige Staatsministerium erläßt die Vorschriften über die Zuständigkeit für die Maßnahmen nach Abs. I und III, über die Beitreibung der Kosten für Wartboten und Dienstaushilfen sowie über die Vollstreckung der Zwangsstrafen.

V Die Strafgelder werden nach näherer Anordnung des zuständigen Staatsministeriums den Wohlfahrtseinrichtungen für die Volksschullehrer oder ihre Hinterbliebenen überwiesen.

B. Dienststrafrecht für unwiderrufliche Volksschullehrer im Dienste.

1. Dienstvergehen und Dienststrafen.

Art. 104. Der Volksschullehrer, der seine Pflichten schuldhaft verletzt, macht sich eines Dienstvergehens schuldig.

Art. 105. Die Strafen für Dienstvergehen sind Ordnungsstrafen oder Amtsstrafen.

Art. 106. I) Die Ordnungsstrafen sind:

1. Verweis,
2. Geldstrafe bis zum Monatsbetrage des Grundgehalts *).

II Die Geldstrafe darf auch beim rechtlichen Zusammentreffen mehrerer Dienstvergehen den Höchstbetrag nicht überschreiten.

III Art. 103 Abs. V ist anzuwenden.

Art. 107. Die Amtsstrafen sind:

1. Aberkennung eines Gehaltsteiles,
2. Strafversetzung,
3. Dienstentlassung.

Art. 108. I Die Aberkennung eines Gehaltsteiles besteht darin, daß der Grundgehalt und der Ortszuschlag samt den Teuerungszuschlägen hieraus **) dauernd oder auf bestimmte Zeit bis zu höchstens einem Fünftel eingezogen wird.

II Die aberkannten Gehaltsbeträge werden nach näherer Anordnung des zuständigen Staatsministeriums den Wohlfahrtseinrichtungen für die Volksschullehrer oder ihre Hinterbliebenen überwiesen.

Art. 109. I Mit der Strafversetzung kann die Einreihung in eine niedrigere Besoldungsgruppe verbunden werden. Dabei darf sich der Grundgehalt nicht um mehr als ein Fünftel vermindern.

II Befindet sich der Volksschullehrer in einer Beförderungsstelle, so kann bei der Strafversetzung auch die Amtsbezeichnung der Beförderungsstelle aberkannt werden.

III Wird nicht nach Abs. I Satz 1 verfahren, so kann mit der Strafversetzung eine Geldstrafe verbunden wer-

---

*) Die Worte „des Gehalts" wurden zufolge Art. 62 Ziff. 9 des BBesG. durch die Worte „des Grundgehalts" ersetzt.

**) Zufolge des Art. 62 Ziff. 10 des BBesG. traten die gesperrt gedruckten Worte an Stelle der Worte „der Gehalt".

den, die den dritten Teil des zuletzt bezogenen jährlichen Grundgehalts nicht übersteigen darf*).

IV Der Volksschullehrer hat bei der Strafversetzung keinen Anspruch auf Erstattung von Umzugskosten.

Art. 110. I Mit der Dienstentlassung verliert der Volksschullehrer den Anspruch auf das Diensteinkommen und auf die Standesbezeichnung sowie den Anspruch auf Ruhestands- und Hinterbliebenenversorgung.

II Ist das Dienstvergehen aus besonderen Gründen milder zu beurteilen, so kann dem Volksschullehrer im Urteile des Disziplinargerichts auf Lebenszeit oder auf bestimmte Zeit der Ruhegehalt ganz oder teilweise zugesprochen werden, der ihm gebühren würde, wenn er im Zeitpunkte der Dienstentlassung in den Ruhestand versetzt würde. Unter den gleichen Voraussetzungen kann im Urteile seinen Hinterbliebenen der Anspruch auf Versorgung beschränkt oder unbeschränkt vorbehalten werden.

III Liegen berücksichtigenswerte Verhältnisse vor, so kann das zuständige Staatsministerium dem Volksschullehrer oder seiner Familie ausnahmsweise sofort oder später einen widerruflichen Unterhaltsbeitrag gewähren oder den nach Abs. II Satz 1 zugesprochenen Ruhegehalt widerruflich erhöhen. Unter den gleichen Voraussetzungen kann das zuständige Staatsministerium den Hinterbliebenen des Volksschullehrers ausnahmsweise einen widerruflichen Unterhaltungsbeitrag gewähren oder die nach Abs. II Satz 2 zugesprochenen Versorgungsbezüge erhöhen. Art. 99 Abs. II gilt entsprechend.

Art. 111. Für die Wahl der Strafe (Art. 105 bis 110) ist die Schwere des Dienstvergehens maßgebend. Dabei ist auf die gesamte Führung des Beschuldigten besondere Rücksicht zu nehmen.

Art. 112. I Hat der Volksschullehrer während eines früheren Dienstverhältnisses als öffentlicher Beamter ein Dienstvergehen begangen, so unterliegt er auch hierwegen den Vorschriften dieses Gesetzes.

II Eine Handlung, die der Volksschullehrer vor dem Eintritt in den öffentlichen Dienst zu einer Zeit begangen hat, in der er weder Volksschullehrer noch öffentlicher Beamter war, kann im Dienststrafverfahren nur verfolgt werden, wenn sie eine Amtsstrafe begründet.

Art. 113. I Die Verfolgung der Dienstvergehen verjährt in fünf Jahren.

II Verstößt die Tat auch gegen ein Strafgesetz, so verjährt die Verfolgung des Dienstvergehens nicht früher als die der Straftat.

III Jede Handlung des Strafrichters, des im Amtsstrafverfahren zuständigen Richters, des mit der Führung der Voruntersuchung beauftragten Beamten oder des von ihm ersuchten Gerichts oder Beamten, die wegen der Tat gegen den Täter gerichtet ist, unterbricht die Verjährung. Nach der Unterbrechung beginnt eine neue Verjährung.

Art. 114. Das Dienststrafverfahren wird eingestellt, wenn der Beschuldigte unter Verzicht auf das Diensteinkommen und die Standesbezeichnung sowie auf Ruhestands- und Hinterbliebenenversorgung um die Entlassung aus dem öffentlichen Volksschuldienste nachsucht, vorausgesetzt, daß er nicht mit Dienstgeschäften schuldhaft im Rückstand ist.

Art. 115. I Hat der Staatsanwalt in einem Strafverfahren die öffentliche Klage erhoben oder ist in einem militärgerichtlichen Verfahren die Anklage verfügt worden, so darf vor Beendigung dieses Verfahrens gegen den

---

*) Abs. I und III haben ihre Fassung durch Art. 62 Ziff. 11 des BBesG., Abs. II hat seine letzte Fassung durch Art. 1 Ziff. V des Ges. v. 1. August 1923 erhalten.

Beschuldigten wegen der nämlichen Tatsachen ein Dienststrafverfahren weder eingeleitet noch fortgesetzt werden.

II Ist wegen Abwesenheit des Beschuldigten die vorläufige Einstellung des Strafverfahrens beschlossen, so kann das Dienststrafverfahren von der Einstellung an eingeleitet oder fortgesetzt werden.

Art. 116. I Ist der Volksschullehrer von den Strafgerichten freigesprochen, so ist wegen der Tatsachen, die im strafrechtlichen Verfahren abgeurteilt wurden, ein Dienststrafverfahren nur noch statthaft, wenn diese Tatsachen an sich und ohne Beziehung zum gesetzlichen Tatbestande der strafbaren Handlung, auf die sich das Strafverfahren erstreckte, ein Dienstvergehen enthalten.

II Die Freisprechung wegen Verjährung im strafrechtlichen Verfahren schließt die Einleitung oder Fortsetzung eines Dienststrafverfahrens nicht aus, solange nicht die Verfolgung des Dienstvergehens nach Art. 113 verjährt ist.

III Ist der Volksschullehrer von den Strafgerichten verurteilt worden, so kann von da an das Dienststrafverfahren eingeleitet oder fortgesetzt werden, wenn die Verurteilung nicht den Verlust des Amtes zur Folge hatte.

Art. 117. Vermerke über Dienststrafen sind nach einer angemessenen Bewährungsfrist zu löschen. Das zuständige Staatsministerium erläßt die näheren Vorschriften.

2. Ordnungsstrafverfahren.

Art. 118. I Ordnungsstrafen werden von den vorgesetzten Behörden und Beamten durch Zustellung einer schriftlichen Verfügung oder mündlich unter Aufnahme einer Verhandlungsschrift verhängt.

II Bevor über den Volksschullehrer eine Ordnungsstrafe verhängt wird, ist ihm Gelegenheit zu geben, sich über die Anschuldigung zu äußern, es sei denn, daß die Ordnungsstrafe schon für den Fall einer bestimmten Verfehlung angedroht war.

III Das zuständige Staatsministerium erläßt die Vorschriften über die Zuständigkeit für Ordnungsstrafen, über das Beschwerdeverfahren und über die Vollstreckung.

IV Uneinbringliche Geldstrafen können nicht in Freiheitsstrafen umgewandelt werden.

3. Amtsstrafverfahren.

Art. 119. I Amtsstrafen werden von den Disziplinargerichten nach den Art. 119, 120 und 124 des Beamtengesetzes verhängt.

II Die Art. 121 bis 123 und 125 bis 161 des Beamtengesetzes gelten entsprechend.

III Bei der Hauptverhandlung über Amtsstrafsachen gegen Volksschullehrer muß in den Disziplinargerichten ein Mitglied aus dem Volksschullehrerstande mitwirken.

Art. 120. Art. 119 gilt entsprechend, wenn über den Volksschullehrer wegen der Zugehörigkeit zu einem Vereine, die mit seiner dienstlichen Stellung nicht vereinbar ist, eine Ordnungsstrafe verhängt werden soll.

Art. 121. Die Anstellungsbehörde vollstreckt die rechtskräftigen Urteile der Disziplinargerichte. Das zuständige Staatsministerium erläßt die näheren Vorschriften über die Vollstreckung.

4. Kosten des Verfahrens.

Art. 122. I Für das Dienstverfahren werden nur bare Auslagen angerechnet.

II Wird der Beschuldigte verurteilt oder hat er ein Rechtsmittel ohne Erfolg eingelegt, so hat er die baren Auslagen für das Verfahren ganz oder teilweise zu erstatten.

III Der Beschuldigte trägt die Kosten des nach Art. 114 eingestellten Verfahrens. Hat der Verurteilte ein Rechtsmittel zurückgenommen, so trägt er die Kosten hierfür.

IV In allen übrigen Fällen trägt die Staatskasse die Kosten.

V Wird der Beschuldigte außer Verfolgung gesetzt oder freigesprochen oder wird das Verfahren nach Art. 151 des Beamtengesetzes eingestellt, so können die notwendigen Auslagen des Beschuldigten der Staatskasse auferlegt werden. Zu den notwendigen Auslagen gehören auch die Kosten der Verteidigung.

VI Über die Verpflichtung zur Tragung der Kosten ist gleichzeitig mit der Entscheidung in der Hauptsache zu erkennen.

C. Dienststrafrecht für andere Volksschullehrer.

Art. 123. I Für die widerruflichen Volksschullehrer im Dienste gelten abgesehen von Art. 93 Abs. I Satz 2 die Vorschriften über Ordnungsstrafen in den Art. 104 bis 106, 111 bis 118 und 122 entsprechend. Bei unständigen Volksschullehrern darf jedoch die Geldstrafe einhundert Mark nicht überschreiten.

II Als Ordnungsstrafe kann auch die Aberkennung eines Gehaltsteiles nach Art. 108 verhängt werden.

III Wird der widerrufliche Volksschullehrer strafweise versetzt, so kann die Anstellungsbehörde nach Art. 109 Abs. III *) verfahren.

Art. 124. I Für die im Art. 21 bezeichneten Personen gelten die Vorschriften über Ordnungsstrafen in den Art. 104 bis 106, 111 bis 118, 122 und 123 Abs. I Satz 2 entsprechend.

II Über Mitglieder geistlicher Gesellschaften oder religiöser Vereine können Geldstrafen nicht verhängt werden.

Art. 125. Für die Volksschullehrer im Ruhestande, die unwiderruflich waren, gelten die Art. 104 bis 122 entsprechend, jedoch mit folgenden Einschränkungen:

1. Ordnungsstrafen können nur wegen Verletzung der Pflicht zur Amtsverschwiegenheit verhängt werden. Geldstrafe ist bis zum Monatsbetrage des Ruhegehalts zulässig.
2. Ein Amtsstrafverfahren kann nur eingeleitet werden, wenn der Volksschullehrer im Dienste oder im Ruhestande seine Pflichten durch eine Handlung verletzt hat, die seine Dienstentlassung begründen würde, wenn er noch im Dienste stünde. An Stelle der Dienstentlassung ist auf Verlust der Standesbezeichnung und des Anspruchs auf Ruhestands- und Hinterbliebenenversorgung zu erkennen. Die Vorschriften des Art. 110 Abs. II und III gelten entsprechend.

Art. 126. Für die Volksschullehrer im Ruhestande, die widerruflich waren, gelten abgesehen von Art. 93 Abs. I Satz 2 die Vorschriften über Ordnungsstrafen in den Art. 104 bis 106, 111 bis 118, 122 und 125 Nr. 1 entsprechend.

Art. 127. I Der Volksschullehrer, dessen Dienstverhältnis auf Ansuchen oder ohne Ansuchen gelöst wurde, kann wegen Verletzung der Pflicht

*) Die bisherige Zahl I wurde zufolge Art. 62 Ziff. 12 des BBesG. durch III ersetzt.

zur Amtsverschwiegenheit auch nach der Lösung des Dienstverhältnisses im Amtsstrafverfahren zu einer Geldstrafe bis zu sechshundert Mark verurteilt werden, wenn nicht eine andere Strafe verwirkt ist. Die Art. 103 Abs. V, 106 Abs. II und 118 Abs. IV sind anzuwenden.

II Das gleiche gilt für die im Art. 21 Abs. I bezeichneten Personen.

Art. 128. In einem Amtsstrafverfahren nach den Art. 125 bis 127 entscheidet im ersten Rechtszuge die Disziplinarkammer, in deren Bezirk der Beschuldigte seinen letzten Dienstsitz hatte.

Abschnitt IX.

Vorläufige Dienstenthebung.

Art. 129. Die Anstellungsbehörde kann den unwiderruflichen Volksschullehrer jederzeit unter Wahrung seiner Rechte als Volksschullehrer vorläufig vom Dienste entheben.

Art. 130. Der Volksschullehrer ist kraft Gesetzes vorläufig vom Dienste enthoben.

1. wenn ein richterlicher Haftbefehl gegen ihn ergangen ist,
2. wenn gegen ihn wegen eines Verbrechens oder wegen eines Vergehens, das den Verlust des Amtes zur Folge haben kann, das Hauptverfahren eröffnet oder im militärgerichtlichen Verfahren die Anklage verfügt ist,
3. wenn er im Amtsstrafverfahren zur Dienstentlassung verurteilt, das Urteil aber noch nicht rechtskräftig ist,
4. wenn eine Gefängnisstrafe an ihm vollstreckt wird.

Art. 131. I Die Anstellungsbehörde kann den Volksschullehrer vorläufig vom Dienste entheben, solange gegen ihn ein strafgerichtliches Verfahren eingeleitet ist oder eine andere Freiheitsstrafe als eine Gefängnisstrafe an ihm vollstreckt wird. Das gleiche gilt, solange gegen den unwiderruflichen Volksschullehrer ein Amtsstrafverfahren eingeleitet oder gegen den widerruflichen Volksschullehrer eine Untersuchung wegen eines Dienstvergehens anhängig ist, das zur Versetzung oder Entlassung führen kann.

II Der Volksschullehrer kann gegen die Verfügung Beschwerde zum zuständigen Staatsministerium erheben.

Art. 132. I Die vorläufige Dienstenthebung endigt:

1. in den Fällen des Art. 130 Nr. 1 und 4 mit dem Ablaufe des zehnten Tages nach Beendigung der Freiheitsentziehung, im Falle des Art. 130 Nr. 1 jedoch mit der Aufhebung des Haftbefehls, wenn dieser nicht vollzogen worden ist;
2. im Falle des Art. 130 Nr. 2 mit dem Eintritte der Rechtskraft eines Urteils, das den Verlust des Amtes nicht zur Folge hat, jedoch erst mit dem Ablaufe des zehnten Tages nach der Verbüßung der Strafe, wenn das Urteil auf Freiheitsstrafe lautet;
3. im Falle des Art. 130 Nr. 3 mit dem Eintritte der Rechtskraft eines Urteils, das nicht auf Dienstentlassung lautet.

II Im Falle des Art. 130 Nr. 2 kann die Anstellungsbehörde den Volksschullehrer noch vor dem Erlasse des Urteils wieder in den Dienst einsetzen, wenn er wegen eines Vergehens angeklagt ist, das nach dem Ermessen der Anstellungsbehörde milder beurteilt werden kann. Die Verfügung ist widerruflich.

Art. 133. I Während der vorläufigen Dienstenthebung nach Art. 130 oder 131 wird dem Volksschullehrer vom Ablaufe des Monats an, in dem er vom Dienste enthoben wird, der dritte Teil des G r u n d g e h a l t s und des Ortszuschlags samt den Teuerungszuschlägen hieraus*) einbehalten.

II Ist das Diensteinkommen*) vorausbezahlt, so wird der zuviel gezahlte Betrag bei der nächsten Zahlung abgezogen.

III Ist der Volksschullehrer oder seine Familie in Not, so kann die Anstellungsbehörde einen geringeren als den in Abs. I bezeichneten Betrag*) einbehalten.

IV Solange die Vollstreckung einer Freiheitsstrafe ohne die Schuld des Verurteilten verzögert oder unterbrochen ist, wird das Diensteinkommen*) nicht gekürzt. Es wird auch während der zehn Tage nach Art. 132 Abs. I Nr. 1 und 2 nicht gekürzt, wenn nicht die Anstellungsbehörde vor dem Ablaufe dieser Zeit die vorläufige Dienstenthebung nach Art. 131 verfügt.

Art. 134. I Von dem einbehaltenen Teile des Diensteinkommens**) werden gedeckt:

1. Die Kosten des Amtsstrafverfahrens, soweit sie den Volksschullehrer treffen, sodann
2. die Stellvertretungskosten, wenn das Verfahren zur Strafversetzung oder zum Verluste des Amtes führt, dann soweit sie wegen der Vollstreckung einer Freiheitsstrafe (Art. 130 Nr. 4, 131, 132 Abs. I Nr. 1 und 2) entstanden sind.

II Stellvertretungskosten, die von dem einbehaltenen Teile des Diensteinkommens**) nicht gedeckt werden können, fallen dem Volksschullehrer nicht zur Last.

III Der nicht verbrauchte Teil des Diensteinkommens**) wird nach näherer Anordnung des zuständigen Staatsministeriums den Wohlfahrtseinrichtungen für die Volksschullehrer oder ihre Hinterbliebenen überwiesen, wenn das Verfahren zum Verluste des Amtes führt oder der Volksschullehrer nach Art. 114 aus dem öffentlichen Volksschuldienst entlassen wird. Sonst wird er dem Volksschullehrer nachgezahlt.

---

27. Bekanntmachung vom 12. Juli 1920, die Dienstaufsicht und das Dienststrafrecht für die Volksschullehrer betr. (KMBl. S. 282).

Zum Vollzuge der Art. 100 mit 134 des Volksschullehrergesetzes vom 14. August 1919 ergehen mit sofortiger Wirksamkeit folgende Anordnungen:

I. Dienstaufsicht.

§ 1. Zur Erteilung mündlicher Ermahnungen oder Warnungen (Art. 102 des Volksschullehrergesetzes) ist jeder Beamte berechtigt, der in bezug auf die Erledigung eines Amtsgeschäftes dem Volksschullehrer gegenüber Anordnungen zu treffen befugt ist.

Zur Erteilung schriftlicher Ermahnungen oder Warnungen ist zunächst die Bezirksschulbehörde (Stadtschulbehörde), ferner die Regierung, Kammer des Innern, zuständig.

---

*) Die durch den Sperrdruck gekennzeichneten Abänderungen gehen auf Art. 62 Ziff. 13 des BBesG. zurück.

**) Die Worte „des Gehalts" in Abs. I, II und III wurden zufolge Art. 62 Ziff. 14 des BBesG. durch die Worte „des Diensteinkommens" ersetzt.

§ 2. Zur Absendung eines Wartboten, zur Verhängung von Zwangsstrafen und zur Anordnung einer Geschäftsaushilfe auf Kosten des Volksschullehrers (Art. 103 des Volksschullehrergesetzes) ist zunächst die Bezirksschulbehörde (Stadtschulbehörde), dann die Regierung, Kammer des Innern, berufen.

II. Verwendung der Zwangs- und Geldstrafen.

§ 3. Die Zwangs- und Geldstrafen (Art. 103, 106, 107, 123 des Volksschullehrergesetzes) fließen in den Fond, der von den Kreisen nach Art. 65 Abs. II des Schulbedarfsgesetzes und Abs. A Abschnitt III Ziff. 1 der Bekanntmachung vom 18. Dezember 1919 (Amtsblatt des Staatsministeriums für Unterricht und Kultus S. 299 ff.) zu bilden ist.

Diesem Fond ist auch der nicht verbrauchte Teil des bei der vorläufigen Dienstenthebung eines Volksschullehrers einbehaltenen Gehalts (Art. 134 des Volksschullehrergesetzes) zu überweisen.

III. Dienststrafverfahren.

§ 4. Zuständig zur Verhängung von Ordnungsstrafen sowie zur Entscheidung über Beschwerden gegen einen Volksschullehrer sind die Regierungen, Kammern des Innern.

Gegen die Entscheidung der Regierung, Kammer des Innern, ist binnen einer Frist von 14 Tagen Beschwerde zum Staatsministerium für Unterricht und Kultus zulässig. Die Frist beginnt mit dem Tage nach der Zustellung der schriftlichen Verfügung oder nach der mündlichen Verhängung durch Aufnahme einer Verhandlungsschrift (Art. 118 Abs. 1 des Volksschullehrergesetzes).

Ist ein Anlaß zur Einleitung eines Dienststrafverfahrens gegeben oder wird gegen einen Volksschullehrer eine Beschwerde erhoben, so hat die Bezirksschulbehörde (Stadtschulbehörde) von sich aus oder im Auftrage der Regierung, Kammer des Innern, den Sachverhalt zu erheben und mit gutachtlicher Äußerung der Regierung, Kammer des Innern, zur Entscheidung vorzulegen.

Die Behandlung einer Sache im Ordnungsstrafverfahren hindert nicht, den Antrag auf Einleitung des Amtsstrafverfahrens wegen desselben Dienstvergehens zu stellen. Wird wegen desselben Dienstvergehens das Amtsstrafverfahren eingeleitet, so tritt hierdurch der im Ordnungsstrafverfahren erlassene Bescheid außer Kraft.

§ 5. Zuständig, die Einleitung des Amtsstrafverfahrens zu beantragen, ist die Regierung, Kammer des Innern.

§ 6. Erlangt die Bezirksschulbehörde (Stadtschulbehörde) von einem Dienstvergehen eines Volksschullehrers dienstlich Kenntnis, so hat sie der Regierung, Kammer des Innern, sofort Mitteilung zu machen.

Dies gilt auch hinsichtlich der zeitlich oder dauernd in den Ruhestand versetzten Volksschullehrer sowie hinsichtlich der Schulamtsanwärter.

§ 7. In dem Antrag auf Einleitung des Amtsstrafverfahrens ist das Dienstvergehen genau zu bezeichnen. Zu diesem Zweck sind — wenigstens in allgemeinen Umrissen — die Tatsachen anzugeben, in denen die Verletzung der Dienstpflicht erblickt wird. Dies ist auch dann erforderlich, wenn ein Strafverfahren vorhergegangen ist; es genügt nicht, daß in diesem Falle lediglich auf den Inhalt der Akten über das Strafverfahren Bezug genommen wird.

Mit dem Antrage sind ein oder mehrere Beamte zu benennen, die für die Führung der Voruntersuchung in Betracht kommen können. Hierbei sollen Beamte nicht benannt werden, die als Richter im Disziplinarverfahren ausgeschlossen oder ablehnbar wären.

Mit dem Antrage ist dem Präsidenten der Disziplinarkammer die Behörde mitzuteilen, die den Gehalt des Volksschullehrers auszahlt.

§ 8. Gesuche um Entlassung aus dem Volksschuldienste unter Verzicht auf das Diensteinkommen und die Standesbezeichnung sowie auf Ruhestands- und Hinterbliebenenversorgung (Art. 114 und 126 des Volksschullehrergesetzes) sind bei der Regierung, Kammer des Innern, einzureichen und von ihr zu bescheiden.

Die Vorschriften des Abs. 1 finden entsprechende Anwendung auf die Schulamtsanwärter.

Die Erklärung eines im Ruhestande befindlichen Volksschullehrers über den nach Art. 114 mit Art. 125 des Volksschullehrergesetzes zulässigen Verzicht auf die Standesbezeichnung und Hinterbliebenenversorgung ist bei der Regierung, Kammer des Innern, einzureichen, die dem Volksschullehrer zuletzt unmittelbar vorgesetzt war.

§ 9. Wird gegen einen im Dienste oder im Ruhestande befindlichen Volksschullehrer oder gegen einen Schulamtsanwärter ein strafrechtliches Verfahren eingeleitet, so sind die in § 10 der Bekanntmachung vom 22. Oktober 1909, die Dienstaufsicht und das Dienststrafrecht für nichtrichterliche Beamte betreffend, vorgesehenen Anzeigen an die Regierung, Kammer des Innern, zu erstatten.

IV. Schlußbestimmung.

§ 10. Die Bestimmungen der Bekanntmachung vom 22. Oktober 1909, die Dienstaufsicht und das Dienststrafrecht für nichtrichterliche Beamte betreffend, sind entsprechend anzuwenden, soweit nicht in dieser Bekanntmachung besondere Anordnungen getroffen sind.

München, den 12. Juli 1920.

---

28. Ministerialentschließung vom 2. April 1920, Beurlaubung des Volksschullehrerpersonals während des Schuljahrs betr. (KMBl. S. 129).

Zum Vollzuge der Artikel 18 und 31 des Volksschullehrergesetzes vom 14. August 1919 werden folgende Bestimmungen erlassen:

1. Für die Lehrer und Lehrerinnen der Volksschulen einschließlich der Hilfslehrer, Hilfslehrerinnen, Aushilfelehrer und Aushilfelehrerinnen treten an die Stelle eines regelmäßigen jährlichen Erholungsurlaubs die Schulferien.

2. Außer den Schulferien ist den Lehrern und Lehrerinnen Urlaub, d. i. Befreiung von ihren dienstlichen Verpflichtungen, nur aus dringenden Gründen zu gewähren. Bei der Mannigfaltigkeit der dabei in Betracht kommenden Verhältnisse und Bedürfnisse ist es nicht möglich, die Fälle, in denen Urlaub während des Schuljahres beansprucht und erteilt werden kann, erschöpfend aufzuführen. Doch erscheinen als berücksichtigenswert Fälle schwerer Erkrankung, Todesfälle oder außergewöhnliche Familienfeiern bei nächsten Familienangehörigen (Großeltern, Eltern, Kinder, Enkel, Geschwister). Zur Teilnahme an politischen Versammlungen und Beratungen von Standesvereinigungen können die Lehrer regelmäßig Dienstbefreiung nicht beanspru-

chen. Die Gewährung von Ausnahmen in besonders gelagerten Fällen behält sich das Staatsministerium für Unterricht und Kultus vor.

3. Die Zuständigkeit zur Gewährung solchen Urlaubs bis zur Höchstdauer von sechs Tagen und zur Anordnung der gebotenen Stellvertretung oder der Nachholung der ausgefallenen Unterrichtszeit wird den Bezirksschulräten übertragen. In den unmittelbaren Städten, in denen ein Stadtschulrat angestellt ist, kann zur Erzielung gleichmäßigen Vorgehens der Bezirksschulräte Benehmen der Beteiligten gemäß Ziff. 7 Absatz II der Dienstanweisung für die Bezirksschulräte vom 30. Dezember 1919 angezeigt sein.

Die Zuständigkeit zur Gewährung eines länger als sechs Tage dauernden Urlaubs ist den Regierungen, Kammern des Innern, vorbehalten.

4. Um den benötigten Urlaub haben die Lehrer jeweils rechtzeitig vorher nachzusuchen. Der Urlaub darf abgesehen von besonders dringlichen Fällen (z. B. beim Ableben oder bei schwerer Erkrankung nächster Familienangehöriger) erst nach dem Eintreffen der Genehmigung angetreten werden. Muß der Urlaub ausnahmsweise schon vor dem Eintreffen der Genehmigung angetreten werden, so ist dies im Gesuche ausdrücklich anzugeben. Die beteiligten Lehrer senden ihre Gesuche um Urlaub als dienstliche Sendung unmittelbar, nicht durch Vermittlung des Vorsitzenden des Lehrerrates oder des geschäftsführenden Lehrers, an den zuständigen Bezirksschulrat, sie erhalten den darauf ergehenden Bescheid unter ihrer persönlichen Anschrift zugestellt. Mit den Gesuchen um Urlaub sind, soweit möglich, entsprechende Vorschläge wegen der Stellvertretung und zwar, soweit tunlich, nach Benehmen mit den in Betracht kommenden Lehrern, zu verbinden.

Die Verfügungen wegen Heranziehung zur Stellvertretung hat der Bezirksschulrat den beteiligten Lehrern unmittelbar zuzusenden.

Gesuche an die Regierung um einen länger als sechs Tage dauernden Urlaub sind auf dem Dienstwege, d. i. durch Vermittlung des Bezirksschulrates vorzulegen. Der Bezirksschulrat hat sich über die Genehmigung und über die Stellvertretung gutachtlich zu äußern. Der Bescheid wird dem Gesuchsteller auf dem Dienstwege zugestellt, in dringenden Fällen kann die Regierung den Gesuchsteller auch unmittelbar verständigen, sie benachrichtigt in diesen Fällen aber auch den Bezirksschulrat von der getroffenen Verfügung.

5. Ausfall an Unterrichtszeit ist grundsätzlich, soweit irgend möglich, zu vermeiden. Es ist Dienstpflicht jedes Lehrers zu diesem Zwecke nach Möglichkeit einzutreten, solange im Falle der Dienstbehinderung eines anderen Lehrers eine Anordnung des Bezirksschulrates nicht vorliegt. Wenn der Schule ein Schulpraktikant (Praktikantin) zur Ausbildung zugeteilt ist, hat dieser ohne weiteres die Schule, Schulabteilung oder Schulklasse des dienstbehinderten Lehrers zu übernehmen. Steht mehr als ein Praktikant zur Verfügung, so steht die Auswahl dem Vorsitzenden des Lehrerrates und bei dessen Verhinderung seinem Stellvertreter zu.

6. Die Bezirksschulräte sind befugt, die Vertretung eines beurlaubten Lehrers einem am gleichen oder an einem benachbarten Orte verfügbaren Schulpraktikanten (Praktikantin) zu übertragen. Wenn das nicht möglich ist, kann die Mitführung der Schulabteilung oder Schulklasse des beurlaubten Lehrers einem anderen Lehrer übertragen werden. Auch Nachholung der ausgefallenen Unterrichtszeit kann angeordnet werden; sie wird besonders bei Lehrern ungeteilter Schulen in Betracht kommen. Dabei muß aber Überlastung der Lehrer und auch der Kinder namentlich bei weiten Schulwegen vermieden werden. Die nachzuholenden Unterrichtsstunden können durch Ver-

legung auf schulfreie Wochentage oder Halbtage oder durch mäßige Verlängerung der Schulzeit an mehreren Unterrichtstagen eingebracht werden.

7. Ein Lehrer, der während des Schuljahres einen Urlaub antritt, hat davon im Hinblick auf die Bestimmung unter Ziffer 5, gleichviel ob die Urlaubsgenehmigung schon eingetroffen ist oder nicht, dem Vorsitzenden des Lehrerrates, wenn nur zwei Lehrer vorhanden sind, dem im Dienste verbleibenden Lehrer Kenntnis zu geben. Begibt sich der Vorsitzende des Lehrerrates in Urlaub, so hat er dem dienstältesten Lehrer Kenntnis zu geben. Lehrer ungeteilter Schulen haben den Antritt eines Urlaubs dem Vorsitzenden der Schulpflegschaft mitzuteilen, damit gegebenenfalls den Schulkindern die entsprechenden Weisungen vermittelt und etwa sonst gebotene Anordnungen (z. B. wegen der Beaufsichtigung des Schulhauses, der Nichtbeheizung des Schulzimmers und dergl.) getroffen oder vermittelt werden können.

8.—10. *)

11. Wenn Lehrer durch Vorladungen zu Gerichten oder zu Behörden an der Dienstleistung behindert werden, haben sie nach Ziff. 7 zu verfahren. Dauert die Dienstbehinderung länger als 3 Tage, so haben sie Anzeige an den Bezirksschulrat zu erstatten.

12. Lehrer, die als Abgeordnete zum Landtag oder zum Reichstag an der Versehung ihres Schuldienstes behindert sind, haben die Dauer ihrer Dienstbehinderung jeweils auf dem Dienstwege anzuzeigen. Wegen der Übernahme und Ausübung von Wahlämtern nach dem Gesetze vom 22. Mai 1919 werden besondere Bestimmungen folgen.

München, den 2. April 1920.

---

29. Ministerialentschließung vom 2. Januar 1921, Erkrankung von Volksschullehrern betr. (KMBl. S. 7).

Die Ziff. 8 bis 10 der Ministerialentschließung betr. Beurlaubung des Volksschullehrpersonals während des Schuljahrs vom 2. April 1920 (KMBl. S. 129) werden aufgehoben und durch folgende Bestimmungen ersetzt:

I. Verfahren bei Erkrankungen.

1. Ein Volksschullehrer, der wegen Krankheit am Dienste verhindert ist, bedarf keines förmlichen Urlaubs.

Er ist jedoch verpflichtet, von der Erkrankung unverzüglich dem Vorsitzenden des Lehrerrats oder, wenn an der Schule nur zwei Volksschullehrer vorhanden sind, dem im Dienste verbleibenden Volksschullehrer Kenntnis zu geben. Ist an der Schule nur ein Volksschullehrer tätig, so ist die Erkrankung dem Vorsitzenden der Schulpflegschaft mitzuteilen (vgl. Ziff. 7 Satz 3 der Ministerialentschließung vom 2. April 1920, KMBl. S. 129). Erkrankt der Vorsitzende des Lehrerrats, so hat er hiervon dem dienstältesten Volksschullehrer Kenntnis zu geben.

Außerdem ist jede Dienstbehinderung infolge Erkrankung ohne Rücksicht auf deren Dauer unverzüglich dem Bezirksschulrat anzuzeigen. Die Verpflichtung obliegt dem erkrankten Volksschullehrer, bei seiner Verhinderung dem Vorsitzenden des Lehrerrats oder (bei Schulen mit zwei Lehrstellen) dem

---

*) Die Ziffern 8 bis 10 sind durch die folgende ME. vom 2. Januar 1921, Erkrankung von Volksschullehrern betr. (KMBl. S. 7) aufgehoben und durch deren Bestimmungen ersetzt.

im Dienste verbleibenden Volksschullehrer oder (wenn an der Schule nur ein Lehrer tätig ist) dem Vorsitzenden der Schulpflegschaft.

In gleicher Weise ist das Ableben eines Volksschullehrers dem Bezirksschulrat anzuzeigen.

2. Ausfall an Unterrichtszeit ist soweit irgend möglich zu vermeiden. Jeder Volksschullehrer ist daher verpflichtet, bei Erkrankung eines anderen Volksschullehrers nach Möglichkeit einzutreten, solange nicht eine Anordnung des Bezirksschulrates vorliegt. An Schulen mit mehr als zwei Lehrstellen trifft der Vorsitzende des Lehrerrats oder sein Stellvertreter bis zum Eintreffen der Weisung des Bezirksschulrates die erforderlichen vorläufigen Anordnungen.

3. Dauert die Dienstbehinderung infolge der Krankheit länger als vierzehn Tage, so hat der Volksschullehrer dem Bezirksschulrat ein ärztliches Zeugnis vorzulegen, in dem bestätigt ist, daß er wegen Erkrankung dienstunfähig ist. Das Zeugnis hat in allen Fällen eine gutachtliche Äußerung über die voraussichtliche Dauer der Krankheit zu enthalten. Der Bezirksschulrat leitet das Zeugnis an die Regierung, Kammer des Innern. In unmittelbaren Städten wird die Vorlage durch den Stadtschulrat vermittelt.

Der Bezirksschulrat und die Regierung sind befugt, auch bei Erkrankungen von kürzerer Dauer die Vorlage eines ärztlichen Zeugnisses zu verlangen. Sie sind ferner befugt, ein amtsärztliches Gutachten zu erholen.

Auf Grund der ärztlichen oder amtsärztlichen Bestätigung ist der Volksschullehrer auf die darin angegebene Zeitdauer vom Dienste befreit. Dies ist bei längerer als vierzehntägiger Erkrankung von der Regierung durch besondere Entschließung festzustellen.

4. Nach Beendigung der Krankheit hat der Volksschullehrer seinen Dienst unverzüglich wieder anzutreten und hiervon an die in Ziff. 1 Abs. II bezeichnete Stelle sowie gleichzeitig an den Bezirksschulrat Anzeige zu erstatten.

Schuldhaftes Fernbleiben vom Amte hat nach Art. 18 Abs. III des Volksschullehrergesetzes sowohl dienststrafrechtliches Einschreiten als auch Einziehung des Diensteinkommens für die Zeit des unerlaubten Fernbleibens zur Folge.

Ist der Volksschullehrer im Falle der Ziff. 3 nach Ablauf der ursprünglich vorgesehenen Zeit noch nicht dienstfähig, so hat er, soferne nicht nachstehende Ziff. 6 zutrifft, ein neues ärztliches Zeugnis über die voraussichtliche weitere Dauer der Krankheit vorzulegen. Das Zeugnis ist so rechtzeitig einzureichen, daß jedenfalls der Bezirksschulrat in der Lage ist vorläufige Anordnungen zu treffen. Im übrigen gelten die Bestimmungen in Ziff. 3 entsprechend.

5. Im Falle der Erkrankung hat der Volksschullehrer gemäß Art. 31 Abs. II Satz 1 des Volksschullehrergesetzes Anspruch auf Weitergewährung des vollen Diensteinkommens auf die Dauer von 26 Wochen, soferne nicht schon vorher die Versetzung in den Ruhestand verfügt wird. Erscheint die (zeitliche oder dauernde) Ruhestandsversetzung vor Ablauf der angegebenen Zeit aus besonderen Gründen veranlaßt, so ist hierüber die Entscheidung des Staatsministeriums einzuholen. Die Ruhestandsversetzung wird besonders dann erwogen werden, wenn wiederholte Erkrankung eingetreten und der Dienst jeweils nur auf kurze Zeit wieder aufgenommen worden ist.

6. Dauert die Dienstbehinderung infolge der Krankheit ununterbrochen länger als 26 Wochen, so ist in allen Fällen ein amtsärztliches Zeugnis beizubringen und zwar noch rechtzeitig vor Ablauf der angegebenen Zeit. Das Zeugnis hat ein Gutachten über den Stand der Krankheit und den voraussichtlichen Zeitpunkt des Wiedereintritts der Dienstfähigkeit zu enthalten.

Ein etwaiger Antrag auf weitere Belassung im Dienste und Weitergewährung des Diensteinkommens ist gleichzeitig vorzulegen.

Die Regierung hat in diesen Fällen ungesäumt zu prüfen, ob der Volksschullehrer weiter im Dienste zu belassen oder in den Ruhestand zu versetzen ist.

a) Die weitere Belassung im Dienste kommt dann in Frage, wenn der Wiedereintritt der Dienstfähigkeit in naher Zeit zu erwarten ist.

Wird der Volksschullehrer im Dienste belassen, so ist unabhängig davon über die Frage zu befinden, ob während der ferneren Krankheitsdauer das Diensteinkommen unverkürzt weitergewährt werden soll (Art. 31 Abs. II des Volksschullehrergesetzes). Hierüber entscheidet auf den unverzüglich vorzulegenden Bericht der Regierung das Staatsministerium für Unterricht und Kultus im Benehmen mit dem Staatsministerium der Finanzen. Die Weitergewährung des vollen Diensteinkommens kann nur ausnahmsweise aus besonderen Gründen bewilligt werden, insbesondere wenn bei Verminderung des Einkommens der Unterhalt der Familie oder die Möglichkeit der Bestreitung notwendiger Heilkosten und damit der Heilerfolg in Frage gestellt wäre. Die Regierung hat sich hierüber gutachtlich zu äußern.

Volksschullehrer, die das Gesuch um Weitergewährung des Diensteinkommens samt dem amtsärztlichen Zeugnis nicht rechtzeitig vor Ablauf der 26 Wochen vorlegen, haben in keinem Falle Aussicht auf Belassung des vollen Diensteinkommens.

b) Ist der Wiedereintritt der vollen Dienstfähigkeit nach Ablauf der 26 Wochen nicht in naher Zeit zu erwarten, so ist rechtzeitig das Verfahren wegen der Versetzung in den Ruhestand einzuleiten und durchzuführen (Art. 38 Nr. 2, 39 Nr. 2, 40 bis 42 des Volksschullehrergesetzes; Abschnitt A Ziff. I und II Nr. 3 der Ministerialentschließung vom 19. Februar 1920, KMBl. S. 73). Hierbei wird in der Regel zunächst zeitliche Ruhestandsversetzung in Frage kommen, es sei denn, daß nach dem amtsärztlichen Gutachten mit der Erlangung der vollen Dienstfähigkeit nicht mehr gerechnet werden kann, wie dies namentlich bei Volksschullehrern in höherem Lebensalter der Fall sein kann.

II. Beurlaubung aus gesundheitlichen Rücksichten.

1. Beabsichtigt der Volksschullehrer nach eingetretener Genesung zum Zwecke der vollständigen Erholung von der überstandenen Krankheit sich noch für einige Zeit vom Dienste fernzuhalten, so bedarf er hierzu eines besonderen Urlaubs. Um diesen hat er unter Vorlage eines ärztlichen Zeugnisses beim Bezirksschulrate nachzuholen. Die Einholung eines amtsärztlichen Gutachtens kann angeordnet werden.

Über die Bewilligung des Urlaubs entscheidet bei einer Dauer von nicht mehr als sechs Tagen der Bezirksschulrat, bei längerer Dauer die Regierung, Kammer des Innern.

Der Volksschullehrer darf erst nach dem Eintreffen der Urlaubsbewilligung vom Dienste fernbleiben.

Im übrigen gelten die Bestimmungen in Ziff. 3 und 4 der Ministerialentschließung vom 2. April 1920 (KMBl. S. 129) entsprechend.

In solchen Fällen kann nach Art. 31 Abs. I Satz 2 des Volksschullehrergesetzes das Diensteinkommen ganz oder teilweise eingezogen werden, und zwar grundsätzlich schon von vornherein, also nicht etwa erst nach Ablauf von 26 Wochen. Hierzu wird aber in der Regel keine Veranlassung bestehen, weil Urlaub zu Erholungszwecken selbstverständlich nur soweit zu gewähren ist, als es zur Erhaltung der Dienstfähigkeit des Volksschullehrers, also auch aus dienstlichen Rücksichten, erforderlich ist. Wird aus besonderen Gründen die Einziehung des Diensteinkommens für veranlaßt erachtet, so ist hierwegen die Entscheidung des Staatsministeriums einzuholen.

2. In den Fällen der vorstehenden Ziff. 1 kann gegebenenfalls an Stelle eines eigentlichen Urlaubs teilweise Befreiung vom Dienste bewilligt werden. Soweit erforderlich kann dann dem Volksschullehrer eine Beihilfe beigegeben werden; zur Beihilfeleistung kann ein Volksschullehrer oder ein Schulamtsbewerber verpflichtet werden. Im übrigen gelten in diesen Fällen die Bestimmungen der vorstehenden Ziff. 1 entsprechend.

III. Aufenthaltswechsel zu Erholungszwecken.

Bedarf ein Volksschullehrer im Falle der Erkrankung oder zur Erholung (Ziff. I oder II dieser Entschließung) eines Aufenthaltswechsels, so hat er hierzu stets um besondere Genehmigung nachzusuchen. Das Gesuch ist unter Vorlage eines ärztlichen Zeugnisses beim Bezirksschulrat einzureichen. Die Einholung eines amtsärztlichen Gutachtens kann angeordnet werden.

Über die Erteilung der Genehmigung entscheidet bei einer Dauer von nicht mehr als sechs Tagen der Bezirksschulrat, bei längerer Dauer die Regierung, Kammer des Innern. Die Genehmigung ist jederzeit widerruflich.

Soferne nicht Gefahr auf Verzug besteht, darf der Volksschullehrer seinen Amts- oder Wohnsitz erst nach dem Eintreffen der Genehmigung verlassen. Der Bezirksschulrat kann schriftlich oder mündlich eine vorläufige Genehmigung erteilen.

Der neue Aufenthaltsort ist dem Bezirksschulrat genau anzugeben. Jeder weitere Aufenthaltswechsel ist anzuzeigen.

IV. Sonstige Bestimmungen.

1. Die Vorschriften der gegenwärtigen Entschließung gelten auch für die Volksschulfachlehrer (Art. 144 des Volksschullehrergesetzes).

2. Die Vorschriften in Ziff. I 1 bis 4, II und III gelten für die Schulamtsbewerber entsprechend. Wegen der Weitergewährung der Dienstvergütung im Falle einer Krankheit sind die bestehenden besonderen Vorschriften maßgebend.

3. Die Regierungen, Kammern des Innern, können zum Vollzuge der gegenwärtigen Entschließung allgemein oder im einzelnen Falle weitere Anordnungen erlassen.

München, den 2. Januar 1921.

---

30. E. d. Staatsmin. f. Unt. u. K. vom 25. April 1924 zum Vollzuge des Art. 14 des Volksschullehrergesetzes (MABl. S. 90).

Art. 14 des Volksschullehrergesetzes vom 14. August 1919 hat durch Art. 2 Nr. 1 Ziff. II der Verordnung zur Änderung beamtenrechtlicher Vorschriften vom 29. März 1924 (GVBl. S. 128) in Angleichung an die Vorschrift des Art. 19 des Beamtengesetzes folgende Fassung erhalten:

„Der Volksschullehrer ist zur Übernahme von Nebenämtern oder Nebengeschäften im öffentlichen Dienst auch ohne besondere Vergütung verpflichtet, wenn sie seiner Berufsbildung entsprechen."

Zum Vollzug dieser Vorschrift, die gemäß Art. 144 Abs. II des VLG. auch für die Volksschulfachlehrer gilt, wird folgendes bestimmt:

I. 1. Über die Heranziehung der Volksschullehrer (einschl. der Volksschulfachlehrer) zur Unterrichtserteilung an höheren Unterrichtsanstalten des Staates, der Kreise oder der Gemeinden, an technischen, gewerblichen oder landwirtschaftlichen öffentlichen Fachschulen sowie an öffentlichen Berufsfortbildungsschulen entscheiden die Regierungen, Kammern des Innern.

Die Vorstände der bezeichneten Anstalten haben daher etwaige Anträge auf Zuteilung von Volksschullehrern durch Vermittlung der Bezirks- oder Stadtschulbehörde an die zuständige Regierung, Kammer des Innern, zu richten. Eines besonderen Antrages bedarf es selbstverständlich dann nicht, wenn der Volksschullehrer sich zur Übernahme (oder Weiterführung) des in Frage stehenden Nebenamtes freiwillig bereit erklärt hat und die dienstaufsichtliche Genehmigung hierzu nach Art. 13 des VLG. erteilt ist.

2. Voraussetzung für die Übertragung eines Nebenamtes im Sinne der vorstehenden Ziff. 1 ist,

a) daß diese Maßnahme zur Weiterführung des lehrplanmäßigen Unterrichts an der höheren Unterrichtsanstalt, der Fachschule oder der Berufsfortbildungsschule notwendig ist,

b) daß der von dem Volksschullehrer nebenamtlich zu erteilende Unterricht seiner Berufsbildung entspricht und

c) daß die Erfüllung der hauptamtlichen Obliegenheiten des Volksschullehrers nicht beeinträchtigt und der Volksschullehrer durch das Nebenamt nicht unbillig belastet wird.

Die Voraussetzung, daß der nebenamtlich zu erteilende Unterricht der Berufsbildung des Volksschullehrers entsprechen muß (Buchst. b), ist grundsätzlich auch dann als gegeben zu erachten, wenn sich der Volksschullehrer die für das Unterrichtsfach erforderlichen Kenntnisse durch Teilnahme an einem besonderen Lehrgang erworben hat. Es ist jedoch in Aussicht genommen, für solche Fälle regelmäßig die Gewährung einer besonderen Vergütung vorzuschreiben (siehe unten Ziff. 3).

Bei der Prüfung der Frage, ob der Volksschullehrer durch das Nebenamt nicht unbillig belastet wird (Buchst. c), ist zu berücksichtigen, daß auch das Dienststundenmaß der übrigen Beamten eine wesentliche Erhöhung erfahren hat. Soweit möglich und erforderlich ist zugunsten des beteiligten Volksschullehrers ein Ausgleich dadurch herbeizuführen, daß einzelne von ihm an der Volksschule (Volkshauptschule oder Volksfortbildungsschule) zu erteilende Unterrichtsstunden anderen Volksschullehrern übertragen werden.

Befinden sich an einem Orte mehrere Unterrichtsanstalten der in Ziff. 1 bezeichneten Art, für die eine Zuteilung von Volksschullehrern in Frage kommt, so haben staatliche Anstalten den Vorzug vor nichtstaatlichen.

3. Die Entscheidung darüber, ob und wieweit den Volksschullehrern für die Unterrichtserteilung an den in Ziff. 1 bezeichneten Anstalten eine besondere Vergütung zu gewähren ist, bleibt vorbehalten. Sie wird im Benehmen mit dem Staatsministerium der Finanzen mit tunlichster Beschleunigung herbeigeführt werden. Ebenso soll die Regelung der Vergütungen für die Zeit vom 1. Januar 1924 an (vgl. Ziff. 3 der E. vom 12. März 1924 Nr. 5140, StAnz. Nr. 64; dann die E. vom 25. März 1924 Nr. III 8783, StAnz. Nr. 73), soweit sie noch ausständig ist, sobald als möglich getroffen werden.

Soweit die Unternehmer nichtstaatlicher Unterrichtsanstalten (Gemeinden usw.) den Volksschullehrern für nebenamtliche Unterrichtserteilung besondere Vergütungen gewähren, wird vorerst gegen deren Weiterleistung —

vorbehaltlich der noch zu erlassenden endgültigen Bestimmungen — keine Erinnerung erhoben.

4. Zur Unterrichtserteilung an nichtstaatlichen Anstalten können Volksschullehrer nur unter der Bedingung zur Verfügung gestellt werden, daß sich der Unternehmer der Anstalt verpflichtet, gegebenenfalls nach Maßgabe der vom Staatsministerium für Unterricht und Kultus zu erlassenden Bestimmungen eine entsprechende Entschädigung zu leisten.

5. Die vorstehenden Grundsätze gelten für die Übertragung besonderen Fachunterrichts an Volksfortbildungsschulen (§ 13 der Verordnung über die Schulpflicht vom 22. Dezember 1913 (GVBl. S. 957) entsprechend.

II. Soll einem Volksschullehrer auf Grund des Art. 14 des VLG. außerhalb des öffentlichen Volksschuldienstes ein Nebenamt oder Nebengeschäft anderer als der in Ziff. I bezeichneten Art übertragen werden, so ist hierzu die Genehmigung des Staatsministeriums für Unterricht und Kultus erforderlich.

Entsprechende Anträge wären bei der zuständigen Bezirks- oder Stadtschulbehörde einzureichen und von dieser der Regierung, Kammer des Innern, vorzulegen. Die Regierungen können Anträge, die sich nach ihrem Ermessen nicht zur Berücksichtigung eignen, in eigener Zuständigkeit abweisen.

III. Zur Vermeidung von Zweifeln wird ausdrücklich bemerkt, daß über die Genehmigung zur freiwilligen Übernahme von Nebenämtern und Nebengeschäften durch Volksschullehrer nach wie vor die Regierungen, Kammern des Innern, nach den Grundsätzen der ME. vom 13. März 1920 (KMBl. S. 105) entscheiden.

Im Hinblick auf Art. 136 Abs. 4 der Reichsverfassung ist es ausgeschlossen, einen Volksschullehrer gegen seinen Willen zur Ausübung des Kirchendienstes heranzuziehen.

---

31. E. d. Staatsmin. f. Unt. u. K. vom 14. Mai 1924 über die Dienstleistung der Schulamtsbewerber (MABl. S. 95).

Nach Art. 14 des Volksschullehrerges. i. d. F. nach Art. 2 Nr. 1 Ziff. II der Verordnung zur Änderung beamtenrechtlicher Vorschriften vom 29. März 1924 (GVBl. S. 128) ist der Volksschullehrer zur Übernahme von Nebenämtern oder Nebengeschäften im öffentlichen Dienst auch ohne besondere Vergütung verpflichtet, wenn sie seiner Berufsbildung entsprechen. Zum Vollzuge dieser Vorschrift wurden durch ME. vom 25. April 1924 Nr. IV 15 165 (StAnz. Nr. 97, MABl. S. 90) nähere Bestimmungen getroffen, die sich insbesondere auf die Dienstleistung von Volksschullehrern an höheren Unterrichtsanstalten, an Fachschulen und Berufsfortbildungsschulen beziehen.

Unter den gegebenen Verhältnissen besteht an manchen Orten Veranlassung, auch Schulamtsbewerber zur Erteilung von Nebenunterricht an den bezeichneten Anstalten heranzuziehen. Mit Rücksicht hierauf wird folgendes bestimmt:

1. Die Schulamtsbewerber sind nach Anordnung der zuständigen Regierung, K. d. J., verpflichtet, an höheren Unterrichtsanstalten des Staates, der Kreise oder der Gemeinden, an technischen, gewerblichen oder landwirtschaftlichen öffentlichen Fachschulen sowie an öffentlichen Berufsfortbildungsschulen Unterricht zu erteilen.

Für den Vollzug dieser Vorschrift gelten vorbehaltlich der nachfolgenden Anordnungen die Bestimmungen in Ziff. I 1 bis 4 der angeführten ME. vom 25. April 1924 Nr. IV 15 165 entsprechend.

2. Soferne sich die Verwendung von Lehrkräften des Volksschuldienstes zur Unterrichtserteilung an Anstalten der genannten Art als notwendig erweist, sind hierzu Schulamtsbewerber in der Regel nur insoweit heranzuziehen, als Volksschullehrer oder Volksschulfachlehrer dafür nicht zur Verfügung stehen. Voraussetzung ist ferner, daß der Schulamtsbewerber durch die anderweitige Dienstleistung nicht gehindert wird, seiner Fortbildung zu obliegen.

Die Regierung, K. d. J., kann den Schulamtsbewerber mit Rücksicht auf seine Dienstleistung an einer anderen Anstalt in entsprechendem Maße von dem Vorbereitungsdienst an der Volksschule befreien. Eine völlige Befreiung von diesem Vorbereitungsdienste wäre nur in besonderen Fällen für einen kürzeren Zeitraum (z. B. zur Vertretung eines erkrankten hauptamtlichen Lehrers an einer Berufsfortbildungsschule) zulässig.

3. Die Entscheidung darüber, ob und wieweit den Schulamtsbewerbern für die Unterrichtserteilung an den in Ziff. 1 bezeichneten Anstalten eine besondere Vergütung zu gewähren ist, bleibt vorbehalten.

4. Die vorstehenden Grundsätze gelten für die Übertragung besonderen Fachunterrichts an Volksfortbildungsschulen (§ 13 der Verordnung über die Schulpflicht vom 22. Dezember 1913, GVBl. S. 957) entsprechend.

---

32. Auszug aus dem Schulbedarfgesetz vom 14. August 1919 (GVBl. S. 489).

Das Schulbedarfgesetz hat bis jetzt folgende Änderungen erfahren:

Abgeändert, gestrichen oder neu eingefügt wurden

1. Durch das Gesetz vom 24. März 1920 über die Änderung des Volksschullehrergesetzes und des Schulbedarfgesetzes vom 14. August 1919 (GVBl. S. 103)

die Artikel 10, 24, 26, 39, 40, 42, 43, 47, 48, 49, 50, 50a, 50b, 51, 57, 63, 69, 70, 75a, 78 und 80.

2. Durch das Beamtenbesoldungsgesetz vom 2. Juni 1920, Art. 63 (GVBl. S. 275)

die Artikel 13, 14, 15, 16, 17, 19, 21, 22, 24, 31, 33, 35, 56, 59 u. 68.

3. Durch das Gesetz vom 23. März 1921 über die Versorgungsbezüge der Staatsbeamten und ihrer Hinterbliebenen (Pensionsergänzungsgesetz = PEG.) Art. 26 (GVBl. S. 117)

die Artikel 65 und 66.

4. Durch das Gesetz vom 30. Juni 1921 zum Vollzuge des Landessteuergesetzes vom 30. März 1920 (RGBl. S. 402) Art. 45 (GVBl. 1921 S. 361)

die Artikel 12, 25, 34, 37 und 58.

5. Durch das Gesetz vom 16. Dezember 1921 zur Abänderung des Beamtenbesoldungsgesetzes, Art. 4 (GVBl. 1923 S. 1)

der Artikel 24.

(6. Mit Bek. vom 24. März 1923 über die Fassung des Beamtenbesoldungsgesetzes (GVBl. S. 109) wurde das Beamtenbesoldungsgesetz vom 2. Juni 1920 in der vom 1. Oktober 1922 ab gültigen Fassung (BBesG. n. F.) bekannt gegeben.

In Art. 63 sind die Änderungen des Schulbedarfgesetzes vom 14. August 1919 zusammengefaßt.)

7. Durch das Gesetz vom 1. August 1923 zur Änderung von Vorschriften über das Volksschulwesen, Art. 2 (GVBl. S. 337)

die Artikel 1, 10a, 13, 22, 23, 24a, 30—32, 33, 35 und 62a.

Art. 14.*) I Die Gemeinden unter 2500 Einwohnern haben für die Volksschullehrer Dienstwohnungen zur Verfügung zu stellen. Bei zusammengesetztem Schulsprengel ist die Einwohnerzahl der Schulsitzgemeinde maßgebend.

II Die Regierung, Kammer des Innern, kann aus besonderen Gründen eine Gemeinde unter 2500 Einwohnern von der Verpflichtung nach Abs. I befreien oder eine Gemeinde mit 2500 oder mehr Einwohnern zur Bereitstellung von Dienstwohnungen verpflichten.

III Der Volksschullehrer hat keinen Anspruch auf Bereitstellung einer Dienstwohnung.

IV Das zuständige Ministerium kann die Rechte und Pflichten des Volksschullehrers als Inhabers einer Dienstwohnung durch nähere Vorschriften regeln.

Art. 15. I Die Dienstwohnung hat zu bestehen entweder

1. in einer Familienwohnung mit den erforderlichen Wirtschaftsräumen (Dienstwohnung erster Ordnung), oder
2. in einer Wohnung für Unverheiratete mit eigenem Haushalte (Dienstwohnung zweiter Ordnung), oder
3. in einem heizbaren Wohnzimmer (Dienstwohnung dritter Ordnung).

II Das zuständige Staatsministerium erläßt die näheren Vorschriften über den Umfang und die Beschaffenheit der Wohnungen, Wohnzimmer und Wirtschaftsräume.

III Ob die Dienstwohnung den Vorschriften entspricht, entscheidet im Streitfalle die Regierung, Kammer des Innern. Gegen ihre Entscheidung kann Beschwerde zum zuständigen Staatsministerium erhoben werden. Beschwerde zum Verwaltungsgerichtshof ist nicht zulässig.

Art. 16 (ist aufgehoben).

Art. 17. Welche Dienstwohnungen die im Art. 14 Abs. I und II bezeichneten Gemeinden bereitzustellen haben, bemißt sich nach folgenden Grundsätzen:

1. Für Volksschulen, an denen nur eine Lehrstelle besteht, ist eine Dienstwohnung erster Ordnung bereitzustellen.

2. Für Volksschulen, an denen zwei Lehrstellen bestehen, braucht nur eine Dienstwohnung erster Ordnung bereitgestellt zu werden.

3. Für Volksschulen, an denen drei oder mehr Lehrstellen bestehen, müssen für zwei Drittel der Stellen Dienstwohnungen erster Ordnung bereitgestellt werden. Bruchteile werden nicht angerechnet.

---

*) Im Abdruck folgen hier die Artikel des Schulbedarfgesetzes, die auf die Dienstwohnungen der Volksschullehrer Bezug haben. Sämtliche durch Sperrdruck hervorgehobenen Abänderungen in diesen Artikeln gehen auf Art. 63 des Beamtenbesoldungsgesetzes vom 2. Juni 1920 (GVBl. S. 275) zurück.

4. Für Mädchenschulen, an denen nur Volksschullehrerinnen verwendet werden, gelten die vorstehenden Vorschriften sinngemäß. An die Stelle der Dienstwohnungen erster Ordnung treten dabei Dienstwohnungen zweiter Ordnung.

5. Im übrigen bestimmt die Regierung, Kammer des Innern, ob für die vorhandenen Lehrstellen Dienstwohnungen zweiter oder dritter Ordnung bereitzustellen sind. Sie kann aus besonderen Gründen Ausnahmen von den Vorschriften der Nr. 1 bis 4 zulassen.

6. Bestehen an einer Volksschule, an der Knaben und Mädchen gemeinsam unterrichtet werden, drei oder mehr Stellen, so kann die Regierung, Kammer des Innern, anordnen oder zulassen, daß ein Teil der Dienstwohnungen erster Ordnung durch Dienstwohnungen zweiter Ordnung ersetzt wird. Das zuständige Ministerium kann hierüber nähere Vorschriften erlassen.

Art. 18. I Die Gemeinden sind verpflichtet, die Dienstwohnungen dritter Ordnung mit der notwendigen Zimmereinrichtung auszustatten. Das zuständige Staatsministerium erläßt die näheren Vorschriften.

II Der Volksschullehrer hat für die Benützung der Zimmereinrichtung an die Gemeinde eine angemessene Entschädigung zu zahlen, die von der vorgesetzten Behörde festgesetzt wird.

III Der Volksschullehrer hat keinen Rechtsanspruch auf Bereitstellung der Zimmereinrichtung.

Art. 19. I Die Regierung, Kammer des Innern, kann anordnen, daß die Gemeinden für die Volksschullehrer, mit deren Lehrstelle eine Dienstwohnung erster oder zweiter Ordnung verbunden ist, einen Hausgarten zur Nutzung bereitzustellen haben, wenn es die örtlichen Verhältnisse zulassen.

II Die Anordnung gibt dem Volksschullehrer keinen Rechtsanspruch gegenüber der Gemeinde.

III Der Volksschullehrer hat für die Benützung des Gartens an die Gemeinde eine angemessene Entschädigung zu zahlen, die von der vorgesetzten Behörde festgesetzt wird.

IV Das zuständige Staatsministerium kann nähere Vorschriften erlassen. Es kann die Gemeinden verpflichten, dem Volksschullehrer bei der Beendigung seines Dienstverhältnisses in der Gemeinde die Kosten für Anlagen und Anpflanzungen auf dem Grundstücke ganz oder teilweise zu erstatten.

---

33. Bekanntmachung vom 25. Mai 1906, Vollzug des Artikels 8 des Schulbedarfgesetzes*) betr. (KMBl. S. 313).

Im Hinblicke auf Art. 8 Abs. 1 des Schulbedarfgesetzes vom 28. Juli 1902 werden über Umfang und Beschaffenheit der dem Lehrpersonal an den Volksschulen gebührenden

Dienstwohnungen

nachstehende Vorschriften erlassen.

*) Vom 28. Juli 1902. Die Bek. enthält Vorschriften über Umfang und Beschaffenheit der Dienstwohnungen der Volksschullehrer, die im allgemeinen auch neben den Bestimmungen über die Dienstwohnungen im

I. Hinsichtlich des Umfangs der Dienstwohnungen von Volksschullehrern in Gemeinden unter 2500 Seelen wird bei der Neuanlage von Schulhäusern zu beachten sein, daß eine solche Wohnung unter Umständen auch einem dienstälteren Lehrer mit großer Familie Raum zu bieten hat. Eine derartige Familiendienstwohnung wird deshalb in der Regel zu umfassen haben:

4 heizbare Zimmer mit einem Flächenraume von zusammen 75—85 qm (darunter ein Wohnzimmer von ca. 25 qm Flächenraum),
1 mit Dunstabzugskamin versehene Küche von 12—16 qm,
1 Kammer für einen Dienstboten von 8—10 qm,
1 Speisekammer von 5—7 qm,
1 Abort,
Keller- und Speicherraum, sowie ein Raum zum Lagern der Brennmaterialien und eine Waschküche von 20—25 qm.

Hierzu wird folgendes bemerkt:

1. Dienstwohnungen in den Schulgebäuden müssen von den eigentlichen Schulräumen möglichst abgesondert werden.

2. Die Wohn- und Schlafzimmer, die Küche und der Abort einer Lehrerwohnung sind womöglich so anzulegen, daß sie innerhalb eines Wohnungsverschlusses gelegen und von einem Vorplatze (Flur) aus direkt zugänglich sind.

3. Der Abort darf weder mit der Küche noch mit Wohnräumen in unmittelbarer Türverbindung stehen; eine solche ist auch zwischen Küche und Wohnräumen, wenn irgend tunlich, zu vermeiden.

4. Die lichte Höhe der Wohn- und Schlafzimmer kann besonders in Gegenden mit rauhem Klima zur leichteren Erwärmung bis auf 2,50 m ermäßigt werden. Als Wohn- oder Schlafräume zu benützende Zimmer und Kammern im Dachraum mit abgeschrägten Zimmerdecken sollen über der Hälfte ihrer Bodenfläche eine lichte Höhe von 2,50 m, keinenfalls aber unter 2,30 m haben, müssen vollkommene feuersichere Zugänge, allseitig selbständige und gegen extreme Temperaturen entsprechend geschützte Wände erhalten.

5. Wenn in demselben Gebäude mehrere Dienstwohnungen angelegt werden, sind die Keller- und Speicherteile, sowie die Anteile zur Lagerung der Brennmaterialien der einzelnen Nutznießer verschließbar einzurichten. Die Benützung der gemeinschaftlichen Waschküche und des gemeinschaftlichen Hofraums ist durch eine Instruktion zu regeln.

6. In Gemeinden, welche mit öffentlichen Hauswasserleitungen versehen sind, ist ein Strang, wenn irgend tunlich, auch in die Küche und Waschküche der Dienstwohnungen einzuleiten; andernfalls muß, wo immer die Terrainverhältnisse es gestatten, bei der Neuanlage für einen leichten Wasserbezug aus der Nähe des die Dienstwohnung umgebenden Geländes gesorgt werden.

7. Wo Dienstgebäude vorhanden sind, deren Bewirtschaftung mit Viehhaltung bisher durch den Inhaber des Dienstes stattfand, oder wo von der Verpachtung der Grundstücke zur Selbstbewirtschaftung und Viehhaltung aus dringenden in örtlichen Verhältnissen begründeten Ursachen übergegangen werden muß, sind dem Lehrpersonale die erforderlichen, nach der Größe der Dienstgründe zu bemessenden Wirtschaftsräume in gegendüblichem Umfange zur Verfügung zu stellen. Wo es die örtlichen Verhältnisse bedingen, kann auch die

---

Schulbedarfgesetz vom 14. August 1919 (Art. 14 ff.) noch maßgebend sind. S. aber auch ME. vom 19. August 1924 (MABl. S. 125), abgedruckt unten Ziff. 38.

Herstellung eines Backofens und einer Räucherkammer als erforderlich erklärt werden.

8. Waschküchen sind in der Regel in besonderen Gebäuden einzurichten, können indes bei günstigen Terrainverhältnissen auch im Keller der Dienstwohngebäude angebracht werden, wenn sie von außen zugänglich gemacht, gewölbt, gegen die übrigen Kellerräume vollständig abgeschlossen und mit einem besonderen Dunstkamine versehen werden und wenn eine entsprechende Wasserableitung möglich ist.

9. Wo die klimatischen oder sonstige Verhältnisse es erfordern, kann die Anbringung von Winterfenstern und von Fensterläden angeordnet werden.

II. Dienstwohnungen von Volksschullehrerinnen, dann im Falle des Art. 4 Abs. 1 des angeführten Gesetzes von Schulverwesern müssen die Führung eines selbständigen Haushalts ermöglichen.

Eine derartige Wohnung wird bei der Neuanlage von Schulhäusern in Gemeinden unter 2500 Seelen in folgendem Umfange anzulegen sein:

2 heizbare Zimmer mit einem Flächenraume von zusammen 30 bis 36 qm,
1 Küche von 8—10 qm oder ein weiteres Zimmer von 10—15 qm mit einem Kochofen,
1 Kammer von 10—12 qm wenn irgend tunlich,
1 Abort,
Keller- und Speicherraum, sowie ein Raum zum Lagern der Brennmaterialien und eine Waschgelegenheit.

Die oben in Abschnitt I Ziff. 1—4, 6 und 9 gegebenen Vorschriften sind auch hieher bezüglich.

III. Dienstwohnzimmer der übrigen Lehrpersonen (ständige Schulverweser, Schulverweserinnen, Hilfslehrer und Hilfslehrerinnen) müssen bei Neuanlage von Schulhäusern einen Umfang von 25 qm enthalten und heizbar sein. Wenn die Dienstwohnungen dieser Lehrpersonen im Dachgeschoß untergebracht werden müssen, sind die Bestimmungen in Abschnitt I Ziff. 4 entsprechend zu beachten. Außerdem ist diesem Lehrpersonal ein eigener Abortanteil, ein Raum zum Lagern des Brennmaterials und zur Aufbewahrung von Packmaterialien (Kisten und Koffern) einzuräumen. Statt eines großen Zimmers können den Lehrpersonen dieser Kategorie zwei kleinere benachbarte Zimmer zugewiesen werden. Für die Wohnzimmer der einzelnstehenden Lehrpersonen, insbesondere der Schulverweserinnen und Hilfslehrerinnen empfiehlt sich die Aufstellung eines Ofens mit Kochvorrichtung bester Konstruktion. Die Dienstwohnzimmer dieser Kategorie müssen von den übrigen Wohnungen genügend abgesondert sein und eine hygienisch einwandfreie Lage im Gebäude erhalten.

IV. Die in Abschnitt I—III gegebenen Vorschriften sind auch zur Anwendung zu bringen, wenn Gemeinden über 2500 Seelen ausnahmsweise die Bereitstellung einer Dienstwohnung von der Kreisregierung auferlegt wird.

V. Bestehende Dienstwohnungen, welche den in Abschnitt I—III für die Neuanlage gegebenen Vorschriften nicht entsprechen, sind, unbeschadet der zur Beseitigung von Mißständen ergehenden aufsichtlichen oder polizeilichen Anordnungen, nur allmählich mit diesen Vorschriften in Übereinstimmung zu bringen. Dies hat namentlich zu erfolgen, wenn in bestehenden Schul- und Dienstwohngebäuden Erweiterungs- und Umbauten vorzunehmen sind. Hierbei ist auf die Leistungsfähigkeit und Belastung der beteiligten Gemeinden gebührende Rücksicht zu nehmen. Leistungsschwachen Gemeinden sind die notwendigen Verbesserungen mit tunlichster Schonung, die hygienisch vordringlichen zuerst aufzuerlegen. Bei der Besetzung von Schulstellen in leistungsschwachen Gemeinden mit nicht ganz entsprechenden Dienstwohnungen ist Rücksicht auf den Familienstand der Bewerber zu nehmen, falls die K. Regierungen nicht in der Lage sein sollten, durch ergiebige Staats- und Kreisfondszuschüsse die Wohnungsverhältnisse zu verbessern.

VI. Die Vorschriften in Abschnitt I—III über Umfang und Beschaffenheit der Dienstwohnungen gelten nicht für die Bemessung der Mietentschädigungen, wenn Gemeinden an Stelle der Bereitstellung von Dienstwohnungen die Gewährung von Wohnungsentschädigungen ausnahmsweise gestattet wird, oder wenn gemäß Art. 8 Abs. 2 a. a. O. überhaupt nur eine Verpflichtung zur Gewährung einer Wohnungsentschädigung besteht, oder wenn zur Festsetzung der statutarischen Anfangsgehalte die ortsüblichen Mietzinse gemäß Art. 13 Abs. 2 a. a. O. zu bestimmen sind. Die Entschädigungen für Mietwohnungen von der in Art. 8 Abs. 1 Satz 2 a. a. O. angegebenen Beschaffenheit sind in diesen Fällen nach Maßgabe der allgemeinen Wohnungs- und Mietverhältnisse der beteiligten Gemeinden und insbesondere nach dem Umfange der Wohnungen anderer am gleichen Orte zur Miete wohnender öffentlicher Bediensteter von gleicher sozialer Stellung und Berufsbildung zu bemessen.

München, den 25. Mai 1906.

34.*) Auszug aus der Bek. des Staatsmin. des Innern über den bezirksärztlichen Dienst vom 23. Januar 1912 (MABl. S. 153, KMBl. S. 128).

Dienstanweisung. B. IV. Unterrichts- und Erziehungsanstalten.

Errichtung neuer Anstalten.

§ 26. I Vor Errichtung neuer, der staatlichen Genehmigung und Aufsicht unterstehender Unterrichts- oder Erziehungsanstalten (Volks-, Fortbildungs-, Fach-, Mittelschulen, Erziehungsinstitute, Seminarien, Kleinkinderbewahranstalten, Kindergärten, Waisenhäuser usw.) hat der Bezirksarzt auf Ersuchen der zuständigen Behörde zunächst den in Aussicht genommenen Bauplatz zu untersuchen und festzustellen, ob er nach seiner Größe, Lage, den Untergrundverhältnissen sowie in Bezug auf die Wasserzufuhr und Beseitigung der Abfallstoffe geeignet ist.

II Der Bezirksarzt hat ferner auf Ansuchen die mitgeteilten Baupläne darauf zu prüfen, ob die Lehrsäle, Schlaf- und Wohnräume in Bezug auf Lage, räumliche Ausmaße, Belichtung, Beheizung, Lufterneuerung, ob die Wasserversorgung, die Abortanlagen usw. den bestehenden Vorschriften und, soweit solche nicht in Betracht kommen, den allgemeinen Anforderungen der Gesundheitslehre entsprechen und ob Gärten oder Spielplätze vorgesehen sind.

III Nach Vollendung eines Neubaues hat der Bezirksarzt sich davon zu überzeugen, ob das Gebäude ohne Nachteil für die Gesundheit bezogen und bewohnt werden kann.

Beaufsichtigung.

§ 27. I Der Bezirksarzt hat über sämtliche in seinem Bezirke vorhandenen, der staatlichen Aufsicht unterstehenden öffentlichen und privaten Unterrichts- und Erziehungsanstalten ein Verzeichnis zu führen und bei ihrer Überwachung in gesundheitlicher Beziehung mitzuwirken.

---

*) Der sonstigen systematischen Ordnung der Anlagen entsprechend hätte Nr. 51 (unten) hier eingeschaltet werden sollen. Siehe dort!

II Er hat die humanistischen und technischen Mittelschulen, sowie die Lehrer- und Lehrerinnenbildungsanstalten jährlich einmal, alle übrigen in Abs. I genannten Anstalten mindestens alle 3 Jahre — bei vorgefundenen erheblichen Mißständen in kürzeren Zwischenräumen — unvermutet während der Betriebszeit zu besichtigen. Zu den Besichtigungen sind die Leiter der Anstalten einzuladen. Die Besichtigungen sollen auch im Winter vorgenommen werden, damit die Heizung und Beleuchtung der Anstaltsräume geprüft werden kann.

III Die Besichtigung ist auf das ganze Anstaltsgebäude mit den Nebenanlagen auszudehnen. Gleichzeitig ist auch dem allgemeinen Ernährungs- und Gesundheitszustand der Schüler (Zöglinge) Augenmerk zuzuwenden. Eine ärztliche Untersuchung kommt nur dann in Betracht, wenn nach dem Ergebnis der allgemeinen Prüfung oder den Angaben des Lehrers (Erziehers) ein besonderer Anlaß (körperliches oder geistiges Gebrechen, Verdacht auf Tuberkulose, auch Lupus u. dgl.) vorliegt. Die Prüfung des Gesundheitszustandes der Schüler entfällt bei öffentlichen Schulen, wenn ein eigener Schularzt aufgestellt ist (Anlage 2). S. „Nachtrag" Nr. 61, S. 247 unten.

IV Das Ergebnis der Besichtigung ist dem Leiter der Anstalt mitzuteilen und in eine kurze Niederschrift aufzunehmen; die Niederschrift ist sofort mit den etwa veranlaßten Anträgen der für die Anstalt zuständigen Aufsichtsbehörde zu übersenden.

Förderung gemeinnütziger Bestrebungen.

§ 28. Der Bezirksarzt hat gemeinnützige Bestrebungen auf dem Gebiete der Schulgesundheitspflege (Ferienkolonien, Kinderhorte, Kinderspeisungen, Schülerwanderungen, Schülerturnen, Zahnpflege bei Schulkindern usw.) anzuregen und zu unterstützen.

---

35. Bek. vom 15. April 1913, Bauliche Anlage und Einrichtung der Schulhäuser und Gesundheitspflege in den Volksschulen betr. (KMBl. S. 115)*).

Über die Erbauung und Einrichtung der Schulhäuser für die Volksschulen und über die Gesundheitspflege in den Volksschulen bestehen in mehreren Regierungsbezirken schon seit Jahren Vorschriften, die zum Teil erheblich weiter gehende Anforderungen stellen als die durch wichtige Neuerungen und Fortschritte auf den Gebieten des Bauwesens und der Gesundheitspflege überholte Ministerialentschließung vom 16. Januar 1867.

Die Vorschriften der Regierungen weichen in zahlreichen Einzelheiten von einander ab; auch haben viele Gemeinden mit anerkennenswertem Opfersinn gewetteifert das Volksschulwesen in baulicher und gesundheitlicher Beziehung über die bestehenden Vorschriften hinaus zu fördern. Aus diesen Verhältnissen heraus hat sich eine zunehmende Unsicherheit hinsichtlich des Umfanges jener Anforderungen entwickelt, die auf dem Gebiete des Bauwesens und der Gesundheitspflege bei den Volksschulen regelmäßig eingehalten werden sollen und unter allen Umständen erfüllt werden müssen. Infolgedessen bestehen Klagen einerseits darüber, daß die Schulaufsichtsbehörden durch zu weit gehende Anforderungen das gemeindliche Selbstverwaltungsrecht unnötigerweise beschränken und die Gemeinden überlasten, anderseits darüber,

*) Bis auf weiteres können Erleichterungen gewährt werden zufolge ME. vom 19. August 1924 (MABl. S. 125), abgedruckt unter der folg. Ziff. 38.

daß die gesundheitlichen und schultechnischen Bedürfnisse durch die Aufsichtsbehörden und die Gemeinden nicht immer genügend wahrgenommen werden. Es fehlt auch nicht an Klagen darüber, daß der Wetteifer der Gemeindeverwaltungen schon öfter zur Überschätzung des Bedürfnisses und zur Hintansetzung der gebotenen Rücksichtnahme auf die gemeindliche Leistungsfähigkeit geführt habe, ohne daß aufsichtlich auf angemessene Einschränkung hingewirkt worden sei. Um in den gedachten Richtungen mehr Sicherheit und Gleichmäßigkeit anzubahnen, werden unter Aufhebung aller entgegenstehenden Vorschriften die nachfolgenden Bestimmungen erlassen:

Erster Abschnitt.

Allgemeine Bestimmungen über die Erbauung, bauliche Änderung und Einrichtung der Schulhäuser für Volksschulen.

Lage des Bauplatzes.

§ 1. I Für Schulhausbauten eignen sich am besten leicht zugängliche, sonnige, allseitig freigelegene, etwas erhöhte, ebene Plätze. Läßt sich die Lage an einem Abhange nicht vermeiden, so ist der Bauplatz in entsprechender Ausdehnung einzuebnen, so daß für das Schulhaus und seine nächste Umgebung eine ebene Fläche verfügbar wird und der Abhang die Belichtung des Schulhauses nicht beeinträchtigt.

II Die Nähe von verkehrsreichen, geräuschvollen Plätzen und Straßen, von belästigenden oder gesundheitsgefährdenden Betrieben, von Sümpfen und stehenden Gewässern ist tunlichst zu vermeiden.

III Bei der Wahl des Bauplatzes muß auf die Versorgung des Schulhauses mit einwandfreiem Wasser und auf Gelegenheit zur Ableitung der Abwässer Bedacht genommen werden.

IV Weiter ist auf Reinheit, Trockenheit und technisch günstige Beschaffenheit des Baugrundes zu achten. Wenn die erforderlichen Aufschlüsse nicht auf andere Weise (in der Nähe aufgeführte Bauten, Brunnenanlagen, Kiesgruben u. dgl.) gewonnen werden können, sind Schürfgruben anzulegen.

V In einem Überschwemmungsgebiete darf nur dann gebaut werden, wenn ein hochwasserfreier Platz im Schulort oder in dessen Umgebung nicht zur Verfügung steht. Auch Plätze mit einem der Oberfläche bis auf 2 m nahekommenden Grundwasserstand oder andere feuchte Grundstücke dürfen nur ausnahmsweise dann gewählt werden, wenn ein einwandfreier Bauplatz in angemessenem Umkreise nicht vorhanden ist. In solchen Fällen muß das Erdgeschoß hochgelegt und der Bauplatz durch besondere Maßnahmen (Ziehen von Gräben, Einlegung von Röhren, Ersatz der oberen Bodenschichten durch reines Material) möglichst verbessert werden.

VI Der Bauplatz soll eine solche Aufstellung des Schulhauses ermöglichen, daß für die Fenster an der Längsseite der Schulzimmer in der Höhe der Fensterbrüstung ein Lichteinfallswinkel von höchstens 35° zur Wagrechten gemessen dauernd gesichert ist.

Größe des Bauplatzes.

§ 2. I Der Bauplatz muß hinreichend Raum für das Schulhaus und etwaige Nebengebäude, ferner für einen Turnplatz bieten. Auf dem Lande soll der Bauplatz womöglich so bemessen werden, daß auch ein Garten angelegt werden kann. Von Anlegung eines Turnplatzes kann abgesehen werden, wenn in nicht zu weiter Entfernung vom Schulhaus ein geeigneter Platz zur Verfügung steht.

II Der Bauplatz soll endlich für allenfallsige spätere Erweiterung des Schulhauses ausreichend Raum bieten.

Bauart der Schulhäuser.

§ 3. I Die Schulhäuser sollen im Äußern einfach aber würdig gehalten sein und sich gut in das Orts- und Straßenbild einfügen. Im übrigen richtet sich die Bauart der Schulhäuser in erster Linie nach den allgemein geltenden Bauvorschriften. Auf Dauerhaftigkeit und Feuersicherheit der Gebäude ist besonders Bedacht zu nehmen.

II Auch dann, wenn die Bestimmungen des § 1 Abs. V nicht Platz greifen, sind geeignete Vorkehrungen zu treffen, um das Eindringen von Feuchtigkeit mit Sicherheit zu vermeiden. Die Umfassungs- und Zwischenmauern müssen unterhalb der Kellerdecken und mindestens 0,30 m über dem anschließenden Gelände durch wagrechte, wasserundurchlässige Einlagen gegen aufsteigende Bodenfeuchtigkeit geschützt werden. Das ganze Schulhaus ist zu unterkellern, soweit dies nicht durch felsige Beschaffenheit des Baugrundes erschwert ist; in letzterem Falle sind die nicht unterkellerten Fußböden durch wasserundurchlässige Einlagen, die mit denen der Mauern wasserdicht zusammenhängen, zu schützen. Der Fußboden des Erdgeschosses ist mindestens 0,60 m hoch über das an die Umfassungsmauern anschließende Gelände zu legen. Zur Auffüllung unter den Fußboden darf nur trockenes und reines, von verwesbaren Stoffen freies Material (z. B. Sand, Kies, Schotter) verwendet werden. Zur Ableitung des Niederschlagwassers soll längs der äußeren Grundmauern ein Traufpflaster mit Gefäll nach außen angebracht werden. Im Traufpflaster dürfen Öffnungen für Wandobstbaumzucht ausgespart werden.

III Alle Schulhausneubauten sind mit Blitzableitern zu versehen. (S. Entschließung des K. St.-M. des Innern vom 6. Juli 1912, MABl. S. 767.)

Form und Größe der Schulzimmer.

§ 4. I Die Schulzimmer sollen rechteckig sein; ihre Länge soll sich zur Tiefe ungefähr wie 3 : 2 verhalten. Geringfügige Abweichung von der rechtwinkligen Anlage ist zulässig, zumal wenn sie durch die Gestalt des Bauplatzes oder die Baulinienführung bedingt ist.

II Zur Feststellung der Größe neuer oder bei einem Umbau zu vergrößernder Schulzimmer ist die voraussichtliche durchschnittliche Belegung zu ermitteln. Hiebei ist in Gemeinden und Schulsprengeln, in denen während der letzten zehn Jahre keine oder nur eine geringe Zunahme der Bevölkerung stattgefunden hat, der Durchschnitt der werktagsschulpflichtigen Kinder aus den letzten 10 Schuljahren, bei stärkerer Bevölkerungszunahme der Durchschnitt aus den letzten 5—3 Jahren zu Grunde zu legen. Daneben sind alle Verhältnisse zu berücksichtigen, die voraussichtlich eine wesentliche Zu- oder Abnahme der Schülerzahl zur Folge haben werden.

III Beträgt die so ermittelte durchschnittliche Schülerzahl 60—70, so muß die Bodenfläche des Schulzimmers mindestens 70 qm betragen. Bei geringerer durchschnittlicher Belegung darf die Bodenfläche um so viele Quadratmeter verkleinert werden, als die Kinderzahl unter 60 zurückbleibt. Übersteigt die durchschnittliche Schülerzahl 70, so muß die Bodenfläche um so viele Quadratmeter vergrößert werden, als die Schülerzahl 70 übersteigt. In keinem Falle darf jedoch die Länge eines Schulzimmers mehr als 11 m und die Tiefe mehr als 7,20 m betragen.

IV Die lichte Höhe der Schulzimmer muß mindestens 3,50 m und wenn das Schulzimmer für 80 oder mehr Kinder bestimmt ist, 4 m betragen.

In freistehenden Schulhäusern kann auf 3,20 m heruntergegangen werden, wenn die voraussichtliche Schülerzahl nicht mehr als 50 beträgt.

Lage der Schulzimmer.

§ 5. Die Lage nach Südost, Süd, Südwest ist im allgemeinen wegen der größeren Helligkeit und des keimtötenden Einflusses des Sonnenlichtes vorzuziehen. Die Nordlage empfiehlt sich nur für Räume, in denen ausschließlich Zeichenunterricht erteilt wird.

Belichtung und Beleuchtung der Schulzimmer.

§ 6. I Die Fenster der Schulzimmer sind so anzubringen, daß die Schulkinder das Tageslicht hauptsächlich von der linken Seite aus erhalten. Lichteinfall von vorn und von rechts ist unzulässig.

II Die Glasfläche der linksseitigen Fenster muß mindestens $^1/_9$ der Fußbodenfläche betragen; dementsprechend müssen die lichten Maueröffnungen dieser Fenster zusammen mindestens $^1/_6$ der Fußbodenfläche ausmachen. Die Fenster sollen möglichst nahe an die Decke reichen. Ihr oberer Rand soll nicht mehr als 0,30 m unter der Decke, die Brüstung nicht weniger als 1,20 m über dem Fußboden liegen.

III Die Mauerpfeiler zwischen den Fenstern an der Hauptfensterwand sind möglichst schmal zu halten und nach innen abzuschrägen; sie dürfen an der inneren Wandfläche gemessen die Breite von 1 m nicht überschreiten.

IV Für sämtliche Fenster der Schulzimmer müssen von innen anzubringende Winterfenster vorhanden sein.

V Die Fensterscheiben müssen farblos und durchsichtig sein. Undurchsichtige Fensterscheiben dürfen nur im unteren Teil der Fensterflügel und nur dann angebracht werden, wenn es aus besonderen Gründen geboten ist.

VI Zur Abhaltung des unmittelbaren Sonnenlichtes sind an jedem Fenster der Ost-, Südost-, Süd-, Südwest- und Westseite helle, dichte, nicht gemusterte Zugvorhänge anzubringen, die geschlossen seitlich über die Fensternische hinausreichen und geöffnet den Lichteinfall nicht beeinträchtigen.

VII Findet in einer Schule Abendunterricht statt, so sind die Schulzimmer mit ausreichender künstlicher Beleuchtung zu versehen; auch die Zugänge zu den Schulzimmern und die Aborte sind zu beleuchten.

Lüftung der Schulzimmer.

§ 7. Zur Lufterneuerung in den Schulzimmern genügt im allgemeinen die Lüftung durch die Fenster und Türen. Alle Fenster und Winterfenster müssen so hergestellt sein, daß sie leicht vollständig geöffnet werden können; zum Feststellen der geöffneten Fenster müssen geeignete Vorrichtungen angebracht sein. In jedem Schulzimmer müssen mindestens zwei Fenster im oberen Teile Klappflügel erhalten, die um wagrechte Achsen drehbar sind. Die Klappflügel der Fenster und Winterfenster müssen durch eine Stellvorrichtung so miteinander verbunden sein, daß sie gleichzeitig geöffnet und geschlossen werden können. Die Stellvorrichtung muß von unten aus mühelos zu bedienen sein.

Heizung der Schulzimmer.

§ 8. I Die künstliche Erwärmung der Schulzimmer kann durch Zentralheizung oder durch Öfen geschehen.

II Die Zentralheizung kann nur für größere Schulhäuser und nur da empfohlen werden, wo das Heizmaterial nicht zu teuer kommt und für die Bedienung und Behebung etwaiger Schäden der Anlage geschultes Personal zur Verfügung steht. Für die Zentralheizung dürfen nur bewährte Systeme und glatte Heizkörper ohne Verkleidung gewählt werden; der Entwurf und die Ausführung der Anlage ist Sachverständigen zu übertragen, die in diesem Fache besondere Erfahrung besitzen.

III Bei Einzelheizung ist darauf zu achten, daß die Öfen nicht zu klein gewählt werden; unter Umständen werden an Stelle eines großen Ofens besser zwei kleinere verwendet. Die Öfen werden am besten an der Längswand aufgestellt, die der Hauptfensterwand gegenüber liegt. Die Beheizung soll vom Schulzimmer aus erfolgen, da hiedurch die Lufterneuerung befördert wird. Eiserne Öfen müssen mit einem Mantel versehen sein.

Decken, Wände, Fußböden und Türen der Schulzimmer.

§ 9. I Die Decken der Schulzimmer müssen möglichst schalldicht hergestellt, verputzt und weiß getüncht werden.

II Die Innenwände der Schulzimmer müssen um das Eindringen des Schalles tunlichst zu verhüten mindestens ein Stein stark sein. Die Wände der Schulzimmer müssen glatt sein und getüncht werden. Die Tünchung muß einfarbig, licht, matt, giftfrei und haltbar sein; bis zu einer Höhe von ungefähr 1,50 m vom Boden herauf ist ein dunklerer Farbton zu wählen; an die Stelle der Tünchung kann hier ein abwaschbarer (Öl-, Emailfarben-) Anstrich treten.

III Die Fußböden müssen eben, möglichst dicht, warmhaltend, dauerhaft und leicht zu reinigen sein. Diese Bedingungen erfüllt am besten ein Riemenboden aus hartem Holz. Böden aus steinähnlicher Masse sind nur als Unterlage für Linoleum gestattet. Es empfiehlt sich die Holzböden mit Öl einzulassen.

IV Die Eingangstüre für die Schulkinder wird zweckmäßig in der vorderen Hälfte der inneren Längswand des Schulzimmers angebracht. Die Türen der Schulzimmer müssen sich nach außen öffnen.

Hauseingang, Gänge und Treppen.

§ 10. I Vor den Haustüren der Schulhäuser oder den Aufgangstreppen zu den Haustüren sind, wenn es die Verhältnisse zulassen, leicht zu reinigende (gepflasterte) Zugänge herzustellen. Vor den Haustüren sind leicht zu reinigende und genügend große Vorrichtungen zum Abstreifen des Schmutzes von der Fußbekleidung anzubringen.

II Die Haustüren müssen sich nach außen öffnen; sie sind genügend breit anzulegen.

III Die Gänge und Treppen müssen durch ins Freie gehende Fenster genügend belichtet und lüftbar sein.

IV Die Hauptgänge müssen mindestens 2 m Breite haben.

V Die Treppen können aus Stein oder Holz hergestellt werden; am besten bewähren sich auch in Bezug auf Feuersicherheit Treppen aus Eichenholz. Holztreppen müssen an der Unterseite verputzt werden.

VI Die Höhe der Treppenstufen soll nicht über 0,16 m, die Stufenbreite nicht unter 0,29 m betragen. Die Treppen sind an beiden Seiten mit Geländern zu versehen; letztere sollen so ausgeführt werden, daß das Hinabrutschen über das Geländer unmöglich ist.

VII Treppen, die zu Schulzimmern führen, dürfen nicht unter 1,50 m, solche, die von mehr als 250 Schülern benützt werden, nicht unter 2 m breit sein. Die Stockwerkstreppen müssen durch Absätze unterbrochen sein, Wendeltreppen und gewendelte Stufen sind unzulässig.

VIII Soferne nicht besondere Kleiderräume vorgesehen werden können, sind auf den Gängen der Schülerzahl entsprechende Vorrichtungen zum Aufhängen der Überkleider und Kopfbedeckungen sowie zur Aufbewahrung von Überschuhen, Holzschuhen usw. anzubringen.

IX Die Wände und Decken der Gänge, Treppen und Kleiderräume sind weiß zu tünchen. Bis zu einer Höhe von ungefähr 1,30 m vom Boden herauf ist dunklerer Farbton zu wählen; an Stelle der Tünchung wird hier zweckmäßig ein abwaschbarer Anstrich verwendet.

Aborte.

§ 11. I Die Aborte sind womöglich gegen Norden oder Osten anzulegen. Sie dürfen innerhalb der Umfassungsmauern des Schulhauses nur dann angebracht werden, wenn entweder ausgiebige Wasserspülung eingerichtet oder auf andere Weise das Eindringen lästiger Gase in die übrigen Räume des Schulhauses wirksam ausgeschlossen wird. In allen anderen Fällen sind die Abortanlagen in einem massiven Anbau unterzubringen, der vom Schulhause unmittelbar oder über einen geschützten Gang betreten wird.

II Für Knaben und Mädchen müssen getrennte Aborte mit je einem Vorraum vorgesehen werden. In jedem Aborte für Knaben muß ein Pißraum vorhanden sein. Auf je 40 Knaben und auf je 30 Mädchen muß mindestens ein Sitzabteil treffen.

III Werden die Aborte für Knaben und Mädchen nebeneinander eingerichtet, so sind sie durch eine bis zur Decke reichende Mauer, die zugehörigen Vorräume durch eine mindestens 2,40 m hohe Mauer zu trennen. Zwischen den einzelnen Sitzabteilungen sind mindestens 2,40 m hohe Scheidewände anzubringen. Hölzerne Scheidewände sollen wie die Türen der Aborte unten etwa 15 cm vom Boden abstehen und müssen leicht abwaschbar sein.

IV Die Aborte müssen hell und durch ins Freie gehende Fenster mit Klappflügeln lüftbar sein. Die Klappflügel müssen durch eine Stellvorrichtung von unten leicht zu öffnen und zu schließen sein. Auch jeder Vorraum soll, wenn irgend tunlich, ein solches Fenster erhalten. Die Türen der Sitzabteile müssen von innen mit Riegeln verschließbar gemacht werden. Es empfiehlt sich den Riegelverschluß so einzurichten, daß die von innen verriegelte Türe im Notfalle durch einen Schlüssel von außen geöffnet werden kann.

V Die Breite der einzelnen Sitzabteilungen muß mindestens 0,80 m, die Länge mindestens 1,50 m betragen.

VI Der Pißraum soll bei entsprechender Länge mindestens eine Breite von 1,50 m erhalten. Pißwände und Pißrinnen müssen vollkommen wasserdicht hergestellt werden.

VII Die Fußböden der Aborte sind wasserdicht und bei Pißräumen derart herzustellen, daß gegen einen Ablauf ein Gefälle vorhanden ist. In mehrgeschossigen Abortanlagen darf zu den Zwischendecken Holz nicht verwendet werden.

VIII Wo Wasserleitung vorhanden ist, soll in den Vorräumen eine Waschvorrichtung angebracht werden.

IX Die Einrichtung der Wasserspülung ist nur da zu empfehlen, wo ausreichend Wasser zur Verfügung steht und die Abfälle und Abwässer einwandfrei abgeleitet werden können; weitere Voraussetzung ist, daß die Anlage frostsicher ausgeführt werden kann.

X Wo Wasserspülung nicht eingerichtet werden kann, müssen die Abfallstoffe in Gruben gesammelt werden. Die Gruben werden am besten an der Nordseite angelegt. Sie müssen stets außerhalb des Schulgebäudes liegen; sie sind vollständig unabhängig von der nächsten Umfassungsmauer und mindestens 0,20 m davon entfernt anzulegen. Die Gruben müssen aus Backsteinmauerwerk in Zementmörtel oder aus Beton hergestellt und wasser- und luftdicht eingedeckt werden. Sie sind allseitig mit einem mindestens 0,20 m starken Lettenschlag und wo dies nicht möglich ist mit einem anderen gleichwertigen Isolierungsmittel (z. B. Asphalt) zu umgeben. Ihre Innenflächen müssen mit einem dauerhaften, glatten, wasserdichten Zementverputz versehen werden. Die Entleerungsöffnungen sind mit doppelten eisernen Deckeln zu verschließen. Die Abortgruben sind den Aborten im Innern der Schulhäuser durch genügend weite, von den Gebäudemauern allseits isolierte Grubenhälse mit ausreichendem Gefälle zu verbinden. Für die Ausführung der Grubenhälse gelten die gleichen Bestimmungen wie für die Ausführung der Gruben. Die Sohle der Grubenhälse ist mit schwachem Gefälle zur Sohle der Abortgruben zu führen, so daß die Flüssigkeit in die Grubenhälse hineinspült.

XI Die Gruben sind so groß anzulegen, daß sie nicht zu häufig geräumt werden müssen.

XII Die Fallrohre der Aborte müssen wasserdicht und glatt sein und, wenn nicht Spülung eingerichtet ist, wenigstens 0,25 m lichte Weite haben. Sie sind mit der gleichen Weite als Entlüftungsrohre mindestens 1 m hoch über das Dach hinauszuführen und mit einem Regendach abzudecken. Bei Wasserspülung sind eiserne Fallrohre mit einer lichten Weite von ungefähr 0,12 m zu verwenden. Die Einfallrohre der Sitzaborte müssen in möglichst spitzem Winkel in das Hauptrohr münden. Besondere Sorgfalt ist auf dichten Anschluß des Fallrohrs an den Grubenhals zu verwenden.

XIII Polizeivorschriften, die hinsichtlich der Herstellung der Aborte strengere Anforderungen stellen, bleiben durch die vorstehenden Bestimmungen unberührt.

Beseitigung der Hausabfälle und Niederschlagswässer.

§ 12. I Für Kehricht, Asche und sonstige trockene Hausabfälle sind besondere, abgedeckte Gruben anzulegen, soferne nicht regelmäßige Abfuhr der in Tonnen gesammelten Abfälle eingeführt ist.

II Die Hausabwässer müssen innerhalb des Schulhauses in eisernen, über Dach entlüfteten Röhren geführt werden. Sie sind auch außerhalb des Schulhauses bis zur Einleitung in einen Kanal oder bis zur sonstigen unschädlichen Ableitung in geschlossenen Röhren zu leiten. Wo die Hausabwässer nicht in dieser Weise beseitigt werden können, sind für sie besondere, genügend große, undurchlässige und luftdicht abgeschlossene Gruben herzustellen. Die Ausgüsse innerhalb des Hauses müssen von den Abfallrohren geruchlos abgeschlossen werden (Syphons).

III Das Dachwasser ist durch Dachrinnen und Abfallrohre zu sammeln und, wenn es nicht einer Entwässerungsanlage zugeführt werden kann, von der nächsten Umgebung des Schulhauses abzuleiten.

Wasserversorgung.

§ 13. I Jedes Schulhaus muß mit Wasser von genügender Menge und einwandfreier Beschaffenheit versehen sein. Wenn das erforderliche Wasser nicht einer als einwandfrei bekannten Wasserleitung entnommen werden kann, ist es von einer Untersuchungsanstalt für Nahrungs- und Genußmittel auf seine Brauchbarkeit zu untersuchen und vom Bezirksarzte zu begutachten.

II Wo eine Wasserleitung nicht mitbenützt werden kann, empfiehlt sich die Anlage einer eigenen Wasserleitung für das Schulhaus. Die Leitung muß so ausgeführt werden, daß jede Verunreinigung des Wassers sowohl am Ursprung als während der Zuleitung ausgeschlossen ist.

III Wird das Schulhaus mit einer Wasserleitung versehen, so soll in jedem Stockwerk ein Auslauf mit Ausguß vorgesehen werden.

IV In dritter Linie kommt die Anlage eines Brunnens in Betracht. Hiebei ist darauf zu achten, daß jede Verunreinigung des Brunnens und seiner Umgebung unmöglich gemacht wird. Insbesondere ist die Nähe von Abort- und Abwässergruben, Dunggruben und Jauchekanälen zu vermeiden. Die Bodenoberfläche rings um den Brunnen muß Gefälle vom Brunnen weg erhalten. Bei jedem Brunnen ist eine Brunnenschale anzubringen. Das Abwasser ist vom Schulhausgrundstück in geschlossenen Röhren abzuleiten.

Waschgelegenheit, Bäder.

§ 14. I In oder bei jedem Schulhause muß für die Kinder Gelegenheit zum Händewaschen vorhanden sein. Wo keine Wasserleitung vorhanden ist, muß wenigstens in jedem Schulzimmer eine unzerbrechliche Waschschüssel und eine Kanne mit Wasser bereitgestellt werden.

II Für größere Schulhäuser ist die Einrichtung von Brausebädern zu empfehlen. Die Baderäume müssen heizbar sein und ins Freie führende Fenster erhalten.

Schulbänke (Tische).

§ 15. I Die Bänke müssen in ausreichender Zahl vorhanden und der Größe der Kinder angepaßt sein. Eine Schulbank ist im allgemeinen für die Körpergröße eines Kindes als passend zu erachten, wenn bei wagrecht auf der Sitzbank aufliegendem Oberschenkel die ganze Fußsohle auf dem Fußrost ruht.

II Die Bänke müssen so beschaffen sein, daß eine ungünstige Körperhaltung vermieden wird. Die Tischplatte muß gegen den Körper des Schülers geneigt sein. Die Bänke müssen mit Rückenlehne und Fußrosten versehen sein. Der Anteil jedes Schülers an der Banklänge (die Sitzbreite) soll nicht unter 0,50 m betragen.

II Bei der Neuanschaffung von Schulbänken dürfen nur solche mit höchstens 4 Sitzen gewählt werden. Das Sitzbrett der Schulbank muß unter die Tischplatte hineinreichen oder senkrecht mit dem Innenrand der Tischplatte abschneiden. Bei Bänken mit mehr als zwei Sitzen müssen entweder die Tischplatten oder die Sitze beweglich (zum Klappen eingerichtet) sein. Die Bänke sollen leicht zu reinigen sein; dieser Anforderung entsprechen am besten Bänke, die auf Schienen laufen oder umgelegt werden können.

IV Die K. Regierungen, Kammern des Innern, können bestimmen, welche Arten von Schulbänken zulässig sind, die Gemeinden dürfen jedoch hinsichtlich des Bezuges der Bänke nicht auf bestimmte Geschäfte beschränkt werden.

V Die Aufstellung der Bänke soll so erfolgen, daß zwischen den einzelnen Bankreihen, an der Fensterwand und an der Rückwand ein mindestens 0,50 m breiter Gang bleibt; die dem Ofen zunächst stehenden Bänke sollen mindestens 1 m von dem Ofen entfernt sein. Die Bänke sind so aufzustellen, daß die Kinder das durch die Fenster einfallende Tageslicht von der linken Seite her erhalten.

Wohnräume für das Lehrpersonal, Gemeindezimmer.

§ 16. I Bezüglich der für das Lehrpersonal vorzusehenden Dienstwohnräume usw. gelten die Bestimmungen des Schulbedarfgesetzes vom 28. Juli

1902 Artikel 8*) und der Ministerialbekanntmachung vom 25. Mai 1906 (KMBl. S. 315). Wenn Dienstwohnungen in Schulgebäuden untergebracht werden, so müssen sie von den Schulräumen abgesondert werden und einen vom Zugang für die Schüler getrennten Zugang erhalten.

II Gemeindliche Geschäftszimmer, die in Schulhäusern eingerichtet werden, müssen außerhalb der Lehrerwohnungen liegen. Für solche gemeindliche Diensträume ist jedenfalls dann ein eigener Zugang von außen anzulegen, wenn in ihnen während der Schulzeit regelmäßiger amtlicher Geschäftsverkehr stattfindet. In diesem Falle ist auch ein eigener von den Schulaborten getrennter Abort anzulegen.

Nebengebäude, Anlagen.

§ 17. Waschküchen werden zweckmäßig in Nebengebäuden untergebracht. Für den Einbau von Waschküchen in Schulhäuser ist Abschnitt I Ziffer 8 der Ministerialentschließung vom 25. Mai 1906 (KMBl. S. 315) zu beachten. Wenn genügende Sicherheit gegen das Eindringen von Feuchtigkeit in das Gebäude gegeben ist, können Waschküchen auch in das Dachgeschoß eingebaut werden. Räume, die zu einem landwirtschaftlichen Betriebe dienen sollen, dürfen innerhalb der Umfassungsmauern des Schulgebäudes nicht untergebracht werden.

Turn- und Spielplatz.

§ 18. I Der Turnplatz muß mindestens in solcher Größe angelegt werden, daß auf jedes der ihn gleichzeitig benützenden Kinder eine Fläche von 3 qm trifft. Entsprechend große Höfe können als Turnplatz benützt werden. Sehr zu empfehlen ist die Bereitstellung erheblich größerer freier Plätze, die zum Turnen und für Bewegungsspiele verwendet werden können.

II Der Boden des Turn- und Spielplatzes soll leichtes Gefäll aufweisen, trocken, eben und fest sein; lästige Staubbildung soll tunlichst verhindert werden. Die Anpflanzung von Bäumen an den Rändern größerer Turn- und Spielplätze ist wünschenswert.

Zweiter Abschnitt.

Anordnungen und Winke für die Gesundheitspflege in den Volksschulen.

Reinhaltung des Schulhauses.

§ 19. I Im ganzen Schulhause muß stets die größte Reinlichkeit herrschen. Zu diesem Zwecke ist zunächst das Einschleppen von Schmutz dadurch auf ein möglichst geringes Maß zurückzuführen, daß die Zugänge zum Schulhause von der Straße aus möglichst rein gehalten und daß die Schulkinder zur Benützung der Abstreifvorrichtungen streng angehalten werden.

II Es ist darauf zu dringen, daß die Kinder möglichst reinlich gekleidet zur Schule kommen. Kleidungsstücke, die abgelegt werden, dürfen nicht in den Schulzimmern selbst, sondern müssen auf Gängen oder in besonderen Räumen aufbewahrt werden.

III In den Schulzimmern und Gängen sind mit Wasser gefüllte Spucknäpfe und in den Schulzimmern auch Behälter für Abfälle aufzustellen. Ihre Benützung ist den Kindern zur Pflicht zu machen. Das Ausspucken auf den Boden ist strengstens zu untersagen.

---

*) Nunmehr Art. 14 ff. das Schulbedarfges. vom 14. August 1919 (S. 182 oben). S. auch die hierzu ergangenen nachstehenden Vollzugserlasse!

IV Die Decken und Wände der Schulzimmer, Gänge und Treppen und der Kleiderräume müssen mindestens alle 3 Jahre getüncht werden. Der dunkler gehaltene untere Teil der Tünchung (§ 9 Absatz II, § 10 Abs. IX) ist mindestens alle 2 Jahre zu erneuern; abwaschbare Anstriche sind jedenfalls dann auszubessern oder zu erneuern, wenn sie schadhaft geworden sind.

V Fußbodenteile, die rissig oder uneben geworden sind oder deren Holz Fäulniserscheinungen aufweisen, müssen erneuert werden; kleinere Fugen im Boden sind auszuspänen oder auszukitten; wo sich diese Maßnahme nicht mehr als wirksam erweist, muß der ganze Fußboden umgelegt oder erneuert werden.

VI Die Fußböden der Schulzimmer und Gänge und die Treppen sind wöchentlich mindestens 2 mal feucht aufzuwischen; zur besseren Bindung des Staubes können feuchte Sägespäne verwendet werden. Gleichzeitig sind auch die Bänke (Tischplatten, Sitze, Fußtritte) und die Fensterbretter feucht abzuwischen und die Spucknäpfe zu entleeren. Besondere Sorgfalt ist der Reinigung der Aborte zuzuwenden. Die Sitze und Fußböden sind mindestens 2 mal wöchentlich, außerdem so oft sie beschmutzt werden, feucht zu reinigen. Türen, Fenster, Wände der Aborte müssen nach Bedarf gereinigt, die Pißrinnen stets freigehalten werden; wo keine Wasserspülung vorhanden ist, empfiehlt es sich die Pißrinnen und soweit sie benetzt werden die Pißwände nach Bedarf mit Steinöl zu bestreichen.

VII Mindestens 3 mal im Jahre (in den Weihnachts-, Oster- und Sommerferien) hat eine Hauptreinigung des Schulhauses zu erfolgen. Dabei sind die Wände und Decken unter Schonung des Anstriches abzukehren, die Einrichtungsgegenstände, die Türen, Fenster, die abwaschbaren Wandanstriche und schließlich die Fußböden und Treppen gründlich zu reinigen. Geölte Fußböden sind nach der Reinigung und Trocknung nachzuölen. Hiebei ist darauf zu achten, daß einerseits auf den nicht abgenützten Stellen kein Öl stehen bleibt, andererseits die abgetretenen Stellen vollständig mit Öl gesättigt werden.

VIII In den Hofräumen, auf den Turn- und Spielplätzen ist jede Verunreinigung und das Herumstreuen von Papier, Speiseabfällen untersagt.

IX Die Mittel für die Besorgung der vorgeschriebenen Reinigungsarbeiten und zur Beschaffung der erforderlichen Geräte usw. sind gemäß Art. 1 *) des Schulbedarfgesetzes von den Gemeinden zu beschaffen. Die Gemeindeverwaltungen haben zur pünktlichen und sorgfältigen Ausführung der vorgeschriebenen Reinigungsarbeiten im Vertragswege verlässige erwachsene Personen aufzustellen. Auf Grund der Schulpflicht dürfen Schulpflichtige weder von den Schulaufsichtsbehörden noch von dem Lehrpersonal oder von den Gemeindeverwaltungen zu Reinigungsarbeiten im Schulhause herangezogen werden. Die Beteiligung Schulpflichtiger an der Reinigung des Schulhauses ist mithin nur insoweit nicht zu beanstanden, als erwachsene Personen, welche die Reinigung übernommen haben, sich hiebei der Mithilfe der eigenen Kinder oder von sonntagsschulpflichtigen Dienstboten oder sonstiger Lohnarbeiter bedienen. Dem Lehrpersonal ist es aber nicht verwehrt Schulkinder zu nicht anstrengenden Ordnungsarbeiten (z. B. Abwischen der Schultafel, Aufheben auf dem Boden liegender Gegenstände u. dgl.) heranzuziehen, zumal wenn solche Verrichtungen für den Schulbetrieb erforderlich sind oder aus erzieherischen Gründen angeordnet werden. Die örtlichen Schulaufsichtsbehörden und das Lehrpersonal haben bei der Gemeindeverwaltung und erforderlichen

---

*) Nunmehr gemäß Art. 11 des Schulbedarfges. vom 14. August 1919 (GVBl. S. 489).

Falles bei der vorgesetzten Verwaltungsbehörde Abhilfe anzuregen, wenn die Reinigungsarbeiten nicht ordentlich vorgenommen werden.

Heizung.

§ 20. I Die Heizanlagen müssen so bedient werden, daß die Schulzimmer schon zu Beginn der Schulzeit genügend erwärmt sind und während der Schulstunden auf einer Temperatur von 16—18° C erhalten werden. Eine Temperatur von 20 C° darf auf keinen Fall überschritten werden. Zur Prüfung der Temperatur muß in jedem Schulzimmer an einer Innenwand und zwar mindestens 3 m vom Ofen entfernt in einer Höhe von ungefähr 1,60 m über dem Fußboden ein Thermometer aufgehängt sein.

II Soferne es der Raumverhältnisse wegen nicht zu vermeiden ist, daß Schulkinder in der Nähe des Ofens sitzen, muß vor dem geheizten Ofen ein ungefähr 1,50 m hoher und den Ofen der Breite nach vollständig deckender Ofenschirm aufgestellt werden.

III Solange geheizt wird, soll regelmäßig (etwa wöchentlich) eine Versetzung der Schüler, die in der Nähe des Ofens, an den Fenstern oder an der Türe sitzen, vorgenommen werden.

Lüftung.

§ 21. I In den Schulzimmern sind während des Unterrichtes bei genügender Außenwärme einzelne Fenster im ganzen, bei geringer Außenwärme nach Bedarf die oberen Klappflügel offen zu halten; Zugluft ist zu vermeiden.

II Während der Pausen, in denen die Schüler das Schulzimmer verlassen, sind ohne Rücksicht auf die Außenwärme einige Fenster für kurze Zeit ganz zu öffnen. Bei kalter Außenluft ist jedoch darauf zu achten, daß die Räume nicht zu stark abgekühlt werden; bei großem Wärmeunterschiede zwischen Innen- und Außenluft genügen wenige Minuten zur Lufterneuerung. Nach Beendigung des Unterrichts sind die Schulzimmer täglich ausgiebig zu lüften. Das gleiche hat auch zwischen Vormittags- und Nachmittagsunterricht zu geschehen, wenn nicht auswärts wohnende Schulkinder während der Mittagspause mangels anderer Unterkunft im Schulzimmer bleiben müssen.

III Auch die Gänge und die Kleiderräume sind entsprechend (an warmen Tagen während des Unterrichts, an kalten Tagen wenigstens nach Schluß des Unterrichts) zu lüften.

IV Besonders ausgiebig sind die Aborte zu lüften.

Körperhaltung der Schüler.

§ 22. I Der Oberkörper soll aufrecht gehalten werden. Ein Anpressen der Brust gegen die Tischkante ist zu vermeiden. Die Schultern sollen gleich hoch stehen. Beim Schreiben und Lesen soll der Kopf nur wenig gegen die Pultfläche geneigt werden. Schreibhefte und Schreibtafeln sollen nicht seitlich, sondern vor die Mitte der Brust gelegt werden.

II Die richtige Körperhaltung kann nicht ununterbrochen eingehalten werden; der Unterricht ist deshalb so einzurichten, daß die Körperhaltung öfters wechseln kann; auch sollen ab und zu kurze gemeinsame Freiübungen eingeschaltet werden.

Kleidung der Schüler.

§ 23. Der Lehrer hat dafür zu sorgen, daß die Schüler bei Betreten des Schulzimmers die gegen Kälte, Wind, Nässe schützenden Überkleider (Mäntel, Halstücher, Überschuhe, Holzschuhe) ablegen; bei Durchnässung und großer Kälte empfiehlt sich ein Wechsel der (Strümpfe und) Schuhe; es ist dahin zu trachten, daß wenigstens jene Schulkinder, die einen weiteren Schulweg zurückzulegen haben, Hausschuhe und Strümpfe im Schulhause hinterlegen; für ärmere Kinder sollten Strümpfe und Hausschuhe unentgeltlich zur Verfügung gestellt werden.

Ernährung der Schüler.

§ 24. Wenn Schulkinder wegen der Entfernung ihrer Wohnung vom Schulorte während der Mittagspause nicht nach Hause gehen können, so soll möglichst Vorsorge getroffen werden, daß ihnen eine warme Mittagskost (Suppe) verabreicht wird. Wenigstens soll sich das Lehrpersonal öfters überzeugen, ob solche Kinder mit Nahrungsmitteln versehen sind, und wenn sich in dieser Hinsicht wiederholt Mängel ergeben, der Aufsichtsbehörde Mitteilung machen.

Hautpflege der Kinder.

§ 25. I Das Lehrpersonal soll darauf dringen, daß die Kinder reinlich zur Schule kommen, daß insbesondere das Gesicht, die Ohren und Hände regelmäßig gewaschen, die Nägel gereinigt und die Haare gekämmt werden.

II Wenn sich ein Schulkind erheblich beschmutzt hat, so ist auf sofortige Reinigung zu dringen. Wo Brausebäder zur Verfügung stehen, ist auf möglichst allgemeine Benützung zu sehen.

Schonung der Augen, Bekämpfung der Kurzsichtigkeit, Sorge für Schwerhörige.

§ 26. I Die Schultafeln für den Massenunterricht sind so anzubringen, daß sie gut belichtet sind und von allen Plätzen aus gut übersehen werden können. Sie müssen rein und schwarz und dürfen nicht glänzend sein; der Anstrich ist bei Abnützung alsbald zu erneuern. Die übrigen dem Massenunterrichte dienenden Gegenstände (Wandkarten, Erdkugeln, Anschauungsbilder usw.) sollen genügende Größe, kräftige Farben und weithin deutlich erkennbare Zeichnung aufweisen.

II An Schulbüchern, Heften, Schreibtafeln dürfen nur die vorgeschriebenen Muster benützt werden.

III Grelles Sonnenlicht ist während des Unterrichts durch Schließen der Vorhänge abzudämpfen. Bei ungenügender Belichtung ist das Lesen und Schreiben auszusetzen und hat die Anfertigung feiner Handarbeiten zu unterbleiben. Kindern, bei denen sich Neigung zur Kurzsichtigkeit kundgibt, ist die Anfertigung feiner Handarbeiten überhaupt zu verbieten.

IV Der Unterricht ist so einzurichten, daß die Augen abwechselnd für die Nähe und die Ferne eingestellt werden müssen; beim Lesen und Schreiben (Handarbeiten) ist darauf zu sehen, daß die Augen in gehörigem Abstand von den Büchern, Heften (Handarbeitsgegenständen) bleiben.

V Das Tragen von Brillen ist nur auf ärztliches Zeugnis hin zu gestatten; andererseits ist bei Kindern, denen das Tragen einer Brille von ärztlicher Seite angeraten ist, darauf zu sehen, daß sie die Brille während des Unterrichts benützen.

VI Schwachsichtigen oder kurzsichtigen Schülern sind möglichst Plätze in den vorderen Bänken und in der Nähe der Fenster anzuweisen.

VII Schwerhörige Kinder sollen ihren Platz möglichst in der Nähe des Lehrers erhalten.

Erkrankungen von Schülern.

§ 27. I Wenn sich bei einem Schüler während des Unterrichtes bedenkliche Krankheitserscheinungen zeigen, so ist der Schüler auf geeignete Weise heimzubefördern.

II Bei dem Auftreten von übertragbaren Krankheiten unter den Schulkindern, in der Umgebung der Schulkinder oder im Schulhause, sind bezüglich der Fernhaltung der Schulkinder vom Schulbesuch und des Fernbleibens des Lehrers vom Unterrichte die Vorschriften über die Bekämpfung übertragbarer Krankheiten genau zu beachten. (MB. vom 9. Mai 1911 — GVBl. S. 426.) Insbesondere darf die Wiederzulassung erkrankter oder ansteckungsverdächtiger Schulkinder zum Unterricht erst erfolgen, wenn entweder die vorgeschriebene Frist abgelaufen ist oder das vorgeschriebene ärztliche (amtsärztliche) Zeugnis beigebracht wird.

II Für eine behördlich angeordnete Desinfektion von Schulräumen und Lehrerwohnungen hat die Gemeinde zu sorgen.

III Schülern, die mit Ungeziefer (Läusen) oder einem Ausschlag am Kopf, im Gesicht, an den Händen behaftet sind, müssen tunlichst von den übrigen Kindern getrennte Plätze angewiesen werden. Das Lehrpersonal hat erforderlichen Falles der örtlichen Schulaufsichtsbehörde Anzeige zu erstatten, damit die Erziehungsberechtigten auf die Notwendigkeit einer Behandlung aufmerksam gemacht werden. Wird von den Erziehungsberechtigten nicht abgeholfen, so ist behufs weiteren Einschreitens Anzeige an die Distriktspolizeibehörde zu erstatten.

V Wenn sich bei Schulkindern Zeichen von Schwachsinnigkeit, Kurzsichtigkeit, Schwerhörigkeit, Wirbelsäuleverkrümmung, von Fallsucht, Schwachsinn, Geistesstörung, überhaupt von Gebrechen bemerkbar machen, welche die Teilnahme am Unterricht erschweren oder eine dauernde Schädigung des Körper- oder Geisteszustandes befürchten lassen, so hat der Lehrer den Bezirksarzt (Schularzt) bei der nächsten dienstlichen Besichtigung der Schule auf die Kinder aufmerksam zu machen. Besteht Bedenken gegen längeres Zuwarten, so ist den Erziehungsberechtigten nahezulegen, daß sie eine anderweitige ärztliche Untersuchung veranlassen. Im übrigen wird auf Ziffer 5 Buchstabe e Absatz II der Vollzugsvorschriften zur Verordnung vom 4. Juni 1903 über die Schulpflicht *) verwiesen.

Belehrung der Schulkinder über Gesundheitspflege.

§ 28. I Die Lehrer sollen die Schulkinder bei sich bietender Gelegenheit über die wichtigsten gesundheitlichen Maßnahmen belehren. Hieher gehören vor allem die regelmäßige Reinigung der Zähne und der Mundhöhle, die ausgiebigen Körperwaschungen, das Baden, die Meidung alkoholhaltiger Getränke und des Rauchens.

II Schulkinder der oberen Klassen sind gelegentlich auch auf die Gefahren der Verunreinigung von Wunden und auf die Behandlung frischer Wunden aufmerksam zu machen; dabei soll die Anlegung einfacher Verbände gelehrt werden. In jeder Schule soll ein Verbandkästchen allen Lehrern zugänglich sein. Das Kästchen darf nur kleine Einzelverbände von verschiedener Größe in besonderer Packung enthalten. Die Päckchen dürfen nur zu Notverbänden und zu Übungszwecken, nicht aber zur fortlaufenden Behandlung Verletzter verwendet werden. Verbandstoffe, die zu Übungszwecken gebraucht wurden, dürfen zur Wundbehandlung nicht mehr benützt werden.

---

*) Bek. vom 7. März 1906 (KMBl. S. 143).

Dritter Abschnitt.

Bauliche und gesundheitliche Überwachung der Schulgebäude und der Volksschulen.

Überwachung durch die Gemeindeverwaltungen, das Lehrpersonal und die Schulaufsichtsbeamten.

§ 29. I Die den Gemeinden nach Artikel 1*) des Schulbedarfgesetzes obliegende Sorge für die Bereitstellung des Schulbedarfs schließt auch die Verpflichtung zur baulichen Instandhaltung der Schulhäuser und zur Erhaltung und Ergänzung der notwendigen Schuleinrichtung in sich. Hieraus ergibt sich für die Gemeindeverwaltungen auch die Pflicht zur fortlaufenden Überwachung der Schulhäuser und ihrer Einrichtung.

In der Regel werden einschlägige Mängel und Bedürfnisse früher als von gemeindlichen Beauftragten vom Volksschullehrerpersonal und von den örtlichen Schulaufsichtbeamten wahrgenommen werden. Letzteren steht es zu, bei der Gemeindeverwaltung Abhilfe anzuregen und erforderlichen Falles amtliche Untersuchung und Anordnung durch die vorgesetzten Verwaltungsbehörden herbeizuführen.

II Die den Beamten der Distriktsverwaltungsbehörden und den Bezirksärzten obliegenden Besichtigungen der Schulhäuser geben den örtlichen Schulaufsichtbeamten und dem Lehrpersonal Gelegenheit zur Erörterung der baulichen und gesundheitlichen Verhältnisse der Schulhäuser sowie des Gesundheitszustandes der Schulkinder. Die bei den Distriktsverwaltungsbehörden aufgestellten bautechnischen Beamten können beauftragt werden, in ihrem Dienstbezirke die Schulhäuser von Zeit zu Zeit zu besichtigen.

III Auch den Distriktsschulinspektoren und den Stadtschulreferenten sowie den von den Kreisregierungen abgeordneten Schulaufsichtbeamten kommt es zu die Abstellung der bei ihren Schulbesuchen wahrgenommenen baulichen und gesundheitlichen Mängel anzuregen.

Schulärzte.

§ 30. I An vielen Orten sind auf Kosten von Gemeinden oder Distrikten mit schulaufsichtlicher Genehmigung für die Untersuchung der Schulkinder eigene Schulärzte (Fachärzte) aufgestellt. Der Wert dieser freiwilligen Wohlfahrtseinrichtung kommt namentlich dann zur Geltung, wenn die Schulärzte sich nicht auf die Feststellung gesundheitlicher Mängel beschränken, sondern mit den Schulaufsichtbehörden und dem Lehrpersonal, den Eltern oder sonstigen Erziehungsberechtigten der Schulpflichtigen und den Amtsärzten in Fühlung treten. Wo ein solches Zusammenwirken zu erwarten ist und geeignete Ärzte zur Vornahme der Untersuchungen bereit sind, soll die Aufstellung von Schulärzten weiter gefördert werden.

II Bei der Verschiedenheit der örtlichen Verhältnisse und da es sich um eine freiwillige Einrichtung handelt, wird von einer allgemeinen gleichmäßigen Regelung der Aufstellung von Schulärzten und ihrer Tätigkeit abgesehen; aus schulaufsichtlichen Erwägungen werden aber folgende Richtpunkte allgemein verbindlich vorgeschrieben:

1. Durch die Aufstellung von Schulärzten kann und darf die Zuständigkeit der Schulaufsichtbehörden und der Amtsärzte nicht ausgeschaltet und nicht verkürzt werden.

---

*) Nunmehr Art. 11 des Schulbedarfges. vom 14. August 1919 (GVBl. S. 489).

2. Die Untersuchungen der Schulkinder sind den Eltern oder sonstigen Erziehungsberechtigten rechtzeitig vorher bekannt zu geben und müssen unterbleiben, wenn es die Erziehungsberechtigten ausdrücklich verlangen. Nur wenn die Untersuchung zur Verhütung der Verbreitung einer übertragbaren Krankheit geboten erscheint, kann sie auch gegen den Willen der Erziehungsberechtigten angeordnet werden.

3. Bei den körperlichen Untersuchungen ist das Zart- und Schamgefühl der Kinder sorglichst zu schonen. Knaben und Mädchen sind stets getrennt zu untersuchen.

4. Den Eltern oder sonstigen Erziehungsberechtigten ist die Anwesenheit bei der Untersuchung ihrer Kinder zu gestatten; dadurch wird auch Gelegenheit zu Aufklärungen über die Notwendigkeit ärztlicher Behandlung, über Körperpflege, Ernährung, Berufswahl und ähnliche Fragen gegeben.

5. Mit den schulärztlichen Untersuchungen darf, Notfälle ausgenommen, eine ärztliche Behandlung der Schulkinder nicht verbunden werden. Die Schulärzte und die Schulaufsichtbehörden haben sich jeder Beeinflussung der Erziehungsberechtigten hinsichtlich der Wahl der Ärzte für die Behandlung der Kinder zu enthalten.

6. Die Schulärzte und die Lehrer sind verpflichtet, die Ergebnisse der Untersuchungen Unberufenen gegenüber geheim zu halten. Schriftliche Aufzeichnungen über die Ergebnisse der Untersuchungen sind als amtliche Schriftstücke zu behandeln und sorgfältig zu verwahren.

7. Dienstanweisungen für Schulärzte bedürfen der schulaufsichtlichen Genehmigung durch die Regierung, Kammer des Innern, auf Grund vorheriger gutachtlicher Einvernahme der äußeren Schulbehörden.

III Die durch die schulärztlichen Untersuchungen bedingten Störungen oder Unterbrechungen des Unterrichts sind schulaufsichtlich nicht zu beanstanden aber auf das unentbehrliche Maß zu beschränken.

München, den 15. April 1913.

---

36. Ministerialentschließung vom 7. Juni 1918, die Aufstellung von Schulärzten und die schulärztlichen Untersuchungen der Schulkinder betr. (KMBl. S. 153).

Die seit ungefähr zwanzig Jahren zunächst in einigen größeren Städten und allmählich auch in einer Reihe von kleineren Gemeinden eingeführten ärztlichen Untersuchungen der volkshauptschulpflichtigen Kinder durch besondere Schulärzte, die auf Kosten der Gemeinden oder von Verbänden von Gemeinden aufgestellt werden, haben vielfach gute Erfolge gehabt und werden von vielen Eltern als dankenswerte Einrichtungen geschätzt, auf die nicht wieder verzichtet werden möchte.

In manchen Kreisen haben sich aber wegen vereinzelter Unzukömmlichkeiten oder aus Besorgnis vor solchen auch Stimmen gegen die schulärztlichen Untersuchungen erhoben, wobei insbesondere verlangt wird, daß nur solche Kinder der schulärztlichen Untersuchung unterstellt werden dürfen, deren Eltern oder sonstige Erziehungsberechtigte ihre Zustimmung dazu ausdrücklich erklärt haben, dann daß die Schulkinder bei den Untersuchungen nur soweit zur Entkleidung angehalten werden sollen, als es der Zweck der Untersuchung unbedingt erfordert. Nach beiden Richtungen waren bisher wie für die Vornahme der schulärztlichen Untersuchungen überhaupt die Dienstanweisungen für die Schulärzte maßgebend, die entweder von den Gemeinden oder, wo die Mittel von Distriktsgemeinden aufgebracht werden, von den Distriktsräten oder den K. Bezirksämtern erlassen sind.

Die oberste Unterrichtsverwaltung hat bisher von der allgemeinen, gleichmäßigen Regelung der Aufstellung und Wirksamkeit der Schulärzte abgesehen, weil es sich um freiwillige Wohlfahrtseinrichtungen handelt, deren Ausgestaltung wesentlich von den örtlichen Verhältnissen und von der Höhe der bereitgestellten Mittel abhängt; nur einige vom schulaufsichtlichen Standpunkt aus zunächst für wichtig erachtete Richtpunkte sind in § 30 der Ministerialbekanntmachung vom 15. April 1913, Ministerialblatt für Kirchen- u. Schulangelegenheiten Seite 137/8, unter die Bestimmungen für die Gesundheitspflege in den Volksschulen aufgenommen worden.

Auch jetzt wird die gleichmäßige allgemeine Regelung der Vorschriften über die schulärztlichen Untersuchungen nicht für geboten und zweckmäßig erachtet, doch wird im Hinblick auf die bekannt gewordenen Klagen nachstehende Erweiterung der erwähnten Richtpunkte schulaufsichtlich angeordnet:

I. Die Durchführung der schulärztlichen Untersuchungen gegen den Willen der Erziehungsberechtigten würde einen Eingriff in die persönliche Freiheit der Schulkinder und in das Erziehungsrecht der Eltern oder ihrer Stellvertreter bedeuten und wäre nur auf Grund besonderer gesetzlicher Bestimmung zulässig. Da eine einschlägige Gesetzesvorschrift nicht besteht und da insbesondere die Vorschriften über die Schulpflicht und über die ihrer Erfüllung dienenden Zwangsmaßnahmen sich nicht auf die Teilnahme der Schulkinder an schulärztlichen Untersuchungen erstrecken, ist es unzulässig, schulpflichtige Kinder gegen den Willen der Eltern oder sonstigen Erziehungsberechtigten der schulärztlichen Untersuchung zu unterstellen. Ausgenommen sind jedoch jene Fälle, in denen die schulärztliche Untersuchung zum Schutze gegen den Eintritt oder die Verbreitung ansteckender Krankheiten auf Grund des Artikels 67 Abs. II des Polizeistrafgesetzbuchs von den hierzu zuständigen Polizeibehörden angeordnet wird.

II. Nach § 30 Ziff. 2 der angeführten Ministerialbekanntmachung sind die schulärztlichen Untersuchungen den beteiligten Eltern oder sonstigen Erziehungsberechtigten jeweils rechtzeitig vorher bekannt zu geben, damit diese in der Lage sind, der Untersuchung ihrer Kinder anzuwohnen oder die Befreiung ihrer Kinder von der Untersuchung zu verlangen, wenn sie ihre Kinder der Untersuchung nicht unterstellen wollen. Nach bisheriger allgemeiner Übung wurde die Zustimmung der Erziehungsberechtigten angenommen, wenn letztere die Befreiung ihrer Kinder von der Untersuchung bis zu deren Beginn nicht ausdrücklich verlangt hatten. Da diese Übung mehrfach Beanstandungen und Klagen zur Folge gehabt hat und in der Tat keine volle Gewähr dafür bietet, daß Kinder nicht gegen Wissen und Willen der Erziehungsberechtigten der schulärztlichen Untersuchung unterstellt werden, wird bestimmt:

1. Wo die schulärztlichen Untersuchungen neu eingeführt werden, dürfen ihnen nur jene Schulkinder unterstellt werden, deren Eltern oder sonstige Erziehungsberechtigte ihre Zustimmung dazu ausdrücklich erklärt haben. Die Abgabe und Entgegennahme der Erklärungen ist möglichst zu erleichtern und zu vereinfachen; sie kann mündlich oder schriftlich vor den Gemeindebehörden, den örtlichen Schulaufsichtsbehörden und dem Lehrpersonale, deren Schulen oder Schulabteilungen die betreffenden Kinder besuchen, abgegeben werden; die schriftlichen Erklärungen sind zu sammeln, die mündlichen zu den Schulakten vorzumerken; in die den Schulärzten zu übergebenden Listen oder Gesundheitsbogen sind nur jene Schüler aufzunehmen, für deren Untersuchung zustimmende Erklärung abgegeben ist. Die Zustimmungserklärungen bleiben, wenn sie nicht ausdrücklich widerrufen werden, für die ganze Schulbesuchsdauer der betreffenden

Kinder in Geltung und sind beim Übertritt in eine andere Volkshauptschule auch in den Schulüberweisungsscheinen zu vermerken.

Bei Verhinderung eines Vaters steht der Mutter die Abgabe der Zustimmungserklärung zu, diese kann aber später durch den Vater widerrufen werden. Zweckmäßig wird die Entgegennahme der Erklärungen mit der Aufnahme der Kinder in die Volksschule verbunden, soweit die Kinder hierzu von den Erziehungsberechtigten persönlich angemeldet werden; soweit dies nicht der Fall ist, wird die besondere schriftliche oder mündliche Einvernahme der Erziehungsberechtigten nicht zu vermeiden sein. Bei der jeweils vor Beginn eines neuen Schuljahrs stattfindenden Veröffentlichung der Bestimmungen über die Aufnahme in die Volksschule ist stets darauf hinzuweisen, daß die Erziehungsberechtigten zweckmäßig schon bei der Anmeldung ihrer Kinder zur Schule ihre Erklärung darüber abgeben, ob sie ihre Kinder der schulärztlichen Untersuchung unterstellen wollen oder nicht, ferner daß den Erziehungsberechtigten später durch Bekanntgabe der Untersuchungszeit Gelegenheit gegeben werden wird, der Untersuchung ihrer Kinder anzuwohnen. Durch die Dienstanweisungen für die Schulärzte kann nicht verbindlich angeordnet werden, daß nur solche Kinder von den schulärztlichen Untersuchungen befreit sind, für die an Stelle des Schularztes ein von den Erziehungsberechtigten gewählter Arzt die sogenannten Gesundheitsbogen ausfüllt.

2. Wo die schulärztlichen Untersuchungen schon vor der Veröffentlichung dieser Bekanntmachung eingeführt waren, dürfen jene Schulkinder, die schon einmal oder öfter schulärztlich untersucht worden sind, ohne besondere Einvernahme der Erziehungsberechtigten weiteren Untersuchungen unterstellt werden, soferne von den Erziehungsberechtigten nicht Einspruch eingelegt wird. Im übrigen ist auch an solchen Orten die Erklärung der Erziehungsberechtigten nach Maßgabe der Bestimmungen unter Ziff. 1 herbeizuführen.

III. Bei den Untersuchungen ist das Zart- und Schamgefühl der Kinder sorglichst zu schonen; Knaben und Mädchen sind stets getrennt zu untersuchen. Die körperliche Entblößung ist auf das unbedingt gebotene Maß zu beschränken und hat nur im Untersuchungsraume vor dem Schularzte, nicht schon in den Warteräumen stattzufinden, wo die Kinder zur Untersuchung bereit gehalten werden.

Da die schulärztlichen Untersuchungen nur da vollen Wert haben, wo die Erziehungsberechtigten gewillt und in der Lage sind, den schulärztlichen Anregungen wegen Behebung oder Verhütung gesundheitlicher Mängel und Schädigung ihrer Kinder nachhaltig zu entsprechen, ist die Teilnahme der Erziehungsberechtigten an den schulärztlichen Untersuchungen ihrer Kinder tunlichst zu fördern; diese Teilnahme wird auch stets die beste Gewähr für einen den Wünschen der Erziehungsberechtigten entsprechenden Verlauf der Untersuchungen bilden.

Soweit die geltenden Dienstanweisungen für die Vornahme der schulärztlichen Untersuchungen mit den vorstehenden Bestimmungen in Widerspruch stehen, sind sie entsprechend abzuändern.

---

37. E. d. Staatsmin. f. Unt. u. K. vom 2. Mai 1925 über die Schulzahnpflege (MABl. S. 67).

Schon bisher bestanden in einzelnen Gemeinden besondere Einrichtungen zur Zahnpflege in den Volksschulen, die in ähnlicher Weise wie die schulärztlichen Untersuchungen als freiwillige Wohlfahrtseinrichtungen der beteiligten Gemeinden ausgestaltet waren.

Die Bayerische Zahnärztekammer hat nunmehr mitgeteilt, sie habe die Vorarbeiten soweit beendet, daß sie in der Lage sei, an sämtliche Gemeinden heranzutreten, um die Einführung der Schulzahnpflege in irgend einer Form zu ermöglichen. Dabei sei beabsichtigt, zur Deckung der Kosten, soweit die Mittel nicht durch die Gemeinden oder von anderer Seite bereitgestellt würden, von den Eltern jener Kinder, die nicht lehrmittelfrei seien, einen kleinen Beitrag, vielleicht 2 Mark für das Jahr, zu erheben. Die ganze technische Durchführung der Maßnahmen solle in den Händen der Bayerischen Zahnärztekammer liegen. Sie sei bereit, die Volksaufklärung durch die Presse, durch Vorträge und durch Versendung von Aufklärungsschriften zu übernehmen. Die Zahnärzte selbst, die einheitliche Richtlinien zur Durchführung von der Zahnärztekammer erhalten hätten, seien bereit, diese im Interesse der Volkswohlfahrt notwendigen sozialhygienischen Maßnahmen auch unter Aufbringung von persönlichen Opfern, tatkräftigst zu unterstützen.

Die Bayerische Zahnärztekammer hat im Anschluß hieran die Bitte gestellt, ihre Bestrebungen dadurch zu unterstützen, daß die bayerische Lehrerschaft auf die Notwendigkeit der Einführung einer systematischen Schulzahnpflege hingewiesen werde, damit sie die unbedingt nötige Hilfe und Unterstützung der Lehrerschaft erhalte.

Hierzu wird folgendes bemerkt:

Die Förderung der Zahnpflege bei den Schulkindern ist ohne Zweifel eine wichtige Angelegenheit der Volksgesundheit. Ihre zweckmäßige Durchführung wäre sicher geeignet, den allgemeinen Gesundheitszustand des Volkes günstig zu beeinflussen. Das Staatsministerium für Unterricht und Kultus kann daher grundsätzlich die Absicht der Bayerischen Zahnärztekammer nur unterstützen.

Bei den weiteren Maßnahmen ist davon auszugehen, daß es sich bei der Einrichtung der Schulzahnpflege — ebenso wie bei der Aufstellung von Schulärzten — um eine freiwillige Wohlfahrtseinrichtung der Gemeinden und Bezirke handelt, und daß für sie die über die Aufstellung von Schulärzten in § 30 der MinBek. vom 15. April 1913 (KMBl. S. 137) und in der MinEntschl. vom 7. Juni 1918 (KMBl. S. 153) aufgestellten Richtlinien sinngemäß anzuwenden sind. Demgemäß wäre insbesondere für jeden Schulzahnarzt durch die Gemeinde oder den Bezirk eine Dienstanweisung aufzustellen, die der Genehmigung nach § 30, II Ziff. 7 der MinBek. vom 15. April 1913 bedürfte. Da bei den schulzahnärztlichen Untersuchungen im Gegensatze zu den schulärztlichen Untersuchungen, die regelmäßig völlig kostenlos sind, nach Vorstehendem den Erziehungsberechtigten auch ein mäßiger Betrag angesonnen wird, bestünde auch besonderer Anlaß, diese nach Maßgabe der Ziff. I und II der MinEntschl. vom 7. Juni 1918 auf die Freiwilligkeit der Teilnahme an den Einrichtungen der Schulzahnpflege hinzuweisen.

Bei der großen gesundheitlichen Bedeutung einer sachgemäß durchgeführten Schulzahnpflege würde es das Staatsministerium für Unterricht und Kultus begrüßen, wenn die Lehrkräfte der Volksschulen vorbehaltlich der Bestimmung in § 30, III der MinBek. vom 15. April 1913, wonach Störungen oder Unterbrechungen des Unterrichts auf das unentbehrliche Maß zu beschränken sind, dem Wunsche der Bayerischen Zahnärztekammer nach Unterstützung ihrer Bestrebungen soweit möglich entsprechen würden.

38. E. d. Staatsmin. f. Unt. u. K. vom 19. August 1924 über die bauliche Anlage und Einrichtung der Schulhäuser und der Dienstwohnungen der Volksschullehrer (MABl. S. 125).

Die verminderte Leistungsfähigkeit der Gemeinden läßt es angezeigt erscheinen, von den Mindestforderungen der MinBek. vom 25. Mai 1906 und vom 15. April 1913 (MABl. 1906, S. 313, 1913 S. 115) hinsichtlich des Umfangs und der Beschaffenheit der Dienstwohnungen der Volksschullehrer und hinsichtlich der baulichen Anlage und Einrichtung der Schulhäuser Ausnahmen zuzulassen. Für die Dauer der bestehenden Schwierigkeiten werden daher die Reg., K. d. J., ermächtigt, bei Neu- und Umbauten von Schulhäusern auf Antrag der Gemeindeverwaltungen Erleichterungen nach folgenden Richtungen zu gewähren:

A. Zur MinBek. vom 25. Mai 1906:

Abschn. I Eingang: Der Gesamtflächenraum der 4 Zimmer einer Dienstwohnung erster Ordnung kann auf 70 bis 80 Quadratmeter, jener des Wohnzimmers auf 20 Quadratmeter, jener der Waschküche auf 15 bis 20 Quadratmeter beschränkt werden. Es genügt ferner, wenn von den 4 Zimmern 3 heizbar sind.

Abschn. I Ziff. 4: Die lichte Höhe der Wohn- und Schlafzimmer kann nach den Vorschriften der allgemeinen Bauordnung bemessen werden.

Abschn. II Abs. II: Dienstwohnungen zweiter Ordnung genügen, wenn sie nur ein heizbares Wohnzimmer von 20 bis 24 Quadratmeter und die übrigen Räume umfassen.

Abschn. III: Für das heizbare Dienstwohnzimmer einer Dienstwohnung dritter Ordnung kann ein Flächenausmaß von mindestens 20 Quadratmeter zugelassen werden.

B. Zur MinBek. vom 15. April 1913:

§ 3 Abs. II: Die Unterkellerung kann auf die für den Schulbedarf und für die im Schulhaus etwa vorhandenen Dienstwohnungen benötigten Kellerräume beschränkt werden, wenn der Untergrund vollkommen trocken ist und zur Verhütung von Hausschwamm entsprechende bauliche Vorkehrungen getroffen werden. Bei vollständiger Unterkellerung genügt eine Höhenlage des Erdgeschoßfußbodens von 45 Zentimeter über dem höchsten umgebenden Gelände.

§ 4 Abs. IV: Die lichte Höhe der Schulzimmer von 4 bzw. 3,5 Meter kann auf 3,5 bzw. 3,2 Meter, jene von 3,2 auf 3 Meter vermindert werden, falls das Schulhaus eine allseits freie Lage besitzt.

§ 6 Abs. II: Bei Schulzimmern mit dauernd unbehindertem Lichteinfall kann die Glasfläche der linksseitigen Fenster auf ein Zehntel, der lichten Maueröffnungen dieser Fenster auf ein Siebentel der Fußbodenfläche vermindert werden. Die Höhe der Fensterbrüstungen kann auf 1 Meter ermäßigt werden.

§ 10 Abs. VII: Treppen, die zu Schulzimmern führen, können in einer Mindestbreite von 1,3 und 1,8 Meter (statt, 1,5 und 2 Meter) ausgeführt werden.

§ 11 Abs. III: Für Scheidewände zwischen den einzelnen Sitzabteilen der Aborte genügt eine Höhe von 2,2 Meter.

§ 11 Abs. V: Sitzaborte für die Schulkinder sind mit 75 Zentimeter Breite und 1,3 Meter Länge ausreichend.

Allenfalls angestrebte weitergehende Erleichterungen in den Mindestanforderungen können nur auf Grund eingehender Darlegung der Verhältnisse nach Maßgabe des Vorbehalts in Ziff. I Satz 2 der ME. vom 15. April 1913 (MABl. S. 139) vom Staatsministerium für Unterricht und Kultus zugelassen werden.

---

39. Bek. des Staatsm. f. Unt. u. K. vom 16. Juli 1923 über den Einbau von Schulküchen in Schulhäusern (KMBl. S. 88, MABl. S. 67).

Der Verein für wirtschaftliche Frauenschulen auf dem Lande hat gebeten darauf hinzuwirken, daß die Gemeinden bei Schulhausneubauten auf dem Lande auf die Bedeutung und Zweckmäßigkeit des Einbaus einer Schulküche aufmerksam gemacht werden.

Diese Bitte erscheint begründet. Die Einrichtung von Schulküchen ist ein Bedürfnis. Es fehlt vor allem auf dem Lande, aber auch in den Städten weiten Volkskreisen zum Nachteil des Familienlebens wie der gesamten Volkswirtschaft an der nötigen hauswirtschaftlichen Schulung. Da Schulküchen auch zugleich zum Waschen und Bügeln benützt werden können, lassen sie sich für verschiedene Gebiete des hauswirtschaftlichen Unterrichts auf dem Lande vor allem auch für die Abhaltung landwirtschaftlicher Wanderhaushaltungskurse nutzbar machen.

Augenblicklich wird für die meisten Gemeinden die Hauptschwierigkeit in den sehr hohen Beschaffungskosten für die Kücheneinrichtung liegen. Diese vorübergehende Schwierigkeit kann aber umsoweniger ein Hindernis bilden, der Anregung schon jetzt Rechnung zu tragen, als sich der Einbau einer Schulküche mit Vorratsraum und die Benützung eines Speicherabteils zum Trocknen von Wäsche bei der Errichtung von Schulhausneubauten in vielen Fällen ohne große Mehrkosten erreichen lassen wird, besonders dann, wenn die örtlichen Verhältnisse den Einbau der Küche im Kellergeschoß zulassen. Da die Räume nur vorübergehend benützt werden, können die Ansprüche an die natürliche Belichtung gegenüber den für die Schulsäle geltenden Bestimmungen wesentlich herabgesetzt werden. Der Erlaß besonderer Bauvorschriften kommt wegen der Verschiedenartigkeit der Verhältnisse nicht in Betracht; die Räume müssen unter allen Umständen trocken sein und unmittelbar ins Freie gehende Fenster besitzen.

Die Bezirks- und Stadtschulbehörden sowie die Regierungen, Kammern des Innern, werden angewiesen, bei der Aufstellung und Prüfung von Plänen für Schulhausneu- und Umbauten in geeigneten Fällen auf die Berücksichtigung der vorstehenden Anregungen hinzuwirken.

---

40. Auszug aus der Bekanntmachung vom 13. Juli 1920 über die Neuregelung der Besoldung der Volksschullehrer nach dem Beamtenbesoldungsgesetz (KMBl. S. 286).

Besondere Bestimmungen über den Nutzgenuß von Dienstwohnungen.*)

§ 19. Nach Art. 25 VLG. erhielt der Volksschullehrer außer dem Gehalte freie Dienstwohnung oder an deren Stelle eine Wohnungsentschädigung.

---

*) Von diesen Bestimmungen wurden durch die MinBek. vom 25. September 1923 über die Mietentschädigungen für Dienstwohnungen und Dienst-

Der Aufwand für die Dienstwohnung oder Wohnungsentschädigung war gemäß Art. 14 des Schulbedarfgesetzes (SchBG.) von der Gemeinde zu tragen.

Vom Inkrafttreten des BBesG. an ist die Besoldung des Volksschullehrers auch der Art nach vollständig der des Beamten angeglichen. Sie besteht also wie die des Beamten ausschließlich aus den im Art. 1 BBesG. angeführten Bezügen. Freie Dienstwohnung oder eine Wohnungsentschädigung neben dem Gehalte kann daher dem Volksschullehrer nicht mehr gewährt werden.

Nach wie vor sollen jedoch mit den Schulstellen in kleineren Gemeinden Dienstwohnungen verbunden sein (s. unten § 24). Ist dem Volksschullehrer eine Dienstwohnung angewiesen, so hat er gemäß Art. 19 Abs. I Satz 1 wie der Beamte eine Mietentschädigung zu entrichten. Ein Rechtsanspruch auf die Gewährung einer Dienstwohnung steht ihm ebensowenig mehr zu wie dem Beamten.

Die Mietentschädigung, die der Volksschullehrer für den Genuß einer Dienstwohnung zu entrichten hat, wird nach Art. 55 Abs. I BBesG. vom Rentamt durch Abzug bei der Auszahlung des Diensteinkommens eingehoben.

§ 20. Zuständige Behörde im Sinne des Art. 19 Abs. I Satz 2 ist hinsichtlich der Mietentschädigungen der Volksschullehrer die Bezirksverwaltungsbehörde (Bezirksamt, in unmittelbaren Städten der Stadtrat). Das Bezirksamt hat vor der Festsetzung der Mietentschädigung die beteiligte Gemeindeverwaltung, bei zusammengesetztem Schulsprengel die verstärkte Gemeindeverwaltung einzuvernehmen. Gegen den Beschluß der Bezirksverwaltungsbehörde kann binnen 4 Wochen Beschwerde an die Regierung, Kammer des Innern, erhoben werden, die endgültig entscheidet.

Nach der Vorschrift des Art. 19 Abs. I Satz 2 ist bei der Festsetzung der Mietentschädigung auch der Wert zu berücksichtigen, den die Wohnung für den Volksschullehrer hat. Ist daher einem ledigen Volksschullehrer eine Dienstwohnung erster Ordnung (Familienwohnung) angewiesen, so wird die Mietentschädigung in der Regel mit einem entsprechend geringeren Betrage zu bemessen sein, der wiederum verschieden sein kann, je nachdem der Volksschullehrer einen eigenen Haushalt führt oder nicht. In gleicher Weise wird die Mietentschädigung für eine Dienstwohnung zweiter Ordnung grundsätzlich zu ermäßigen sein, wenn die Lehrkraft, der sie zugewiesen ist, keinen eigenen Haushalt führt und deshalb die Wohnung nicht im vollen Umfange benützt.

Nach einem Beschluß des Landtags zum Art. 54 BBesG. sollen bei der Festsetzung der Mietentschädigungen der Volksschullehrer die Kosten für die Herstellung der Wohnung mitberücksichtigt werden. Dieser Beschluß kann selbstverständlich nicht die Bedeutung haben, daß die Volksschullehrer in Bezug auf die Bemessung der Mietentschädigung ungünstiger oder günstiger behandelt werden sollen als die Beamten, weil dies dem Gesetze widersprechen würde. Die Herstellungskosten für die Lehrerwohnung sind demnach soweit zu berücksichtigen, wie dies bei der Festsetzung der von den übrigen Staatsbeamten zu entrichtenden Mietentschädigungen nach der Vorschrift des Art. 19 Abs. I Satz 2 BBesG. und den hierzu erlassenen Vollzugsanweisungen geschieht.

Den Bezirksverwaltungsbehörden wird anheimgegeben bei der Festsetzung der Mietentschädigungen für Volksschullehrer an Orten, an denen

---

zimmer (GVBl. S. 342, abgedruckt S. 217 unten, Ziff. V, 20 Buchst. f) § 19 Abs. IV S. 2, § 20 Abs. I, § 21 und 22 Abs. II aufgehoben. Diese Abänderungen sind im Abdruck berücksichtigt.

sich auch Dienstwohnungen für Beamte befinden, zur Herbeiführung eines gleichmäßigen Vollzuges mit dem Finanzamt (Rentamt) ins Benehmen zu treten.

§ 21 (gestrichen).

§ 22. Die Mietentschädigungen sollen von den Bezirksverwaltungsbehörden mit möglichster Beschleunigung festgesetzt werden. Die Regierungen können, wenn erforderlich, nähere Anordnungen über die geschäftliche Behandlung treffen.

Die Bezirksverwaltungsbehörde gibt den Betrag der vorläufig oder endgültig festgesetzten Mietentschädigung dem Rentamte bekannt, dem die Auszahlung des Diensteinkommens des Volksschullehrers obliegt.

§ 23. Die Vorschriften im Art. 19 Abs. II—IV BBesG. sind ohne weiteres auch für die Volksschullehrer maßgebend.

An die Stelle des Art. 19 Abs. V tritt für die Volksschullehrer die Bestimmung im Art. 14 Abs. IV SchBG. in der Fassung nach Art. 63 Nr. 2 BBesG.

§ 24. Eine Verpflichtung der Gemeinden zur Gewährung von Wohnungsentschädigungen besteht künftig in keinem Falle mehr. Die bisherigen Art. 13 Abs. II, 14 Abs. II, 16 und 21 SchBG. sind daher durch Art. 63 BBesG. aufgehoben. Dagegen haben die Gemeinden unter 2500 Einwohnern auf Grund des Art. 14 SchBG. in der Fassung nach Art. 63 Nr. 2 BBesG. nach wie vor für die Volksschullehrer Dienstwohnungen zur Verfügung zu stellen. Wie bisher ist die Regierung ermächtigt, aus besonderen Gründen eine Gemeinde von dieser Verpflichtung zu befreien oder eine Gemeinde mit 2500 oder mehr Einwohnern zur Bereitstellung von Dienstwohnungen zu verpflichten.

Art. 14 SchBG. neuer Fassung begründet eine rechtliche Verpflichtung der Gemeinde nicht mehr gegenüber dem Volksschullehrer unmittelbar, sondern lediglich gegenüber der Staatsaufsichtsbehörde.

Über die Art und Beschaffenheit der Dienstwohnungen, welche die beteiligten Gemeinden bereitzustellen haben, enthalten die Art. 15 und 17 SchBG. in der Fassung nach Art. 63 Nr. 3 und 4 BBesG. die näheren Vorschriften. Auf die Änderung des Art. 15 Abs. I Nr. 3 SchBG. wird besonders hingewiesen; danach hat die Dienstwohnung dritter Ordnung, wie dies dem früheren Rechte entspricht, lediglich aus einem heizbaren Wohnzimmer zu bestehen.

§ 25. Die im Art. 14 Abs. I und II SchBG. (neuer Fassung) bezeichneten Gemeinden haben die Dienstwohnungen nicht mehr unentgeltlich bereitzustellen. Sie erhalten hiefür vielmehr die vom Volksschullehrer nach Art. 19 Abs. I mit Art. 55 Abs. I BBesG. zu entrichtende Mietentschädigung.

Demgemäß bestimmt Art. 55 Abs. II BBesG., daß die vom Diensteinkommen des Volksschullehrers abzuziehende Mietentschädigung vom Rentamt am Schluß des Rechnungsjahres an die Gemeinde zu überweisen ist. Bei zusammengesetztem Schulsprengel, also wenn am Schulsprengel mehrere Gemeinden beteiligt sind, ist die Mietentschädigung an die Verwaltung derjenigen Gemeinde zu überweisen, der nach Art. 2 Abs. I oder III SchBG. die vermögensrechtliche Verwaltung und Vertretung der Sprengelschule obliegt. Welche Gemeindeverwaltung hiernach in zusammengesetzten Schulsprengeln empfangsberechtigt ist, wird dem Rentamt von der Bezirksverwaltungsbehörde bekanntgegeben. Auf Ziff. 1 der Ministerialentschließung vom 30. November 1919 betr. die vermögensrechtliche Verwaltung der öffentlichen Volksschulen (KMBl. S. 265) wird hingewiesen.

Die Gemeinden sind nicht berechtigt, die Mietentschädigung vom Volksschullehrer unmittelbar zu fordern oder in Empfang zu nehmen.

Für die Verwendung der den Gemeinden zufließenden Mietentschädigungsbeträge sind die Bestimmungen des Art. 58 Abs. III SchBG. maßgebend (Art. 55 Abs. II Satz 2 BBesG.). Diese Beträge sind hiernach zur Erfüllung der Verpflichtungen zu verwenden, die den Gemeinden hinsichtlich der Aufbringung des Schulbedarfs nach dem Schulbedarfgesetz obliegen. Überschüsse, die nach Erfüllung dieser Verpflichtungen verbleiben, sind als Grundstockvermögen für Schulhausbauzwecke (Schulhausbaufond) verzinslich anzulegen. Die Regierung, Kammer des Innern, kann genehmigen, daß das Grundstockvermögen ganz oder teilweise für andere mit den Aufgaben der Volksschule zusammenhängende Zwecke verwendet wird.

§ 26. Die Überweisung der Mietentschädigung an die Gemeinde kann in den Fällen des Art. 55 Abs. II Satz 3 BBesG. ausgeschlossen werden. Hierzu wird bis auf weiteres bestimmt:

1. Wenn der Gemeinde die Baupflicht an dem Dienstwohngebäude (Schulhaus oder Lehrerwohnhaus) auch nicht zum Teil obliegt, unterbleibt die Überweisung der Mietentschädigung an die Gemeinde, gleichviel in wessen Eigentum das Gebäude steht; in diesen Fällen verbleibt die Mietentschädigung endgültig der Staatskasse.
2. Wenn der Gemeinde die volle Baupflicht am Dienstwohngebäude obliegt, gebührt ihr die volle Mietentschädigung, auch wenn das Gebäude ganz oder teilweise im Eigentum des Staates oder eines Dritten steht.
3. Wenn der Gemeinde die Baupflicht am Dienstwohngebäude nur zum Teil obliegt, wird ihr die Mietentschädigung im entsprechenden Verhältnis überwiesen, gleichviel in wessen Eigentum das Gebäude steht.
4. Wenn über das Eigentum oder die Baupflicht an dem Dienstwohngebäude Streit besteht, hat die Überweisung der Mietentschädigung an die Gemeinde vorläufig zu unterbleiben vorbehaltlich der endgültigen Regelung nach rechtskräftiger Entscheidung oder gütlicher Beilegung des Streites über das Eigentum und die Baupflicht.

Die Regierung, Kammer des Innern, gibt im Einvernehmen mit der fiskalischen Vertretung dem Rentamte bekannt, in welchen Fällen die Voraussetzungen der vorstehenden Ziff. 1 bis 4 gegeben sind.

Die Mietentschädigungen, die hiernach in die Staatskasse vereinnahmt werden, sind auf den Staatshaushalt, „übrige Betriebe des Staates und sonstige Nutzungen des Staatsgutes", Kap. 5, zu verrechnen.

§ 27. Das BBesG. hat rückwirkende Geltung vom 1. April 1920 an. Ebenso wie daher dem Volksschullehrer die neuen Bezüge (Art. 1 BBesG.) schon vom 1. April 1920 an zukommen, ist auch die Mietentschädigung, die der Volksschullehrer für den Genuß einer Dienstwohnung zu entrichten hat, schon von diesem Zeitpunkt an abzuziehen und (vorbehaltlich der Bestimmungen im § 26) an die Gemeinde abzuführen.

Da ferner auch die Vorschrift des bisherigen Art. 14 Abs. II SchBG. mit Wirkung vom 1. April 1920 aufgehoben und damit die Verpflichtung der beteiligten Gemeinden zur Gewährung von Wohnungsentschädigungen schon mit Wirkung von diesem Zeitpunkt an in Wegfall gekommen ist, haben die Rentämter den Gemeinden, die gemäß Art. 21 SchBG. für das zweite Vierteljahr 1920 Wohnungsentschädigungen eingezahlt haben, den Betrag dieser Wohnungsentschädigungen zurückzuerstatten.

Ziff. 2 der Ministerialentschließung vom 15. Dezember 1919 über die Zahlung und Verrechnung der Dienstbezüge für die Volksschullehrer (KMBl. S. 314) wird mit Wirkung vom 1. April 1920 an aufgehoben.

41. Ministerialentschließung vom 8. Februar 1921, Dienstwohnungen der Volksschullehrer betr. (KMBl. S. 40).

Es ist bekannt geworden, daß es in der letzten Zeit Gemeinden unternommen haben, an dem Bestande der Lehrerdienstwohnungen und der dazu gehörigen Nebenräume Änderungen vorzunehmen. Auch scheinen sich anläßlich des Überganges der Gemeindeschreiberei oder des Kirchendienstes auf eine andere Persönlichkeit oder der anderweitigen Verpachtung der Schulgrundstücke da und dort Zweifel oder Schwierigkeiten hinsichtlich der Benützung der im Schulhause befindlichen Räumlichkeiten und der zum Schulhause gehörigen Nebengebäude ergeben zu haben.

Auf Grund der Art. 14 Abs. IV, 15 Abs. II, 19 Abs. IV, Satz 1, 26 Abs. II, Satz 2 und 81 des Schulbedarfgesetzes (in der Fassung nach Art. 63 des Beamtenbesoldungsgesetzes) wird daher folgendes bestimmt:

1. Für den Bestand der einzelnen Dienstwohnung ist zunächst die „Statistische Nachweisung zur Fassion der Schulstelle" maßgebend, die nach den Bestimmungen der Ministerialentschließung betr. die Neuherstellung von Fassionen der Schuldienste und der Schul- und Kirchendienste vom 11. April 1899 (KMBl. S. 123) der Schulfassion als Beleg 1 beizufügen war. Auf die nachstehende Ministerialentschließung betr. Schulstellenbeschreibungen (Schulfassionen) vom 8. Februar 1921 wird Bezug genommen.

Nach den Einträgen unter Ziff. 7 der Nachweisung bestimmt sich daher grundsätzlich, welche Wohnräume und Wirtschaftsräume (einschließlich jener in Nebengebäuden) zur Dienstwohnung gehören.

2. Bestehen im einzelnen Falle Zweifel darüber, welche Räumlichkeiten zur Dienstwohnung gehören, sei es daß die Beschreibung der Wohnung in der Statistischen Nachweisung nicht durchgeführt worden ist oder die Richtigkeit der Einträge bestritten wird, so entscheidet hierüber nach Anhörung der Gemeindeverwaltung und des Schulstelleninhabers die Bezirksverwaltungsbehörde. Gegen ihre Entscheidung kann Beschwerde zur Regierung, Kammer des Innern, erhoben werden, die endgültig entscheidet.

3. Jede Änderung an dem Bestande der Dienstwohnungen einschließlich der Nebenräume bedarf der Genehmigung der Bezirksverwaltungsbehörde. Dies gilt selbstverständlich auch dann, wenn etwa zwischen der Gemeinde und dem Inhaber der Schulstelle eine Vereinbarung über die Änderung getroffen worden wäre. Vor der Entscheidung sind die Gemeindeverwaltung und der Schulstelleninhaber zu hören.

Auch Änderungen, die etwa schon bisher ohne behördliche Genehmigung vorgenommen wurden, erlangen erst durch nachträgliche Genehmigung Wirksamkeit.

Soferne hiezu aus besonderen Gründen Veranlassung besteht, kann die Bezirksverwaltungsbehörde Änderungen im Bestande der Dienstwohnungen nach Anhörung der Gemeindeverwaltung und des Stelleninhabers von Amts wegen verfügen.

Auf Beschwerden entscheidet endgültig die Regierung, Kammer des Innern.

4. Bestehen Zweifel darüber, ob die Benützung von N e b e n g e b ä u d e n wie z. B. von Schulstädeln auch fernerhin dem Volksschullehrer zustehen soll, so wird die Entscheidung zunächst davon abhängen, ob das Nebengebäude

a) als ein Bestandteil (Nebenraum) der Dienstwohnung zu gelten hat, also für hauswirtschaftliche Zwecke bestimmt ist, oder

b) der Bewirtschaftung des Hausgartens (Art. 19 des Schulbedarfsgesetzes) oder eines für unterrichtliche Zwecke bestimmten Schulgartens dient, oder

c) als Zubehör eines Schulgrundstücks (Art. 26 und 61 des Schulbedarfsgesetzes) zu erachten ist.

Ob der Fall a gegeben ist, entscheidet sich nach Bestimmungen unter Ziff. 1 und 2 der gegenwärtigen Entschließung.

Ob die Voraussetzungen unter b oder c zutreffen, entscheidet im Streitfalle nach Anhörung der Gemeindeverwaltung, des Stelleninhabers und sonstiger Beteiligter die Bezirksverwaltungsbehörde, auf Beschwerde die Regierung, Kammer des Innern.

In den Fällen unter a und b wird die Benützung grundsätzlich dem Volksschullehrer zustehen, in den Fällen unter c grundsätzlich dem Pächter des Schulgrundstücks. Die Bezirksverwaltungsbehörde ist jedoch befugt, je nach Lage der Verhältnisse und nach Maßgabe des tatsächlichen Bedürfnisses eine abweichende Regelung zu treffen, insbesondere die gemeinschaftliche Benützung des Wirtschaftsgebäudes oder, wenn deren mehrere vorhanden sind, eine entsprechende Verteilung anzuordnen.

5. Die Benützung von Nebengebäuden, die als Zubehör von Kirchendienstgründen zu erachten sind, wird dem zustehen, dem die Grundstücksnutzung gebührt. Auf Ziff. 6 Abs. III der Ministerialentschließung betr. Schulgrundstücke vom 31. Dezember 1919 (KMBl. 1920 S. 22) wird hingewiesen. Besteht Streit darüber, ob die Nutzung des Grundstücks oder des Wirtschaftsgebäudes bisher Bestandteil des Schuldiensteinkommens oder des Kirchendiensteinkommens war, so hätte gegebenenfalls Entscheidung nach Art. 39 und 40 des Schulbedarfsgesetzes (in der Fassung nach Art. IV Nr. 1 und 2 des Gesetzes vom 24. März 1920, GVBl. S. 103) vorauszugehen.

6. Nach Ziff. 1 und 2 der Bekanntmachung vom 25. Mai 1906 (KMBl. S. 313) sind die Wohn- und Schlafzimmer, die Küche und der Abort einer Lehrerwohnung womöglich so anzulegen, daß sie innerhalb eines Wohnungsverschlusses gelegen und von einem Vorplatze (Flur) aus unmittelbar zugänglich sind. Im § 16 Abs. II der Bekanntmachung vom 15. April 1913 (KMBl. S. 115) ist im besonderen noch vorgeschrieben, daß gemeindliche Geschäftszimmer, die in Schulhäusern eingerichtet werden, außerhalb der Lehrerwohnungen liegen müssen.

Diesen Vorschriften kommt erhöhte Bedeutung zu, wenn die Gemeindeschreiberei von einer anderen Person als dem Volksschullehrer ausgeübt wird, wie es künftig immer häufiger der Fall sein wird. Stehen der alsbaldigen Durchführung der angeführten Bestimmungen im einzelnen Falle unüberwindliche Hindernisse entgegen, so muß jedenfalls eine Regelung getroffen werden, daß keinerlei Verkehr zu den gemeindlichen Geschäftsräumen durch die eigentliche Dienstwohnung stattfindet und daß der Wohnungsinhaber jederzeit in der Lage ist, sämtliche Wohn- und Nebenräume vollständig abzuschließen.

Ausgeschlossen muß auch sein, daß durch die Mitbenützung des Schulgebäudes für Zwecke des gemeindlichen Verwaltungsdienstes der Schulbetrieb Störungen erleidet.

7. In den geltenden Schulordnungen ist bereits vorgeschrieben, daß die Benützung der Schulräume zu anderen als zu Unterrichtszwecken während der Schulzeit unbedingt verboten und außerhalb der Schulzeit nur ausnahmsweise in besonderen Fällen zulässig ist. Voraussetzung ist hiebei, daß durch eine solche Verwendung der Schulräume auch die Benützung der Dienstwohnung nicht beeinträchtigt wird.

8. Die besonderen, für die Dauer der gegenwärtigen Wohnungsschwierigkeiten erlassenen Vorschriften, wonach unbenützte oder zu große Wohnungen zur Unterbringung wohnungssuchender Personen in Anspruch genommen werden können, gelten grundsätzlich auch für die Dienstwohnungen, soweit hierfür nicht Sondervorschriften bestehen. In dieser Hinsicht ist auf § 8 der Bekanntmachung betr. Maßnahmen gegen Wohnungsmangel vom 10. August 1920 (MABl. S. 359; Staatsanzeiger Nr. 186) zu verweisen. Danach dürfen Dienstwohnungen von Volksschullehrern ganz oder teilweise nur mit vorheriger Zustimmung des Staatsministeriums für Unterricht und Kultus in Anspruch genommen werden. Um die Zustimmung hätte die Gemeindebehörde auf dem Dienstwege nachzusuchen.

9. Die Regierungen, Kammern des Innern, können zum Vollzuge der gegenwärtigen Entschließung nähere Anordnungen erlassen. Sie können sich die Entscheidungen vorbehalten, die im Vorstehenden den Bezirksverwaltungsbehörden übertragen sind.

München, den 8. Februar 1921.

---

42. Ministerialentschließung vom 8. Februar 1921, Schulstellenbeschreibungen (Schulfassionen) betr. (KMBl. S. 45).

1. Durch die Vorschriften des Volksschullehrergesetzes und des Schulbedarfgesetzes vom 14. August 1919 sind die früheren Schulfassionen insoweit gegenstandslos geworden, als sich nach ihnen das Diensteinkommen der Volksschullehrer bestimmte. Dagegen sind sie für die Beurteilung der sonstigen Verhältnisse der Schulstellen nach wie vor noch in mancher Hinsicht von Bedeutung. Insbesondere werden sie vielfach auch fernerhin wichtige Belege und Beweisbehelfe bilden für besondere rechtliche Verpflichtungen Dritter zu Leistungen für den Schulbedarf, für Art und Umfang der mit der Schulstelle verbundenen Dienstwohnungen und Schulgrundstücke mit Zubehör sowie namentlich auch für das Einkommen aus dem Kirchendienste, wo dieser früher mit dem Schuldienste organisch verbunden war.

Die Schulfassionen sind daher als Schulstellenbeschreibungen bei den Behörden und Stellen, bei denen sie nach den bisherigen Vorschriften in Urschrift oder Abschrift zu hinterlegen waren, auch weiterhin sorgfältig aufzubewahren.

2. Besondere Bedeutung kommt auch künftig noch der „Statistischen Nachweisung zur Fassion der Schulstelle" zu, die nach den Bestimmungen der Ministerialentschließung betr. die Neuherstellung von Fassionen der Schuldienste und der Schul- und Kirchendienste vom 11. April 1899 (KMBl. S. 123) der Schulfassion als Beleg 1 beizufügen war. Die Einträge in diese Nachweisung sind ständig auf dem laufenden zu erhalten. Gegenstandslos geworden sind jedoch die Ziff. 6 (Besetzungsrechte), 7 Buchst. e (Wohnungsentschädigung), 10 (Schulgeld) und 11 (Nebeneinnahmen) sowie unter Ziff. 9 der Vortrag: „Hat der Lehrer Anspruch auf den nicht zur Verwendung gelangenden, nach Beendigung der Heizperiode erübrigten Rest? Gegen welche Gegenleistung?" Auch der Eintrag unter Ziff. 5 (Schulkassarechnung des Jahres 1898) bedarf nicht der ständigen Erneuerung.

Es wird künftig genügen, wenn für sämtliche Lehrstellen einer Schule eine statistische Nachweisung fortgeführt wird. Eine Ausnahme bildet die Beschreibung der Dienstwohnungen samt den Nebenräumen (Ziff. 7

Buchst. a bis d der Nachweisung), die für jede Schulstelle gesondert durchgeführt werden muß. Wo sie für einzelne Schulstellen noch nicht vorhanden sein sollte, ist sie ungesäumt neu anzulegen, wobei auch dem derzeitigen Stelleninhaber Gelegenheit zur Äußerung zu geben wäre. Diese Beschreibung ist namentlich für die Beurteilung der gemeindlichen Verpflichtung nach Art. 15 des Schulbedarfgesetzes von besonderer Wichtigkeit. Auf die vorstehend veröffentlichte Ministerialentschließung betr. Dienstwohnungen der Volksschullehrer vom 8. Februar 1921 wird Bezug genommen.

Bei Dienstwohnungen dritter Ordnung ist an Stelle des bisherigen Vortrags unter Ziff. 7 Buchst. e eine Beschreibung der von der Gemeinde gemäß Art. 18 des Schulbedarfgesetzes zur Verfügung gestellten Zimmereinrichtung beizufügen. Ausführungsbestimmungen zum Art. 18 werden demnächst ergehen.

Die Bezirksverwaltungsbehörden können soweit erforderlich anordnen, daß der Beschreibung der Wohnungen eine Planskizze auf Kosten der Gemeinde beigegeben wird.

3. Die Regierungen, Kammern des Innern, sind ermächtigt, zum Vollzuge dieser Entschließung nähere Anordnungen zu erlassen.

München, den 8. Februar 1921.

---

43. Bekanntmachung vom 6. Juni 1921 über die Dienstwohnungen der Volksschullehrer (KMBl. S. 147).

Auf Grund der Art. 14 Abs. IV und 15 Abs. II des Schulbedarfgesetzes vom 14. August 1919 (in der Fassung nach Art. 63 des Beamtenbesoldungsgesetzes vom 2. Juni 1920) wird im Einvernehmen mit dem Staatsministerium des Innern unter Vorbehalt endgültiger Vollzugsvorschriften folgendes bestimmt:

1. Die Erneuerung des Anstrichs der Decken, Wände, Fußböden usw. in den Dienstwohnungen der Volksschullehrer ist auf Kosten der zur Bereitstellung von Dienstwohnungen verpflichteten Gemeinden vorzunehmen.

Dies gilt nicht, soweit es sich um die Wiederherstellung des früheren Zustandes im Falle von Beschädigungen handelt, die durch Verschulden des Wohnungsinhabers, seiner Angehörigen, seines Gesindes oder von ihm beauftragter Personen verursacht worden sind.

Ob und wieweit die Erneuerung des Anstrichs erforderlich ist, ferner ob und wieweit gegebenenfalls eine schuldhafte Beschädigung vorliegt, entscheidet im Streitfalle die Bezirksverwaltungsbehörde. Gegen ihren Beschluß kann binnen vier Wochen Beschwerde an die Regierung, Kammer des Innern, erhoben werden, die endgültig entscheidet.

2. Die Kosten des für den Dienstwohnungsinhaber und seine Hausstandsangehörigen erforderlichen Verbrauchs an Leitungswasser (Wasserzins) einschließlich der Wassermessermiete sind von der Gemeinde zu tragen.

Wird Leitungswasser für den Hausgarten verbraucht, so hat der Volksschullehrer hiefür an die Gemeinde eine angemessene Entschädigung zu entrichten, die mangels einer gütlichen Vereinbarung von der Bezirksverwaltungsbehörde festgesetzt wird.

Bei Streitigkeiten über den zulässigen Umfang des Wasserverbrauchs entscheidet die Bezirksverwaltungsbehörde. Ziff. 1 Abs. III Satz 2 ist anwendbar.

3. Die auf besonderen Rechtsverhältnissen beruhenden Verpflichtungen Dritter zu Leistungen für den Schulbedarf (Baulastverbindlichkeiten) werden durch vorstehende Bestimmungen nicht berührt.

4. Diese Bestimmungen gelten mit Wirkung vom 1. Januar 1920 an.

München, den 6. Juni 1921.

---

44. Bekanntmachung vom 11. November 1922, Vollzug des Art. 18 des Schulbedarfgesetzes betr. (KMBl. S. 186).

Zum Vollzuge des Art. 18 des Schulbedarfgesetzes werden folgende Vorschriften erlassen:

1. Die Gemeinden sind verpflichtet, die für jüngere Volksschullehrkräfte bereitzustellenden Dienstwohnungen dritter Ordnung mit folgenden Einrichtungsgegenständen auszustatten:

a) einem gerichteten Bette mit einer doppelten Ausstattung von Bettwäsche,
b) einem Tische mit Schublade,
c) einem Waschtisch mit Waschgeschirr, Seifenablage, Wasserflasche und Trinkglas,
d) einem Nachtkästchen mit Geschirr,
e) einem verschließbaren Wäschekasten, wenn ein solcher nicht in den Waschtisch eingebaut ist,
f) einem verschließbaren Kleiderschrank,
g) einem Kleiderrahmen,
h) einem Spiegel,
i) zwei Stühlen,
k) einem Behälter für Brennstoffe,
l) einer Lampe,
m) einfachen Vorhängen an den Fenstern, nach Bedarf auch Sonnenvorhängen,
n) einer Bettvorlage.

2. Die Bezirksverwaltungsbehörde kann in stets widerruflicher Weise eine Gemeinde von der Verpflichtung zur Bereitstellung der Bettwäsche ganz oder teilweise befreien.

3. Die Einrichtungsgegenstände sind von der Gemeinde in brauchbarem Zustande zu erhalten.

Der Volksschullehrer haftet für die Einrichtungsgegenstände wie der Mieter einer beweglichen Sache.

4. Der Volksschullehrer hat für die Benützung der Zimmereinrichtung an die Gemeinde eine angemessene Entschädigung zu zahlen. Die Entschädigung wird von der Bezirksverwaltungsbehörde (Bezirksamt, Stadtrat) festgesetzt.

Die Entschädigung darf in keinem Falle höher sein als der nach den örtlichen Verhältnissen für die Miete eines eingerichteten Zimmers als angemessen zu erachtende Betrag abzüglich der vom Volksschullehrer zu entrichtenden Mietentschädigung. Vereinbarungen zwischen dem Volksschullehrer und der Gemeinde über die Höhe der Entschädigung haben keine bindende Wirkung.

Der festgesetzte Betrag ist in monatlichen Teilbeträgen am Schlusse jedes Monats an die Gemeindekasse zu bezahlen.

5. Streitigkeiten, die sich aus dem Vollzuge dieser Bekanntmachung ergeben, werden unbeschadet der Bestimmungen in Art. 10 Ziffer 2 und 19 des

Verwaltungsgerichtsgesetzes von der Bezirksverwaltungsbehörde entschieden. Gegen die Entscheidung der Bezirksverwaltungsbehörde kann binnen 4 Wochen nach Zustellung der Entscheidung Beschwerde bei der Regierung, Kammer des Innern, erhoben werden. Die Regierung entscheidet endgültig.

München, den 11. November 1922.

---

45. Ministerialentschließung vom 31. Dezember 1919, Beheizung der Dienstwohnungen der Volksschullehrer betr. (KMBl. 1920 S. 29).

An vielen Orten haben die Volksschullehrer bisher als Teil ihrer Besoldung oder neben dieser Holz zur Beheizung ihrer Dienstwohnungen erhalten oder das Recht gehabt, ihre Dienstwohnungen von den für die Schule bereitgestellten Vorräten an Brennstoffen mit zu beheizen. Zum Teil haben die Lehrer als Gegenleistung für diese Befugnis die Beheizung der Schulräume besorgt oder besorgen lassen.

Aus Lehrerkreisen wird darüber geklagt, daß Gemeinden unter Berufung auf Artikel 34 des Volksschullehrergesetzes, nach dem den Lehrern außer den gesetzlichen Leistungen (Bargehalt und Dienstwohnung) sonstige Bezüge, Reichnisse oder Nutzungen mit Bezug auf ihre hauptamtliche Dienstleistung vom Inkrafttreten des Gesetzes an nicht mehr gewährt werden dürfen, den Lehrern vom 1. Januar 1920 ab Brennstoffe für die Beheizung ihrer Dienstwohnungen nicht mehr liefern und auch die Verwendung oder Mitbenützung der vorhandenen Holz- und sonstigen Brennstoffvorräte nicht mehr gestatten wollen. Dadurch gerieten die betroffenen Lehrer und ihre Familien unverschuldet in ernste Schwierigkeiten, ja geradezu in Notlage, zumal da die sofortige oder alsbaldige Beschaffung der benötigten Brennstoffe unter den gegenwärtigen Verhältnissen sehr erschwert oder geradezu unmöglich sei.

Zur Behebung dieser Schwierigkeiten und nach Umständen wohl berechtigten Klagen wird eröffnet:

Soweit den Lehrern bisher Brennstoffe für die Beheizung ihrer Dienstwohnungen als Teil ihres Diensteinkommens oder als freiwillige Leistung gewährt worden sind, hat zwar die weitere unentgeltliche Lieferung von Brennstoffen für den bezeichneten Zweck gemäß Artikel 34 Absatz 1 des Volksschullehrergesetzes vom 1. Januar 1920 ab aufzuhören, der angeführten Vorschrift steht aber nicht entgegen, daß den Lehrern die benötigten Brennstoffe gegen Vergütung ihres Wertes aus den vorhandenen Vorräten überlassen oder geliefert werden.

Die Verweigerung der weiteren Gewährung wäre zumal in jenen Fällen höchst unbillig, in denen den beteiligten Lehrern die entsprechende anderweitige Versorgung für die laufende Heizperiode besonders erschwert oder gar unmöglich wäre.

Soweit die Gewährung von Brennstoffen an Lehrer oder die Mitbenützung der für die Beheizung der Schulräume vorhandenen oder zu liefernden Vorräte durch den Lehrer die Vergütung dafür darstellt, daß der Lehrer die Beheizung der Schulräume zufolge Vertrags oder nach Herkommen besorgt oder besorgen läßt, handelt es sich um ein vom Lehrer übernommenes Nebengeschäft im Sinne des Artikels 13 Absatz 3 Ziffer 2 des Volksschullehrergesetzes, dessen Beibehaltung und weiterer Entlohnung durch Überlassung von

Beheizungsstoffen die Bestimmung in Artikel 34 Absatz 1 des Gesetzes überhaupt nicht entgegensteht.

Unbeschadet der künftigen Erlassung näherer Ausführungsvorschriften zu Artikel 13 des Volksschullehrergesetzes wird den Gemeinden dringend nahe gelegt, im Hinblick auf die oben dargelegten Verhältnisse von einer Kündigung der einschlägigen, auf Vertrag oder Herkommen beruhenden bisherigen Regelung jedenfalls während der laufenden Heizperiode abzusehen.

Die Bezirksämter werden veranlaßt, zur Behebung bestehender oder eintretender Schwierigkeiten, gegebenenfalls auch zur Erzielung entsprechender Vereinbarung über die von den Lehrern zu leistenden Vergütungen für die zur Beheizung ihrer Dienstwohnungen benötigten Brennstoffe, auf Anruf der Gemeinden oder der beteiligten Lehrer mitzuwirken.

---

46. Bekanntmachung vom 24. Mai 1921, Mietentschädigungen für Dienstwohnungen der Volksschullehrer betr. (KMBl. S. 131).

Das Staatsministerium der Finanzen hat durch Entschließung an die Landesfinanzämter vom 7. Mai 1921 Nr. 15 452 genehmigt, daß die gemäß Art. 55 des BBesG. von den Finanzämtern einzubehaltenden Mietentschädigungen, die die Volksschullehrer für den Genuß von Dienstwohnungen zu entrichten haben, an die Gemeinden auf deren Antrag am Schlusse eines jeden Vierteljahrs überwiesen werden.

München, den 24. Mai 1921.

---

47. Ministerialbekanntmachung vom 25. September 1923 über die Mietentschädigungen für Dienstwohnungen und Dienstzimmer (GVBl. S. 342).

Zum Vollzuge des Art. 19 Abs. I, II, IV und V des Beamtenbesoldungsgesetzes vom 2. Juni 1920 (GVBl. S. 275) in der Fassung der Bekanntmachung vom 24. März 1923 (GVBl. S. 109) wird verfügt:

I. Begriff der Dienstwohnung.

1. Dienstwohnungen sind nur diejenigen Wohnungen, die den Beamten vom Staate im Interesse des Dienstes, d. h. zur Ermöglichung und Förderung der Erfüllung der dem Inhaber obliegenden Dienstesaufgaben zugewiesen sind, sei es, daß die Wohnungen dazu dienen, die Überwachung von Amts- oder Geschäftsräumen oder die rasche und leichte Erreichbarkeit des Beamten auch außerhalb der gewöhnlichen Geschäftsstunden zu sichern, sei es, daß die Einräumung der Wohnung dazu bestimmt ist, dem Beamten gewisse durch sein Amt bedingte Repräsentationspflichten zu erleichtern.

Sind diese Voraussetzungen erfüllt, so ist es für den Begriff der Dienstwohnung gleichgültig, ob die dem Beamten eingeräumte Wohnung sich in einem Staatsgebäude oder in einem vom Staate gemieteten Gebäude oder ihm entgeltlich oder unentgeltlich überlassenen Gebäude oder Gebäudeteile befindet.

Mit dem Grundsatze des Art. 19 BBesG. ist es nicht vereinbar, daß einem Beamten mit Rücksicht auf seine dienstliche Stellung seitens eines Dritten (einer Gemeinde, eines Privaten usw.) unmittelbar eine Dienstwohnung eingeräumt wird. Die Überlassung kann vielmehr nur an den Staat erfolgen, der sie seinerseits dem Beamten als Dienstwohnung mit den aus dem Art. 19 BBesG. sich ergebenden Verpflichtungen überweist.

II. Grundsätze für die Ermittlung der Mietentschädigung.

2. Gemäß Art. 19 Abs. I S. 1 und 2 BBesG. haben die etatmäßigen und nichtetatmäßigen Beamten für den Genuß einer Dienstwohnung eine Mietentschädigung zu entrichten; die unentgeltliche Einräumung einer Dienstwohnung ist unzulässig. Die Mietentschädigung ist unter angemessener Berücksichtigung einerseits des wirklichen Wertes der Wohnung nach ihrer Größe und Beschaffenheit sowie nach den am Wohnsitze des Beamten für Wohnungen derselben Art zu zahlenden Mietzinsen (allgemeiner Wert), andererseits des Wertes festzusetzen, den die Wohnung für den Beamten hat (persönlicher Wert).

3. a) Der allgemeine Wert ist in Höhe der ortsüblichen Miete für vergleichbare Wohnungen am gleichen Orte festzusetzen. Dies geschieht in der Weise, daß die Vorschriften des Reichsmietengesetzes vom 24. März 1922 (RGBl. I S. 273) und die von den Staatsministerien (Bekanntmachung des Staatsministeriums für Soziale Fürsorge vom 14. Juni 1922 — Staatsanzeiger Nr. 137 —) und von den Gemeinden erlassenen Ausführungsbestimmungen sinngemäß auf die Dienstwohnungen angewendet werden. Als Mietentschädigung ist daher die gesetzliche Miete des Reichsmietengesetzes anzusehen. Sie setzt sich zusammen aus einer Grundmiete gemäß § 2 Abs. 1 und den veränderlichen Zuschlägen gemäß § 3 und § 7 Abs. 1 und 3 des Reichsmietengesetzes.

b) Die Grundlage für die Berechnung der gesetzlichen Miete bildet die Friedensmiete. Diese ist für jede Dienstwohnung durch Vergleich mit jenem Mietzins zu ermitteln, der für die mit dem 1. Juli 1914 beginnende Zeit in der Gemeinde für Wohnungen gleicher Art und Lage regelmäßig vereinbart war; an Orten, an denen vergleichbare Mietwohnungen nicht vorhanden waren, sind die Mietzinse für Wohnungen gleicher Art in benachbarten Orten oder die Durchschnittsmietzinse im Bereiche der zuständigen Bezirksverwaltungsbehörde maßgebend. Unzulässig ist es, die Friedensmiete auf Grund des Bauwertes oder der im Frieden tatsächlich bezahlten, im allgemeinen unter der ortsüblichen Friedensmiete gehaltenen Dienstwohnungsentschädigung oder auf Grund von Abschätzungen festzusetzen, welche auf die für gleichartige und gleichwertige Wohnungen vereinbarten Mieten keine Rücksicht nehmen. Für Dienstwohnungen, die in der Zeit nach dem 1. Juli 1918 fertiggestellt wurden (Neuwohnungen im Sinne des § 16 Abs. 1 S. 1 des Reichsmietengesetzes), ist die Friedensmiete in gleicher Weise wie für Altwohnungen zu ermitteln.

c) Aus der Friedensmiete ist nach Maßgabe des § 2 Abs. 1 des Reichsmietengesetzes und der für den betreffenden Ort geltenden Bestimmungen — wegen der zulässigen Abzüge siehe auch § 4 der Bekanntmachung zur Ausführung des Reichsmietengesetzes vom 14. Juni 1922 (Staatsanz. Nr. 137) — die Grundmiete zu berechnen und um die Zuschläge nach § 3 und § 7 Abs. 1 und 3 des Reichsmietengesetzes zu erhöhen. Die Zuschläge sind in gleicher Höhe und vom gleichen Zeitpunkt an festzusetzen, wie sie für Privatwohnungen jeweils gelten.

d) Soweit nach den Ausführungsvorschriften zum Reichsmietengesetze bei Privatwohnungen alle oder auch nur einzelne der in den §§ 3 mit 7 des Reichsmietengesetzes genannten Aufwendungen anteilmäßig umgelegt werden, sind für alle Dienstwohnungen eines Ortes einheitlich angemessene Zuschläge festzusetzen.

Abzüge oder Abminderungen der Zuschläge, insbesondere auf Grund von Vereinbarungen über die Übernahme einzelner Leistungen durch den Dienstwohnungsinhaber, sind nicht zulässig.

Bezüglich der im § 12 des Reichsmietengesetzes genannten Leistungen gelten die Vorschriften der Bekanntmachungen vom 28. November 1922 (GVBl. S. 651) und vom 14. Juli 1923 (Staatsanz. Nr. 163).

e) Bei denjenigen Dienstwohnungen, bei denen die nach dem Gesetz über die Erhebung einer Abgabe zur Förderung des Wohnungsbaues vom 26. Juni 1921 (RGBl. S. 773) vorgesehenen Abgaben nicht erhoben werden (Neuwohnungen), ist neben den zur Grundmiete tretenden Zuschlägen ein weiterer Zuschlag zu berechnen, dessen Höhe sich nach der Wohnungsabgabe für eine gleichartige und gleichwertige Privatwohnung am gleichen Orte richtet. Diese zum Vergleich dienende Privatwohnung ist ein für allemal zu bestimmen. Im übrigen ist nach der Bekanntmachung vom 12. Juni 1922 (Staatsanz. Nr. 136), die für Neuwohnungen nicht gilt, entsprechend zu verfahren.

4. Der *persönliche* Wert der Dienstwohnung deckt sich in der Regel mit dem allgemeinen Werte. Eine Feststellung des persönlichen Wertes hat nur zu erfolgen, wenn die Zahl der Räume oder ihre Größe außer Verhältnis zu dem tatsächlichen Bedürfnis oder der tatsächlichen Benützung durch den betreffenden Beamten steht oder wenn der allgemeine Wert wegen der Lage in einer besonders teuren Wohngegend des Ortes die Summe übersteigt, die gleichartige Beamte an demselben Orte für eine Privatwohnung aufzuwenden pflegten. Der persönliche Wert wird in beiden Fällen bei der Festsetzung der Mietentschädigung in der Weise berücksichtigt, daß die Friedensmiete um einen angemessenen Hundertsatz gekürzt wird. Im ersten Falle ist der Hundertsatz bei jedem Wechsel des Dienstwohnungsinhabers neu festzusetzen, im zweiten Falle kann der Hundertsatz auch beim Wechsel bestehen bleiben.

5. Gehören zu Dienstwohnungen, deren Inhabern nach dem Haushaltsplan oder sonstigen Bestimmungen eine Repräsentation obliegt, *Repräsentationsräume*, so bleiben diese bei der Berechnung der Mietentschädigung außer Betracht.

6. Die Mietentschädigung darf bei den Beamten der Besoldungsgruppen I bis VIII 30 vom Hundert, bei den Beamten der Besoldungsgruppen IX bis XI 40 vom Hundert, im übrigen 50 vom Hundert des höchsten Ortszuschlags ihrer Besoldungsgruppe einschließlich des Teuerungszuschlags und örtlichen Sonderzuschlags nicht übersteigen (*Höchstbetrag* der Mietentschädigung).

7. Ziff. 1 bis 4 und 6 gelten auch für *Dienstzimmer*, welche Beamten als Wohnräume zugewiesen sind.

8. Überläßt oder vermietet ein Dienstwohnungsinhaber mit Erlaubnis der vorgesetzten Dienstbehörde Räume einem Dritten, so ist hiefür eine angemessene Vergütung an die Staatskasse zu entrichten. Diese ist bei der Erlaubniserteilung in der Weise festzusetzen, daß sich die Mietentschädigung um 10 bis 50 vom Hundert erhöht, wobei auf die Zahl der überlassenen Räume und auf das Verwandtschaftsverhältnis des Dritten zum Dienstwohnungsinhaber Rücksicht zu nehmen ist. Ziff. 6 findet hiebei keine Anwendung.

III. Zuständigkeit und Verfahren.

9. Die *Erklärung* einer Wohnung als *Dienstwohnung* erfolgt durch das Staatsministerium, dessen Geschäftsbereich der Beamte an-

gehört. Die Erklärung bedarf der Zustimmung des Staatsministeriums der Finanzen. Das Gleiche gilt für die Aufhebung der Eigenschaft einer Wohnung als Dienstwohnung.

10. Mit der Ermittlung der Mietentschädigungen werden die Finanzämter und Landbauämter betraut, in deren Bezirk die einzuschätzenden Wohnungen und Zimmer liegen. Die Ermittlung erfolgt auf Grund gemeinschaftlicher Besichtigung und im gemeinsamen Benehmen und zwar unter Benützung des beigefügten Formblattes *); soweit die Mietentschädigungen für die Dienstwohnungen der Beamten im Sinne des Art. 188 und 189 des Beamtengesetzes in kreiseigenen oder gemeindlichen Gebäuden den Kreisen oder Gemeinden zufließen, kann der Kreis bezw. die Gemeinde einen Vertreter abordnen; geschieht dies, so ist von der Einvernahme des Kreistages oder Kreisausschusses gemäß Ziff. 17 der Bekanntmachung vom 28. November 1921 (GVBl. S. 574) abzusehen. Eine wiederholte persönliche Besichtigung der Wohnungen und Zimmer kann unterbleiben, wenn ihre Beschaffenheit dem Finanzamt und dem Landbauamt auf Grund einer zeitlich nicht zu weit zurückliegenden Besichtigung bereits genau bekannt ist. Ergeben sich bei der Ermittlung Meinungsverschiedenheiten, so sind beide Gutachten sowie eine abweichende Meinung des Kreis- bezw. Gemeindevertreters unter entsprechender Erläuterung im Formblatt niederzulegen.

11. Die Festsetzung der Friedens- und Grundmiete obliegt den Zweigstellen der Landesfinanzämter. Hinsichtlich der Beamten der Universitäten haben sie sich, soweit Stiftungsgebäude in Betracht kommen, vorher mit den Verwaltungsausschüssen der Universitäten zu benehmen. Für die Dienstwohnungen der Beamten im Sinne des Art. 188 und 189 des Beamtengesetzes erfolgt die Festsetzung durch die Regierungen, Kammern des Innern, im Benehmen mit den Zweigstellen der Landesfinanzämter.

Die festgesetzten Mietentschädigungen sind in den Formblättern mit roter Tinte einzutragen.

Die beteiligten Beamten sind von der erfolgten Festsetzung durch die mit der Auszahlung ihrer Dienstbezüge betrauten Kassen auf dem kürzesten Wege in Kenntnis zu setzen.

12. Bei Wechsel in der Person des Dienstwohnungsinhabers ist von dem zuständigen Finanzamte jeweils zu prüfen, ob eine Änderung der Festsetzung der Friedens- und Grundmiete nach Ziff. 4 veranlaßt ist. Ebenso ist bei baulichen Veränderungen (Erweiterung, Verbesserung, Verkleinerung usw.) der Wohnungen nach Ziff. 3 b sowie im Falle der Überlassung von Dienstwohnungen oder Dienstwohnungsteilen an Dritte nach Ziff. 4 die Notwendigkeit einer Änderung der Festsetzung der Friedens- und Grundmiete zu prüfen. Über das Ergebnis der Prüfung und der etwa veranlaßten Ermittlung der Mietentschädigung ist der zuständigen Zweigstelle des Landesfinanzamts zu berichten.

Die Festsetzung kann jederzeit abgeändert werden, wenn sich ergibt, daß sie auf unzutreffenden tatsächlichen Voraussetzungen beruhte oder in unrichtiger Anwendung der maßgebenden Bestimmungen erfolgte.

Die beteiligten Stellen haben dem zuständigen Finanzamte von Tatsachen, die eine Änderung der Festsetzung begründen können, alsbald Mitteilung zu machen.

13. Die Festsetzung der Zuschläge für die Verteuerung des Hypothekenkredites (§ 3 Abs. 1 Ziff. 1 des Reichsmietengesetzes) und für die

*) Von einem Abdruck des Formblattes wurde Umgang genommen.

laufenden Instandsetzungsarbeiten einschließlich Schönheitsarbeiten (§ 3 Abs. 1 Ziff. 3 a. a. O.) sowie des Zuschlags für die großen Instandsetzungsarbeiten (§§ 7 ff. des Reichsmietengesetzes) erfolgt durch die Zweigstellen der Landesfinanzämter im Benehmen mit den Regierungen, Kammern des Innern, einheitlich für alle Dienstwohnungen des Regierungsbezirkes. Die Zweigstellen haben die festgesetzten Zuschläge jeweils dem Staatsministerium der Finanzen mitzuteilen.

Die Festsetzung der übrigen in den §§ 3 mit 5 des Reichsmietengesetzes genannten Zuschläge sowie des Zuschlags nach Ziff. 3 e dieser Bekanntmachung erfolgt durch die Finanzämter, erforderlichenfalls nach Benehmen mit den Mieteinigungsämtern. Die festgesetzten Zuschläge sind der zuständigen Zweigstelle des Landesfinanzamtes mitzuteilen, die für eine unter Berücksichtigung der jeweiligen Verhältnisse gleichmäßige Festsetzung innerhalb ihres Geschäftsbereichs zu sorgen hat.

14. Die Berechnung der Mietentschädigungen erfolgt durch die Finanzämter.

15. Die Festsetzung der Vergütungen nach Ziff. 8 erfolgt durch die Zweigstellen der Landesfinanzämter.

16. Gegen die Festsetzung der Mietentschädigungen steht den beteiligten Beamten das Recht der Beschwerde an das Staatsministerium der Finanzen zu; dieses entscheidet, soweit Beamte des Geschäftskreises anderer Ministerien in Frage kommen, im Benehmen mit den beteiligten Ministerien. Für die Beschwerden der Beamten im Sinne der Art. 188 und 189 des Beamtengesetzes ist das Staatsministerium, zu dessen Geschäftsbereiche der Beamte gehört, im Benehmen mit dem Staatsministerium der Finanzen zuständig.

Die Beamten haben in ihrer Beschwerde den Betrag, ausgeschieden nach Friedens- oder Grundmiete und Zuschlägen, zu bezeichnen, den sie selbst als Mietentschädigung für angemessen erachten.

Die Beschwerde ist bei der zuständigen Zweigstelle des Landesfinanzamts, von den Beamten nach Art. 188 und 189 des Beamtengesetzes bei der Regierung, Kammer des Innern, einzureichen; erachten diese die Beschwerde für begründet, so haben sie ihr abzuhelfen; andernfalls ist die Beschwerde mit gutachtlicher Äußerung dem zuständigen Staatsministerium vorzulegen.

Die Beschwerde hat hinsichtlich der Entrichtung der Mietentschädigung keine aufschiebende Wirkung.

IV. Einhebung und Verrechnung der Mietentschädigungen.

17. Die Verpflichtung zur Entrichtung der Mietentschädigung für den Genuß einer Dienstwohnung und eines Dienstzimmers beginnt nach Art. 19 Abs. II und IV BBesG. mit dem Zeitpunkte, von dem an die Übertragung der Amtsstelle, mit welcher der Genuß der Dienstwohnung verbunden ist, wirksam wird, wenn die Dienstwohnung erst später beziehbar wird, mit diesem Zeitpunkte.

Die Verpflichtung zur Entrichtung der Mietentschädigung erlischt mit dem Zeitpunkte, in dem die Wohnung von dem Nutznießer oder dessen Rechtsnachfolger geräumt wird.

Wird die Übertragung der Amtsstelle erst nach dem Ersten eines Monats wirksam oder die Dienstwohnung erst nach diesem Zeitpunkt beziehbar, so beginnt die Erhebung der Mietentschädigung mit dem Ersten des nächstfolgenden Monats. Wird die Wohnung ohne Verschulden des Nutznießers im Laufe eines Monats geräumt, so erlischt die Erhebung mit dem Ablaufe des vorhergehenden Monats.

Wird eine Dienstwohnung durch eine andere ersetzt (Art. 19 Abs. III Satz 2 BBesG.) oder wechselt der Beamte aus sonstigen Gründen (z. B. infolge Versetzung, Übertragung einer anderen Amtsstelle die Dienstwohnung, so beginnt die Erhebung der Mietentschädigung für die neue Wohnung mit dem Ersten des Monats, in dem sie den Beamten überwiesen wird. Ist die Mietentschädigung für die neue Dienstwohnung höher als für die bisherige, so beginnt die Erhebung, soferne die Überweisung erst im Laufe des Monats erfolgt ist, mit dem Ersten des der Überweisung folgenden Monats. Die Mietentschädigung für die bisherige Wohnung ist bis zu dem Zeitpunkte fortzuentrichten, von dem ab die Mietentschädigung für die neue Wohnung zur Erhebung kommt.

18. Die Mietentschädigungen werden an den Dienstbezügen im voraus und jeweils für die gleichen Zeitabschnitte, für welche diese gewährt werden, abgezogen. Die Mietentschädigungen, welche die Hinterbliebenen für den Genuß der Wohnung zu entrichten haben, werden am Sterbegehalt und, soferne die Weiterbenützung der Wohnung über das Sterbevierteljahr hinaus zugestanden wird, an den Hinterbliebenenbezügen abgezogen. Eine besondere Bescheinigung über die Entrichtung der Mietentschädigungen wird den Beamten nicht erteilt; die Vormerkung des Abzugs gilt als Empfangsbestätigung.

19. Die Verrechnung der Mietentschädigungen erfolgt:

a) für die Beamten der Staatsforstverwaltung und
b) für die Beamten der Verwaltung der Berg-, Hütten- und Salzwerke auf den Haushalt dieser Verwaltungen,
c) für die Beamten der Münzanstalt auf den Haushalt dieser Anstalt,
d) für die Beamten der Staatsschuldenverwaltung auf den Haushalt der Staatsschuld,
e) für die Beamten der Universitäten hinsichtlich der Wohnungen, die ihnen in einem Stiftungsgebäude eingeräumt sind, auf den Haushalt der Universitäten,
f) für die Beamten im Sinne der Art. 188 und 189 des Beamtengesetzes nach Maßgabe der Kultusministerialentschließung vom 23. August 1909 Nr. 18 537,
g) für alle übrigen Beamten auf den Haushalt der übrigen Betriebe des Staates.

Soferne der mit der Auszahlung der Dienstbezüge und mit der Einhebung der Mietentschädigungen betrauten Kasse nicht zugleich die Verrechnung der Mietentschädigungen obliegt, sind letztere in den Zahlungslisten für die Besoldungen und in den Besoldungsnebenrechnungen vorzumerken und auf Grund dieses Vortrags die Gesamteinnahme an Mietentschädigungen von der mit der Prüfung der Besoldungsrechnungen betrauten Stelle zur Vereinnahmung auf den einschlägigen Rechnungstitel einzuweisen oder der festgesetzte Gesamtbetrag der Mietentschädigungen der zuständigen Stelle zur Einweisung mitzuteilen.

V. Besondere Bestimmungen für die Volksschullehrer.

20. Die vorstehenden Bestimmungen finden auf die Volksschullehrer mit folgenden Abweichungen Anwendung:

a) Dienstwohnungen der Volksschullehrer sind die auf Grund des Art. 14 Schulbedarfgesetzes als solche bereitgestellten Wohnungen.

b) Die Zuständigkeit nach Ziff. 9 kommt den Regierungen, Kammern des Innern, zu.

c) An Stelle der Bestimmungen in den Ziffern 10, 11 und 16 gilt § 20 Abs. II und V der Bekanntmachung vom 13. Juli 1920 (KMBl. S. 286) mit der Maßgabe, daß Beschwerden hinsichtlich der Entrichtung der Mietentschädigungen keine aufschiebende Wirkung haben. Für die Maßnahmen nach Ziff. 8 und 12 ist die Bezirksverwaltungsbehörde zuständig. Für die Festsetzung der Mietentschädigungen der Volksschullehrer ist das beigefügte Formblatt *) zu verwenden.

d) Ziff. 10 gilt nur insoweit, als die Mietentschädigungen der Staatskasse zufließen. Im übrigen gelten in dieser Beziehung die §§ 25 und 26 der Bekanntmachung vom 13. Juli 1920 (KMBl. S. 286).

e) Ziff. 22 gilt nicht für die Dienstwohnungen der Volksschullehrer. An Stelle der in Ziff. 23 genannten Vorschriften sind hinsichtlich der Dienstwohnungen der Volksschullehrer bis auf weiteres die Bestimmungen in der Bekanntmachung vom 6. Juni 1921 (KMBl. S. 147) anzuwenden. Auf die Ministerialentschließung vom 5. März 1923 Nr. 60 445, betr. die Beheizung und Beleuchtung der Dienstwohnungen der Volksschullehrer wird hingewiesen.

f) Aufgehoben werden § 19 Abs. IV S. 2, § 20 Abs. I, § 21 und § 22 Abs. II der Bekanntmachung vom 13. Juli 1920 (KMBl. S. 286).

VI. Übergangs- und Schlußbestimmungen.

21. Für Wohnungen, denen im Zeitpunkte des Inkrafttretens dieser Bekanntmachung bereits die Eigenschaft einer Dienstwohnung zukommt, bedarf es einer Erklärung nach Ziff. 9 nicht mehr.

22. Die bisherigen Schätzungstabellen und sonstigen Grundlagen sind dem zuständigen Finanzamt umgehend zu übermitteln.

23. Für die Vergütungen für Beheizung und Beleuchtung sowie für den Anschluß von Dienstwohnungen an die im Amtsgebäude eingerichtete Sammelheizung gelten die Bekanntmachungen vom 1. Juni 1922 (GVBl. S. 332, Staatsanz. Nr. 130), vom 28. November 1922 (GVBl. S. 651 und 653, Staatsanz. Nr. 278) und vom 14. Juli 1923 (GVBl. S. 235, Staatsanz. Nr. 163), für die Tragung des Aufwandes für Beleuchtungseinrichtungen Ziff. III und IV der Bekanntmachung vom 5. Februar 1905 (FMBl. S. 19 ff.). Die Benützung und Unterhaltung der Dienst- und Mietwohnungen in Staatsgebäuden wird demnächst neu geregelt werden.

24. Die Bekanntmachungen

vom 28. Juni 1909, die Mietentschädigungen und Mietzinse für die den Beamten vom Staate eingeräumten Wohnungen und Zimmer und die Pachtentschädigungen für Gärten und sonstige Grundstücke betreffend (FMBl. S. 515 ff.),

vom 22. August 1913, die Mietentschädigungen für die Dienstwohnungen der Beamten betr. (FMBl. S. 412) und

vom 11. November 1920, die Mietentschädigungen und Mietzinse für die den Beamten vom Staate eingeräumten Wohnungen betr. (Staatsanz. Nr. 265) werden aufgehoben.

25. Diese Bekanntmachung tritt mit Wirkung vom 1. Januar 1923 in Kraft.

München, den 25. September 1923.

---

*) Von einem Abdruck des Formblattes wurde abgesehen.

48. E. d. Staatsmin. f. Unt. u. K. vom 26. Oktober 1923 über die Mietentschädigungen für die den Volksschullehrern eingeräumten Dienstwohnungen (KMBl. S. 133).

Nach Art. 55 Abs. I des BBesG. werden die Mietentschädigungen, die die Volksschullehrer für den Genuß von Dienstwohnungen zu entrichten haben, vom Finanzamte durch Abzug bei der Auszahlung des Diensteinkommens eingehoben. Die Hinausvergütung der Mietentschädigungen an die Gemeinden, soweit sie bezugsberechtigt sind, hat nach Abs. II der angeführten Gesetzesbestimmung am Schlusse des Rechnungsjahres zu erfolgen; auf Antrag der Gemeinden konnte die Hinausvergütung auch vierteljährlich geschehen. (MinBek. vom 24. Mai 1921, KMBl. S. 131.)

Unter den jetzigen Verhältnissen wird jedoch auch die vierteljährliche Überweisung der Mietentschädigungen den Belangen der Gemeinden nicht mehr gerecht.

Um diese rasch in den Besitz der ihnen zukommenden Mietentschädigungen zu setzen, wird dringend empfohlen, eine vorläufige Regelung dahin zu treffen, daß unter Einstellung des Abzugs am Diensteinkommen die Volksschullehrer die festgesetzten Mietentschädigungen bis auf weiteres jeweils am Ersten des Monats voraus unmittelbar an die Gemeinde (Schulkasse) entrichten. Diesbezügliche Anträge wären durch die Gemeinderäte (Schulsprengelvertretungen) mit Zustimmung der beteiligten Volksschullehrer beim Finanzamte zu stellen.

In den Fällen, in denen die Mietentschädigungen der Volksschullehrer nicht oder nicht im vollen Betrage der Gemeinde zufließen (vgl. § 26 Abs. I, Ziff. 1, 3 und 4 der MinBek. vom 13. Juli 1920, KMBl. S. 286) hat ihre Einhebung nach wie vor durch Abzug am Diensteinkommen zu erfolgen.

Die Finanzämter wollen die bis jetzt eingehobenen Mietentschädigungen einschließlich der Erhöhungen nach MinBek. vom 8. und 15. Oktober 1923 (StAnz. Nr. 234 und 241) sofort an die bezugsberechtigten Gemeinden hinausvergüten und ihnen die notwendigen Unterlagen zur künftigen Berechnung und Einhebung der Mietentschädigungen zur Verfügung stellen.

---

49. MinBek. vom 29. Juli 1924 über die Pachtentschädigungen für die den Beamten vom Staate überlassenen Gärten und sonstigen Grundstücke (GVBl. S. 189).

Gemäß Art. 29 Abs. II BBesG. n. F. (GVBl. 1923 S. 109) hat der Beamte für die Benützung von Garten- und sonstigen Grundstücken eine dem Nutzwert und den Ortsverhältnissen entsprechende Pachtentschädigung zu entrichten.

In Ausführung dieser Vorschrift wird verfügt:

1. Die Pachtentschädigungen sind mit Wirkung vom 1. Januar 1924 ab neu festzusetzen und zwar in Goldmark. Die Pachtentschädigung muß dem tatsächlichen Nutzwert, den der Garten oder das Grundstück für den Beamten hat, unter Berücksichtigung der örtlichen Verhältnisse entsprechen. Der Schätzung des Nutzwertes sind der Durchschnittsertrag mehrerer Jahre, und soweit ein Ertrag nicht vorhanden ist, die Vorteile zugrunde zu legen, die dem Besitzer aus der Benützung des Gartens oder der Grundstücke erwachsen. Bei der Festsetzung der hiernach zu bemessenden Pachtentschädigung kann geeignete Rücksicht darauf genommen werden, ob etwaige Ertragssteigerungen nachweisbar auf größere Aufwendungen

des gegenwärtigen Besitzers zurückzuführen sind; tritt ein Wechsel des Besitzers ein, so ist bei der Neufestsetzung der Pachtentschädigung die Ertragssteigerung zu berücksichtigen.

2. Soweit im Einzelfalle der Ertrag des Gartens oder Grundstücks oder die aus der Benützung des Gartens oder Grundstücks erwachsenden Vorteile sich nicht geändert haben und die vor dem Kriege entrichtete Pachtentschädigung dem Nutzwert und den Ortsverhältnissen entsprach, kann diese der Neufestsetzung zugrunde gelegt werden.
3. Die Festsetzung eines Einheitssatzes der Pachtentschädigungen für alle im Bereiche einer Verwaltung oder eines Geschäftsbezirkes liegenden Gärten u. Grundstücke sowie die unentgeltliche Überlassung derselben ist nicht zulässig.
4. Wird die Entrichtung der nach Ziff. 1 festgesetzten Pachtentschädigung verweigert, so ist die Lösung des Pachtverhältnisses in Aussicht zu stellen mit dem Hinweis darauf, daß der Beamte keinen Anspruch gegen den Staat auf Zuweisung eines Gartens oder sonstigen Grundstückes hat und der Staat in der freien Verfügung über die den Beamten überlassenen Gärten und sonstigen Grundstücke nicht beschränkt ist und daß bei weiterer Verweigerung der Zahlung der Pachtentschädigung eine anderweitige Verpachtung erfolgen wird. Vor einer anderweitigen Verpachtung ist, soweit es sich um Gärten oder Grundstücke handelt, die in räumlicher Beziehung zu Dienstgebäuden oder Dienstwohngebäuden stehen, die Genehmigung des zuständigen Staatsministeriums einzuholen.
5. Die Pachtentschädigungen werden von den zuständigen Finanzämtern im Benehmen mit den Landbauämtern ermittelt und von den Zweigstellen der Landesfinanzämter festgesetzt.
6. Die Pachtentschädigungen werden alljährlich im voraus zu Beginn des Rechnungsjahres erhoben. Auf Antrag kann Vorauszahlung in vierteljährlichen Raten gestattet werden.
7. Vorstehende Bestimmungen gelten auch für die Hausgärten der staatlichen Forstbeamten. Die entgegenstehenden Bestimmungen in § 31 der Ausführungsvorschriften vom 28. Februar 1885 (FMBl. S. 45) und in § 13 Abs. I des Regulativs über die Behandlung von Forstdienstwohnungen -Dienstgründen (FMBl. S. 38) treten außer Kraft. Bezüglich der sonstigen Grundstücke der Staatsforstverwaltung wird auf die Entschließung des Staatsministeriums der Finanzen, Ministerial-Forstabteilung, vom 2. Februar 1922 (FMBl. S. 7 ff.) hingewiesen.
8. Die Vorschriften dieser Bekanntmachung gelten auch für die Volksschullehrer, soweit ihnen vom Staate Gärten oder Grundstücke eingeräumt sind. Soweit ihnen solche von Seiten der Gemeinde überlassen sind, finden die Vorschriften im Hinblick auf Art. 19 des Schulbedarfgesetzes sinngemäß mit der Maßgabe Anwendung, daß die Pachtentschädigungen durch die Bezirksverwaltungsbehörden festzusetzen und an die Gemeindekasse (Schulkasse) zu entrichten sind.

Im Falle des Art. 26 des Schulbedarfgesetzes (Verpachtung von Grundstücken) ist die Festsetzung des Pachtzinses im Hinblick auf Abs. III S. 2 a. a. O. nur im Streitfalle veranlaßt. *)

---

*) Zu Art. 26 SchBG. sind die Vollzugsbestimmungen vom 31. Dezember 1919 (KMBl. S. 22) ergangen. Für Schulgärten oder sonstige Grundstücke im gemeindlichen Eigentum, die für unterrichtliche Zwecke bestimmt sind, gelten die Art. 26 und 61 SchBG. nicht (a. a. O. Ziff. 6).

50. E. d. Staatsmin. f. Unt. u. K. vom 16. Mai 1923 über den Sachbedarf für die Volksschulen (KMBl. S. 67, MABl. S. 44).

1. Nach Art. 11 des SchBGes. vom 14. August 1919 (GVBl. S. 489) haben die Gemeinden wie schon früher gem. Art. 1 Abs. I des SchBGes. vom 28. Juli 1902 (GVBl. S. 265) den sächlichen Bedarf für die öffentlichen Volksschulen aufzubringen. Diese Verpflichtung umfaßt wie schon bisher auch die Sorge für den Schreib- und sonstigen Unterrichtsbedarf der Volksschullehrer.

Hierzu wird Folgendes bestimmt:

Als jährlicher Schreibbedarf eines Volksschullehrers, der schriftliche Korrekturarbeiten zu erledigen hat, ist zu erachten: 1 Federhalter, 24 Federn, 1 Bleistift, 1 Rot- oder Blaustift, 1 Radiergummi, 5 Bogen weißes Schreibpapier, 1 Schülerheft, 3 Umschlagbogen, 2 Löschblätter und 1 Glas rote Tinte.

Zu dem sonstigen Unterrichtsbedarf gehört für den Fall, daß im Gesangunterricht eine Violine Verwendung findet, die Bereitstellung von jährlich je einer G-, D- und A-Saite und von 2 E-Saiten.

2. Den Gemeinden steht es frei, den Volksschullehrern diesen Schulbedarf entweder in Natur zu liefern oder eine jährliche Bauschvergütung zu gewähren mit der Folge, daß die Volksschullehrer sich den Bedarf selbst zu besorgen haben. Für die Bemessung der Höhe dieser Bauschvergütung kann die ME. vom 10. Februar 1922 über den Schreibbedarf der Lehrer an höheren Unterrichtsanstalten (StAnz. Nr. 36) als Anhaltspunkt dienen, wobei den jeweiligen Änderungen dieser Entschließung insbesondere hinsichtlich der Höhe der Bauschsätze entsprechend Rechnung zu tragen wäre (vgl. die MinBek. vom 30. April 1923, StAnz. Nr. 99).

3. Die mit ME. vom 10. Februar 1922 für die höheren Unterrichtsanstalten getroffene Regelung wird auch in den Fällen Maß geben können, in denen Volksschullehrer als Schulleiter einen über das Regelmaß eines Klaßlehrers hinausgehenden Bedarf an Schreibwaren haben.

4. Soweit in Städten bisher eine abweichende Regelung bestand, die beibehalten werden will, besteht hiegegen keine Erinnerung.

5. Den Gemeinden wird empfohlen, zur Beschaffung methodischer Fachliteratur für die Fortbildung der Volksschullehrer alljährlich einen bestimmten Betrag in den gemeindlichen Haushaltplan einzustellen, wie dies teilweise bereits bisher geschieht. Auf diesem Wege würde im Laufe der Zeit in allen Gemeinden eine kleine Handbücherei für die Volksschullehrer geschaffen, die der Schularbeit und damit der Erziehung der Jugend zugute käme.

51.*) Auszug aus der Bekanntmachung vom 9. Mai 1911, die Bekämpfung übertragbarer Krankheiten betr. (GVBl. S. 426, KMBl. S. 405).

Schließung von Unterrichts- und Erziehungsanstalten einschließlich der Anstalten für Kinder im vorschulpflichtigen Alter. Aussperrung von Schülern und Zöglingen.

§ 15. [I] Für Gemeinden, in denen Diphtherie (Krupp), übertragbare Genickstarre, übertragbare Ruhr, Scharlach, Typhus epidemisch oder Masern,

---

*) S. Fußnote S. 187 oben.

Keuchhusten besonders bösartig auftreten, kann nach Anhörung des Bezirksarztes die Schließung aller oder einzelner Unterrichts- und Erziehungsanstalten oder Anstaltsabteilungen angeordnet werden.

II Soweit die genannten Krankheiten in einem räumlich abgegrenzten Bezirk auftreten, können sämtliche Schüler und Zöglinge aus diesem Bezirke vom Anstaltsbesuch ausgeschlossen werden, wenn begründete Aussicht besteht, daß hiedurch eine Übertragung der Krankheit auf andere Anstaltsbesucher verhütet wird.

III Wenn eine im Anstaltsgebäude selbst wohnende Person an Diphtherie (Krupp), übertragbarer Genickstarre, Masern, übertragbarer Ruhr, Scharlach, Typhus, Rotz erkrankt ist und nicht wirksam abgesondert werden kann, so ist die Anstalt zu schließen.

Internate, Pensionate und ähnliche Anstalten, in denen eine dieser Krankheiten auftritt, sollen wegen der Gefahr einer Verschleppung der Krankheit nach auswärts im allgemeinen nicht geschlossen werden. Während der Dauer und unmittelbar nach dem Erlöschen der Krankheit dürfen Zöglinge nur dann entlassen werden, wenn sie nach dem Gutachten des Anstaltsarztes oder des Bezirksarztes gesund sind und wenn soweit erforderlich eine Desinfektion vorgenommen worden ist. Kranke und krankheitsverdächtige Zöglinge können nur dann entlassen werden, wenn die nach dem Gutachten des Bezirksarztes zur Verhütung einer Verschleppung der Krankheit notwendigen Vorsichtsmaßregeln getroffen werden. Zöglinge, die an Diphtherie erkrankt waren, müssen solange in den Anstalten abgesondert oder von den Anstalten ferngehalten werden, bis durch bakteriologische Untersuchung festgestellt ist, daß sie frei von den Krankheitserregern sind. Das gleiche gilt von Zöglingen, die 10 Wochen nach Beginn der Erkrankung an übertragbarer Ruhr oder an Typhus noch die Krankheitserreger ausscheiden.

IV Die Wiedereröffnung von Anstalten und Anstaltsabteilungen sowie die Zulassung ausgesperrter Schüler und Zöglinge eines Bezirkes darf nur auf Grund eines Gutachtens des Bezirksarztes, die Wiedereröffnung von Anstalten und Anstaltsabteilungen ferner nur nach gründlicher Reinigung und Desinfektion der in Betracht kommenden Anstalts- und Nebenräume erfolgen.

V Die Vorschriften der Abs. I—IV finden auf den Besuch von Kirchen, auf die Christenlehre, den Kommunions- und Konfirmationsunterricht entsprechende Anwendung.

VI Die Anordnung der Schließung und Wiedereröffnung kommt bei Anstalten, die dem Staatsministerium des Innern für Kirchen- und Schulangelegenheiten unmittelbar unterstehen, diesem Staatsministerium, bei Anstalten, die in Bezug auf die äußeren Verhältnisse den Regierungen, Kammern des Innern, unterstehen, den Regierungen, Kammern des Innern, im übrigen den Distriktspolizeibehörden zu; bei Gefahr im Verzuge kann die Schließung von Volksschulen sowie die Ausschließung von Volksschülern nach Abs. II auch durch die Ortsschulbehörde vorläufig angeordnet werden; die Distriktspolizeibehörde ist hievon sofort zu benachrichtigen.

VII Die Distriktspolizeibehörden haben von der Anordnung der Schließung und Wiedereröffnung unverzüglich die beteiligten Schulbehörden zu verständigen.

52. Verordnung vom 6. Mai 1920, Besuch des Religionsunterrichtes betr. (GVBl. S. 260, KMBl. S. 172.)

Abs. I Ziffer 1 der Verordnung des Staatsministeriums für Unterricht und Kultus über den Besuch des Religionsunterrichtes und die Teilnahme der Schüler und Schülerinnen an religiösen Übungen vom 25. Januar 1919 (GVBl. 1919 S. 25, KMBl. 1919 S. 11) wird aufgehoben und durch folgende Bestimmungen ersetzt:

Nach Art. 149 Abs. I und II der Verfassung des Deutschen Reiches ist der Religionsunterricht ordentliches Lehrfach der Schulen mit Ausnahme der bekenntnisfreien (weltlichen) Schulen. Die Teilnahme an religiösen Unterrichtsfächern bleibt der Willenserklärung desjenigen überlassen, der über die religiöse Erziehung des Kindes zu bestimmen hat.

Die Erklärung, am Religionsunterricht nicht teilnehmen zu wollen, ist für minderjährige Schüler (Schülerinnen) durch den Erziehungsberechtigten, für großjährige Schüler (Schülerinnen) durch diese selbst spätestens innerhalb acht Tagen nach Beginn des Schuljahres, wo das Schuljahr am 1. Mai ds. Js. begonnen hat, innerhalb acht Tagen seit Bekanntgabe dieser Verordnung im Staatsanzeiger abzugeben. Während des Schuljahres kann ein Austritt aus dem Religionsunterrichte nur aus wichtigen Gründen mit Genehmigung der Schulaufsichtsbehörde erfolgen.

Die Erklärung ist an den Volksschulen gegenüber dem Lehrer der Klasse, an den übrigen Schulen gegenüber dem Schulleiter schriftlich oder mündlich abzugeben und wird mit dem Zeitpunkte der Abgabe wirksam. Wird die Erklärung mündlich abgegeben, so ist hierüber von dem Empfänger eine kurze Niederschrift aufzunehmen und von ihm zu unterzeichnen. Die schriftlichen Erklärungen sowie die Niederschriften sind sofort dem zuständigen Religionslehrer zu übermitteln; zu den Schulakten (Schulbogen) ist Vormerkung zu machen.

---

53. E. d. Staatsmin. f. Unt. u. K. vom 25. März 1925 über Besuch des Religionsunterrichts (MABl. S. 55).

1. Die Erklärung, am Religionsunterrichte nicht teilnehmen zu wollen, ist nach Abs. III der Bek. des Staatsmin. f. Unt. u. Kultus vom 6. Mai 1920 (KMBl. S. 172) spätestens innerhalb 8 Tagen nach Beginn des Schuljahres abzugeben; während des Schuljahres kann ein Austritt aus dem Religionsunterrichte nur aus wichtigen Gründen mit Genehmigung der Schulaufsichtsbehörde erfolgen.

Es sind Zweifel darüber entstanden, ob eine hiernach abgegebene Erklärung für die ganze Dauer der Schulpflicht oder des Besuches der Unterrichtsanstalt gültig ist oder ob sich ihre Wirksamkeit lediglich auf ein Schuljahr beschränkt.

Zur Klarstellung wird hiermit bestimmt, daß die in Frage stehende Erklärung nur für das Schuljahr gültig ist, in dem sie abgegeben worden ist. Es ist daher eine Wiederholung der Erklärung nach Maßgabe der angeführten Bekanntmachung zu Beginn jedes Schuljahres notwendig, für das die Nichtteilnahme am Religionsunterrichte fortdauern soll. Dies gilt auch für alle Fälle, in denen die Teilnahme am Religionsunterricht auf Grund einer früher abgegebenen Erklärung bereits bisher unterblieben ist.

2. Bei dieser Gelegenheit wird darauf aufmerksam gemacht, daß bei Abgabe und Entgegennahme der Erklärungen wegen Nichtteilnahme am Religionsunterricht, soweit minderjährige Schüler und Schülerinnen in Betracht kommen, auch die Bestimmungen des Reichsgesetzes über die religiöse Kindererziehung vom 15. Juli 1921 (RGBl. S. 939) zu beachten sind. Daher genügt bei bestehender Ehe (d. h. wenn die Ehe weder durch Tod eines Ehegatten noch durch Scheidung aufgelöst ist) die Erklärung des Vaters oder der Mutter allein nicht; es ist vielmehr die Erklärung beider Eltern erforderlich. Bei geschiedener Ehe hat das Recht der Erklärung derjenige Elternteil, dem die Fürsorge für die Person des Kindes obliegt. Steht die Fürsorge für ein Kind allein einem Vormund oder Pfleger zu, so ist stets eine Bestätigung des Vormundschaftsgerichts zu verlangen, daß der Vormund oder Pfleger zur Abgabe der fraglichen Erklärung berechtigt ist.

Bestehen Zweifel über die Rechtmäßigkeit einer abgegebenen Erklärung, so ist an die Aufsichtsbehörde zu berichten.

3. Die Ministerialbekanntmachung vom 6. Mai 1920 gilt auch für schulpflichtige Privatschüler, diese sind daher vom Religionsunterricht nur dann befreit, wenn die Erziehungsberechtigten unter Beachtung der Vorschriften jener Ministerialbekanntmachung die Erklärung abgegeben haben, daß die betreffenden Privatschüler am Religionsunterricht nicht teilnehmen sollen. Diese Erklärung ist von den Erziehungsberechtigten schulpflichtiger Privatschüler in unmittelbaren Städten gegenüber dem Schulleiter der ordnungsmäßig zuständigen öffentlichen Volksschule, im übrigen gegenüber diesem oder der Bezirksschulbehörde abzugeben.

---

54. Bekanntmachung vom 5. Oktober 1922, Erteilung des Religionsunterrichtes an den Volksschulen betr. (KMBl. S. 160).

Nach Art. 149 Abs. II der Verfassung des Deutschen Reiches bleibt die Erteilung religiösen Unterrichts und die Vornahme kirchlicher Verrichtungen der Willenserklärung der Lehrer überlassen.

Hierzu wird folgendes bestimmt:

Die Erklärung, den religiösen Unterricht nicht mehr erteilen zu wollen, ist spätestens innerhalb 8 Tagen nach Beginn des Schuljahres, für das laufende Schuljahr innerhalb 8 Tagen nach Veröffentlichung dieser Bekanntmachung im Staatsanzeiger abzugeben. Während des Schuljahres kann die Erklärung für das laufende Schuljahr nur aus wichtigen Gründen wirksam abgegeben werden; sie bedarf in diesem Falle zu ihrer Wirksamkeit der Genehmigung der Regierung, Kammer des Innern.

Die Erklärung kann schriftlich oder mündlich abgegeben werden. Zuständig zur Entgegennahme der Erklärung ist an Schulen mit mehr als zwei Lehrkräften der Schulleiter, im übrigen der Bezirksschulrat. Wird die Erklärung mündlich abgegeben, so hat der Empfänger hierüber eine Niederschrift aufzunehmen und diese von dem Erklärenden unterzeichnen zu lassen und selbst zu unterzeichnen. Der zuständige Religionslehrer ist jeweils unverzüglich zu verständigen. Die Schulleiter haben die bei ihnen abgegebenen Erklärungen sodann der Bezirksschulbehörde, die Bezirksschulräte haben die bei ihnen abgegebenen Erklärungen dem Bezirksamte mitzuteilen.

---

55. Bek. vom 24. Februar 1923 über die Erteilung des Religionsunterrichtes an den Volksschulen (KMBl. S. 21).

In Ergänzung der Ministerialbekanntmachung vom 5. Oktober 1922 (StAnz. Nr. 234, KMBl. S. 160) wird bestimmt, daß die Erklärung, den religiösen Unterricht nicht mehr erteilen zu wollen, von Schulleitern auch an Schulen mit mehr als zwei Lehrkräften stets beim Bezirksschulrat abzugeben ist.

---

56. Bek. vom 6. Mai 1923 über die Erteilung des Religionsunterrichts an den Volksschulen (KMBl. S. 66).

In Ergänzung der MinBek. vom 5. Oktober 1922 und 24. Februar 1923 (MABl. 1922 S. 160, 1923 S. 21) wird bestimmt:

Die Erklärung des Volksschullehrers, den religiösen Unterricht nicht mehr erteilen zu wollen, braucht zu Beginn eines neuen Schuljahres nicht wiederholt zu werden. Die einmal abgegebene Erklärung bleibt solange wirksam, bis der Volksschullehrer durch eine neue Willenserklärung seine Bereitwilligkeit zur Erteilung des religiösen Unterrichts kundgibt.

Im Falle der Versetzung an eine andere Schule hat jedoch der Lehrer, falls er auch an dieser Schule den religiösen Unterricht nicht erteilen will, seine früher abgegebene Erklärung innerhalb 8 Tagen nach Antritt der neuen Stelle zu wiederholen.

---

57. Gesetz vom 15. Januar 1925 zu dem Konkordate mit dem Heiligen Stuhle*) und den Verträgen mit den Evangelischen Kirchen**) (GVBl. S. 53).

Anlage 1 (Auszug).

Konkordat

zwischen Seiner Heiligkeit Papst Pius XI. und dem Staate Bayern.

Art. 5.

§ 1. Der Unterricht und die Erziehung der Kinder an den katholischen Volksschulen wird nur solchen Lehrkräften anvertraut werden, die geeignet und bereit sind, in verlässiger Weise in der katholischen Religionslehre zu unterrichten und im Geiste des katholischen Glaubens zu erziehen.

§ 2. Die Lehrer und Lehrerinnen, die an katholischen Volksschulen angestellt werden wollen, müssen vor ihrer Anstellung nachweisen, daß sie eine dem Charakter dieser Schulen entsprechende Ausbildung erhalten haben. Diese Ausbildung muß sich beziehen sowohl auf den Religionsunterricht wie auch auf jene Fächer, die für den Glauben und die Sitten bedeutungsvoll sind.

---

*) Das Konkordat vom 29. März 1924 ist laut MinBek. vom 24. Januar 1925 (GVBl. S. 69) an diesem Tage ratifiziert worden.

**) Der Vertrag des Bayerischen Staates mit der Evangelisch-Lutherischen Kirche in Bayern rechts des Rheins vom 15. November 1924 hat laut MinBek. vom 13. Februar 1925 (GVBl. S. 76) am 27. Januar 1925, der Vertrag mit der Vereinigten protestantisch-evangelisch-christlichen Kirche der Pfalz (Pfälzischen Landeskirche) vom 15. November 1924 am 29. Januar 1925 Wirksamkeit erlangt.

Die Erteilung des Religionsunterrichts setzt die Missio Canonica durch den Diözesanbischof voraus.

§ 3. Der Staat wird bei der Neuordnung der Lehrerbildung für Einrichtungen sorgen, die eine den obigen Grundsätzen entsprechende Ausbildung der für katholische Volksschulen bestimmten Lehrkräfte sichern.

§ 4. In den Prüfungskommissionen, die für die Erteilung der Lehrbefähigung an den katholischen Volksschulen zuständig sind, erhalten die kirchlichen Oberbehörden mindestens für die Prüfung aus der Religionslehre eine angemessene Vertretung.

§ 5. Soweit nach der Neuordnung des Lehrerbildungswesens Privatanstalten noch in der Lage sind, die Vorbildung oder die berufliche Ausbildung von Lehrern oder Lehrerinnen zu übernehmen, wird der Staat bei ihrer Zulassung auch bestehende Anstalten der Orden und Kongregationen entsprechend berücksichtigen.

§ 6. Die an solchen privaten Anstalten vorgebildeten Zöglinge werden, falls diese Anstalten die staatlich vorgeschriebenen wissenschaftlichen Bedingungen erfüllen, nach Maßgabe der allgemeinen Bestimmungen zu den staatlichen Prüfungen zugelassen.

§ 7. Die Erwerbung der Lehrbefähigung für Volksschulen, Mittelschulen und höhere Lehranstalten sowie die Übertragung eines Lehramtes wird für die Angehörigen von Orden und religiösen Kongregationen an keine anderen Bedingungen geknüpft als für Laien.

Art. 6.

In allen Gemeinden müssen auf Antrag der Eltern oder sonstigen Erziehungsberechtigten katholische Volksschulen errichtet werden, wenn bei einer entsprechenden Schülerzahl ein geordneter Schulbetrieb — selbst in der Form einer ungeteilten Schule — ermöglicht ist.

Art. 7.

§ 1. An allen Volksschulen — abgesehen von den in Abs. 2 erwähnten Fällen — bleibt der Religionsunterricht ordentliches Lehrfach. Der Umfang dieses Religionsunterrichtes soll im Einvernehmen mit den kirchlichen Oberbehröden festgesetzt und gegenüber dem gegenwärtigen Stande nicht gekürzt werden.

Sollte der Bayerische Staat in etlichen Schulen rechtlich nicht in der Lage sein, dem Religionsunterrichte den Charakter eines ordentlichen Lehrfaches zu erteilen, so wird wenigstens die Erteilung eines privaten Religionsunterrichtes durch die Bereitstellung der Schulräume sowie durch deren Beheizung und Beleuchtung aus gemeindlichen oder staatlichen Mitteln sichergestellt.

§ 2. Den Schülern der Volksschulen, Mittelschulen und höheren Lehranstalten wird im Benehmen mit den kirchlichen Oberbehörden geeignete und ausreichende Gelegenheit zur Erfüllung ihrer religiösen Pflichten gegeben.

Art. 8.

§ 1. Die Beaufsichtigung und Leitung des Religionsunterrichtes an den Volksschulen, Mittelschulen und höheren Lehranstalten werden der Kirche gewährleistet.

§ 2. Dem Bischof und seinen Beauftragten steht das Recht zu, Mißstände im religiös-sittlichen Leben der katholischen Schüler wie auch ihre nachteiligen oder ungehörigen Beeinflussungen in der Schule, insbesonders etwaige Verletzungen ihrer Glaubensüberzeugung oder religiösen Empfindungen im

Unterrichte bei der staatlichen Unterrichtsbehörde zu beanstanden, die für entsprechende Abhilfe Sorge tragen wird.

Art. 9.

§ 1. Orden und religiöse Kongregationen werden unter den allgemeinen gesetzlichen Bestimmungen zur Gründung und Führung von Privatschulen zugelassen. Die Zuerkennung von Berechtigungen an derartige Schulen erfolgt nach den für andere Privatschulen geltenden Grundsätzen.

§ 2. Von Orden und religiösen Kongregationen geleitete Schulen, die bisher den Charakter öffentlicher Schulen gehabt haben, behalten ihn, soferne sie die an gleichartige Schulen gestellten Anforderungen erfüllen. Unter den gleichen Vorbedingungen kann auch neuen Schulen von Orden und Kongregationen dieser Charakter durch die Staatsregierung verliehen werden.

Anlage 2 (Auszug).

Vertrag

zwischen dem Bayerischen Staate und der Evangelisch-Lutherischen Kirche in Bayern rechts des Rheins.

Art. 5. Der Unterricht und die Erziehung der Kinder an den evangelischen Volksschulen wird nur solchen Lehrkräften anvertraut werden, die geeignet und bereit sind, in verlässiger Weise in der evangelischen Religionslehre zu unterrichten und im Geiste des evangelischen Glaubens zu erziehen.

Art. 6. I Die Lehrer und Lehrerinnen, die an Volksschulen Religionsunterricht erteilen wollen, müssen nachweisen, daß sie für die Erteilung des Religionsunterrichtes im Sinne der evangelisch-lutherischen Kirche eine entsprechende Ausbildung empfangen haben. Die Erteilung des Religionsunterrichtes setzt die Bevollmächtigung durch den Landeskirchenrat voraus.

II Der Staat wird bei der Neuordnung der Lehrerbildung für Einrichtungen sorgen, die eine den obigen Grundsätzen entsprechende Ausbildung derjenigen Lehrkräfte sichern, die für die Erteilung des evangelischen Religionsunterrichtes in Betracht kommen.

III In den Prüfungskommissionen, die für die Erteilung der Lehrbefähigung an den evangelischen Volksschulen zuständig sind, erhält die kirchliche Oberbehörde mindestens für die Prüfung aus der Religionslehre eine angemessene Vertretung.

Art. 7. I Soweit nach der Neuordnung des Lehrerbildungswesens Privatanstalten noch in der Lage sind, die Vorbildung oder die berufliche Ausbildung von Lehrern oder Lehrerinnen zu übernehmen, wird der Staat bei ihrer Zulassung auch bestehende Anstalten der kirchlich anerkannten Diakonen- und Diakonissenanstalten entsprechend berücksichtigen.

II Die an solchen privaten Anstalten vorgebildeten Zöglinge werden, falls diese Anstalten die staatlich vorgeschriebenen wissenschaftlichen Bedingungen erfüllen, nach Maßgabe der allgemeinen Bestimmungen zu den staatlichen Prüfungen zugelassen.

Art. 8. Die Erwerbung der Lehrbefähigung für Volksschulen, Mittelschulen und höhere Lehranstalten sowie die Übertragung eines Lehramtes wird für die Angehörigen von kirchlich anerkannten Diakonen- und Diakonissenanstalten an keine anderen Bedingungen geknüpft als für Laien.

Art. 9. In allen Gemeinden müssen auf Antrag der Eltern oder sonstigen Erziehungsberechtigten evangelische Volksschulen errichtet werden, wenn bei einer entsprechenden Schülerzahl ein geordneter Schulbetrieb — selbst in der Form einer ungeteilten Schule — ermöglicht ist.

Art. 10. I An allen Volksschulen — abgesehen von den in Abs. II erwähnten Fällen — bleibt der Religionsunterricht ordentliches Lehrfach. Der Umfang dieses Religionsunterrichtes soll im Einvernehmen mit der kirchlichen Oberbehörde festgesetzt und gegenüber dem gegenwärtigen Stande nicht gekürzt werden.

II Sollte der Bayerische Staat in etlichen Schulen rechtlich nicht in der Lage sein, dem Religionsunterrichte den Charakter eines ordentlichen Lehrfaches zu erteilen, so wird wenigstens die Erteilung eines privaten Religionsunterrichtes durch die Bereitstellung der Schulräume sowie durch deren Beheizung und Beleuchtung aus gemeindlichen oder staatlichen Mitteln sichergestellt.

Art. 11. Den Schülern der Volksschulen, Mittelschulen und höheren Lehranstalten wird im Benehmen mit der kirchlichen Oberbehörde geeignete und ausreichende Gelegenheit zur Erfüllung ihrer religiösen Pflichten, insbesondere auch zum Besuche des Konfirmandenunterrichtes gegeben.

Art. 12. Die Beaufsichtigung und Leitung des Religionsunterrichtes an den Volksschulen, Mittelschulen und höheren Lehranstalten werden der Kirche gewährleistet.

Art. 13. I Kirchlich anerkannte Diakonen- und Diakonissenanstalten werden unter den allgemeinen gesetzlichen Bestimmungen zur Gründung und Führung von Privatschulen zugelassen. Die Zuerkennung von Berechtigungen an derartige Schulen erfolgt nach den für andere Privatschulen geltenden Grundsätzen.

II Von kirchlich anerkannten Diakonen- und Diakonissenanstalten geleitete Schulen, die bisher den Charakter öffentlicher Schulen gehabt haben, behalten ihn, soferne sie die an gleichartige Schulen gestellten Anforderungen erfüllen. Unter den gleichen Vorbedingungen kann auch neuen Schulen von kirchlich anerkannten Diakonen- und Diakonissenanstalten dieser Charakter durch die Staatsregierung verliehen werden.

Art. 14. Der Staat gewährleistet der Kirche die gleichen Rechte und Befugnisse, die in Art. 8 § 2 des Konkordates vom 29. März 1924 der katholischen Kirche eingeräumt sind, wenn und soweit die Kirche darauf anträgt. Beim Vollzuge der genannten Bestimmung wird der Eigenart und den besonderen Einrichtungen der Kirche tunlichst Rechnung getragen werden.

Anlage 3 (Auszug).

Vertrag

zwischen dem Bayerischen Staate und der Vereinigten protestantisch-evangelisch-christlichen Kirche der Pfalz (Pfälzischen Landeskirche).

Art. 4. I Die Lehrer und Lehrerinnen, die an Volksschulen Religionsunterricht erteilen wollen, müssen nachweisen, daß sie für die Erteilung des Religionsunterrichtes im Sinne der Pfälzischen Landeskirche eine entsprechende Ausbildung empfangen haben. Die Erteilung des Religionsunterrichtes setzt die Bevollmächtigung durch den Landeskirchenrat voraus.

II Der Staat wird bei der Neuordnung der Lehrerbildung für Einrichtungen sorgen, die eine den obigen Grundsätzen entsprechende Ausbildung derjenigen Lehrkräfte sichern, die für die Erteilung des evangelischen Religionsunterrichtes in Betracht kommen.

Art. 5. Sollte der Bayerische Staat in etlichen Volksschulen rechtlich nicht in der Lage sein dem Religionsunterrichte den Charakter eines ordentlichen Lehrfaches zu erteilen, so wird wenigstens die Erteilung eines privaten Religionsunterrichtes durch die Bereitstellung der Schulräume sowie durch deren Beheizung und Beleuchtung aus gemeindlichen oder staatlichen Mitteln sichergestellt.

Art. 6. Den Schülern der Volksschulen, Mittelschulen und höheren Lehranstalten wird im Benehmen mit der kirchlichen Oberbehörde geeignete und ausreichende Gelegenheit zur Erfüllung ihrer religiösen Pflichten, insbesondere auch zum Besuche des Konfirmandenunterrichtes gegeben.

Art. 7. Die Beaufsichtigung und Leitung des Religionsunterrichtes an den Volksschulen, Mittelschulen und höheren Lehranstalten werden der Kirche gewährleistet.

Art. 8. Der Staat gewährleistet der Kirche die gleichen Rechte und Befugnisse, die in Art. 5 §§ 1 und 4, Art. 6, Art. 7 § 1 Abs. I, Art. 8 § 2 des Konkordates vom 29. März 1924 der katholischen Kirche eingeräumt sind, wenn und soweit die Kirche darauf anträgt. Beim Vollzuge der genannten Bestimmungen wird der Eigenart und den besonderen Einrichtungen der Kirche tunlichst Rechnung getragen werden.

Anlage 4 (Auszug).

Regierungserklärung über den Vollzug des Gesetzes zu den Verträgen mit den drei christlichen Kirchen in Bayern vom 14. Januar 1925.

Zu Anl. 1, Art. 5, §§ 1 u. 2, Anl. 2, Art. 5 6 Abs. I, Anl. 3, Art. 8 u. 4 Abs. I.

Der Freiheit des Gewissens und der Vereinigung der Lehrpersonen an Bekenntnisschulen sind andere Schranken als sie durch die besonderen Amts- und Standespflichten bedingt sind, nicht gezogen.

Die Neuanstellung von Lehrpersonen an Bekenntnisschulen ist bedingt durch das Vorhandensein der Erfordernisse der nebenangeführten Vertragsbestimmungen.

Die Niederlegung des Religionsunterrichtes für sich allein ist nicht in jedem Falle ein genügender Beweis dafür, daß die betreffende Lehrperson den angeführten Vertragsbestimmungen nicht mehr entspricht.

Zu Anl. 1, Art. 8, Anl. 2, Art. 12, 14, Anl. 3, Art. 7, 8.

Die staatliche Schulaufsicht wird aufrecht erhalten. Eine Wiedereinführung der früheren geistlichen Schulaufsicht steht nicht in Frage. An § 28 des Schulaufsichtsgesetzes vom 1. August 1922 wird festgehalten. Seine Bestimmungen kommen bezüglich des Religionsunterrichtes an den übrigen Lehranstalten zur entsprechenden Anwendung.

Der kirchlichen Oberbehörde oder deren Beauftragten sind bei Ausübung des Rechtes zum Besuche des Religionsunterrichts und des Rechtes zu allenfallsigen Beanstandungen des Unterrichts in den weltlichen Fächern dienstaufsichtliche Befugnisse gegenüber dem Lehrpersonal nicht eingeräumt. Im Falle von Beanstandungen kommt die der Sach- und Rechtslage entsprechende Entscheidung nach Maßgabe staatlicher Bestimmungen dem Staate zu.

Gleichzeitig mit der Zustimmung zum Entwurf eines Gesetzes zum neuen Konkordat und zu den Verträgen mit den evangelischen Kirchen hat der Landtag beschlossen:

1. Der Landtag billigt die Regierungserklärung über den Vollzug des Gesetzes zu den Verträgen mit den drei christlichen Kirchen in Bayern und tritt ihr bei.

2. Diese Erklärung wird dem Mantelgesetz als Anlage beigegeben und zugleich mit dem Mantelgesetz im Gesetz- und Verordnungsblatt veröffentlicht.

58. Bekanntmachung vom 11. Juni 1920, die Fortbildung der Volksschullehrer betr. (KMBl. S. 260).

Es hat sich als notwendig erwiesen, die Vorschriften über die Fortbildung der Volksschullehrer abzuändern. Nachstehend werden die künftig geltenden Bestimmungen hierüber bekanntgegeben.

Vorschriften über die Fortbildung der Volksschullehrer.*)

I. Allgemeine Bestimmungen.

§ 1. I Zur Förderung der Berufseinsicht, zur Pflege der Berufsfreudigkeit und zur Anbahnung der Berufstüchtigkeit dient in den ersten Jahren der schuldienstlichen Wirksamkeit eine auf gemeinsame Berufsarbeit eingestellte amtliche Fortbildung.

II Die Schulamtsbewerber und Schulamtsbewerberinnen, Hilfslehrer und Hilfslehrerinnen sind zur Teilnahme an dieser Fortbildung in der Zeit von der Seminarschlußprüfung bis zur bestandenen Anstellungsprüfung verpflichtet.

§ 2. I Zur Durchführung der Fortbildung werden von den Regierungen, Kammern des Innern, Fortbildungsbezirke gebildet. Diese fallen in der Regel mit dem Umkreis eines Bezirksamtes oder einer unmittelbaren Stadt zusammen.

II Ein Fortbildungsbezirk soll dauernd nicht mehr als 20 pflichtige Teilnehmer zählen. Besteht ein Bedürfnis, so werden in einem Bezirksamt oder in einer unmittelbaren Stadt mehrere Fortbildungsbezirke gebildet.

III In der Regel gehören einem Fortbildungsbezirke männliche und weibliche Fortbildungspflichtige an. Im Falle des Abs. II Satz 2 können jedoch besondere Bezirke für männliche und solche für weibliche Fortbildungspflichtige gebildet werden.

§ 3. I Die Leitung der Fortbildung in einem Fortbildungsbezirk obliegt nebenamtlich einem bewährten Volksschullehrer des Bezirks oder der unmittelbaren Stadt.

II Zur Leitung von Fortbildungsbezirken, die nur weibliche Fortbildungspflichtige umfassen, sind weibliche Fortbildungsleiter aufzustellen.

§ 4. I Der Fortbildungsleiter führt die Dienstbezeichnung Bezirksoberlehrer, die Fortbildungsleiterin die Dienstbezeichnung Bezirksoberlehrerin **).

II Der Bezirksoberlehrer wird durch die Regierung, Kammer des Innern, in widerruflicher Weise aufgestellt.

---

*) Unter Bezugnahme auf § 31 des Gesetzes über Schulpflege, Schulleitung und Schulaufsicht vom 1. August 1922 wurde die MinBek. vom 11. Juni 1920 über die Fortbildung der Volksschullehrer durch die Bek. d. Staatsm. f. Unt. u. K. vom 6. April 1923 über die Fortbildung der Volksschullehrer (KMBl. S. 43) abgeändert. Die Abänderung ist im nachstehenden Wortlaut der Vorschriften über die Fortbildung der Volksschullehrer berücksichtigt. Die Änderungen und Zusätze (in den §§ 3, 4, 5, 10, 11, 12, 14 und 16) wurden durch Sperrdruck hervorgehoben. In § 4 wurden Abs. II und Abs. IV zweiter Satz gestrichen, Abs. IV wurde Abs. II. Ferner wurde § 13 Satz 2 und § 20 gestrichen.

**) Die Bezeichnung Fortbildungsleiter und Bezirksoberlehrer gilt auch für Fortbildungsleiterin und Bezirksoberlehrerin, die Bezeichnung Schulklasse auch für Schulabteilung und Schule.

III Er untersteht als Fortbildungsleiter und im inneren Betriebe seiner Schulklasse nicht dem Bezirksschulrat, sondern unmittelbar der Regierung. Die Schulbesuche in den Klassen der Bezirksoberlehrer werden von den fachmännisch vorgebildeten Schulaufsichtsbeamten der Regierung, Kammer des Innern, vorgenommen.

§ 5. I Das Fortbildungsjahr beginnt und endet mit dem Schuljahr an den Volksschulen.

II Jährlich finden fünf Fortbildungstage statt. Sie werden in der Regel an Schultagen abgehalten. Der Unterricht in der Schulklasse der Teilnehmer kann, wenn Aushilfe oder Mitführung nicht möglich ist, ausgesetzt werden.

III Der Ort der einzelnen Fortbildungstage wird vom Fortbildungsleiter im Benehmen mit den Fortbildungsteilnehmern festgesetzt.

§ 6. I Im Mittelpunkte der Fortbildung steht die praktische Unterrichts- und Erziehungsarbeit, die auf die richtige Erkenntnis dieser Arbeit gegründet sein muß.

II Für die Fortbildung hierin kommen hauptsächlich folgende Maßnahmen in Betracht:

a) Jeder Fortbildungspflichtige nimmt nach Weisung des Fortbildungsleiters jährlich einige Male am Unterricht in gut geführten Schulklassen teil.

b) Der Bezirksoberlehrer beobachtet und bespricht tunlich jährlich einmal die Schularbeit der Fortbildungspflichtigen in ihren Schulklassen und sucht hierbei auch durch sein Lehrbeispiel anregend und fördernd zu wirken.

c) Die Fortbildungspflichtigen arbeiten für vier Fortbildungstage je eine Unterrichtsaufgabe schriftlich aus. Die Ausarbeitungen werden von dem Bezirksoberlehrer mit sachförderlichen Bemerkungen und Anregungen versehen, bei der nächsten Zusammenkunft gemeinsam besprochen und sodann den Bearbeitern zurückgegeben.

d) Der von allen Teilnehmern vorbereitete Unterricht wird vom Fortbildungstag entweder nach freiwilliger Meldung oder nach Anordnung des Fortbildungsleiters mit den Schülern einer vollständigen Schulklasse durchgeführt. Auf Vorführung guter und anregender Lehrbeispiele ist Bedacht zu nehmen.

e) An den Unterricht schließt sich eine Besprechung der gebotenen Schularbeit. Die Versammlungsteilnehmer wenden dabei ihre Aufmerksamkeit nicht bloß der schriftlich vorbereiteten und behandelten Unterrichtsaufgabe zu, sondern gehen auch den Beziehungen dieses Lehrstückes zu vorausgegangenen und nachfolgenden Aufgaben in dem betreffenden Fache sowie zu anderen Unterrichtsfächern und Schuljahren nach.

III Im Zusammenhalte mit der praktischen Schularbeit sind jeweils die sachlich und psychologisch begründeten Unterrichtsverfahren in dem in Frage stehenden Fache gründlich zu behandeln.

§ 7. I Zur Pflege der theoretischen Pädagogik wird in jedem Fortbildungsjahr eine bedeutsame Unterrichts- oder Erziehungsfrage zur eingehenden Untersuchung bestimmt. Die Fortbildungspflichtigen sollen hierin zu möglichst selbständigem und begründetem Urteile vorzudringen suchen und zu diesem Zwecke sich auch bemühen, die einschlägigen Gedanken und Bestrebungen hochstehender Lehrer, Erzieher und geistiger Führer hierin kennen zu lernen, um daran ihre Einsicht und Erfahrung zu ergänzen und zu berichtigen, zu begründen und zu vertiefen.

II Jeder Fortbildungspflichtige hat zunächst aus den damit zusammenhängenden, im Jahresplane zur Auswahl gestellten Teilaufgaben im Laufe des Fortbildungsjahres eine solche Aufgabe schriftlich zu bearbeiten und dem Fortbildungsleiter zu übermitteln.

III Außerdem sind von dem Fortbildungsleiter unter Mitwirkung der Fortbildungspflichtigen gelegentlich des ersten Fortbildungstages einige andere einschlägige Teilaufgaben festzusetzen, sodann von den Beteiligten zu studieren und beim zweiten, dritten und vierten Fortbildungstage mündlich zu erörtern.

§ 8. I Der Umriß des Jahresplanes wird für jedes Fortbildungsjahr vom Staatsministerium für Unterricht und Kultus aufgestellt.

II Innerhalb dieses Rahmens schafft sich jeder Fortbildungsbezirk seinen besonderen Arbeitsplan.

§ 9. Die Auswahl von Hilfsmitteln zur Durchführung des Arbeitsplanes ist den Fortbildungspflichtigen freigestellt. Mit dem Jahresplane werden von der Unterrichtsverwaltung alljährlich empfehlenswerte einschlägige Schriftwerke namhaft gemacht.

§ 10. I Der Fortbildungsleiter führt für jeden Fortbildungspflichtigen einen Fortbildungsbogen, in dem am Schlusse jedes Fortbildungsjahres oder vor Überweisung in einen anderen Fortbildungsbezirk die Fortbildungstätigkeit gewürdigt wird. Nach Beendigung der Fortbildungspflicht wird der Fortbildungsbogen dem von der Regierung geführten Personalakt einverleibt.

II Der Bezirksoberlehrer kann einem lässigen Fortbildungspflichtigen Mahnung und Verwarnung aussprechen. Bei schwerer Pflichtverletzung eines Fortbildungspflichtigen hat er der Regierung zur dienstaufsichtlichen Würdigung Anzeige zu erstatten.

III Am Schlusse des Fortbildungsjahres berichtet der Fortbildungsleiter über die Durchführung des Jahresplanes kurz und zusammenfassend an die Regierung. Dabei kann er auf besonders erfolgreiches Fortbildungsstreben sowie auf besonders nachlässige Fortbildungstätigkeit einzelner Teilnehmer aufmerksam machen. Im letzteren Falle hat er die Beteiligten davon in Kenntnis zu setzen.

§ 11. Die Regierung, Kammer des Innern, die nach den bestehenden Vorschriften die Aufsicht über die Fortbildung führt, hat gegen Schluß des Fortbildungsjahres die von den Fortbildungspflichtigen gefertigten schriftlichen Arbeiten aus 4 bis 8 Fortbildungsbezirken einzuholen und nach genauer Durchsicht bis Ende Juni zu bescheiden. Die ergangenen Bescheide sind bis 30. Juli mit einem zusammenfassenden Bericht über die Durchführung des Jahresplanes dem Staatsministerium für Unterricht und Kultus vorzulegen.

II. Besondere Bestimmungen.

§ 12. I Der Bezirksoberlehrer bedarf zur Vornahme von Schulbesuchen bei Fortbildungspflichtigen keines Urlaubs. Er teilt in diesem Falle seine Absicht dem Schulleiter mit, der für Aushilfe in der fraglichen Schulklasse oder für deren Mitführung Sorge trägt; läßt sich dies, z. B. in einer ungeteilten Schule, nicht ermöglichen, so ist auf Verlegung des ausfallenden Unterrichts Bedacht zu nehmen. Aushilfeleistung in der Schulklasse des zu Schulbesuchen abwesenden Bezirksoberlehrers oder Mitführung dieser Schulklasse ist Dienstpflicht der Volksschullehrer der betreffenden Schule.

II Die Fortbildungspflichtigen sollen für die Teilnahme am Unterrichte bewährter Volksschullehrer tunlichst Zeiten in Aussicht nehmen, in denen sie durch Unterricht in der eigenen Schulklasse nicht behindert sind. Wenn das nicht durchführbar ist, kann Aushilfe in dieser Schulklasse oder dessen Mitführung oder Verlegung des ausfallenden Unterrichts angeordnet werden.

III Unterrichtsausfall infolge von Schulbesuchen soll vermieden werden.

§ 13. Für weibliche Fortbildungspflichtige, die einer geistlichen Gesellschaft angehören, können besondere Fortbildungsbezirke gebildet und Mitglieder dieser geistlichen Gesellschaft zu Fortbildungsleiterinnen aufgestellt werden.

§ 14. I Der erste Fortbildungstag findet im Juni, der zweite im Oktober, der dritte im Dezember, der vierte im Februar und der fünfte im April statt.

II Der erste Fortbildungstag dient zunächst der Festsetzung des Arbeitsplanes für das folgende Fortbildungsjahr auf Grund des amtlichen Jahresplanes, sodann der Einführung in die Jahresarbeit und endlich der Behandlung und Besprechung eines Lehrbeispiels aus dem Jahresstoffe durch den Fortbildungsleiter oder einen Lehrer oder einer Lehrerin des Bezirkes oder der Stadt.

III Die nach § 7 Abs. II zu fertigende schriftliche Arbeit ist im Februar dem Fortbildungsleiter abzuliefern. Dieser bespricht den Inhalt der Arbeiten beim fünften Fortbildungstag und gibt sie sodann den Verfassern zurück.

§ 15. Die Fortbildungsverhandlungen dürfen jeweils die Dauer von fünf Stunden nicht überschreiten.

§ 16. I Für die Schulbesuche durch Fortbildungspflichtige kommt in erster Reihe die Schulklasse des Bezirksoberlehrers in Betracht. Es ist jedoch erwünscht, daß zur Durchführung der in § 6 Abs. II Buchstabe a vorgesehenen Maßnahme auch andere Volksschullehrer, die den Fortbildungspflichtigen vom Fortbildungsleiter bezeichnet werden, die Teilnahme an ihrem Unterricht ermöglichen.

II Die Zeit des Schulbesuches ist vorher zu vereinbaren.

§ 17. I Die ausführlichen Lehrdarstellungen gemäß § 6 Abs. II Buchstabe c sind praktisch zu gestalten. Sie sollen knappe Vorerwägungen und kurze Begründungen des Unterrichtsverfahrens enthalten, sich aber breiter theoretischer Ausführungen allgemeiner Art enthalten.

II In der schriftlichen Jahresarbeit entsprechend § 7 Abs. II soll einwandfreie Sachlichkeit und wissenschaftliche Gründlichkeit angestrebt werden. Quellennachweise sind stets genau anzuführen.

III Die Durchsicht der schriftlichen Arbeiten erfolgt vor allem zu dem Zwecke sachförderlicher Anregungen, Berichtigungen und Ergänzungen; die prüfende Nachschau ist dagegen eine untergeordnete Aufgabe. Von ziffernmäßiger Beurteilung ist abzusehen.

§ 18. I Es ist darauf zu achten, daß jeder Fortbildungspflichtige im Laufe seiner Fortbildungszeit mindestens einmal bei einem Fortbildungstag eine Lehrübung vorführt. Das Ergebnis dieses Unterrichts ist im Fortbildungsbogen festzulegen.

II Bei den mündlichen Fortbildungsverhandlungen ist freie zusammenhängende Gedankendarstellung zu pflegen.

§ 19. Von dem Vortrage von Abhandlungen, die nicht in den Rahmen des Jahresplanes gehören, und von der ausführlichen Wiedergabe von Aufsätzen und Schriften anderer Verfasser ist grundsätzlich abzusehen.

III. Schlußbestimmungen.

§ 20. (Gestrichen.)

§ 21. Diese Bekanntmachung tritt am 1. September 1920 in Kraft. Mit diesem Tage wird die Bekanntmachung vom 9. Dezember 1908 über die Fortbildung des Lehrpersonals an den Volksschulen außer Wirksamkeit gesetzt.

---

59. Bekanntmachung vom 25. November 1921, Prüfungsordnung für den Volksschuldienst betr. (KMBl. S. 287).*)

Mit Zustimmung des Gesamtministeriums wird an Stelle der zur Zeit geltenden Vorschriften über die Anstellungsprüfung der Kandidaten und Kandidatinnen des Volksschuldienstes vom 9. Dezember 1908 die nachstehende Prüfungsordnung für den Volksschuldienst erlassen.

I. Allgemeine Bestimmungen.

§ 1. Voraussetzung für die Anstellung an einer Volksschule in der Eigenschaft als ständiger Volksschullehrer im Sinne des Art. 1 des Volksschullehrergesetzes vom 14. August 1919 ist der Nachweis der bestandenen Prüfung für den Volksschuldienst.

§ 2. In der Prüfung für den Volksschuldienst soll die Befähigung zur selbständigen Führung einer Volksschule nachgewiesen werden. Hierbei sind an die berufliche Einsicht sowie an die Klarheit und Sicherheit in der Schulführung höhere Anforderungen zu stellen als in der Schlußprüfung an den Lehrer- und Lehrerinnenbildungsanstalten.

§ 3. Prüfungen für den Volksschuldienst werden alljährlich abgehalten. Den Zeitpunkt bestimmt das Staatsministerium für Unterricht und Kultus.

§ 4. I Die Vorbereitung und Durchführung der Prüfung obliegt den Regierungen, Kammern des Innern. Jede Regierung ernennt zu diesem Zweck einen Prüfungsausschuß, der sich aus dem Prüfungsleiter und den Prüfungsmitgliedern zusammensetzt.

II Mit der Leitung der Prüfung ist ein fachmännischer Schulbeamter der Regierung zu betrauen. Als Prüfungsmitglieder sind Schulbeamte, Leiter**) von Lehrer- und Lehrerinnenbildungsanstalten und Lehrer für Pädagogik an diesen Anstalten sowie Fortbildungsleiter und Volksschullehrer zu berufen. Aus ihnen werden von der Regierung Prüfungsgruppen mit je drei Mitgliedern gebildet.

§ 5***).** I Zur Prüfung werden zugelassen Schulamtsbewerber und

---

*) Von einem Abdrucke der „Vordrucke" im Anhang wurde abgesehen.

**) Die Bezeichnung Leiter und Lehrer gilt stets auch für Leiterin und Lehrerin dieser Anstalten, die Bezeichnung Fortbildungsleiter auch für Fortbildungsleiterin; die Bezeichnung Volksschullehrer ist im Sinne des Art. 1 Volksschullehrergesetzes aufzufassen.

***) § 5 erhielt die nachstehende Fassung durch die MinBek. vom 2. Mai 1923 (KMBl. S. 65).

Hilfslehrer *), die einen vierjährigen Vorbereitungsdienst zurückgelegt haben. Der Vorbereitungsdienst umfaßt außer der beobachtenden und unterrichtenden Tätigkeit in Volksschulen die Fortbildung in den Berufsfächern nach Maßgabe der MinBek. vom 11. Juni 1920 und vom 6. April 1923.

II Die Zulassung zur Prüfung ist zu versagen, wenn der Bewerber seine dienstlichen Pflichten bei der Ableistung des Vorbereitungsdienstes gröblich verletzt hat.

III Über die Zulassung entscheidet die Regierung, Kammer des Innern. Sie hat in besonders gelagerten oder zweifelhaften Fällen die Entscheidung des Staatsministeriums für Unterricht und Kultus einzuholen.

§ 6. I Die Prüfung erstreckt sich auf die Theorie und Praxis des Erziehungs- und Lehramts an den Volksschulen.

II Gegenstand der theoretischen Prüfung sind Erziehungslehre, Unterrichtslehre und Geschichte der Pädagogik. Erziehungslehre und Unterrichtslehre werden schriftlich und mündlich, Geschichte der Pädagogik wird nur schriftlich geprüft.

III Die praktische Prüfung besteht in der schulmäßigen Behandlung einiger Unterrichtsaufgaben mit den Kindern einer vollständigen Schulklasse.

§ 7. I Die Prüfung aus der Erziehungslehre umfaßt das Gebiet der Erziehung des gesunden Kindes im schulpflichtigen Alter.

II Die Prüfung aus der Unterrichtslehre hat den weltlichen Volksschulunterricht zum Gegenstande. Zum Volksschulunterricht ist auch der Unterricht in der Volks-Fortbildungsschule zu rechnen.

III In den Prüfungsbereich der Erziehungslehre und der Unterrichtslehre gehört auch die psychologische Begründung des Erziehungs- und Unterrichtsverfahrens sowie die sachliche Beurteilung von wichtigeren Zeitbestrebungen auf dem Gebiete der Erziehung und des Unterrichts.

IV In der Geschichte der Pädagogik sollen insbesondere die leitenden Gedanken führender Erzieherpersönlichkeiten seit dem Beginn des 17. Jahrhunderts im Zusammenhalte mit den Kulturbestrebungen der Zeit und nach ihrer Bedeutung für die Gegenwart dargelegt werden.

V Von der Feststellung rein gedächtnismäßig anzueignenden Wissens ist in allen Fächern der theoretischen Prüfung abzusehen.

§ 8. I Die praktische Prüfung findet bei Prüfungsteilnehmern, die bis zum Zeitpunkte der Prüfung mindestens ein Jahr ununterbrochen mit der Führung einer Schulklasse an einer öffentlichen Volksschule betraut sind, in der Regel in ihrer Schulklasse statt.

II Alle übrigen Prüfungsteilnehmer legen die Probe in der Schulführung während der Prüfung für den Volksschuldienst in Schulklassen am Prüfungsort ab. Das Gleiche gilt für Prüfungsteilnehmer, die an privaten Schulen verwendet sind.

III Beim Vorliegen besonderer Umstände kann die Regierung, Kammer des Innern, verfügen, daß ein Prüfungsteilnehmer, bei dem die Voraussetzung für die Ablegung der praktischen Prüfung gemäß Abs. I gegeben ist, diese in der in Abs. II vorgesehenen Weise abzulegen hat.

---

*) Die Bezeichnungen Schulamtsbewerber und Hilfslehrer gelten stets auch für Schulamtsbewerberin und Hilfslehrerin. Die Bezeichnung Prüfungsteilnehmer gilt auch für Prüfungsteilnehmerin, die Bezeichnung Schulklasse auch für Schulabteilung und Schule.

§ 9. I Zur Vornahme der praktischen Prüfung gemäß § 8 Abs. I wird die Schulklasse des zu Prüfenden im Laufe des Kalenderjahres, in welchem die Prüfung abgelegt wird, von einer Abordnung von Fachleuten besucht. Die von der Regierung ausgewählte Prüfungsabordnung zählt drei Mitglieder. Sie setzt sich in der Regel aus Schulbeamten und Fortbildungsleitern zusammen; auch geeignete Volksschullehrer können dazu bestimmt werden. Die Zeit des Schulbesuchs wird vom Obmann der Prüfungsabordnung mit den Mitgliedern vereinbart.

II Der halbtägige Schulbesuch soll Gelegenheit geben, die Lehrperson in ihrer Schularbeit kennen zu lernen. Dabei ist besonders auf das seelische Verhältnis zwischen Lehrer und Schülern, auf die Erziehereigenschaften und Erziehungserfolge, auf die unterrichtlichen Fähigkeiten und Ergebnisse sowie auf die Hingabe an die Berufsaufgaben zu achten.

III Prüfungsteilnehmer, welche die praktische Prüfung in der in § 8 Abs. II bestimmten Weise ablegen, haben zwei Lehrproben zu halten. Die Aufgabe für die erste Lehrprobe ist der Unterrichtsgruppe Sachfächer, die für die zweite Lehrprobe der Unterrichtsgruppe Deutsche Sprache oder Rechnen zu entnehmen. Für Prüfungsteilnehmer, für welche Abschnitt III dieser Prüfungsordnung in Betracht kommt, ist in die Unterrichtsgruppe Deutsche Sprache und Rechnen auch Religionslehre einzubeziehen.

IV Für die erste Lehrprobe über eine Aufgabe aus den Sachfächern kann der Prüfungsteilnehmer das Unterrichtsfach, dem die Lehrprobe zu entnehmen ist, wählen; für die zweite Lehrprobe über eine Aufgabe aus der Deutschen Sprache oder dem Rechnen oder allenfalls der Religionslehre wird ihm sowohl das Unterrichtsfach als auch das Lehrstück und die Schulklasse von der Prüfungsgruppe bestimmt.

§ 10. Für die Beurteilung der Schulführung eines Prüfungsteilnehmers gilt der von der Prüfungsabordnung nach dem Besuche der Schulklasse beschlossene Bewertungsgrad als endgültige Prüfungsnote. Im andern Falle setzt jede Prüfungsgruppe für jede Lehrprobe einen Notengrad fest.

§ 11. Die Aufgaben für die schriftliche Prüfung werden vom Staatsministerium für Unterricht und Kultus gestellt.

§ 12. I Die Prüfungsleistungen werden durch folgende Bewertungsgrade gekennzeichnet:

hervorragend = 1
lobenswert = 2
entsprechend = 3
mangelhaft = 4
ungenügend = 5.

II Zwischennoten werden nicht erteilt.

III Aus den Noten in den einzelnen Prüfungsfächern ist für jeden Prüfungsteilnehmer eine Hauptnote zu berechnen.

§ 13.*) Die Prüfung hat nicht bestanden, wer in der Schulführung oder in zweien der Prüfungsfächer, Erziehungslehre, Unterrichtslehre, Geschichte der Pädagogik die Beurteilung „ungenügend" erhalten hat.

§ 14. I Die Prüfung kann einmal wiederholt werden. Die Wiederholung hat innerhalb der folgenden zwei Jahre zu geschehen.

II Bei Wiederholung der bestandenen Prüfung zum Zwecke der Erlangung eines günstigeren Prüfungszeugnisses bleibt dem Prüfungsteilnehmer die Ein-

*) 13 erhielt die nachstehende Fassung durch die MinBek. vom 2. Mai 1923 (KMBl. S. 65).

reihung in den Jahrgang, mit dem er die Prüfung zum ersten Male bestanden hat, und der hierbei erlangte Fortgangsplatz gewahrt. Wer zum zweiten Male die Prüfung bestanden hat, erhält oder behält das Zeugnis, welches das günstigere Ergebnis aufweist.

III Tritt bei Wiederholung der bestandenen Prüfung einer der in § 13 berührten Fälle ein, so gilt gleichfalls die Bestimmung in Abs. II.

§ 15. Prüfungsteilnehmer, welche die Prüfung zweimal ohne Erfolg abgelegt haben, sind alsbald aus dem öffentlichen Schuldienste zu entlassen.

§ 16. Die durch die Prüfung erwachsenden Kosten werden aus der Staatskasse bestritten.

§ 17. Die Prüfungsordnung tritt am 1. Dezember 1921 in Kraft. Mit diesem Tage wird die Bekanntmachung vom 9. Dezember 1908 über die Anstellungsprüfung der Kandidaten und Kandidatinnen des Volksschuldienstes außer Wirksamkeit gesetzt.

II. Besondere Bestimmungen.

§ 18. I Die Ablegung der Prüfung am Ende des vierten Vorbereitungsjahres ist, soweit nicht besondere Hinderungsgründe bestehen, Dienstpflicht.

II Das Gesuch um Zulassung zur Prüfung ist im Dezember des vierten Vorbereitungsjahres an die Regierung, Kammer des Innern, zu richten. Es muß die Voraussetzungen für die Zulassung zur Prüfung mit der Bestätigung durch den Fortbildungsleiter und den Bezirksschulrat nachweisen, über die bisherige schuldienstliche Tätigkeit Aufschluß geben und eine Erklärung über die Teilnahme an der besonderen Prüfung gemäß Abschnitt III dieser Prüfungsordnung enthalten. Lehrpersonen, die nicht an öffentlichen Volksschulen tätig waren oder sind, haben ihren Gesuchen auch das Reifezeugnis der Lehrer- oder Lehrerinnenbildungsanstalt, ferner Bescheinigungen der Schulleitung über ausreichende und befriedigende Berufsbetätigung beizulegen.

III Die Zulassungsgesuche sind im Januar zu verbescheiden.

IV Wer bei dem v o r der Prüfung erfolgten Besuche der Schulklasse durch die Prüfungsordnung gemäß § 10 Satz 1 in der Schulführung die Beurteilung „ungenügend" erhalten hat, kann in diesem Jahre zur schriftlichen und mündlichen Prüfung nicht zugelassen werden. Die Zulassung ist in diesem Falle erst im folgenden Kalenderjahre möglich, wenn bei einem neuerlichen Besuche durch die Prüfungsabordnung ein besseres Ergebnis in der Schulführung festgestellt worden ist.

§ 19. I Der Prüfungsleiter hat für die Einhaltung der Prüfungsordnung Sorge zu tragen und der Regierung über den Verlauf der Prüfung durch Vorlage einer Niederschrift über die Prüfungsverhandlungen zu berichten.

II Der Prüfungsleiter kann Mitglied einer Prüfungsgruppe sein.

§ 20. I Für die schriftliche Bearbeitung der Aufgaben aus der Erziehungslehre, aus der Unterrichtslehre und aus der Geschichte der Pädagogik sind je vier Vormittagsstunden anzusetzen. Die Bearbeitung erfolgt unter Aufsicht von Prüfungsmitgliedern.

II Der Gebrauch unerlaubter Hilfsmittel oder das Zusammenarbeiten von Prüfungsteilnehmern ist mit Note 5 für die betreffende Arbeit zu ahnden.

§ 21. I Auf die mündliche Prüfung in der Erziehungslehre und in der Unterrichtslehre sind je ungefähr 15 Minuten zu verwenden, für jede während der Prüfung abzuhaltende Lehrprobe mindestens 30 Minuten zur Verfügung zu stellen.

II Zur Vorbereitung auf jede dieser Lehrproben sind zwei Stunden zu gewähren. Die Vorbereitung erfolgt unter Aufsicht in einem besonderen Prüfungsraume. Stoffsammlungen, nicht aber Unterrichtsanleitungen, werden hierbei zur Benützung bereitgehalten. Die Vorlage einer schriftlichen Lehrskizze wird nicht verlangt.

III Die Aufgaben für die Lehrproben sind so zu begrenzen, daß sie in der zur Verfügung stehenden Zeit ohne Hast behandelt werden können. Von Aufgaben, deren Durchführung besondere Vertrautheit mit dem Vorstellungskreis der Schüler voraussetzt, ist abzusehen.

IV Für die Lehrproben ist, soweit möglich, die Schulklasse vorzusehen, in welcher der zu Prüfende bisher vorwiegend tätig war.

§ 22. I Die Prüfungsabordnung, welche die Schulklasse eines Prüfungsteilnehmers besucht, kann sich auf die Teilnahme an dem stundenplanmäßigen Unterrichte beschränken oder daneben auch einige Unterrichtsaufgaben, die vor nicht zu langer Zeit behandelt worden sind, wiederholen lassen. Sie bewertet die Schul- und Erziehungsarbeit mit einer Note und gibt hierzu unter Benützung des Vordruckes 1 Bemerkungen über Beobachtungen beim Unterricht und in der Erziehung.

II Erfolgt die Beurteilung der Schulführung während der Prüfung auf Grund zweier Lehrproben, so wird aus den dabei festgesetzten Noten der Durchschnitt bestimmt. Von Zwischennoten ist auch hierbei abzusehen. Im Zweifelsfalle gibt die Note für die Lehrprobe, zu welcher der Prüfungsteilnehmer das Unterrichtsfach wählen konnte, den Ausschlag.

III Den Lehrproben aus der Religionslehre (§ 9 Abs. III Satz 3) kann der Vertreter der kirchlichen Oberbehörde (§ 33 Abs. III) anwohnen. Er ist bei der Beurteilung dieser Lehrproben stimmberechtigt.

§ 23. I Für die Durchsicht und Benotung der schriftlichen Arbeiten aus einem Prüfungsfache wird je eine Prüfungsgruppe mit drei Mitgliedern gebildet.

II Die Prüfungsarbeiten werden zunächst von zwei Mitgliedern der Prüfungsgruppe beurteilt. Jede Aufgabe einer Arbeit erhält eine Note; aus den Einzelnoten ist von jedem Beurteiler rechnerisch die Gesamtnote für die Arbeit festzustellen. Im Zweifelsfalle bleibt die Festsetzung der Gesamtnote dem Ermessen des Beurteilers anheimgegeben. Stimmen die beiden Beurteiler in der Festsetzung der Gesamtnote für eine Arbeit überein, so gilt die Gesamtnote als endgültig festgesetzt. Diejenigen Arbeiten aber, für welche der erste und zweite Beurteiler verschiedene Gesamtnoten erteilt haben, werden dem dritten Mitgliede der Prüfungsgruppe zur Durchsicht und Benotung übermittelt, das ebenso verfährt wie die beiden andern Mitglieder der Prüfungsgruppe. Das endgültige Ergebnis wird in diesen Fällen durch den Prüfungsleiter rechnerisch aus den vorliegenden drei Vorschlägen ermittelt. Hierbei hat die Bestimmung in § 28 Abs. I Satz 2 Maß zu geben.

III Jeder Beurteiler unterläßt Bemerkungen auf den Prüfungsarbeiten und trägt die ihm angemessen erscheinenden Noten für die einzelnen Aufgaben jeder Arbeit sowie die Gesamtnote hierfür in ein Verzeichnis ein, das den andern Beurteilern nicht bekannt gemacht wird.

IV Für die Beurteilung der schriftlichen Prüfungsarbeiten ist vor allem der Inhalt maßgebend; daneben ist auch die Ordnung der Gedanken und die sprachliche Darstellung zu würdigen.

§ 24. Die Beurteilung der Leistungen in der mündlichen Prüfung und in der Schulführung geschieht durch Mehrheitsbeschluß der Prüfungsgruppen. Sie ist endgültig.

§ 25. Die Grundlagen für die Beurteilung von Prüfungsleistungen bildet der Bewertungsgrad „entsprechend = 3". Mit diesem Grad ist eine Leistung zu kennzeichnen, die einer durchschnittlichen Begabung und Strebsamkeit entspricht. An diese mittlere Stufe schließen sich für bessere Leistungen zwei Grade nach oben und für geringere Leistungen ebensoviele nach unten an.

§ 26. Die Noten für sämtliche Prüfungsteilnehmer sind in eine Prüfungsliste nach Vordruck 2 einzutragen. Diese wird vom Prüfungsleiter abgeschlossen und unterzeichnet.

§ 27. Prüfungsteilnehmer, welche die Prüfung bestanden haben, erhalten Prüfungszeugnisse nach Vordruck 3 zugestellt.

§ 28. I Bei Festsetzung der Benotung für Erziehungslehre und für Unterrichtslehre ist die Note für die schriftliche Leistung je zweifach, die für die mündliche Leistung je einfach in Ansatz zu bringen und die Summe hieraus jedesmal durch drei zu teilen. Ergeben sich bei der Teilung Brüche mit weniger als einem Halben, so bleiben sie unberücksichtigt, andernfalls werden sie als Ganzes gerechnet.

II Bei Berechnung der Hauptnote für einen Prüfungsteilnehmer wird die Note für jede schriftliche Prüfungsarbeit zweifach, die für jede mündliche Prüfungsleistung einfach und die für Schulführung im Falle des § 10 Satz 1 vierfach, im Falle des § 10 Satz 2 für jede Lehrprobe zweifach in Ansatz gebracht. Notensumme 12 bis einschließlich 18 wird zur Hauptnote 1, Notensumme 19 bis einschließlich 30 zur Hauptnote 2, Notensumme 31 bis einschließlich 42 zur Hauptnote 3, Notensumme 43 bis einschließlich 52 zur Hauptnote 4, von 53 an zur Hauptnote 5 zusammengefaßt.

§ 29. Für Prüfungsteilnehmer, auf welche die Bestimmung in § 18 Abs. IV zutrifft, hat dies die gleiche Folge, als wenn sie die Prüfung nicht bestanden hätten.

§ 30. In den Prüfungszeugnissen sind ausschließlich die Wortbezeichnungen der in § 12 Abs. I angeführten Bewertungsgrade zu gebrauchen. Für die Prüfungsarbeiten und in der Prüfungsliste werden der Kürze und Übersichtlichkeit halber durchwegs die arabischen Ziffern angewendet.

§ 31. I Für das Prüfungszeugnis ist eine Stempelabgabe von acht Mark zu entrichten.

II Zur Deckung der Prüfungskosten wird von den Prüfungsteilnehmern ein Kostenbeitrag erhoben, dessen Höhe jeweils das Staatsministerium für Unterricht und Kultus festsetzt.

III. Bestimmungen für die Prüfung über das Lehrverfahren im Religionsunterrichte.

§ 32. Die Prüfungsteilnehmer, welche bei der Seminar-Schlußprüfung die Prüfung in der Religionslehre abgelegt haben und bekenntnismäßigen Religionsunterricht an den Volksschulen erteilen wollen, haben auch eine Prüfung über das Lehrverfahren im Religionsunterrichte der Volksschule abzulegen.

§ 33. I Die Prüfung wird schriftlich und mündlich abgehalten.

II Die schriftliche Prüfung findet am 4. Prüfungstage von 8—11 Uhr statt. Die Aufgaben hierfür werden von den kirchlichen Oberbehörden bestimmt.

III Für die Vornahme der mündlichen Prüfung und für die Durchsicht und Benotung der schriftlichen Prüfungsarbeiten ist für jedes Bekenntnis eine besondere Prüfungsgruppe zu bilden, die sich aus einem Vertreter der kirchlichen Oberbehörde und einem geistlichen und einem weltlichen Mitgliede des betreffenden Bekenntnisses zusammensetzt. Die beiden letzteren Mitglieder der Prüfungsgruppe werden von der Regierung im Benehmen mit der kirchlichen Oberbehörde berufen.

IV Als erster Beurteiler der schriftlichen Prüfungsarbeiten ist der Vertreter der kirchlichen Oberbehörde, als zweiter das weltliche Mitglied, als dritter das geistliche Mitglied der Prüfungsgruppe vorzusehen.

§ 34. Die Vorschriften in Abschnitt I und II gelten sinngemäß; insbesondere sind die Bestimmungen in § 12 Abs. I und II, in § 21 Abs. I und in § 23 zu beachten.

§ 35. I Bei der ziffermäßigen Feststellung der Leistung in diesem Fache ist die Note für die schriftliche Arbeit zweifach, die in der mündlichen Prüfung erteilte Note einfach in Ansatz zu bringen. § 28 Abs. I Satz 2 gilt entsprechend.

II Die sich hiernach ergebende Note in der Prüfung über das Lehrverfahren im Religionsunterrichte bleibt bei Berechnung der Hauptnote in den weltlichen Prüfungsfächern gemäß § 28 Abs. II außer Betracht. Sie wird in einem besonderen Zeugnisse nach Vordruck 4 dem Prüfungsteilnehmer von der Regierung zugestellt.

§ 36. Die Regierung leitet den beteiligten kirchlichen Oberbehörden das Ergebnis der Prüfung über das Lehrverfahren im Religionsunterricht in Form einer Übersicht zu. Diese Übersicht enthält die Namen der Teilnehmer an dieser Prüfung, deren Dienstort und den jedem Teilnehmer zuerkannten Bewertungsgrad.

§ 37. I Ein Prüfungsteilnehmer, welcher in der Prüfung über das Lehrverfahren im Religionsunterrichte den Bewertungsgrad „ungenügend" erhalten, im übrigen aber die Prüfung für den Volksschuldienst bestanden hat, kann bei der nächsten oder übernächsten Prüfung für den Volksschuldienst sich nochmals der Prüfung über das Lehrverfahren im Religionsunterricht unterziehen, ohne die Prüfung nach Abschnitt I und II dieser Prüfungsordnung zu wiederholen.

II Im Falle des § 14 Abs. I kann die Wiederholung der Prüfung nach Abschnitt III unterbleiben, wenn bei der erstmaligen Ablegung der Prüfung über das Lehrverfahren im Religionsunterrichte nicht der Bewertungsgrad „ungenügend" erteilt worden ist.

IV. Zur Ergänzung der Prüfungsordnung wird bestimmt:*)

B.

1. Unverschuldete Unterbrechungen des in § 5 Abs. I geforderten vierjährigen Vorbereitungsdienstes stehen der Zulassung zur Prüfung nicht im Wege, wenn sie insgesamt nicht mehr als drei Monate betragen. Bei Verkürzung des Vorbereitungsdienstes um mehr als drei Monate ist die Zulassung zur Prüfung in der Regel zu versagen. Ausnahmen sind nur beim Vorliegen wichtiger Gründe mit Zustimmung des Staatsministeriums für Unterricht und Kultus zulässig. Die besonderen Bestimmungen über Anrechnung anderweitiger Dienstleistung bleiben vorbehalten.

2. Prüfungsteilnehmer, welche die Prüfung nicht bestanden haben, und Prüfungspflichtige, die an der rechtzeitigen Ablegung der Prüfung verhin-

*) Angefügt durch MinBek. vom 2. Mai 1923 (KMBl. S. 65), Buchstabe B.

dert gewesen oder die von der Teilnahme an ihr entbunden oder die zur Prüfung nicht zugelassen worden sind, haben den vollen Vorbereitungsdienst gemäß § 5 Abs. I Satz 2 bis zur bestandenen Prüfung für den Volksschuldienst fortzusetzen.

3. Prüfungspflichtige, denen auf Grund des § 5 Abs. II die Zulassung zur Prüfung wiederholt verweigert worden ist oder die nach ihrer Zulassung zur Prüfung ohne hinreichenden Grund entweder der Prüfung ferngeblieben sind oder sich der Fortsetzung der Prüfung entzogen haben, werden beim Vollzuge des § 14 Abs. I der Prüfungsordnung so behandelt, als wenn sie die Prüfung nicht bestanden hätten.

4. Teilnehmer und Teilnehmerinnen an der Prüfung für den Volksschuldienst können in der Regel in einen früheren Prüfungsjahrgang als den, mit dem sie die Prüfung bestanden haben, nicht eingereiht werden. Dies gilt im allgemeinen auch für solche Prüfungspflichtige, die an der rechtzeitigen Ablegung der Prüfung verhindert gewesen oder von der Teilnahme an ihr entbunden worden sind. Ausnahmen hiervon sind nur in besonders gelagerten Fällen mit Genehmigung des Staatsministeriums für Unterricht und Kultus zulässig. Unter keinen Umständen kommt die Einreihung in einen früheren Jahrgang in Betracht, wenn der Prüfungspflichtige die Prüfung aus eigenem Verschulden nicht rechtzeitig abgelegt hat. Erachtet die Regierung die Voraussetzungen für die Einreihung in einen früheren Jahrgang nicht als gegeben, so hat sie darauf abzielende Gesuche in eigener Zuständigkeit abschlägig zu verbescheiden.

Nachtrag.

60. Bek. d. Staatsmin. f. Unt. u. K. vom 10. Mai 1925 über die Behandlung der Schulversäumnisse an Berufsfortbildungsschulen (MABl. S. 81).

An den öffentlichen Berufsfortbildungsschulen sind gemäß Ziff. 37 mit 10 Abs. IV der Ministerialbek. vom 33. Juni 1923 (KMBl. S. 75) zur Entscheidung über Gesuche um Befreiung vom Schulbesuch für mehr als 4 Tage sowie über Beschwerden gegen Entscheidungen der Schulleiter, wenn besondere Organe für die Berufsfortbildungsschulen bestehen, die Schulvorstandschaften, andernfalls die Bezirksämter (Stadträte) zuständig.

Zur Erleichterung des Verfahrens wird der Ziff. 37 der Ministerialbek. vom 23. Juni 1923 (KMBl. S. 75) folgende Bestimmung als Absatz II angefügt:

„Zur Entscheidung über Gesuche um Befreiung vom Schulbesuch (Ziff. 10 der Bek. vom 23. Juni 1923) ist an den Berufsfortbildunsgschulen in allen Fällen der Schulleiter zuständig. Soweit für Beschwerden gegen seine Entscheidungen die Schulvorstandschaften zuständig sind, können diese die Sachbehandlung durch Beschluß allgemein ihrem Vorsitzenden gemeinsam mit einem weiteren aus ihrer Mitte zu wählenden Mitgliede übertragen. Bei den Stadträten hat die Sachbehandlung durch den 1. Bürgermeister oder seinen Stellvertreter unter Beachtung der Vorschrift in Abs. I Satz 3 zu erfolgen."

61. Anlage 2 zur Bek. vom 23. Januar 1912 über den bezirksärztlichen Dienst (Anhang Nr. 34).

Plan für die Besichtigung von Unterrichts- und Erziehungsanstalten.

A. Anstalt mit Einrichtung:

1. Lage, Umgebung, baulicher Zustand des Gebäudes (der Dachung, der Treppe, Gänge);
2. Zahl und Größe der Lehrzimmer, Lern-, Schlaf-, Speise- und Erholungsräume, der Krankenzimmer im Verhältnis zur Zahl der Schüler (Zöglinge), Lage, Belichtung, künstliche Beleuchtung, Heizung (Stellung des Ofens, Thermometer), Lüftung, Reinlichkeit der Räume, Beschaffenheit und Aufstellung der Bänke, Betten und sonstigen Einrichtungsgegenstände (Verbandkästchen);
3. baulicher Zustand der Wohnräume für die Lehrer (Erzieher);
4. Beschaffenheit der Nebenräume (Wirtschaftsräume, Aufbewahrungsräume für Kleider, Wäsche, Schuhe usw.);
5. Abortanlagen (Zahl, Zustand, Lüftung, Beleuchtung); Beseitigung des Abortinhalts;
6. Trinkwasser (Menge, Güte), Lage der Wasserversorgungsstelle und der Zuleitung (Schutz gegen Verunreinigung);
7. Waschgelegenheit, Badeeinrichtungen;
8. Turnsaal, Gärten, Spiel- und Turnplätze.

B. Schüler, Zöglinge:

9. Allgemeiner Ernährungs- und Gesundheitszustand; Verpflegung, Kleidung der Zöglinge;
10. Schülerzahl — Zahl der wegen Krankheit fehlenden Kinder;
11. Untersuchung von Schülern (Zöglingen), die an besonderen Gebrechen (Sehstörungen, Schwerhörigkeit, Schwachsinn) leiden oder bei denen Verdacht auf Tuberkulose, Lupus usw. besteht.

Berichtigungen.

Zu S. 3: Nach dem dritten Absatze von oben ist als Fundort für den „Entwurf“ und die „Begründung“ des SchAG. einzuschalten: (Verhandlungen des Bayer. Landtags. II. Tagung 1921/1922. Beilagen-Band VIII. Beilage 2756, S. 456 ff.).

Zu S. 4: Nach dem Vermerk „Das Gesetz trat am 1. Oktober 1922 in Kraft“ ist einzuschalten: (S. Verhandlungen des Bayer. Landtags. II. Tagung 1921/1922. Beilagen-Band VIII. Beilage 2791: Mündlicher Bericht des Ausschusses für Verfassungsfragen, S. 587/588, und Beilage 2839: Beschluß des Landtages, S. 636/637).

Zu S. 17: Die Überschrift:

„II. Abschnitt.

Schulpflege.“

auf S. 18 sollte auf S. 17 vor

„**Vollzugsvorschriften.**

Vorbemerkungen.“

stehen.

Zu S. 18: Bei Abs. VI oben muß es statt „Bezirksvorstand“ heißen: „Bezirksamtsvorstand“.

Zu S. 23: Bei Anm. 2 soll es statt „Ziff. 7^{I}“ „Ziff. 7^{IV}“ heißen.

Zu S. 51: Bei Anm. 3, Abs. 2, letzte Zeile ist zu lesen: „(VB. 32^{VI})“ statt „(VB. 33^{VI})“.

Zu S. 52: Der Anm. 5 ist als Abs. 1 vorauszusetzen: „Zu Ziff. 33 Abs. IV Buchst. l s. E. d. Staatsmin. f. Unt. u. Kultus vom 21. Juli 1925, Nr. IV 11189, betr. Vorschriften über den Vorbereitungsdienst der Schulamtsbewerber“, abgedruckt in den Schulanzeigern. „Diese Vorschriften treten am 1. September 1925 in Wirksamkeit. Alle entgegenstehenden Bestimmungen sind aufgehoben“ (§ 10 Abs. III).

Zu S. 59: Bei Anm. 4 muß es statt „Anm. 8“ heißen: „Anm. 10“.

Sachregister.

Die Zahlen bedeuten die Seiten.

A.

B.

E.

F.

G.

H.

J.

K.

L.

M.

N.

O.

T.

U.

V.

W.

Z.

FSC
www.fsc.org
MIX
Papier | Fördert
gute Waldnutzung
FSC® C083411

Kolibri 360 GmbH
Ferdinand-Jühlke-Straße 7
99095 Erfurt, Deutschland
produktsicherheit@kolibri360.de